国家科学技术学术著作出版基金资助出版

国家社会科学基金重大项目（项目批准号：17ZDA291）
"情报学学科建设与情报工作未来发展路径研究"
中国科学技术情报学会重点支持工程

新时代情报学与情报工作论丛
苏新宁 ◎ 主编　李　纲 ◎ 副主编

情报学
研究方法与技术体系

章成志　等 ◎ 著

·北京·

图书在版编目（CIP）数据

情报学研究方法与技术体系 / 章成志等著. —北京：科学技术文献出版社，2021.9
（新时代情报学与情报工作论丛 / 苏新宁主编）
ISBN 978-7-5189-8165-6

Ⅰ.①情… Ⅱ.①章… Ⅲ.①情报学—研究 ②信息检索—研究 Ⅳ.① G250 ② G254.9

中国版本图书馆 CIP 数据核字（2021）第 151903 号

情报学研究方法与技术体系

| 策划编辑：李 蕊 | 责任编辑：赵 斌 | 责任校对：易 敏 | 责任出版：张志平 |

出　版　者　科学技术文献出版社
地　　　址　北京市复兴路15号　邮编 100038
编　务　部　(010) 58882938，58882087（传真）
发　行　部　(010) 58882868，58882870（传真）
邮　购　部　(010) 58882873
官　方　网　址　www.stdp.com.cn
发　行　者　科学技术文献出版社发行　全国各地新华书店经销
印　刷　者　北京时尚印佳彩色印刷有限公司
版　　　次　2021年9月第1版　2021年9月第1次印刷
开　　　本　787×1092　1/16
字　　　数　441千
印　　　张　25.5
书　　　号　ISBN 978-7-5189-8165-6
定　　　价　106.00元

版权所有　违法必究

购买本社图书，凡字迹不清、缺页、倒页、脱页者，本社发行部负责调换

《新时代情报学与情报工作论丛》

丛书顾问委员会

黄长著　梁战平　马费成　胡昌平　靖继鹏　赖茂生　王知津　张晓军　戴国强

丛书编委会

主　任　赵志耘　苏新宁

副主任　夏立新　李　纲　孙建军　卢小宾　潘云涛

编　委（按姓氏拼音排序）

毕　强　曹树金　陈　超　初景利　邓三鸿　樊　博　高金虎　黄水清
蒋　颖　冷伏海　李广建　李月琳　栗　琳　陆　伟　马　捷　马海群
沈固朝　王　芳　王东波　王延飞　王曰芬　吴　鹏　吴晨生　许　鑫
杨建林　姚乐野　臧国全　曾建勋　章成志　郑彦宁　周晓英　朱庆华

学术秘书　赵筱媛

《情报学研究方法与技术体系》
著者名单
(按姓氏拼音排序)

胡少虎　蒋伟伟　李博闻　唐明伟　王茹萍　王玉琢
张　恒　张颖怡　章成志　朱　惠　朱晓峰

总　序

情报学的发展与情报工作的重点任务紧密相关，不同时期的情报工作重点，引导着情报学研究和情报学学科建设的发展方向。20世纪50—80年代，我国科学技术的发展亟待情报工作能够提供国内外最新的科技发展动态和文献资料，我国情报学研究也起始于探讨科技文献交流规律的情报研究。20世纪90年代，信息爆炸和信息化浪潮的袭来，使得情报工作更加重视信息资源建设和信息服务，情报学研究的重点转向了信息处理、检索与服务及信息资源建设。21世纪以来，随着互联网的普及，情报工作更加重视网络信息资源的构建和服务，并在国家智库建设中开始显现作用。因此，情报学研究开始转向网络信息资源的构建和知识服务的研究，以及如何融入国家战略的情报学研究尝试。可以说，我国情报学研究历经了"文献"情报学、"信息"情报学、"网络信息"情报学等多个发展阶段。今天，我们进入了大数据时代，情报环境的变化、技术发展的推动、国家战略的需求，情报学与情报工作将向何处发展？这是情报工作者和情报学者必须思考的问题。

作为一名情报学学者，长期以来我一直关注情报学的发展，迫切感觉到：时代的发展、社会的需求，情报学与情报工作必须与时俱进，需要做出响应，需要顺应转型，需要在新的时代做出更大贡献。因此，2017年年初，我向全国哲学社会科学规划工作办公室提交了国家社会科学基金重大项目"情报学学科、理论、方法及情报工作未来发展研究"选题，在本学科专家学者的支持和关爱下，该选题得以立项招标。我们团队经过对选题的充分讨论，并请教多位情报学前辈、专家，最后确定以"情报学学科建设与情工作未来发展路径研究"为题申报国家社会科学基金重大项目。有幸再次得到评审专家的垂青，使本申报课题得以成为2017年国家社会科学基金重大项目之一。

课题在申请时，设立了5个子课题，团队成员也只有30余人。但学科专家高度重视该课题的研究，提出了扩充项目研究内容的建议。根据专家们的建议，我们进行了充分的论证，并向全国哲学社会科学规划工作办公室提出了课题变更申请，即从原有的5个子课题扩大到9个子课题，同时也得到了全国哲学社会科学规划工作办公室批准，从而使这项研究从原有的情报学学科建设、情报学教育体系、情报学理论与方法体系、情报工作未来发展、国家安全情报工作发展等5个方面的研究，又拓展到情报与智库的作用与关系、国外情报学与情报工作、情报工作制度建设、中国情报事业发展史等研究领域。课题组也得到了壮大，成员达到了140余人，涉及南京大学、武汉大学、北京大学、中国人民大学、中国科学院大学、南开大学、南京理工大学、南京农业大学、上海交通大学、华东师范大学、军事科学院、国防科技大学、中国人民公安大学、北京市科学技术情报研究所等20多所高校和10余家科研机构。

新时代的到来，新的环境、新的需求、国家战略实施的期待，使得情报学与情报工作迎来了大好的发展机遇，同样也面临许许多多的挑战。为了探讨我国情报学与情报工作的未来发展，2017年10月，中国科学技术情报学会、中国社会科学情报学会在南京大学召开了"首届情报学与情报工作发展论坛"，会议发布了由本课题组执笔撰写的《情报学与情报工作发展南京共识》（简称《南京共识》）。《南京共识》针对新时代国家安全与发展对情报学与情报工作的要求，重点强调了5个重新：重新定位情报学科发展目标，重新认识情报工作的性质和作用，重新设计情报学课程体系，重新认识理论、技术、方法的重要性，重新认识情报能力。《南京共识》为我们开展重大项目的研究指明了方向，也促使我们下定决心出版一套反映新时代情报学与情报工作发展的学术论丛。

为了写好这套学术丛书，课题组进行了反复论证，召开了10余次书稿论证会，并邀请了情报领域前辈、专家到会指导，专家对书稿的题名、大纲、初稿、修订稿等提出了许多建设性意见，保证了书稿内容的全面和完善。本套丛书涵盖了情报学理论、方法和技术，情报学学科建设和培养体系，情报应用方面的情报工作、情报感知、情报与智库、竞争情报，国外的情报学与情报工作发展，情报制度，中国情报事业的发展等，其中多本著作的主题为国内首次出版。整套丛书从新时代、新使命、新任务的角度来阐述情报学与情报工作的新内容，为我国情报学研究、情报学教育、情报工作和情报事业的发展提供了有力指导。

综观全套丛书，每一本都具有自己的创新和特色：

杨建林教授等所著的《情报学学科建设与发展》以哲学的视角阐述了情报学基本原理和基础理论体系，并基于信息范式与情报范式融合的指导思想，构建了情报学学科体系基本框架，并以此探讨了情报学学科知识体系建设与学科功能单位建设的主要内容。这些研究对促进人们更清晰地认识情报学、助力情报学学科良性发展有很大的帮助作用。

王东波教授等所著的《情报学教育和人才培养研究》紧扣大数据和人工智能下"耳目、尖兵、参谋"情报学人才培养的总目标，通过内容分析、调查问卷和文本挖掘的方法，在所掌握的多个维度的第一手数据基础上，首次对新中国成立以来情报学教育体系进行了系统的探析和全面的梳理，并对情报人才培养方案给出了切实可行的建议。

王芳教授等所著的《情报学理论：哲学基础与应用发展》用历史主义的视角对情报学理论流派和研究范式进行了系统梳理，对情报学理论支撑的哲学思想，包括本体论、认识论、方法论、元理论和范式等命题进行了深入探析，首次以哲学视角对情报学的理论研究进行了系统的审视。该书对于情报学的发展和学术研究的深化具有十分重要的意义，将会在情报学教学和实际工作中发挥理论指导作用。

章成志教授等所著的《情报学研究方法与技术体系》综合使用了信息组织、自然语言处理、机器学习等理论与技术，构建了情报学研究方法与技术体系，开发了情报学研究方法知识库与检索系统，并针对特定场景下的情报学体系问题进行探索。该书开创了机器辅助构建学科研究方法体系的先河，提出多层次、细粒度的情报学研究方法与技术体系，推动了人工智能时代的情报学理论研究。

吴晨生、李辉研究员等所著的《新时代我国情报工作的发展》站在我国情报工作发展的时代潮头，以新时代、新机遇为背景，以"转型"和"融合"两大核心问题为主线，着力从情报工作的使命担当、重点任务、情报机构的智库能力提升、国家情报工作体制构建等方面规划勾勒新时代我国情报工作战略转型的总体方向，为我国情报工作未来发展绘制了新的蓝图和大展宏图的愿景。

初景利教授等所著的《国外情报学与情报工作》立足国外情报学与情报工作历史与现实发展，梳理了部分发达国家的情报学与情报工作起源与发展、情报学理论研究、情报工作机制、情报学代表人物、情报学教育等，并以比较的视角审视了中国情报学与情报工作发展对策。全书以宏观的视野展示部分发达国家情报学与情报工作全貌，总结情报学与情报工作发展的主要特点，揭示情报学与情报工作历史变化与发展现状。

王延飞教授和杜元清研究员所著的《情报感知论》是作者在情报实践基础上所进行的情报理论深耕创新之作。作者秉持"解决决策信息不完备问题"的情报宗旨，着眼"早醒远眺"的情报使命，创造性地提出情报感知理论，阐明了通过情报感知、刻画和响应去应对和解决新时期战略性情报研究所面临的不确定性问题，构建了适合中国国情的情报感知理论和方法体系。

栗琳研究员和初景利教授等所著的《情报与智库》在深入研究战略情报理论方法，系统梳理具有中国特色的科技情报工作、智库建设实践基础上，对学界争论多年的情报与智库若干基础问题提出了独到的见解。作者团队来自科技情报和智库领域，其独特的研究经历为该书奠定了理论与实践基础。作为第一本系统论述情报学、智库研究及相关联系的著作，它的出版对于新时代情报学发展具有很大的推动作用。

许鑫教授等所著的《竞争情报分析方法及应用》立足大数据环境，展现了竞争情报在数据采集、组织存储、数据分析等全链条上的方法变化。该书寻数据驱动之门而入，立方法拓展之地而耕，破应用创新之门而出，极大地丰富了竞争情报分析既有的理论与知识体系，既为学界开阔学术视野，也为业界提供更具洞察力、科学性、普适性的竞争情报分析新范式。

马海群教授等所著的《大数据观下的国家情报工作制度研究》针对信息技术所创造的情报工作新场景、新模式和新业态，构建了国家情报工作制度新思维、新理论、新格局，并指出这是新时期我国情报学内涵演变及情报工作路径创新的根本性的核心组织部分，尤其以《中华人民共和国国家情报法》为标志的国家情报政策法律制度，彰显了我国情报工作制度的新图景与新定位。

周晓英教授等所著的《中国情报学历史与发展进程》对20世纪50年代中期情报学（中国科技情报学）诞生以来的中国情报学发展演变历史展开研究，采用先梳理归纳后分析演绎的方法，梳理中国情报学发展过程中的事件，提炼出一般性的概念，分析发展过程和结果，并阐述情报学发展演变过程及其规律。迄今为止，我国尚没有关于中国情报学历史方面的专门著作面世，该书的出版填补了国内该领域的一项空白。

今天，世界正处于百年未有之大变局，这一"变局"为情报学与情报工作带来了前所未有的发展良机。国家安全、经济发展、社会进步需要情报学与情报工作勇于担当，国家战略的实施赋予了情报学与情报工作神圣的使命。情报学与情报工作需要在新的时期有所作为，必须能够在新的时期做到守正与拓展，即守住情报领域，坚持在新环境、新技术、新需求下，对情报学理论、技术和方法的创新，突出情报本质，体现学科的情报话语内涵，展现学科的情报核心话语权，建立以情报为核心的学科话语体系。另外，拓展情报的应用领域，引进先进的理论技术和方法，以完善情报学学科体系。拓展强调两个方面：一是以大情报观构建情报学学科体系，建立适应国家安全与发展战略的大情报学科体系，构成包括科技、经济、医学、环境、生态、能源、社会科学、军事、国防、安全、外交等领域的情报学学科体系，实现各领域情报工作相互融合又各守其职；二是将先进的理念、理论、技术、方法引入情报学研究领域，开展深度的情报学研究，而不是专门研究人工智能、深度学习、人文计算、区块链等。准确地说，是将这些成果更科学合理地应用于情报学领域，拓展情报学研究方法，促进情报研究更加科学和精准。本套丛书正是在守正与拓展这一思想指导下，集情报学领域集体智慧构思完成的。

本套丛书为国家社会科学基金重大项目（项目批准号：17ZDA291）"情报学学科建设与情报工作未来发展路径研究"成果，出版过程中得到2020年度国家科学技术学术著作出版基金的资助，同时也得到中国科学技术情报学会的大力支持和资助。本套丛书在撰写过程中，还得到情报学前辈和专家们的大力支持与指导，他们是黄长著先生、梁战平先生、马费成先生、张晓军将军、胡昌平先生、靖继鹏先生、赖茂生先生、王知津先生等。在丛书付梓之际，由衷地感谢在本套丛书撰写出版过程中给予我们帮助与支持的机构和专家们。

  扬帆起航正当时，潮头掌舵逐浪高。在中华民族伟大复兴中国梦、强国梦践行时期，情报学与情报工作将以更加崭新的面貌，矗立在科学领域和国家安全与发展战略实施中。在这样一个契机下，《新时代情报学与情报工作论丛》面世了，相信这套丛书一定会在我国情报学建设及情报事业发展中发挥重要作用。

苏新宁

2021 年元旦于南京

前　言

研究方法是促进学科发展与深入研究的重要推动力，在科学研究过程中扮演着举足轻重的角色。对于情报学这一相对较新的领域，研究方法的重要性不言而喻。国内外的情报事业经过多年的发展，为情报学研究提供了非常丰富的实践资源。情报学在研究实践中，已初步形成众多的学术流派、学科基础理论和研究方法。当前，情报学与情报工作中，亟须对情报学的相关研究方法与技术体系进行系统梳理，形成系统的情报学研究方法与技术体系，从而为情报学研究与情报工作提供指导。

在当前的大数据环境下，情报学方法与技术不断出现新变化、产生新内容、呈现新特点。因此，确定被广泛承认的情报学学科基本内核，变得非常困难；探索已有理论和方法的新变化，需要新的技术手段加以辅助；归纳提取不同领域与应用场景中所使用的情报学方法与技术共性，需要新的思路。

在此背景下，本书希望通过系统梳理本学科相关方法与技术，并在此基础上构建大数据时代情报学研究方法与技术体系，从而为情报学学科建设与发展、情报学教育体系与教育人才培养提供一定的依据。此外，将情报学研究方法与技术体系与情报工作相结合，还可以为情报工作未来发展提供基础。

本书是苏新宁教授主持的国家社会科学基金重大项目（项目批准号：17ZDA291）"情报学学科建设与情报工作未来发展路径研究"的研究成果之一。本书首先对现有的情报学理论与方法进行调研，人工梳理情报学研究方法，得到情报学一般研究方法（一级类目）与情报学专门研究方法（一级类目）；然后借助自然语言处理与机器学习方法对情报学领域的研究方法语料库进行学习和抽取，得到情报学研究方法实体，在此基础上，依据聚类方法辅助构建情报学研究方法与技术体系，并开发情报学研究方法知识库与检索系统；最后针对特定场景下的情报学研究方法体系问题进行了探索。

全书分为 3 个部分，共 12 章。第一部分主要通过人工梳理得到第一层次的情报学研究方法体系，该部分主要包括第 1 至第 4 章。第二部分通过自然语言处理与机器学习方法自动生成第一层次体系下的情报学研究方法体系，该部分包括第 5 至第 9 章。第三部分研究了特定场景下的情报学研究方法体系构建问题，包括第 10 至第 12 章。

本书为集体智慧和劳动的成果，由章成志（撰写第 1 章，参与全书其他章节的撰写）、朱晓峰（参与第 1 章部分小节的撰写）、李博闻（参与第 1 至第 4 章的撰写）、王玉琢与王茹萍（参与第 5 章的撰写）、张颖怡（参与第 6 章与第 7 章的撰写）、张恒（参与第 8 章的撰写）、胡少虎（参与第 9 章的撰写）、朱惠（参与第 10 章的撰写）、蒋伟伟（参与第 11 章的撰写）、唐明伟（参与第 12 章的撰写）等共同完成。章成志负责全书的大纲拟定、统稿、定稿及审校工作，苏新宁教授参与了全书的审校工作。

本书的撰写工作得到国家社会科学基金重大项目的资助，在此表示感谢。

由于作者的水平和能力的限制，本书难免有疏漏之处，衷心欢迎各位专家、学者和广大读者批评指正，共同推动情报学研究方法与技术体系研究的不断深入。

著者

2019 年 12 月 25 日

目 录

第1章 绪 论 ... 1

1.1 基本概念界定与述评 ... 1
    1.1.1 情报学的基础理论与理论体系 ... 1
    1.1.2 情报学的研究范式、方法论与方法 ... 4
    1.1.3 情报学研究领域 ... 6

1.2 基于情报流程的情报学研究体系 ... 8

1.3 研究框架和研究方法 ... 16
    1.3.1 研究框架 ... 16
    1.3.2 研究方法 ... 18

1.4 本书结构 ... 18

第2章 情报学学科的基本研究方法与技术概述 ... 21

2.1 研究问题的界定 ... 22

2.2 情报学研究方法体系研究评述 ... 25

2.3 情报学研究方法使用情况调查研究评述 ... 30

2.4 两类研究相关若干基本问题讨论 ... 34
    2.4.1 学界求索研究方法体系的动机根源探讨 ... 34
    2.4.2 浅析研究方法名词术语"混乱"本质 ... 35
    2.4.3 研究方法体系构建困顿的本质 ... 43
    2.4.4 研究方法使用情况调查研究的本质初探 ... 44

2.4.5　对现有研究方法使用情况调查研究的考察 …………………… 45
2.5　两类研究评述 ………………………………………………………… 48
2.6　2009—2018年《情报学报》研究方法使用调查 …………………… 53
　　2.6.1　标注对象 …………………………………………………………… 53
　　2.6.2　标注方法 …………………………………………………………… 53
　　2.6.3　标注示例 …………………………………………………………… 58
　　2.6.4　标注结果分析 ……………………………………………………… 59
2.7　本章小结 ……………………………………………………………… 63

第3章　情报学一般研究方法 …………………………………………… 64

3.1　情报学研究方法遴选原则 …………………………………………… 64
3.2　各类数据收集方法 …………………………………………………… 66
　　3.2.1　问卷调查 …………………………………………………………… 67
　　3.2.2　访谈法 ……………………………………………………………… 68
　　3.2.3　德尔菲法 …………………………………………………………… 69
　　3.2.4　网络日志 …………………………………………………………… 69
　　3.2.5　社会心理学数据收集设备：眼动仪等 …………………………… 70
　　3.2.6　出声思维法 ………………………………………………………… 72
　　3.2.7　计算机辅助手段 …………………………………………………… 73
3.3　各类数据分析方法 …………………………………………………… 75
　　3.3.1　系统性文献综述 …………………………………………………… 75
　　3.3.2　元分析 ……………………………………………………………… 77
　　3.3.3　实验法 ……………………………………………………………… 78
　　3.3.4　比较研究法 ………………………………………………………… 81
　　3.3.5　案例法 ……………………………………………………………… 82
　　3.3.6　历史分析法 ………………………………………………………… 85
　　3.3.7　阐释法 ……………………………………………………………… 88
　　3.3.8　扎根理论方法 ……………………………………………………… 93
　　3.3.9　内容分析法 ……………………………………………………… 100
　　3.3.10　社会网络分析法 ………………………………………………… 104

    3.3.11 统计学方法 ·· 108
    3.3.12 可视化分析 ·· 113
    3.3.13 其他：博弈论方法、层次分析法、主题模型 ············ 117
  3.4 本章小结 ··· 121

第4章 情报学专门研究方法 ·· 123
  4.1 文献计量学方法 ··· 127
    4.1.1 文献计量学方法体系 ·· 129
    4.1.2 文献计量学方法主要应用 ···································· 130
    4.1.3 文献计量学方法使用注意 ···································· 132
  4.2 科学计量学方法 ··· 132
    4.2.1 网络计量学方法 ·· 133
    4.2.2 专利文献计量方法 ·· 133
    4.2.3 政策文献计量方法 ·· 133
  4.3 引文分析方法 ·· 134
    4.3.1 引文分析研究 ·· 134
    4.3.2 全文本引文分析 ·· 135
  4.4 情报组织方法 ·· 137
    4.4.1 分类组织方法 ·· 137
    4.4.2 主题组织方法 ·· 139
    4.4.3 索引文摘方法 ·· 140
    4.4.4 元数据 ·· 140
    4.4.5 关联数据 ·· 143
    4.4.6 本体 ·· 146
  4.5 本章小结 ··· 149

第5章 情报学研究方法语料库构建 ······································ 151
  5.1 相关工作概述 ·· 151
  5.2 情报学研究方法语料库构建概述 ································ 154
  5.3 语料采集及格式转换 ·· 155

- 5.3.1 学术文献全文数据采集 ··· 155
- 5.3.2 学术文献全文内容格式转换 ······································ 156
- 5.4 训练语料标注 ··· 158
  - 5.4.1 研究方法句标注与核对 ·· 159
  - 5.4.2 研究方法实体标注与核对 ··· 162
- 5.5 本章小结 ··· 163

第6章 情报学研究方法句的自动分类 ··· 164

- 6.1 相关研究概述 ·· 164
  - 6.1.1 基于规则的句子分类方法 ··· 165
  - 6.1.2 基于统计模型的句子分类方法 ··································· 165
  - 6.1.3 基于深度学习模型的句子分类方法 ···························· 167
  - 6.1.4 句子分类任务总结 ·· 168
- 6.2 基于深度学习的研究方法句分类思路 ································· 169
  - 6.2.1 卷积神经网络模型 ·· 170
  - 6.2.2 长短时记忆网络模型 ··· 170
  - 6.2.3 基于注意力机制的循环神经网络模型 ························· 171
- 6.3 研究方法句分类模型构建与结果分析 ································· 171
  - 6.3.1 研究方法句分类模型 ··· 172
  - 6.3.2 研究方法句分类实验设置 ··· 175
  - 6.3.3 研究方法句分类结果分析 ··· 177
- 6.4 研究方法句分类测试语料的分类及其结果分析 ···················· 180
  - 6.4.1 数据集介绍 ·· 180
  - 6.4.2 数据预处理 ·· 181
  - 6.4.3 研究方法句分类结果 ··· 181
  - 6.4.4 研究方法句年份分布分析 ··· 182
  - 6.4.5 研究方法句句长分析 ··· 185
- 6.5 本章小结 ··· 187

第7章 情报学研究方法实体识别 ·· 188

- 7.1 识别方法概述 ·· 188

	7.1.1	专家标注法 ········· 188
	7.1.2	基于规则匹配的方法 ········· 189
	7.1.3	基于机器学习的方法 ········· 189
	7.1.4	混合模型方法 ········· 190
	7.1.5	研究方法实体识别方法总结 ········· 191
7.2	基于深度学习模型的研究方法实体识别思路 ········· 191
	7.2.1	基于长短时记忆网络与CRF结合的模型 ········· 192
	7.2.2	联合训练模型 ········· 192
7.3	研究方法实体识别模型构建与结果分析 ········· 193
	7.3.1	研究方法实体识别模型 ········· 193
	7.3.2	研究方法实体识别实验设置 ········· 197
	7.3.3	研究方法实体识别结果分析 ········· 198
7.4	研究方法实体识别测试语料的分类及其结果分析 ········· 201
	7.4.1	数据集简介 ········· 201
	7.4.2	数据预处理 ········· 202
	7.4.3	研究方法实体识别结果 ········· 202
	7.4.4	研究方法实体分布分析 ········· 202
7.5	本章小结 ········· 211

第8章　情报学研究方法体系的自动构建 ········· 213

8.1　相关研究概述 ········· 213
8.1.1　概念层次体系自动生成研究概述 ········· 213
8.1.2　概念实体聚类研究概述 ········· 215

8.2　情报学研究方法体系自动构建方法 ········· 217

8.3　情报学研究方法体系自动构建关键步骤 ········· 218
8.3.1　数据预处理 ········· 218
8.3.2　方法实体表示 ········· 220
8.3.3　方法实体聚类 ········· 220
8.3.4　方法体系构建结果评估 ········· 222

8.4　实验结果与分析 ········· 222

8.4.1　实验数据概述 ·· 223
　　8.4.2　情报学研究方法实体所属三级类别的划分 ················· 224
　　8.4.3　三级类别研究方法实体聚类结果与分析 ···················· 225
　　8.4.4　二级类别研究方法实体聚类结果与分析 ···················· 235
　　8.4.5　情报学研究方法体系 ··· 238
8.5　本章小结 ·· 240

第9章　情报学研究方法与技术知识库构建与检索 ···················· 242

9.1　情报学研究方法与技术知识库构建与检索的基本思路 ········· 242
9.2　知识库构建关键步骤 ··· 243
　　9.2.1　情报学研究方法与技术知识库的需求分析 ·················· 243
　　9.2.2　基础数据库的设计与建设 ······································ 244
　　9.2.3　索引方式的选择 ·· 246
　　9.2.4　情报学研究方法与技术知识库界面与功能设计 ············ 248
9.3　知识库在线演示系统的构建 ·· 250
　　9.3.1　数据库构建 ·· 250
　　9.3.2　索引构建 ··· 251
　　9.3.3　界面构建 ··· 253
9.4　情报学研究方法与技术知识库界面展示与检索 ·················· 254
9.5　本章小结 ·· 257

第10章　面向"过程-问题"的情报学研究方法与技术体系构建研究 ··· 259

10.1　相关研究概述 ·· 259
10.2　基本思路 ·· 261
10.3　方法与技术术语的重新组织方法 ··································· 262
　　10.3.1　数据来源 ··· 262
　　10.3.2　方法与技术术语获取和组织模型 ··························· 262
　　10.3.3　情报过程及情报问题的解析 ································· 264
　　10.3.4　文本所属情报问题的标注 ··································· 265
　　10.3.5　方法与技术术语的抽取 ······································ 265

  10.3.6 方法与技术术语的组织 …………………………………………… 266
10.4 重新组织结果与分析 ……………………………………………………… 266
  10.4.1 舆情过程及舆情问题 …………………………………………… 266
  10.4.2 文本与舆情问题的关联 ………………………………………… 267
  10.4.3 方法与技术术语的抽取结果 …………………………………… 268
  10.4.4 方法与技术术语的重新组织 …………………………………… 272
10.5 方法与技术体系的优化 …………………………………………………… 274
10.6 本章小结 …………………………………………………………………… 275

第11章 特定领域的情报学研究方法体系——以我国经济情报研究为例 …… 276

11.1 经济情报研究的必要性 …………………………………………………… 276
  11.1.1 经济情报的定义 ………………………………………………… 277
  11.1.2 经济情报研究的内容 …………………………………………… 277
  11.1.3 经济情报研究的地位 …………………………………………… 278
11.2 经济情报的研究方法类型 ………………………………………………… 278
  11.2.1 基于情报工作角度 ……………………………………………… 278
  11.2.2 基于企业管理角度 ……………………………………………… 279
  11.2.3 基于情报自身角度 ……………………………………………… 279
11.3 经济情报的研究方法内容 ………………………………………………… 280
11.4 数据的采集与整理 ………………………………………………………… 282
  11.4.1 数据的采集 ……………………………………………………… 283
  11.4.2 数据的清洗和处理 ……………………………………………… 283
  11.4.3 方法体系的扩充和完善 ………………………………………… 284
11.5 面向流程的研究方法数据分析 …………………………………………… 284
  11.5.1 经济情报研究流程 ……………………………………………… 284
  11.5.2 数据总体分析 …………………………………………………… 286
  11.5.3 各流程阶段的研究方法分析 …………………………………… 287
11.6 面向时间角度的经济情报研究方法分析 ………………………………… 293
11.7 本章小结 …………………………………………………………………… 294

第 12 章　大数据环境下情报学研究方法与技术体系构建 ……………… 295

12.1　大数据环境下社会科学研究的新特点 …………………………… 295
12.2　大数据环境下情报学研究方法与技术的新要求 …………………… 297
12.3　大数据环境下情报学研究方法与技术体系的重构 ………………… 299
12.3.1　概念界定 ……………………………………………………… 300
12.3.2　大数据环境下情报学研究思路 ……………………………… 300
12.3.3　面向大数据的情报学研究方法与技术 ……………………… 301
12.4　本章小结 ……………………………………………………………… 308

附录 1　学术论文全文研究方法句与研究方法实体标注规范 …………… 310
附录 2　研究方法句标注样例 ……………………………………………… 319
附录 3　研究方法实体标注样例 …………………………………………… 324
附录 4　论文使用研究方法句分类结果示例 ……………………………… 329
附录 5　论文引用研究方法句分类结果示例 ……………………………… 331
附录 6　论文使用研究方法实体识别结果示例 …………………………… 334
附录 7　论文引用研究方法实体识别结果示例 …………………………… 336
附录 8　其他类别论文中的实体聚类结果 ………………………………… 338
附录 9　"过程－问题"视角下的舆情方法与技术术语 ………………… 342
附录 10　经济情报研究方法体系 ………………………………………… 347

参考文献 ……………………………………………………………………… 349

索　引 ………………………………………………………………………… 385

第 1 章 绪 论

严谨的科学理论体系是一门学科独立的基础与成熟的标志。无论是世界还是中国，情报事业经过多年的发展，为情报学研究提供了非常丰富的实践资源；情报学在研究实践中，已初步形成众多的学术流派、学科基础理论和研究方法。当前，情报学与情报工作中，亟须对情报学的相关方法与技术体系进行系统梳理，形成系统的情报学研究方法与技术体系，从而为情报学研究与情报工作提供指导。本章首先对情报学的基础理论与理论体系，情报学的研究范式、方法论与方法，情报学研究领域等基本概念进行界定与述评，然后描绘经典情报流程中的研究方法体系，接着给出本书的基本写作思路与研究方法，最后说明本书逻辑框架与章节安排。

1.1 基本概念界定与述评

本节对情报学的基础理论与理论体系，情报学的研究范式、方法论与方法，情报学研究领域等情报学学科基本概念进行界定与述评。

1.1.1 情报学的基础理论与理论体系

情报学理论研究主要是基于科学信息的经典情报学理论与实践的发展，并沿着信息检索研究的主线展开，在情报学基础理论体系的构建方面，相继提出以波普尔的"三世界"理论、米哈依诺夫的"科学交流"和"文献资源共享"理论、布鲁克斯的"知识结构"理论、约维茨的"决策"理论、萨瑞塞维克的"通信"理论、德本斯等的"知识系统"理论、谢拉的"社会认识论"等为核心的一系列颇有影响的情报学基础理论①。

随着情报学研究的深入，忽视用户认知、片面强调技术的倾向也引起情报学界的关注。20世纪70年代末期以M. Demey等为首的一批西方国家学者相继提出"情报学认知观""领域分析"等情报学新概念；同时日本科技情报中心（JICST）等将Intelligence思想应用到专利监测跟踪等情报活动中，开创了以技术情报分析为重点的后发国家情报研究与应用模式②③。美国麻省理工学院的冯·希普尔教授等于1994年通过深入研究，认为"用户也是创新信息源"，针对经典情报学中"信息共享"理论假设与部分事实不符的弊端，提出知识交流过程中存在"信息/知识黏性"的观点④。法国学者H. M. 克比里奇在剖析发展中国家科技情报系统失败原因的基础上发现："当西方工业化国家创造高度发达信息社会的时候，发展中国家并没有从所谓的情报事业中获得多少好处"，提出"发展情报学"的理念。而韩国、中国台湾地区等在学习借鉴日本情报学发展模式基础上，把以Intelligence为核心的情报活动与产业技术引进和国际市场竞争决策结合起来，有力地促进了当地经济和技术进步跨越发展⑤。

然而，关于情报学的学科成熟性一直存有争议，重要原因之一是情报学研究中理论的缺乏⑥。王芳等曾指出，情报学缺乏好的理论，大多数的工作具有一种实用的属性而拒绝科学的分析和一般化⑦。即使到了21世纪，美国情报学界仍在讨论能否建立一个情报的一般理论或"美国"式的理论体系。

我国的情报学经过多年的发展，积累了丰富的研究成果。归纳起来，已有的学科体系可以分为两大类。第一类是按照基础理论—技术—应用的主线对学科理论体系进行划

---

① 靖继鹏，马费成，张向先. 情报科学理论[M]. 北京：科学出版社，2009：105-132.
② 彭靖里，李建平，CHEN P. 情报学发展情景演变及其对理论研究的影响：基于熊彼特创新经济学理论的观点[J]. 情报理论与实践，2013，36（7）：1-5.
③ 缪其浩. 日本科技情报工作的一个新动向[J]. 科技情报工作，1985（5）：27-28.
④ 同②.
⑤ 同②.
⑥ 王芳，史海燕，纪雪梅. 我国情报学研究中理论的应用：基于《情报学报》的内容分析[J]. 情报学报，2015，34（6）：581-591.
⑦ 王芳，杨京，陈锋. 情报学研究中理论应用的国际比较[J]. 情报学报，2018，37（12）：1262-1274.

分，这一类观点参照了萨拉塞维克的理论和应用情报学的体系划分①，如王飞跃将情报科学与智能科学深度融合，从形而上的新时代、新体系，形而中的新理论、新方法，形而下的新技术、新产业等 3 个层次，构建智能化的情报科学与技术体系，即平行情报体系②。进而实现从 UDC（Uncertainty Diversity Complexity，不确定性、多样性、复杂性）到 AFC（Agility Focus Convergence，灵捷、聚焦、收敛）的转化③。张秋波和唐超认为，由于历史原因，我国情报学整体结构大体可以分为 3 个部分：一是以科技情报为研究对象，主要服务用户认知和科技进步；二是以国家安全情报为研究对象，包括军事情报、公共安全情报等，主要服务国家安全；三是以竞争情报为研究对象，主要服务企业竞争和价值创造④。第二类是从情报流程来研究学科理论体系，以情报动态过程为着眼点，涉及情报产生、传递、交流、利用等一系列环节，这一类观点主要借鉴布鲁克斯"知识学派"和米哈依诺夫"情报交流学派"的主张和理念⑤，如周文骏的"文献交流论"、宓浩的"知识交流论"、王子舟的"客观知识论"等⑥。

虽然已有的基础理论林林总总，但是，被广泛接纳应用的不多。一般认为，情报学的理论体系中占据首要地位的包括布拉德福定律、洛特卡定律、齐夫定律、文献增长律、文献老化律等五大定律⑦，这些定律奠定了情报学坚实的学科基础。王芳等对《情报学报》2000—2013 年的 1882 篇文献内容的实证分析表明，最常用作基础的 5 个理论是向量空间模型、粗糙集理论、复杂网络理论、社会网络理论、本体理论；最常用作论据的 5 个理论是向量空间模型、齐夫定律、布尔模型、概率模型、布拉德福定律⑧。借用对理论研究和实践经验系统总结的成果，马费成从科技情报的属性和信息链角度论证提炼出 6 个基本原理：离散分布原理、有序性原理、相关性原理、易用性原理、小世界

---

① 邱均平，杨思洛，王明芝，等．改革开放 30 年来我国情报学研究论文内容分析［J］．图书情报知识，2009（3）：5-17.
② 王飞跃．新情报时代意味着什么［N］．环球时报，2007-01-03（11）.
③ 王飞跃．情报 5.0：平行时代的平行情报体系［J］．情报学报，2015，34（6）：563-574.
④ 张秋波，唐超．总体国家安全观指导下情报学发展研究［J］．情报杂志，2015，34（12）：7-10，20.
⑤ 同①.
⑥ 文庭孝，刘刚，张洋．我国情报学发展的危机种种［J］．情报理论与实践，2005（4）：342-345.
⑦ 靖继鹏，马费成，张向先．情报科学理论［M］．北京：科学出版社，2009：56-94.
⑧ 王芳，史海燕，纪雪梅．我国情报学研究中理论的应用：基于《情报学报》的内容分析［J］．情报学报，2015，34（6）：581-591.

原理、对数透视原理①。梁战平以6个原理为基础，增加重组原理、隐藏原理、可视化原理、最小努力原理，成为情报学十大基本原理②。张新民认为，这十大基本原理"从而构建起了情报学的完整学科体系，有了这个体系就构成了情报学称其为科学的根本标志"③。令人遗憾的是，实证研究表明：情报学研究中一些理论成果普适性不高，缺少后续研究，没有得到有效的继承与发展；情报学的多数理论，专属度较低，独有的理论比例不高且应用不频繁，绝大多数理论在其他学科中也有应用，而且情报学应用的高频次理论也被其他学科频繁使用④。

1.1.2 情报学的研究范式、方法论与方法

美国科学史学家库恩认为范式主要是指对某学科共同体所认可的一套解释系统，诸如术语、理论等⑤。美国学者米克沙（F. Miksa）认为情报学领域中特征最明显的、最广为接受的两种范式是机构范式和情报运动范式⑥。约兰德（I. B. Jorland）将已有的情报学研究划分为4个范式，即客观范式、交流范式、行为范式和认知范式，而马费成划为机构范式、信息运动范式、认知观范式和阐释学范式。张新民与梁战平认为国内情报学呈现出基于Knowledge的管理科学和基于Information的图书馆信息学的两大研究范式，并细化为8个研究范式：机构范式、信息运动范式、解释学范式、技术主导范式、认知范式、知识主导范式、经济学范式和人文范式⑦。马费成等对已有的范式进行研究，指出"从情报学范式的演变来看，从机构范式，到信息运动范式，到认知观范式，进而到目前兴起的阐释学范式，这个过程反映出情报学研究由原先的系统导向转向对用户心理和行为等方面的关注"⑧。

---

① 马费成．论情报学的基本原理及理论体系构建[J]．情报学报，2007，26（1）：3-13.
② 梁战平．我国科技情报研究的探索与发展[J]．情报探索，2007（7）：3-7.
③ 张新民，梁战平．情报学学科发展研究．情报学进展2006—2007年度评论（第七卷）[M]．北京：国防工业出版社，2008：1-54.
④ 王芳，陈锋，祝娜，等．我国情报学理论的来源、应用及学科专属度研究[J]．情报学报，2016，35（11）：1148-1164.
⑤ 叶继元，等．图书馆学学术规范与方法论研究[M]．北京：科学出版社，2014：4.
⑥ 柯平．情报学理论集成与突破：评《IRM-KM范式与情报学发展研究》[J]．情报理论与实践，2011，34（5）：126-128.
⑦ 张新民，梁战平．开创情报学的未来：争论的焦点问题研究[J]．情报学报，2007，26（1）：14-19.
⑧ 马费成，等．IRM-KM范式与情报学发展研究[M]．武汉：武汉大学出版社，2008：91.

温有奎指出，情报学研究对象从文献到信息及从信息到知识的两次转移中，形成情报学的三大发展模式：基于文献组织的传统发展模式、基于信息组织的网络化发展模式、基于知识组织的知识化发展模式——知识管理范式下的情报学发展模式①。马费成等给出寻找确定 IRM-KM 范式的方法，IRM-KM 范式表明：情报学的研究对象从文献信息世界走向知识内容世界，学科属性将会变得更加复杂和与其他更多学科渗透，学科范式将会走向技术理性和人文价值的统一整合②。毕强认为，情报学研究正在形成三大范式，即 Intelligence 的软科学范式、Information 的图书情报学范式、基于 IRM-KM 的管理科学范式。中国情报学应以软科学范式研究为核心，以图书情报学范式研究为基础和前提，以管理科学范式研究为学科新的发展点，同时寻求三者的结合点，并形成良好的互动③。持同样观点的还有吕红、邱均平，他们将 CSSCI 收录的 9 种情报学核心期刊 2002—2011 年所刊载的 26 493 篇文献作为研究对象，指出基于目前的研究范式，国内情报学须整合 Information、Knowledge、Intelligence 来构建和完善情报学理论体系和情报学学科体系。这些论述表明，未来情报学研究要在知识对象层面加深理论研究，加强技术和管理的有机结合，注重跨学科的研究与合作④。

与情报学研究范式非常相关的一个基本概念是情报学方法论。方法论（Methodology）是关于认识世界和改造世界的方法的理论，是有关方法的特征、性能、评价、应用、结构体系及规律性的知识体系⑤。方法论包括哲学方法论、一般科学方法论及具体科学方法论 3 个层次⑥。情报学方法论是关于情报学方法的理论，主要研究情报学认识活动中所运用的所有研究方法的结构、功能与特点，阐述这些方法的应用、发展规律和方向，以及各种方法之间的相互联系。情报学作为一门由社会科学与自然科学交叉而成的综合性学科，其方法论除专门方法之外，还大量运用一般科学方法⑦。

---

① 温有奎．引领情报学发展的力作：评《IRM-KM 范式与情报学发展研究》[J]．情报杂志，2011，30（6）：205-207.
② 马费成，等．IRM-KM 范式与情报学发展研究[M]．武汉：武汉大学出版社，2008：337-339.
③ 毕强．数字时代情报学发展前景[J]．图书情报工作，2010，54（12）：5-7，31.
④ 吕红，邱均平．基于计量视角的国内情报学发展动向分析[J]．情报资料工作，2014（3）：5-12.
⑤ 叶鹰，武夷山．情报学基础教程[M]．2 版．北京：科学出版社，2012：32.
⑥ 叶继元，等．图书馆学学术规范与方法论研究[M]．北京：科学出版社，2014：247.
⑦ 同⑤.

研究方法（简称方法）是指研究中采取的工具、手段、途径和程序①。研究方法可以从多种角度进行划分，如定量研究方法与定性研究方法、一般研究方法与专门研究方法等。

本书第 2 章将系统地梳理情报学研究方法的相关研究，第 3 章与第 4 章给出情报学的一般研究方法与专门研究方法，并说明这些研究方法的实际使用情况。

1.1.3 情报学研究领域

早期情报学家关于研究领域的划分，可以在一定程度上反映和显示情报学已有的真实内涵。美国情报学家 T. Saracevic 认为情报学由资源、组织、管理及技术等 4 种知识领域组成②。M. L. Blake 认为情报学基本理论、情报学方法、信息技术、情报工作与职业是情报学研究领域。White 和 McCain 对 120 位作者的同引模式进行广泛的调查和分析，绘制出情报学研究领域分布图，形成两个主要的子学科群："情报分析"类和"情报检索"类③④。瓦卡里对 1965 年、1975 年和 1985 年 3 个年度的情报学出版物进行分析，发现关于情报系统与检索的研究论文数量最多（26%~32%），其次为图书情报服务活动（25%~27%）⑤。丹麦著名情报学家 P. Ingwersen 将情报学的核心领域划分为信息管理、信息查询、信息检索、信息检索系统设计和信息计量等 5 个部分⑥。

我国著名情报学家严怡民先生将情报学的研究内容归纳为 4 个方面：情报学的基本理论，情报交流，情报用户及其情报需求，情报系统的设计、运行与评价及情报活动的组织管理⑦。梁战平认为，情报学的核心研究领域包括：情报学理论及相关学科、情报学研究方法、信息资源管理、信息检索、知识管理、情报分析、应用与服务、情报技术、信息教育与人才培养、信息系统开发与利用⑧。毛桂芳将情报学的研究领域分为

---

① 叶继元，等. 图书馆学学术规范与方法论研究[M]. 北京：科学出版社，2014：245.
② 王芳. 情报学的范式变迁及元理论研究[J]. 情报学报，2007，26（5）：764-773.
③ WHITE H D, McCAIN K W. Visualizing a discipline: An author co-citation analysis of information science[J]. Journal of the American Society for Information Science，1998，49（4）：327-355.
④ 赖茂生. 情报学的发展观[J]. 图书情报知识，2000（4）：2-4，9.
⑤ K. 耶尔韦兰·瓦卡里. 1965—1985 年图书情报学的发展[J]. 俞培果，编译. 国外图书情报工作，1993（3）：6-12.
⑥ INGWERSEN P. Information and information science [J]. Encyclopedia of library and information science，1995，56（1）：127-132.
⑦ 马费成，宋恩梅. 我国情报学研究的历史回顾（Ⅱ）[J]. 情报学报，2005，24（5）：515-523.
⑧ 梁战平. 情报学若干问题辨析[J]. 情报理论与实践，2003（3）：193-198.

3类：从传统图书情报理论发展而来的新的情报学理论基础研究类、情报与信息资源管理的技术方法研究类和以计量与评价为核心的情报学应用研究类①。李文娟等依据高频关键词统计与共现关键词分析方法，得出2006—2010年我国情报学研究主要关注的四大领域，分别为企业竞争情报研究、情报学理论研究、知识管理研究、信息检索②。朱红艳与章丹从Web of Science中7种情报学代表性期刊的题录数据，得出21世纪以来，情报学的7个主要研究主题分别为科学计量学、网络资源管理与配置、信息检索、信息系统、知识管理、用户交互与服务，以及科学评价③。王芳等对《情报学报》2000—2013年的1882篇文献内容分析显示：信息组织、信息分析与研究、信息检索主题文献量超过200篇，信息计量学、信息处理、竞争情报主题文献量超过100篇④。2013年，王知津等认为，我国情报学1990—2009年来的研究领域可以包括5个部分：情报学基础理论、竞争情报、文献计量、知识管理和信息检索，即"一体四翼"结构⑤。我国情报学20年的发展路径可以概括为"主线+珠子"结构，"主线"包括"情报学基础理论""竞争情报""信息检索""文献计量""信息服务"，"珠子"包括不同时期出现后又消失的较小领域，如"社会科学情报""信息政策""信息化""信息素养"等。在此基础之上，王知津等进一步分析2010—2015年我国情报学的最热门研究主题，包括：文献计量、情报学理论、竞争情报、信息检索、网络舆情、引文分析；次热门的研究主题有信息资源、用户研究、社会网络、情报研究、微博、本体、信息服务、可视化、信息生态⑥。2017年，李健与李洋统计发现，近10年来情报学研究的共同主题包括：情报学基础理论与研究方法、用户与服务、知识管理、竞争情报、与技术相关的研究热点（如网络、数据挖掘、本体和技术应用）等⑦。

---

① 毛桂芳. 基于共词分析的新千年来我国情报学研究进展探析[J]. 情报科学，2013，31（11）：147-152.
② 李文娟，杨国立. 近五年我国情报学研究知识图谱分析[J]. 情报科学，2014（1）：104-109.
③ 朱红艳，章丹. 情报学学科结构的ABCA及ACA对比研究：以2000—2010年数据为例[J]. 情报杂志，2014，33（8）：76-83.
④ 王芳，史海燕，纪雪梅. 我国情报学研究中理论的应用：基于《情报学报》的内容分析[J]. 情报学报，2015，34（6）：581-591.
⑤ 王知津，周鹏，谢丽娜. 用ABCA方法识别和阐释我国当代情报学研究领域[J]. 情报学报，2013，32（1）：4-12.
⑥ 王知津，李博雅. 近五年我国情报学研究热点动态变化分析[J]. 情报资料工作，2016（3）：34-40.
⑦ 李健，李洋. 我国图书馆学与情报学发展的同归与分野[J]. 情报杂志，2017，36（5）：9-13，89.

在军事情报学领域,高金虎将军事情报学的研究领域归纳为军事情报基础理论,军事情报历史和军事情报应用理论①。张晓军将军事情报研究归结为五大领域:情报基础理论、情报分析理论、情报失误理论、情报控制理论、联合作战情报支援理论②。

如此丰富的情报学研究领域,体现了情报学研究对象不断扩充、深化的过程。在情报学学科发展过程中,总会面临着新的环境、新的技术和新的问题。正是在这样的背景下,本书将全面调研研究方法,系统梳理情报学研究方法,给出情报学的研究方法与技术体系。

1.2 基于情报流程的情报学研究体系

伴随着情报工作实践活动的积累,出于规范情报活动的目的,学者们立足于情报过程角度对情报实践活动案例进行抽象,对情报工作流程的共性过程进行总结。情报学界逐渐形成若干情报流程学说与情报运行模型。情报工作流程规定了一系列情报活动的步骤和基本环节。情报运行模型是对现实特定场景下情报活动系统原型的抽象和全面表示。情报流程、情报运行模型,一方面是对情报活动概括、提炼的结果;另一方面反过来又为情报活动的有序开展提供保障③。情报流程是情报理论研究中的一项重要内容,情报流程本身具有较强的现实指导意义,其设计与优化的中心目的是指导人们高效、准确地产出情报产品,有助于情报活动的规范化、科学化。情报流程研究的理论价值则体现在对情报实践活动经验的总结与提升,通过不断提出新见解推动情报流程变革和创新,使之不断适应社会发展需要,特别是在当前新技术不断涌现,新社会需求不断产生的背景下。

情报流程(intelligence process)是在"情报周期"(intelligence cycle,又译"情报循环")概念基础上发展形成的,该概念由美军于2004年正式提出并出现在联合出版物JP2-01(《军事行动的联合与国家情报支援》)中,用于取代沿用多年的"情报周期"概念。有国内学者指出新旧概念更迭主要原因之一是由于并非所有情报活动都必须经过完

---

① 高金虎. 军事情报学[M]. 南京:江苏人民出版社,2017:29.
② 张晓军. 美国军事情报理论研究[M]. 北京:军事科学出版社,2007:115.
③ 彭知辉. 情报流程研究:述评与反思[J]. 情报学报,2016,35(10):1110-1120.

整的"情报循环"①，新概念更加贴近实际。在现实世界中，不同场景下情报活动性质、内容、难度等方面存在差异，这不仅决定了情报需求存在差异，也导致情报流程的表述没有统一标准。这体现出学者们对情报环节性质的不同理解。关于情报流程的划分也存在迥异的划分模式②。如有学者认为情报流程由任务分解与需求定义、信息检索与数据采集、信息融合与数据清洗、信息分析与内容挖掘、结果解读与情报提炼、报告撰写与情报传递等多个环节构成③。也有学者将情报工作流程凝练为情报采集与处理、情报加工与组织、情报分析与服务、情报反馈与评估等4个主要环节④。

本书通过引入情报流程，旨在以情报流程为线索对情报学研究方法与技术进行梳理。因此本章对不同类型、不同领域情报流程、情报运行模型在基本程序方面的共性，进行抽象与归纳，探讨作为情报流程基本单位的各个情报环节的同时，对相应的情报学研究方法或技术进行列举，并在随后章节对各研究方法与技术进行描述。

本书在借鉴苏新宁"基于内容的应急情报体系环状模型"⑤的基础上，描绘情报流程中的研究方法体系，如图1-1所示。情报工作各个阶段通过首尾相连形成一个闭合的环，情报学科学研究在环路中沿着确定方向往下一阶段运动。该环形模型体现情报学研究存在一个循环往复的过程。

（1）情报采集

情报采集是根据不断变化的用户需求，运用各种人力和技术，通过各种渠道和各种观察、探测及调查手段，有目的地广泛搜集和系统积累原始情报材料的活动。凡是可以折射、体现和有助于情报活动的各领域信息均可以纳入情报采集的范围。

在情报学学术研究领域，由于信息检索、网络环境、信息资源、知识管理等是我国情报学研究重点，因此情报学者所进行的情报采集实则属于信息科学范畴⑥，属于该范畴的收集方法包括信息检索技术、访谈法、问卷调查法、以网络爬虫技术为代表的计算

---

① 董尹，刘千里，赵小康. 基于情报流程视角的情报活动相关变量识别与分类[J]. 情报杂志，2012，31（10）：6-11.
② 陈祖琴，成洁，蒋勋. 情报流程重构视角下的应急过程多目标优化研究[J]. 情报理论与实践，2019，42（11）：46-51.
③ 化柏林，李广建. 面向情报流程的情报方法体系构建[J]. 情报学报，2016，35（2）：177-188.
④ 苏新宁，朱晓峰，崔露方. 基于生命周期的应急情报体系理论模型构建[J]. 情报学报，2017，36（10）：989-997.
⑤ 同③.
⑥ 周换换. 从信息采集和情报收集视角看两个IS的融合[J]. 情报杂志，2015，34（3）：41-45，88.

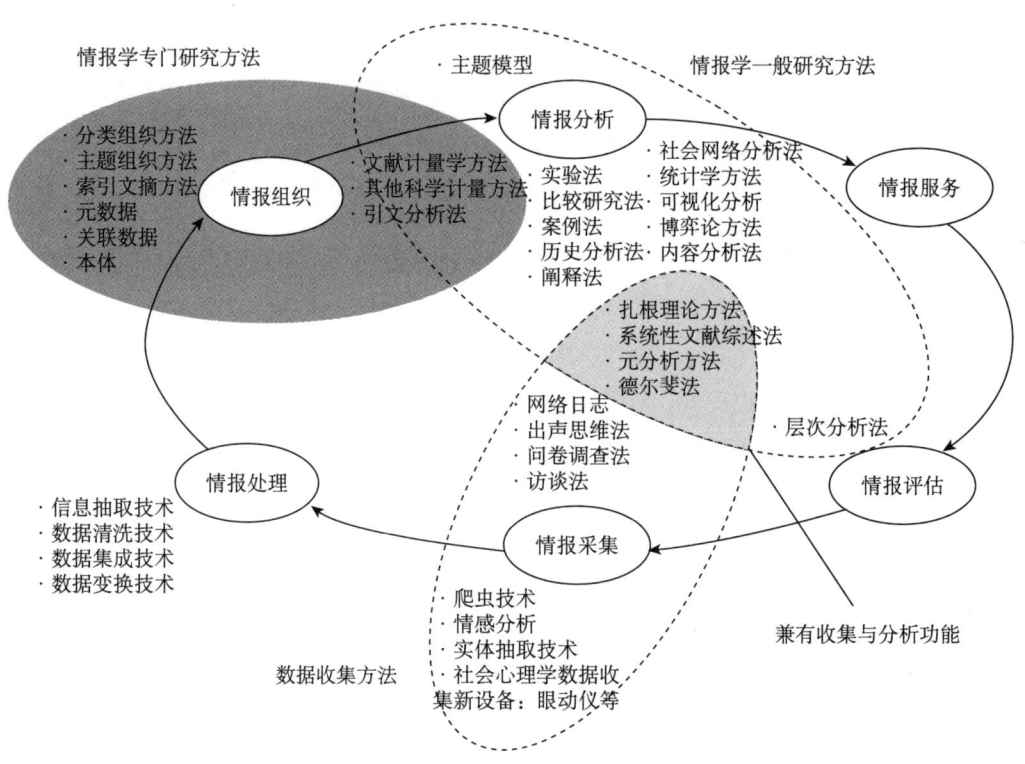

图1-1 情报流程中的研究方法体系

机辅助手段、以眼动仪为代表的社会心理学新手段等。在军事情报领域，学者则依据不同采集方法的特点，将其分为技术方法、人力方法和公开来源方法三大类①。其中技术方法是指利用光学、电子、计算机网络等相关技术和原理进行原始情报材料收集的方法，按照相关原理和技术的不同分为无线电技术侦察、声学探测侦察、遥感侦察和计算机网络侦察等；人力方法是主要依靠情报人员自身感官或利用拍照、摄像、监听等辅助手段进行情报采集的方法；公开来源方法是指从公开、半公开的资料或消息中获取情报材料的方法。在竞争情报领域，按照信息收集途径与方法，可分为内部途径收集和外部途径收集，内部途径收集包括内部产生的原始记录、技术档案和内部专门调查，外部途径收集则包括利用文献调查、实物调查、现场调查、口头交流等在行政途径、网络途

---

① 全吉成，于光，李刚，等. 军事情报采集方法研究[J]. 情报杂志，2009，28（S1）：25-26.

径、团体途径、外事途径、会议途径等各类外部途径进行情报采集①。上述领域收集方法的差异本质上是我国情报学界对情报学的定位问题(即两个 IS：information science，intelligence studies)的争论导致的，有学者指出由于两个 IS 有共同的理论基础且收集方法具有互补性，可以相互引用，并且能起到"1+1>2"的效果，因此两个 IS 的融合是可行的，具有实践操作意义，同时两个 IS 融合论的目的是促进我国情报学的发展，使其与时俱进，从而更好地为国家安全与发展服务②。

随着基于大数据的科研第四范式的崛起，以网络爬虫为代表的计算机辅助手段使用比例增加明显。在调研中发现，由于网络日志收集方法对于普通情报学科研工作者来说获取难度较大，因此网络日志方法逐渐退出了历史舞台。其他数据收集方法在近 10 年波动并不显著。需要指出的是：较多科学研究基于开源文献资源、公开数据集，然而对这些开放资源的利用并不是一种数据收集手段，因此未能统计；同时，以文献调研法为代表的一类数据收集方法，界限模糊，难以标注。

(2) 情报处理

情报处理，就是对所搜集情报资料进行规范化、有序化加工的过程③。大数据背景下，收集到的情报数量以指数形式增长，同时形式越发多样，不仅包括传统形式，如问卷、报纸、杂志、手工记录信息等，还包括大量新网络环境下的情报形式，如 HTML、XML、PDF、电子邮件等，而这种形式载体的情报在收集中比例不断增加。通过情报处理对搜集到的情报资料进行加工，主要从情报的外在特征和内容特征出发，利用各种手段使情报数据信息结构化和标准化，转化为情报分析的使用形式，同时提高其可用性、易用性等，情报处理是提高情报分析效果的有效手段④。

如表 1-1 所示，情报处理方法和技术从目的性角度可分为筛选、鉴别、关联、序化 4 类。从实施手段则可以分为手工处理与机器处理两部分，手工处理部分是机器无法处理或机器处理代价高昂的部分，如收集到的原始调查问卷、访谈音频视频资料，需要手工进行录入等。机器处理部分的情报预处理是一个广泛的技术领域，包含大量以复杂

---

① 郭永建，张树娟. 竞争情报收集整体框架及信息源反馈评价体系研究[J]. 情报杂志，2007(11)：35-36.
② 周换换. 从信息采集和情报收集视角看两个 IS 的融合[J]. 情报杂志，2015，34(3)：41-45，88.
③ 彭知辉. 论大数据环境下公安情报流程的优化[J]. 情报杂志，2016，35(4)：15-20.
④ 徐萍，邵波. 基于本体信息抽取的竞争情报预处理分析[J]. 情报杂志，2008(9)：33-35，38.

方式相关联的不同策略和技术，主要包括信息抽取、数据清洗、数据集成、数据变换等①。有研究统计表明，数据挖掘过程中数据的预处理是最耗时也是最重要的基础工作。其中，信息抽取是对收集到的情报中相关信息进行抽取，从特定文本中抽取特定的事件、事实等信息，形成结构化数据并存入数据库，以供未来复用。由于各种途径收集到的数据一般是不完整的、有噪声的和不一致的，数据清洗则试图填充缺失值、平滑噪声、识别异常点，纠正数据中的不一致。数据集成则是指将多个数据源中的数据合并存放在一个数据库中，多个数据源融合过程中需要考虑如数据冗余、数据值间的冲突和模式匹配等问题。数据变换是指将数据转换或统一成适合于挖掘的形式。

表1-1 情报处理主要阶段抽象示意

行为抽象	情报处理阶段目标概述	拟解决具体问题
筛选	去伪存真	噪声数据消除
鉴别	鉴定修复	数据退化、命名冲突、结构冲突、唯一性冲突、缺失值、录入错误、高维数据删减等
关联	多源融合	要素抽取、数据冗余、模式匹配、数据值冲突检测等
序化	转换以适合未来工作	规范化、离散化、二元化、构造新属性、定义特征子集等

（3）情报组织

情报组织主要探讨内容是情报资源的收集、整序等组织整理问题，是信息组织研究领域的扩展与深化。情报组织是针对用户需求特点，利用一定的科学规则和方法，通过对已知的情报内外在特征进行分析、表征和提炼，实现从无序到有序的一种重组活动，以使情报达到一种科学组合、有效流通和保证用户有效获取与利用的目的。

有学者指出情报组织活动也可以理解为对资源对象按照一定的描述规则及语言进行描述标引的过程②。整个信息组织处理活动可以理解为三层：资源层、元数据记录层、词表层。其中资源层为实际处理的各种非结构化、半结构化或结构化的资源对象，通过对这些资源对象进行信息描述和信息标引，从而进入到元数据记录层。元数据记录的生成需要依托于词表层，词表层属于最上层，规定了信息描述所使用的基本模式，明确所

---

① 李勇男，梅建明，秦广军. 反恐情报分析中的数据预处理研究[J]. 情报科学，2017，35（11）：103-107，113.

② 贾君枝. 面向数据网络的信息组织演变发展[J]. 中国图书馆学报，2019（5）：51-60.

选用描述元素及其相应的取值类型及范围。

情报组织方法和技术包括了分类组织法、主题组织法、文摘组织法、引文法、目录法等。在信息资源数字化、网络化背景下，情报组织的方式方法也在不断拓展，出现了对元数据、本体、关联数据等的理论探索与实践。

（4）情报分析

情报分析亦称信息分析或情报研究[1]，是根据社会用户的特定需求，以情报任务为驱动，利用现代信息技术和软科学研究方法为主要手段，以社会信息的采集、选择、评价、分析和综合等系列化加工为基本过程，再对信息或知识进行关联、归纳、演绎推理、集成等步骤形成新的、增值的情报产品，为不同层次科学决策服务的社会化智能活动。

早期情报分析强调分析人员专业背景和经验，更多地依靠人的智力去解读特定的、少量的数据对象，通过人的分析、归纳和推理得出情报研究的结论。随着科学技术的迅猛发展和大数据时代的到来，仅靠人力本身已经难以胜任情报分析工作了，情报分析越来越多地应用以计算机为代表的信息技术，利用数据挖掘、机器学习、统计分析等方法，运用文献计量、引文计量等定量化手段，进行再计算或在计算的基础上辅以人工判断形成分析结论。

（5）情报服务

情报服务的目标是解决由"情报爆炸"所带来的情报积累与利用之间的尖锐矛盾。用科学的方法组织知识信息，使之有序化，成为人们便于利用的形式，然后以最快的速度向用户提供所需要的情报，促进科学技术和经济发展，情报服务不仅需要充分挖掘并满足用户的情报需求，还需要提高情报服务的质量，注重用户体验并为用户提供个性化服务[2]。现代情报服务内容主要包括面向学术的科技情报服务、面向企业的竞争情报服务和面向政府的决策情报服务3个方面。其中预见性、预测性情报服务应该是当前情报服务中价值最大、难度最大，也最为期待的服务[3]。

有学者按照服务层次上的进阶路线，将情报服务大致分为4个层次，结合科技情

---

[1] 李广建，化柏林. 大数据分析与情报分析关系辨析[J]. 中国图书馆学报，2014，40（5）：14-22.
[2] 叶鹰. 情报学基本教程[M]. 3版. 北京：科学出版社，2018：237.
[3] 李辉，张惠娜，侯元元，等. 情报3.0时代科技情报服务能力研究：基于工程技术视角的服务能力四层结构模型[J]. 情报理论与实践，2017，40（3）：1-4.

报、公安情报①②为例对情报服务主要内容进行抽象，如表1-2所示。第一层次是提供信息服务，是情报服务的初级形态，指以资源保障和信息服务作为主要业务。第二层次是提供情报服务，秉承"耳目、尖兵、参谋"与国外"intelligence services"接轨的情报理念和理论方法指导，典型业务包括了针对性、时效性很强的动态情报推送、开发用户有明确含义的情报报送、面向特定用户的特定问题专题研究等。第三层次是提供决策咨询服务，即为决策者提供决策半成品或决策成品，决策半成品包括具有明确操作举措建议的重大战略决策专题研究报告、决策咨询报告，决策成品为解决方案式的专题决策咨询研究报告等。决策咨询服务是关乎能否直接解决实际问题、直接影响决策效果或经济效益的高智力情报服务。第四层次是提供思想智慧服务，包括新思想、新观点、远见卓识的智慧等。提供的思想智慧服务往往为高端用户带来全新的认知和行为，是情报服务的顶级形态，由于这类服务往往不是用户自己意识到的，也自然不在用户的预期和直接需求之列，具有可遇不可求的特点③。

表1-2 不同领域（科技情报、公安情报）情报服务内容抽象示意

服务层次	主要服务内容抽象	科技情报	公安情报
第一层次	以资源保障为主的基本信息服务	文献传递，提供检索和利用服务	情报反映类公安情报产品：每日治安要情、每周警情动态、要情快报等；提供稳定性较强的静态情报资料
第二层次	有针对性的情报推送、特定问题专题研究	情报推送、专题研究	系统资料类公安情报产品：社会治安情况综述、恐怖组织资料汇编、舆情汇编等；提供高价值的动态情报资料
第三层次	提供决策咨询服务，提供决策成品或半成品	具有解决方案式性质的专题研究报告、决策咨询报告	综合研究类公安情报产品：社会治安形式分析、犯罪趋势分析、犯罪活动打防对策分析、社会维稳综合分析；大数据背景下对普遍存在的开源情报充分利用
第四层次	思想智慧服务	提供新思想、新观点、远见卓识的智慧	

---

① 彭知辉. 论基于大数据的公安情报搜集[J]. 图书馆学研究, 2017 (9): 33-37, 48.
② 彭知辉. 论公安情报产品及其构成[J]. 情报杂志, 2013, 32 (5): 61-65, 76.
③ 陈峰. 论面向高端用户提供情报服务的四个层次[J]. 情报杂志, 2016, 35 (10): 13-17.

（6）情报评估

"评估"是评估主体根据既定的目标，对某一事物的价值、地位、作用、影响等做出明晰的分析与判断的活动。情报评估是情报服务的进一步延伸，是情报评估主体对情报活动的整个过程以及情报的主题和客体进行分析研究，并做出评价与决策的一项工作[1]。情报评估是对情报结论做出最后的"智慧的定案"，是专门的"评估主体"对情报分析成果或结论进行的再分析与再评价，是一种关于"情报分析的分析"，即在分析主体形成的分析成果基础上的再分析，是情报分析的高级阶段[2]。评估主体从不同的视点、角度审查、评议情报成果，既考察情报成果的正面价值，也审查情报结论的真伪、瑕疵和漏洞，以便进一步完善情报分析结果，减少情报使用过程中出现的失误。评估另一项价值体现在"反馈"，评估后的反馈是评估主体与情报单位交流互动的重要方式。各种反馈需求既包括情报应用情况、新情报需求等。反馈联通了整个情报工作流程，促使情报工作进入新一轮循环。

情报评价可以分为定性评价方法、定量评价方法与定性定量相结合的评价方法。情报评价方法依据评价对象特点进行选择。定性评价方法一般根据评价的目的和服务对象的需求，依据一定的准则与规范，确定评价标准，建立相关的评价指标体系对评价对象进行评价。定量评价方法则以一些直观的数量指标为主，也可以做定量数据预算，如使用层次分析法、灰色关联分析法、模糊综合评价法。其中层次分析法较为常见，层次分析法是一种适合分析多目标、多准则、复杂系统的有力工具。该方法将决策有关的元素分解为目标、准则、指标或方案等若干层次，将定性指标量化，计算出的层次单排序和总排序结果作为多目标、多方案优化决策的决策依据[3]，如军事情报价值评价研究中多采用层次分析法[4][5]。

有学者指出在实际工作中情报评估主要还是依靠定性方法实施，主要由于情报具有特殊性与动态性，难以建立起一个科学、公正、客观的情报评估指标体系，而这种情报评估指标体系在实战业务中的运行还有待研究。

---

[1] 耿蓓，王斌．情报评估体系建设研究[J]．图书馆学研究，2014（23）：7-11．
[2] 李广仓．公安情报分析原理[M]．北京：中国人民公安大学出版社，2007：300．
[3] 梁蕾．层次分析法的演进及其在竞争情报系统绩效评估中的应用[J]．情报理论与实践，2015，38（12）：20-24．
[4] 丁咏，岳振军，朱莹，等．军事情报价值的当量评估法[J]．火力与指挥控制，2015，40（3）：72-74，78．
[5] 余力，岳振军．军事情报价值评估方法[J]．火力与指挥控制，2011，36（5）：173-176，184．

1.3 研究框架和研究方法

本节首先给出本书的整体研究框架，着重对情报学研究方法体系自动构建的思路进行概述，然后说明本书中使用到的研究方法。本书采用人工梳理与机器学习相结合的方式，自顶向下地给出情报学研究方法与技术体系。需要指出的是，技术是解决问题的方法及方法原理，含义较为笼统，因此本书将方法与技术统称为方法。

1.3.1 研究框架

本书的基本研究框架如图1-2所示。本书首先对现有的情报学理论与方法进行调研，通过对国内外不同领域情报学资料的解读，构建研究用语料库，并在此基础上人工梳理情报学研究方法，得到情报学一般研究方法（一级类目）与情报学专门研究方法（一级类目）。

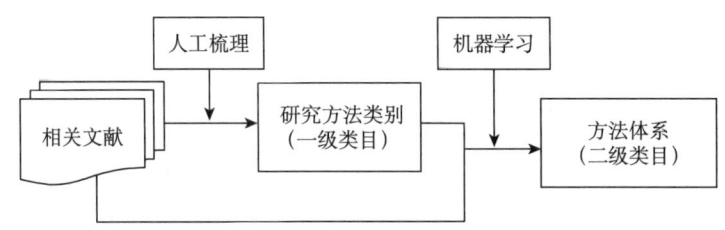

图1-2 总体研究框架

然后，对语料库进行抽样，人工标注包含研究方法的句子（简称研究方法句）并标注研究方法句中具体研究方法。在此基础上，得到研究方法句分类语料与研究方法实体抽取用语料，借助机器学习方法对这两种语料库进行学习和抽取，分别得到研究方法句集合与方法集合。

接着，本书依据包含方法集合的语料库（方法语料库），对情报学研究方法进行表示，利用聚类算法生成方法的层次概念体系，即情报学研究方法体系。这里需要指出的是，本书中的情报学研究方法体系自动构建，是限定在人工梳理的研究方法一级类目中进行聚类所得到的。如图1-3所示，这种人工梳理与机器学习相互结合的层次体系生成方法，在一定程度上保证了方法体系的稳定性与可解释性。

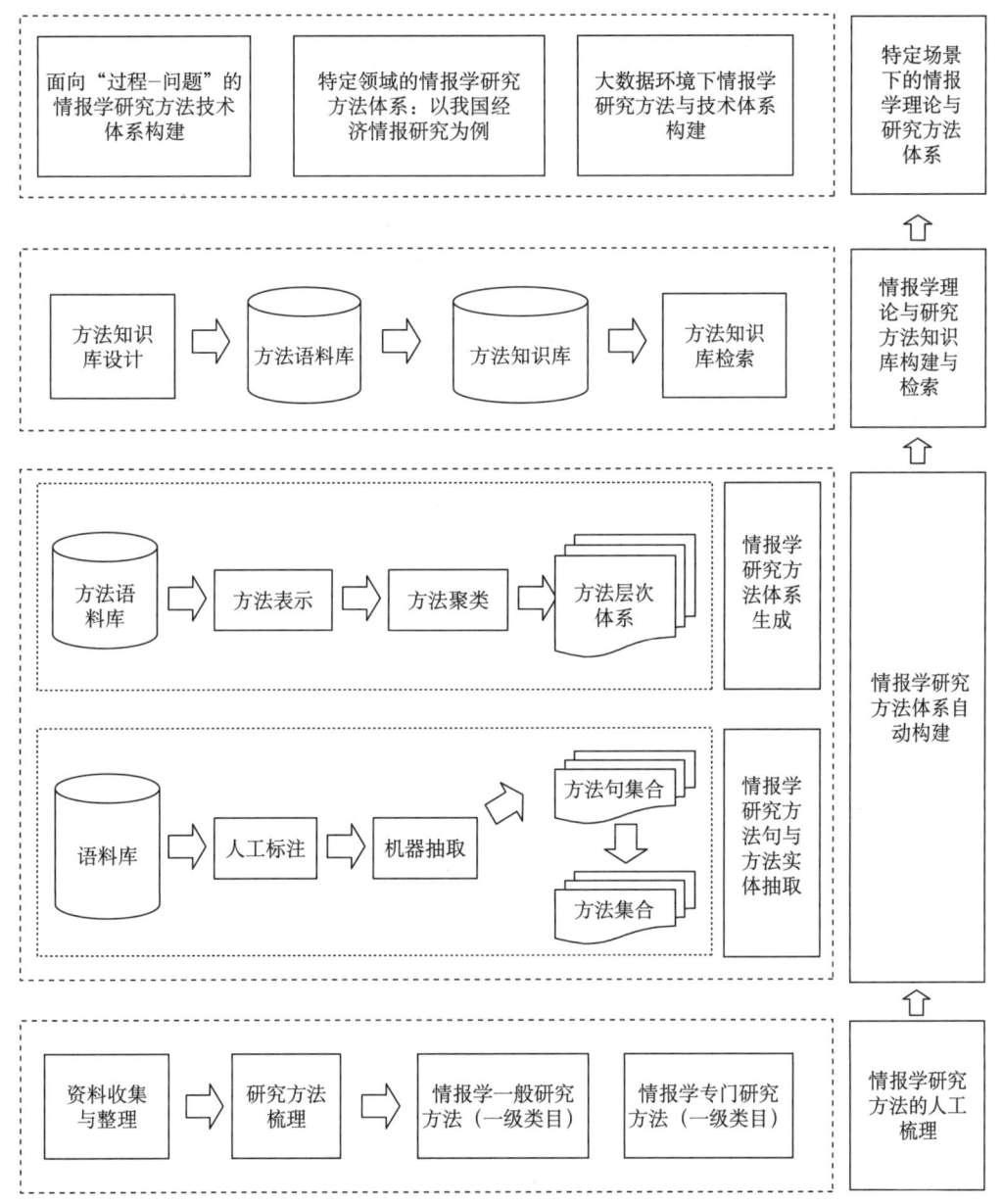

图1-3 人工梳理与机器学习相结合的研究方法体系生成思路

随后,本书结合情报学领域学术文献,对情报学研究方法实体、情报学层次体系进行知识库的构建与检索,通过检索平台直观地展示情报学方法实体与方法体系。

最后,本书还针对特定场景下的情报学研究方法体系问题进行了探索,主要包括面向"过程-问题"的情报学研究方法与技术体系构建研究、特定领域(以我国经济情报研究为例）的情报学研究方法体系、大数据环境下情报学研究方法与技术体系构建等3个方面。

1.3.2 研究方法

本书综合运用网络调查法与文献调研法、比较分析方法、实证研究方法及综合集成方法等多种研究方法，具体说明如下。

（1）网络调查法与文献调研法

利用搜索引擎及国内外学术论文数据库，搜集并归纳情报学相关领域中情报与情报学的概念，并从现有的文献、专著、百科全书和情报工作案例等资料中，利用规则与机器学习相结合的方法，抽取国内外情报学研究方法，得到情报学研究方法语料库。

（2）比较分析方法

对情报与情报学的相关概念进行辨析，理清各概念间的区别与联系，同时对国内外情报学理论与方法进行对比分析，并通过对情报学理论与方法的梳理，比较大数据环境与传统环境下情报学理论与方法的区别，指出情报学理论与方法体系变革的必要性。

（3）实证研究方法

一方面，对不同领域的语料库进行人工标注，构建研究方法句分类语料库与研究方法实体抽取语料库；另一方面，通过机器学习方法，借助人工标注语料库，进行研究方法句与研究方法实体的多粒度抽取。

（4）综合集成方法

本书综合人工梳理与机器学习方法，得到情报学研究方法体系，并综合研究方法实体抽取与研究方法体系构建的结构，构建了情报学研究方法知识库并提供检索系统，体现了多种方法与技术手段的综合集成。

1.4 本书结构

如图1-4所示，本书的主要内容分为3个部分：人工梳理得到情报学研究方法体系，主要包括第2至第4章内容；机器自动生成情报学研究方法体系，主要包括第5至第9章内容；特定场景下的情报学研究方法体系研究，主要包括第10至第12章。

第1章，即本章，为绪论部分。首先对相关基本概念进行界定与述评，然后给出本书写作思路与研究方法，最后说明本书的逻辑框架与章节安排。

第 1 章 绪 论

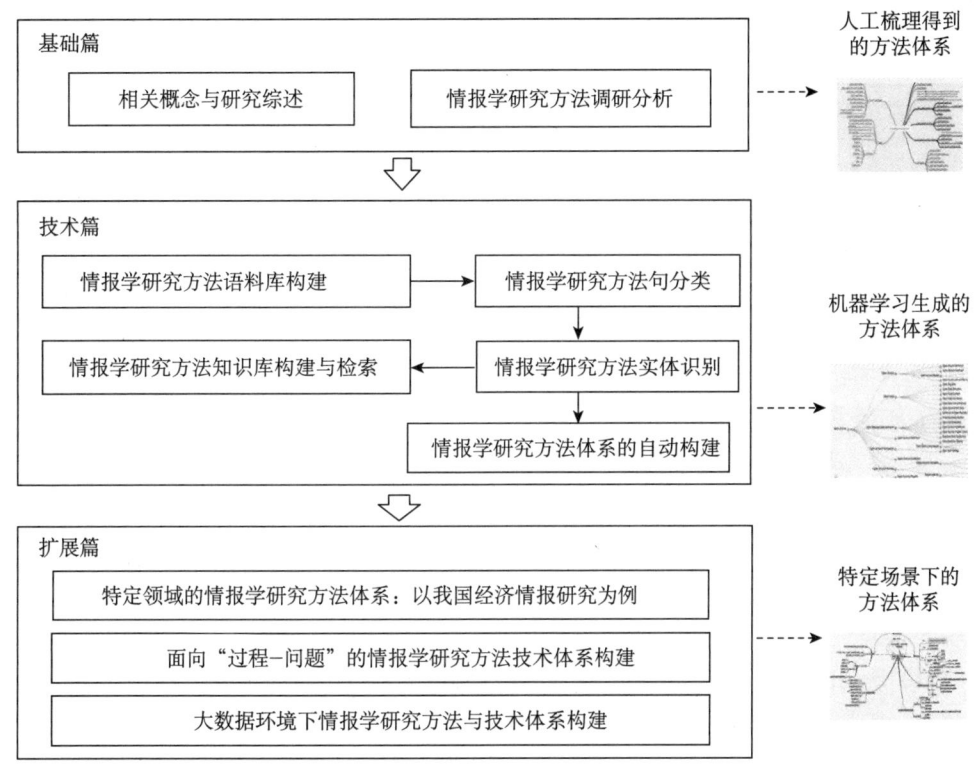

图 1-4 章节结构示意

第 2 章，情报学学科的基本研究方法与技术概述。首先确定本研究的范围与研究问题的背景，其次从研究方法体系研究、研究方法的使用情况调查研究出发，分别加以综述。最后以《情报学报》2009—2018 年所有学术文献为例，从计量视角整理考察近 10 年情报学研究方法使用情况。

第 3 章，情报学一般研究方法。以 2009—2018 年《情报学报》所刊登学术文献研究方法使用情况调查为主要线索，结合已有成果，叙述现阶段我国情报学科学研究中所采用的一般研究方法。

第 4 章，情报学专门研究方法。首先界定了专门的范围，然后分别阐述了文献计量学方法和引文分析法两种专门方法。

第 5 章，情报学研究方法语料库构建。首先对已有研究工作中语料数据准备工作进行概述，随后详细介绍本书中相关语料库的构建工作。

第 6 章，情报学研究方法句的自动分类。首先介绍与研究方法句分类相关的工作；然后介绍本章使用的研究方法句分类的思路与模型，并比较分析各模型进行研究方法句分类的性能；最后选择性能较优的模型进行研究方法句分类。

第 7 章，情报学研究方法实体识别。首先介绍与研究方法实体识别相关的工作；然后介绍本章使用的研究方法实体识别的思路与模型，并比较分析各模型进行研究方法实体识别的性能；最后选择性能较优的模型进行研究方法实体识别。

第 8 章，情报学研究方法体系的自动构建。首先对概念层次体系生成和概念实体聚类等相关研究进行概述；然后以近邻传播聚类、层次聚类、K 均值聚类 3 种方法对情报学方法实体进行聚类，使用轮廓系数对不同参数下的多组聚类结果进行评估，以获取最优的聚类结果；最后，在人工标注的基础之上，融合方法实体的层次聚类结果生成情报学研究方法体系。

第 9 章，情报学研究方法与技术知识库构建与检索。首先给出情报学研究方法与技术知识库构建与检索的基本思路，描述知识库关键构建步骤；接着对知识库在线演示系统的构建情况进行说明；最后给出情报学研究方法与技术知识库界面展示与检索结果样例。

第 10 章，面向"过程－问题"的情报学研究方法与技术体系构建研究。首先对相关研究进行概述，给出面向"过程－问题"的情报学研究方法与技术体系构建的基本思路；接着对方法与技术术语的重新组织方法进行重点描述，对组织结果进行分析；最后给出方法体系的进一步优化思路。

第 11 章，特定领域的情报学研究方法体系——以我国经济情报研究为例。首先说明了经济情报研究的必要性；然后阐述了经济情报的研究方法类型；接着给出经济情报的研究方法内容；最后采集相关数据，对经济情报研究方法的使用情况进行量化分析。

第 12 章，大数据环境下情报学研究方法与技术体系构建。首先探讨了大数据环境下情报学研究发生的演变，指出了大数据环境下情报学研究方法与技术的新要求；然后结合大数据引起的情报学研究演变和对情报学研究方法与技术的新要求，勾画大数据环境下情报学的研究思路；最后针对不同的研究目的，梳理了大数据环境下情报学研究的方法与技术，并分别给出了这些方法和技术的应用过程，以此构建了大数据环境下的情报学研究方法与技术体系。

第 2 章
情报学学科的基本研究方法与技术概述

研究方法是促进学科发展的重要推动力,在科学研究过程中扮演着举足轻重的角色。对于情报学这一相对较新的领域,研究方法的重要性不言而喻。

国内学界大体通过"研究方法体系构建研究""研究方法使用情况调查研究"两种手段对研究方法世界进行揭示。"研究方法体系"是将各种相对独立又彼此紧密联系、在形式概念视角又存在着一系列复杂关系的研究方法,按照一定秩序与内部联系组合成有机统一整体。"研究方法体系构建"的目标在于通过不同的视角、逻辑起点、思维程序去梳理复杂的研究方法世界,并就方法间的内在关系进行科学表述,构建一个既概括各种研究方法又梳理归纳各研究方法间关系的体系。结构科学、组织合理、功能强大的研究方法体系一直以来都是情报学界孜孜不倦的追求目标。这不仅是情报人对知识"序化、转化、融合"①源于心、践于行的情报本能,更是当前情报学学科相对独立、逐渐步入成熟之际,学科本身理论与方法建设的迫切需要②。相较于此,"研究方法使用情况调查研究"则是采用内容分析法或计算机辅助方法、文献计量学方法对特定范围内的样本文献进行统计描述分析,试图从有限视界中一窥研究方法世界轮廓,通过"可操作的形式"便利地获得具象化的研究方法体系实例,两类研究的差异,实质上是对研究方法世界全貌全局视角下的定性描绘与局部视角下的定量测度。

本章首先以社会科学与自然科学、中西方学界关于"研究方法体系"理解之差异为

---

① 化柏林. 情报学三动论探析:序化论、转化论与融合论[J]. 情报理论与实践,2009,32(11):21-24,41.
② 王崇德. 情报学研究方法概论[J]. 情报科学,1985(6):1-7.

引子，确定本研究的范围与研究问题的发生。其次从两种情报学研究方法世界的揭示途径：研究方法体系研究、研究方法使用情况调查研究出发，分别加以综述。通过这一分疏，勾勒过去情报学方法世界相关研究的动态走向：传统的研究方法体系构建由于分类体系机械，无法合理收纳新方法等原因日渐式微和困顿，代之而起的是研究方法使用情况调查研究。最后给出研究方法使用情况调查结果，并对该研究的不足之处进行了讨论。

本章以2009—2018年《情报学报》论文为例，从计量视角整理考察近10年情报学研究方法使用情况。近10年《情报学报》情报学研究方法使用情况既是学界研究方法使用现状的缩影，也是情报学研究方法世界变迁发展的重要节点。本章以上述考察数据为现实依托，管窥情报学研究方法世界沧桑嬗变的同时钩沉情报学研究方法体系。随后的第3、第4章分别对情报学一般研究方法和专门研究方法进行梳理。

2.1 研究问题的界定

在"何为研究方法体系"的问题上，学界有较为统一的认识：从形式上看"方法"是单数，"方法体系"是复数，"体系"则是指为达到预期的特定目标而由一组相互联系、相互作用、相互制约的要素构成的一个有机整体[1]，"方法体系"并非是"方法"的简单相加或平面堆砌，而是一个以单数"方法"为直接素材、富有立体质感、层次分明、相互融汇的结构性系统[2]。"研究方法体系"就是指为完成研究目的，研究学科领域的本质和规律所采用的一组相互联系、相互作用、相互制约的特定方法构成的一个有机整体的方法体系[3]。

"研究方法体系"概念相对具有共识，而构成要素却存在着多元观点。主要学术观点如表2-1所示。

---

[1] 于玉林. 基于系统分析：会计研究方法体系的探讨[J]. 会计之友，2011（8）：9-12.
[2] 张新平，陈红燕. 论教育管理学的"两层面三层次"方法体系[J]. 教育研究，2012，33（10）：12-18.
[3] 李帆，傅劲松. 论资源产业经济学的研究方法体系[J]. 资源与产业，2006（6）：34-38.

第2章 情报学学科的基本研究方法与技术概述

表2-1 研究方法体系构成的不同学术观点

学科属性	观点类型	研究方法体系的构成			
社会科学	观点1	方法论	一般方法		具体学科方法
社会科学	观点2	方法论		方法原则	具体学科方法和技术
社会科学	观点3	哲学方法	一般方法		具体学科专门方法
社会科学	观点4				客观世界各种方法
社会科学	观点5	方法论			各种方法
自然科学	观点6				客观世界各种方法

观点1认为研究方法体系由方法论、一般方法（基本方法等）、具体学科方法3个层次构成①②③。观点2主张研究方法体系包括方法论、方法原则（方法规律）、具体学科方法及技术三大部分④⑤⑥。观点3认为研究方法体系由哲学方法、一般科学方法（通用方法等）、具体学科专门方法组成⑦⑧⑨。观点4主张研究领域客观事物的各种方法是相互联系、相互制约的有机整体⑩⑪⑫。观点5认为完整科学研究方法应是方法论与具体方法的统一⑬。需要指出的是：自然科学较少存在研究方法体系的相关研究，如地质学、

---

① 李帆，傅劲松. 论资源产业经济学的研究方法体系[J]. 资源与产业，2006（6）：34-38.
② 罗金增. 论图书馆学研究方法体系的构建[J]. 河南图书馆学刊，2014，34（1）：81-83.
③ 吴迪. 探讨区域经济学理论研究方法体系的构建[J]. 东方企业文化，2013（24）：156.
④ 肖智星. 综合集成思想的应用对策研究方法体系探索[J]. 广东社会科学，2013（1）：118-124.
⑤ 张万秋，邱红. 我国"农村体育"研究现状与展望：从研究对象和研究方法体系出发[J]. 山西师大体育学院学报，2007（2）：8-10.
⑥ 胡韬，张大均. 教育心理学研究方法体系的发展历程与新取向[J]. 西华师范大学学报（哲学社会科学版），2006（3）：96-99.
⑦ 葛梅荣. 图书情报学研究方法体系及应用[J]. 科技信息，2012（15）：269，129.
⑧ 赵晓毅，刘家顺. 论管理学研究方法体系的形成和发展[J]. 科技管理研究，2011，31（2）：212-215，205.
⑨ 陆雯. 心理学研究方法体系的探讨：对运动心理学研究方法的启示[J]. 沈阳体育学院学报，2003（2）：52-53.
⑩ 曹佩升，刘绍龙. 翻译实证研究方法体系建构[J]. 甘肃社会科学，2011（1）：252-255.
⑪ 吕成，杨明. 再议"中国式管理"研究领域的研究方法问题：一个研究方法体系的建构[J]. 比较管理，2011，3（1）：94-110.
⑫ 中央财经大学会计学院管理会计研究课题组. 管理会计研究方法体系框架的构建与应用：基于国内外现有研究成果的初步分析[J]. 会计研究，2010（5）：30-38，95-96.
⑬ 杨海松. 论教育社会学研究方法体系的构成[J]. 价值工程，2006（9）：20-22.

医学领域中关于研究方法体系的观点 6 与观点 4 相同①②。

与此同时，通过考察西方研究方法体系相关研究，发现中西方就方法体系认识方面的区别在于：西方对于具体研究方法的理论探讨较为广泛和深入，但对于研究方法体系的构建，只停留在具体的学科研究方法的归集和组合，没有将学科方法论包括进来。西方学科领域研究方法体系是技术性的，不包括哲学方法在内。而我国较重视从哲学的角度来研究学科领域研究方法体系，如有一些学者将马克思主义的哲学方法作为科学领域研究方法体系的最高层。

这种差异主要是由中西方哲学基础、思维方式、文化背景不同造成的。首先，西方学科领域研究方法较多地受实用主义影响，信仰存在就是合理，有用的就是真理；而我国学科领域研究方法的哲学基础是马克思主义的辩证唯物主义和历史唯物主义，遵循马克思主义的认识论。其次，西方学界受实用主义影响，更注重应用理论的研究；而我国强调理论来源于实践，高于实践，更注重基础理论的研究，习惯从学科领域本质、职能、对象、目标等基本概念及基本问题起步，在思维结构上也存有差异。最后，西方学者一般偏好逻辑思维和归纳分析思维，习惯从小到大、从局部到整体的思维程序和方法，因此更注重具体研究方法的应用及对实践的影响，而缺少整体的、方法论性的对学科领域研究方法体系的综合思考；而我国的学者一般偏好形象思维和直觉思维，习惯从大到小、从整体到局部的思维程序和方法，因而对方法体系研究是整体性的综合研究③。

本书旨在切实指导情报具体工作与学科建设，特别是情报人才的培养。本部分讨论主要着眼于以下几方面：首先，对已有的情报学研究方法体系研究进行评述（2.2 节）、对情报学研究方法使用情况调查研究进行评述（2.3 节）；其次，对上述两类研究若干基本问题进行讨论（2.4 节）；最后，结合《情报学报》近 10 年来研究方法使用情况调查对具有代表性的各研究方法现状进行阐述（第 3、第 4 章）。

---

① 郭彦如，刘化清，李相博，等．大型坳陷湖盆层序地层格架的研究方法体系：以鄂尔多斯盆地中生界延长组为例[J]．沉积学报，2008（3）：384-391.
② 陈波，赵海涛．储层精细表征的研究方法体系与思路探讨[J]．河南石油，2006（1）：21-24.
③ 杨位留．中西方会计研究方法体系的比较[J]．新西部（下半月），2007（12）：120-122.

2.2 情报学研究方法体系研究评述

20世纪80年代以来，我国情报学界兴起了关于情报学方法论体系的讨论，情报学领域内从早期先贤到近期新秀不乏尝试通过不同的视角、逻辑起点、思维程序去梳理复杂的研究方法空间并就方法间的内在关系进行科学表述。本节利用内容分析法对26篇情报学研究方法体系构建文献就构建视角、逻辑起点、思维程序、核心问题的观点等进行分析、抽取并归纳，绘制情报学研究方法体系构建学说演进图，如图2-1所示。其中，横轴为时间顺序，无研究成果年份以省略号缩略，空白年份愈久间距愈宽；双下画线姓名指代构建研究文献的第一作者；不同色块区域指代不同学说，不同学说由构建思路相同的文献构成，分叉指代同一学说不同分支，即构建思路相同但在若干问题上观点不相同；虚线箭头标注，意指该成果融合其他学说，具备其他学说某些特点。

如图2-1所示，中国情报学理论发端于20世纪80年代的"科学春天"[①]，脱胎于文献和科技情报工作，其浓郁的社会科学属性促使萌芽期情报学在发展伊始自然延续了"经典社会科学层次说"构建思想。"经典社会科学层次说"按照普遍程度分为：专门方法、一般方法、哲学方法3个层次[②]。其中，哲学方法是一切的基础，一般方法是具有普遍意义适用多学科的方法，专门方法是某一具体学科领域所采用的特殊研究方法，三者间按水平方向描述存在层次关系[③]。

情报学界坚信"一个适合中国特色和情报特点的情报学研究方法论是可以建立和完善的"。王崇德在继承中发展主张情报学不同于其他学科，由于情报的知识性属性，哲学方法不仅指导人们回答具体问题，哲学方法有时还会直接回答具体问题[④]，在"王崇德层次说"中哲学方法、一般方法、专门方法并非上下层次关系，而是同一层级内的并列关系。随后的1986—1988年，情报学研究方法体系构建研究迎来了历史高峰期[⑤]。近四十载栉风沐雨，情报学逐渐发展起多种各具特色的方法体系构建学说，依据体系构建研究的构建视角、逻辑起点、思维程序、对核心问题持有观点等的差异，现有成果大体

---

① 裴雷. 山水兼程探新知：记信息管理与情报学家马费成[J]. 湖北社会科学, 2017 (2)：2.
② 靳娟娟. 边防情报学方法论研究[J]. 情报杂志, 2003 (2)：24-25, 28.
③ 樊松林. 竞争情报研究方法体系的架构与选用[J]. 情报科学, 2000 (10)：871-876.
④ 王崇德. 情报学研究方法概论[J]. 情报科学, 1985 (6)：1-7.
⑤ 王玉. 试论竞争情报研究方法的二维结构[J]. 现代情报, 2004 (7)：12-15.

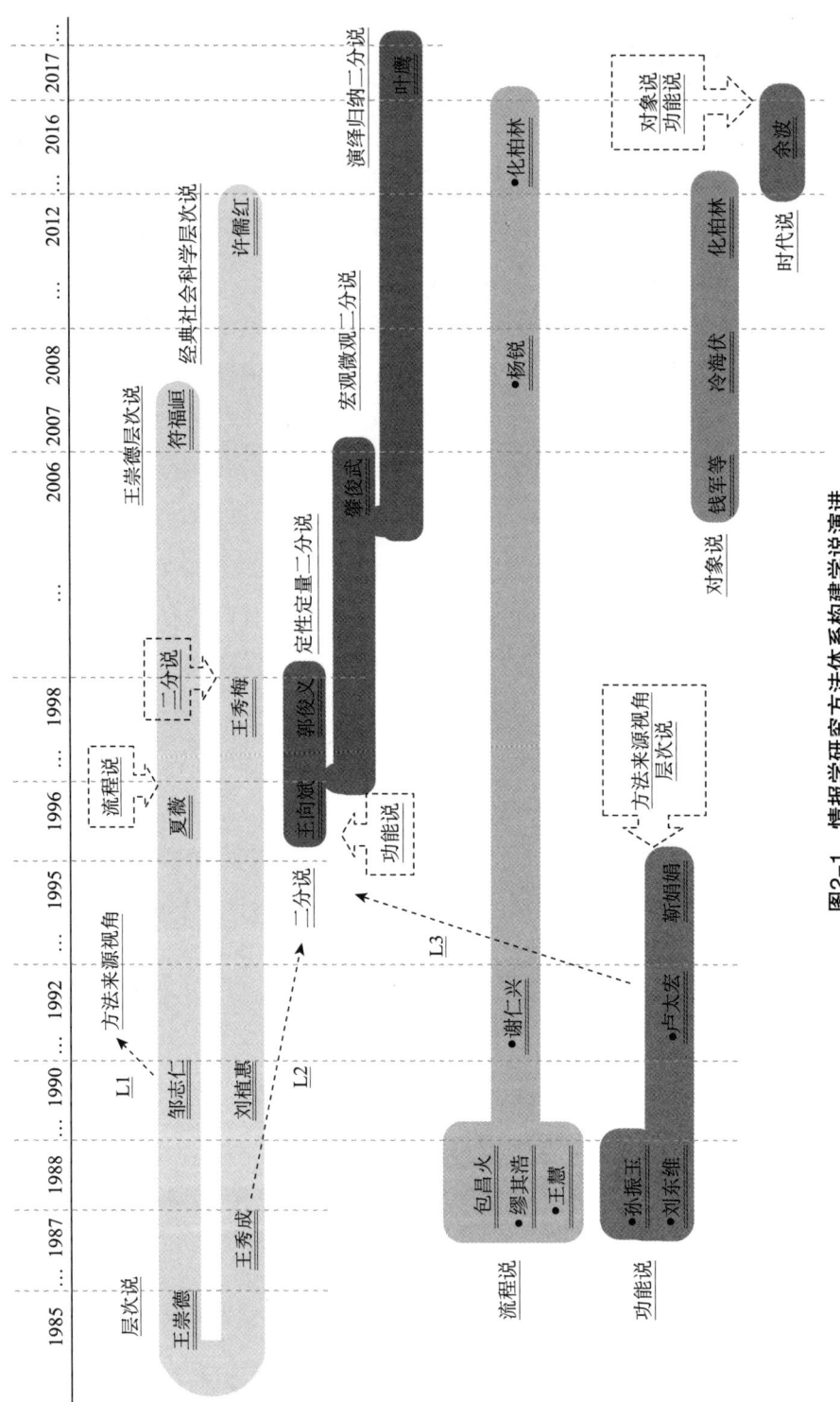

图2-1 情报学研究方法体系构建学说演进

可分为6种学说："层次说""流程说""功能说""二分说""对象说"，以及尚需时间检验的"时代说"。若干具有代表性的方法体系如表2-2所示。

表2-2 具有代表性的方法体系

分类方法	框架描述	作者
层次说	哲学方法、一般方法、特殊方法。一般方法包括社会调查法、逻辑推理法、观察实验法、数学方法、思维科学法、历史方法、现代科学法。特殊方法包含文献计量学法、引文分析法	王崇德[①]
流程说	情报收集方法、情报分析方法、情报表达方法。情报收集方法包括文献查找、数据收集、情报调查、集约化情报收集、情报评价。情报分析方法包括事实分析、数值分析、文献分析、指标技术、未来趋势分析、图片形象分析。情报表达方法包括文字表达、图像表达	缪其浩、徐刚[②]
功能说	哲学方法、情报学专有方法、移植科学方法、横断科学方法、经验科学方法、理性思维方法。哲学方法包括皮亚杰的结构主义、拉卡托斯的科学、研究纲领方法论等。情报学专有方法包括聚类映复法、空白点分析法、内容分析法等。移植科学方法包括管理学方法、图书馆学方法、软科学方法等。横断科学方法包括突变论方法、协同论方法、耗散结构论方法等。经验科学方法包括实验方法、观察方法、调查研究方法。理性思维方法包括科学抽象方法、比较与分类方法、归纳与演绎方法等	靳娟娟[③]

（1）王崇德层次说、经典社会科学层次说

面对情报学一般方法数量锐增而专门方法则相对贫乏的失衡局面，"王崇德层次说"被提了出来，邹志仁依据方法来源对一般方法进一步细化，发展出"中介方法"（四层次），本质上探索了通过来源视角进行分类的研究方法（图2-1：L1）。夏薇引入了"流程说"对一般方法进行二级分类。在"哲学方法是否可以直接回答具体问题"关键问题上，夏薇指出哲学方法更多地用于指导其他方法，符福峘等则将情报学调查法、综合分析法、逻辑思维法纳入哲学方法。

在"经典社会科学层次说"方面，王秀成提出通过"三层次、四领域"双视角对研究方法世界进行考察。其中包含定性方法、定量方法、综合方法、实验方法的"四领域"视

---

① 王崇德. 情报学研究方法概论[J]. 情报科学, 1985 (6): 1-7.
② 缪其浩, 徐刚. 论科技情报分析研究工作的方法体系[J]. 情报理论与实践, 1988 (2): 17-20, 6.
③ 靳娟娟. 情报学方法论研究[J]. 情报杂志, 1995 (3): 27-30.

角可以视作"定性定量二分说"雏形（图2-1：L2）。王秀梅则完全融合了"定性定量二分说"，同时哲学方法不再被视作一种方法而是一种基础和指导，置于方法体系的顶端。许儒红的层次说则放弃"哲学方法"，三层次分别为：思维方法、技术方法、工作方法。

层次说的困境主要体现在两方面：一方面，融合其他学说使得"层次说"逐渐丧失其本来面目；另一方面，哲学方法定位问题关涉"层次说"核心，而该基本问题长期无法得到解决。

（2）流程说

包昌火、缪其浩、王慧同年分别构建"流程说"方法体系。由于情报实践活动具有明显过程属性，因此"过程说"具有强大的适应性并发展至今。杨锐依托信息视角，化柏林结合大数据背景分别在不同时期背景下对"流程说"进行修补。

（3）功能说

"功能说"依据研究方法功能特点定义类别。由于研究方法适用研究问题范围存在讨论，因此早期"功能说"无论是"回归型、分析型、预测型"三分结构[①]，还是"统计型反馈方法、直观型预测方法、探索型预测方法、规范型预测方法、互补型预测方法"五分结构[②]，都缺乏可操作性。后期，卢太宏的"功能说"体系则更视作二元说的雏形（图2-1：L3），靳娟娟的"功能说"体系则融合层次说、方法来源视角。这种转向某种程度上可以视为"功能说"的终结。

（4）二分说

恩格斯"一个学科成熟的标志，就是数学的介入"相关论述得到情报学界广泛认同，萌芽期情报学迫切需要数学方法、物理学方法等定量方法的引进。学界对定量研究方法的倚重促使基于定性定量视角的二分说诞生。王向斌依据方法功能差异归纳了五小类研究方法并凝练为定性、定量两大类，"二分说"从某种程度上也可以认为部分发生于"功能说"。随后有学者[③][④]分别基于宏观微观、演绎归纳视角构建其他"二分说"研究方法体系。"二分说"的不足在于正如将人群划分为男女两个性别。一方面，简单自洽的二分说对研究方法世界的揭示能力极其有限；另一方面，兼有二元属性的研究方法逐渐增多。

[①] 孙振玉. 对现代科技情报研究方法论的思考与实践[J]. 情报理论与实践，1988（2）：12-17.

[②] 刘东维. 情报研究方法论纲[J]. 情报学报，1988，7（3）：186-192.

[③] 肇俊武. 创新型科技情报研究的方法体系[J]. 航空发动机，2006（3）：53-58.

[④] 叶鹰. 图书情报学中定性和定量研究方法的科学哲学基础及双重整合原理探析[J]. 中国图书馆学报，2017，43（2）：4-12.

(5) 对象说

随着学科间交叉、渗透、融合的深化，情报方法从形式上得到了极大的丰富，如模型、算法、指标等新表现形式难以被传统方法体系吸纳，"对象说"孕育而生。"对象说"基于研究方法适用对象进行分类，如基于人的方法、基于文献的方法、基于组织的方法、基于认识的方法、基于知识的方法、基于数据的方法①。与"二元说"相似，"对象说"难以划分那些适用对象范围广泛的研究方法。

(6) 时代说

余波"时代说"方法体系大致分为传统研究方法、大数据研究方法与技术、其他三大类。其中前两者本质上分别是"对象说"与"功能说"的改进。该学说诞生不久，能否成为学界共识还有待时间检验。

(7) 其他子领域方法体系研究

情报学界在情报的子领域上也展开了相应方法体系构建研究。杨寿青、程立斌、林春应尝试构建了军事情报方法体系②③，靳娟娟建立了边防情报学方法的结构体系④。樊松林、王玉、刘冰等初步构建竞争情报的研究方法体系⑤⑥⑦，刘桂锋则构建了专利情报分析方法体系⑧。

以"三层次说"为代表的传统方法论体系研究举步维艰，在近十几年难有突破，究其原因主要有以下3个方面：

一是研究成果有限。情报学传统方法论体系本质上作为一种机械分类方法，无法合理收纳新的研究方法。而情报学多学科交叉的固有特点，一方面其他学科研究方法的持续涌入不可避免；另一方面信息技术、网络技术、大数据技术等不断重塑情报学研究的外部环境，也加速了情报学传统研究方法的演化，任何一种机械式的传统方法论体系创新的"有效期"都非常有限。二是学者研究动力不足。由于传统方法论体系最大的优势

---

① 钱军，杨欣，杨娟. 情报研究方法的聚类分析[J]. 情报科学，2006 (10)：1561-1567.
② 杨寿青. 军事情报分析方法体系初探[J]. 情报杂志，1997 (2)：52-53.
③ 程立斌，林春应. 军事情报研究方法体系探析[J]. 情报杂志，2007 (2)：87-89.
④ 靳娟娟. 边防情报学方法论研究[J]. 情报杂志，2003 (2)：24-25，28.
⑤ 樊松林. 竞争情报研究方法体系的架构与选用[J]. 情报科学，2000 (10)：871-876.
⑥ 王玉. 试论竞争情报研究方法的二维结构[J]. 现代情报，2004 (7)：12-15.
⑦ 刘冰. 面向对象的竞争情报分析方法体系建构研究[J]. 图书情报工作，2010，54 (12)：100-103，108.
⑧ 刘桂锋. 国内专利情报分析方法体系构建研究[J]. 情报杂志，2014，33 (3)：16-21.

在于能够比较全面系统地梳理该时期的绝大多数研究方法，在该时期背景下都具有很强的可解释性，因此方法体系多元模式并存。新的传统方法论体系除增加一种新"说"以外，很难打破这种多元模式并存的尴尬局面，而多元模式并存造成的混乱在学界遭诟病已久。三是研究难度大。由于学术界对研究方法缺乏规范统一的命名与定义，情报学研究领域名词、术语的使用混乱、概念模糊，以及研究方法概念的滥用、错用现象严重[1]。叶鹰等指出这与国内缺乏科学严谨的学术训练，学者所持有的不同哲学观点或理论学派，中国学者长于思辨与容忍模糊的文化传统等多方面有关[2][3]，因此研究难度极大。在上述大背景下，如今试图构建一个自洽、圆融、全面、适应性强的传统方法论体系是极其困难的任务。

2.3 情报学研究方法使用情况调查研究评述

20世纪80年代我国第一所图书情报学院在武汉大学原图书馆学系的基础上筹备过程中，著名图书情报学者乔好勤就在其研究文献中记载武大图情师生1980—1981年发表学术论文中研究方法的使用情况[4]，如表2-3所示。

表2-3 武汉大学图书情报学院前身图书馆学系师生1980—1981年研究方法使用情况[5]

		论文总数	历史法	分析归纳	比较法	数学法	统计法	调查法	观察实验	系统方法	控制论	管理学方法	经济分析	心理学	方法论研究	其他
教师	数量	142	38	44	6	4	3			7	1	6	1			32
	占比	100%	26.72%	30.88%	4.23%	2.82%	2.12%			4.94%	0.71%	4.22%	0.71%			22.6%
学生	数量	51	1	6	2	2	1	1		6	1	2	1		5	23
	占比	100%	1.86%	11.76%	3.92%	3.92%	1.86%	1.86%		11.76%	1.86%	3.92%	1.86%		9.80%	45.09%

---

[1] 孙鸿飞，侯伟，周兰萍，等. 近五年我国情报学研究方法应用的统计分析[J]. 情报科学，2014，32（4）：77-84.

[2] 王芳，王向女. 我国情报学研究方法的计量分析：以1999—2008年《情报学报》为例[J]. 情报学报，2010（4）：652-662.

[3] 叶鹰. 图书情报学中定性和定量研究方法的科学哲学基础及双重整合原理探析[J]. 中国图书馆学报，2017，43（2）：4-12.

[4] 乔好勤. 试论图书馆学研究中的方法论问题[J]. 图书馆学通讯，1983（1）：54-62，94.

[5] 同[4].

国内情报学领域第一篇真正意义上的情报学研究方法使用情况调查则发生于1987年，图书情报学者周晓英对《情报学报》等3本刊物1980—1985年学术文献就研究方法的使用情况进行基于抽样的调查研究①。随后学者华薇娜②开展了情报学研究方法使用情况调查研究。两位学者的研究文献较早期其他文献在行文方面更接近目前的学术规范，同时全文聚焦于研究方法使用情况调查，而非其他研究内容的附属支撑数据。

随着20多年来各种情报研究方法的运用案例的积累沉淀，此类研究逐渐增多。

利用内容分析法对27篇情报学研究方法使用情况调查研究成果中调研文献数量、研究方法编码总数、研究内容等进行分析、抽取，绘制如图2-2所示情报学研究方法使用情况调查研究成果散点图。其中，每个坐标点表示一篇调研文献，纵坐标为调研文献总量，横坐标为研究方法编码总量，菱形点为2009年以前的研究成果，正方形点为2010—2014年的研究成果，三角形点为2015年至今的研究成果。文本框对重要研究突破进行标注。光晕表示研究内容层次，编码规则如表2-4所示。

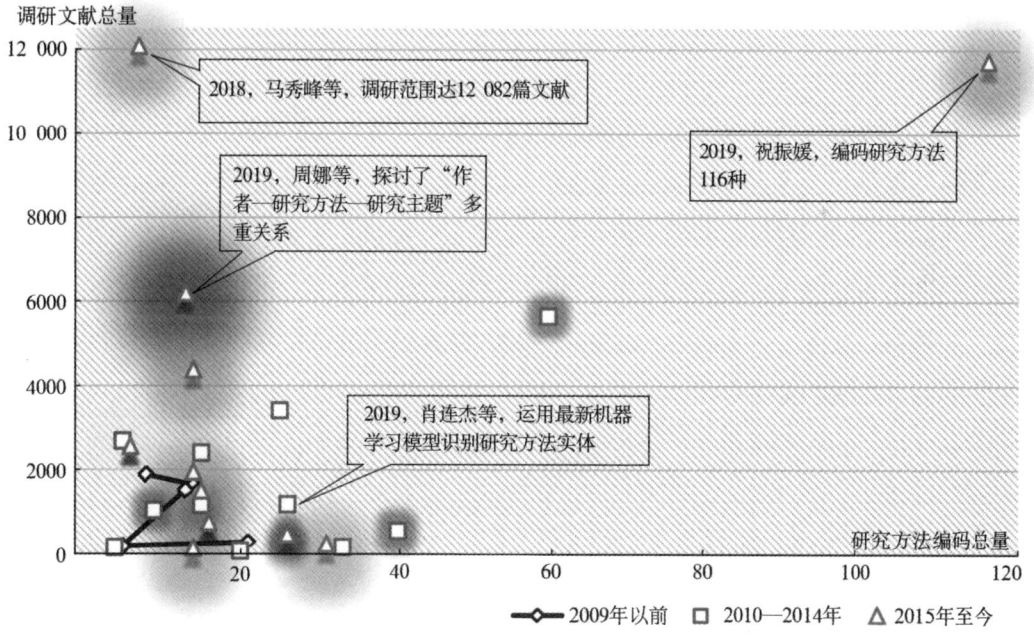

图2-2　情报学研究方法使用情况调查研究成果散点图

---

① 周晓英. 情报学方法及其对情报学理论体系的影响[J]. 情报学报，1987，6(6): 451-457.
② 华薇娜. 我国80年代图书馆学情报学研究状况的定量分析[J]. 情报学报，1995(3): 218-226.

表2-4 研究内容和层次编码规则

效果	研究内容
无特殊效果	①对研究方法使用情况进行描述统计和演化分析； ②对不同群体的方法使用情况进行比较分析，如中外比较、期刊间比较等
10磅发光 （黑色，较小的"光晕"效果）	①对"研究方法—研究方法"共现关系进行探讨； ②对"作者—研究方法"关系进行探讨； ③扩展编码对象，如增加对研究工具编码
30磅发光（灰色，中等的"光晕"效果）	对"研究方法—研究主题"关系进行探讨
80磅发光（灰色，较大的"光晕"效果）	对"作者—研究方法—研究主题"多重关系进行探讨

编码规则遵循研究内容越复杂则"光晕"效果越显著。若某个调查研究中包括多层次研究内容，则以最高层次计。

如图2-2所示，调查研究成果突破集中在最近两年。祝振媛、马秀峰等分别通过引入计算机辅助方法识别情报学学术文献中所使用研究方法实体与研究主题，尽管自动标注在可靠性上还存在探讨空间，但它极大地拓宽了调查研究的范围和粒度。2019年，周娜等将调查研究带入新的高度，基于调查结构构建了"作者—研究方法—研究主题"多重共现网络，提升了调查研究的深度与内涵，并为揭示学科领域隐性知识组合提供了新范式；肖连杰等将最新机器学习技术（BiLSTM-CRF模型）运用于情报分析方法实体识别，以对安全情报领域研究方法使用情况开展调研。2015年以来，越来越多的学者开展了相关研究，该类研究的差异主要体现在文献选择与样本时间跨度、抽样方法、研究方法的编码、研究方法判断依据、统计方式、单篇文献多元研究方法情况下的统计规则等6个方面。

在文献选择与样本时间跨度方面，学者根据研究目的、文献可获取程度、工作量等斟酌选择样本文献。例如，储荷婷收集并分析了《文献期刊》《美国信息科学与技术学会会刊》《图书馆情报学研究》2001—2010年的所有研究论文。王芳分析1999—2008年《情报学报》的全部学术论文。杨志刚对中国科学院国家科学图书馆2000—2009年的图书馆学情报学博士学位论文进行了调查。学者对目标范围内的所有文献进行抽样的方法存在差异，大部分学者进行普遍研究，也有学者采取了抽样方法，如张力、唐建辉等将目标文献每年抽两期。

在研究方法编码方面，学者根据研究目的决定编码方式。赵忠伟将研究方法归纳编码为数据实验、用户实验、政策对策、文献计量、文献综述、一般理论和应用，在七大类研究方法的基础上进行统计。王芳对涉及的所有研究方法均有统计。储荷婷根据相应的数据收集法命名，并在此基础上进行编码。张力在结合数据收集的过程或手段对方法进行编码的同时，从定性定量等5个维度对研究方法进行补充刻画，同时对具体研究分析方法进行细化分类编码。

学者主要利用文献全文对研究方法进行判别，也有学者采用了其他手段，如孙鸿飞对论文中题目、关键词、摘要进行判别，其将15 935篇题目、关键词、摘要没有体现任何研究方法的论文剔除，剩余的5866篇论文作为统计分析的样本数据。

统计方式方面，学者主要通过专家进行人工标注，一般由两名以上研究者分别对所有目标文献进行分析，遇到分歧则进行讨论直至取得一致意见。也有学者尝试使用工具进行统计，如孙鸿飞利用Excel软件对研究方法词进行统计。祝振媛等使用BibExcel软件对研究方法词进行统计。

由于单篇文献的研究方法或不止一种。学者采用了不同的对策，如为避免主观，大部分学者一般不考虑多种研究方法的主次轻重，而是记录单篇文献中出现的所有研究方法。也有学者进行人工判断，如赵忠永则只记录文献中最主要的一种研究方法。

研究方法使用情况调查的研究成果主要着眼以下四方面：描述性研究成果，对特定刊物、特定人群（如博士生）、特定国家学术界情报学研究方法的使用情况进行描述，以揭示上述研究对象在研究方法使用方面存在的特征或不足，如特定刊物的发文偏好、博士生研究方法的使用特征、我国情报学界研究方法使用的问题与不足等。演化分析研究成果，在研究方法使用情况调查结果的基础上，进行演化分析，以文献研究方法视角去揭示情报学学科的发展状况和发展规律，如学科渗透和融合对学科的研究方法产生的影响等。比较研究的研究成果，通过实证研究揭示中外图书情报学研究方法的量化差异。关系梳理的研究成果，主要集中在梳理研究问题与研究方法之间的关系、研究对象与研究方法之间的关系、学者与研究方法之间的关系等。

2.4 两类研究相关若干基本问题讨论

2.4.1 学界求索研究方法体系的动机根源探讨

科学史已经表明:学科方法体系在学科整个发展生命周期中都发挥着重要作用。情报学界试图对学科研究方法世界梳理序化,以构建学科研究方法体系的意识可以追溯到学科诞生伊始。下面尝试以著名"哲学三问"框架探讨学界执着求索研究方法体系的动能本源。

(1)我是谁?源于群体对自我身份的追寻

对于学科内的学者而言,对学科研究方法体系的不断求索更源于身份焦虑,特别是当学科相对独立、发展逐渐步入成熟的关口。学者朴素的共识是:只有凭借无懈可击的学科方法体系(以及专门方法),从理论高度向学科之林众生清晰解答"我是谁"这一终极追问,才能摆脱无法与学界设定的其他典范学科保持一致的担忧。学者自觉的身份迷失、感受到的认同危机,会深刻影响学科的健康发展,而促进身份认同同样具有极其重要的意义,特别是学者本身的归属感、认同感及事业自信。因此,学者不断探索学科方法体系的本质是在经历身份困惑的心灵挣扎的同时不断寻找自己、认识自己和建构自我身份的努力。

(2)从哪里来?偶像背书与权威加持下的安全感与归属感

人类作为群居动物,在群体中获得安全,在集体领导力的指引下保持一致,个体从群体一致性中获得归属感,可以追溯到 5 万年前的旧石器时代,在东方文化体系熏陶下,权威的指引下与集体保持一致,甚至是个体宽容、自控和成熟的象征。

科学研究行为本身是揭示客观未知,尤其在高速变化的复杂环境背景下。适用于本学科"研究对象的研究方法有哪些?""哪些研究方法是本学科特有的?"等一系列既复杂又深刻的问题长期困扰着每一位成员,满足学界普通个体安全感需要对于学界发展显得尤为重要。同时,依据马斯洛的需要层次理论,学界个体"自我实现"、获得学术重大突破,建筑在最基本的安全感与归属感满足之上,是毋庸置疑的。因此,学科领域内的学术专家自觉地站出来,通过构建研究方法体系来满足群体的需要。

传统研究方法体系与方法论本质上是由学界群体中偶像、权威一般存在的学科领域专家背书的学科"思想与行动指南"。这部圣经式的"思想与行动指南"既是哲学理论基础，又是教化途径，同样也是学科治理工具与核心治学思想。

具体而言，研究方法体系可以对学科方法体系进行整序、规范学科领域内的科学研究行为、指引学术传承培训工作、指导实际工作。

（3）到哪里去？源于学科集体对希望的期许

有学者指出学科研究方法体系既是推动学科发展的重要因素，也是应对新形势下学科危机的基石，从侧面揭示了学科研究方法体系在学科哲学中"希望概念"的担当，其具有两重含义：科学行为的动机、对科学终极目的的想象。

科学研究的本质是利用科研手段和装备认识客观事物的内在本质及运动规律。当面对学科"未来在哪？""遭遇危机怎么办？"之类关于学科前途命运的哲学发问，作为科研工作者的本能就是"尽可能利用好科研手段和装备""尝试尽可能地认识客观事物"以认识问题本质和运动规律，而学科研究方法体系作为"希望概念"的具化，需要尽量利用好的研究方法体系，尽可能认识客观研究方法世界，获取"希望"，希望既是行为动机也是最终想象。

2.4.2 浅析研究方法名词术语"混乱"本质

人的姓名是人类为了区分个体给每个个体的特定名称符号。同样是出于区分的目的，科技名词或术语是指在学科领域用来表示概念的称谓的集合，通过语音或文字来表达、限定科学概念的约束性语言符号。这种语言符号指称了约定的内涵与外延，表示"名"与"实"关系。研究方法名称作为一种特殊的科技术语，其大体归纳为：由一组行为手段构成，具备发现新现象新事物，或者提出新理论新观点、揭示客观事物内在规律和运动规律等科学功能，其基本功能是探索及认知未知。这组行为手段实验有效则会以经验的形式得以保存，并在科研历史长河中不断反复检验，在形成一定程度的社会共识后，人们把能够达到符合科学功能预期的这组行为手段称为研究方法。

从语言符号学的视角来考察，研究方法名称是研究方法的"姓名"，是学界为区分具有不同科学功能的不同行为手段的集合。研究方法名称属于一种特殊的科技名词或术语。研究方法名称的确定又称"定名"，是给一个科学概念制定指称的过程，具体研究方法名称的创立也是其推广、传播与术语标准化工作的前提条件。

前文指出由于研究方法名词、术语的使用混乱、概念模糊，以及研究方法概念的滥用、错用现象严重，本节试图对"混乱"本质进行深入探讨。如表2-5所示，通过考察若干研究方法名称之定名形式，浅析"情报学研究领域名词、术语的使用混乱、概念模糊，以及研究方法概念的滥用、错用现象严重"的本质。

表2-5 若干研究方法命名由来的考察

序号	定名形式		示例	概念描述
1	创始者主观意志		德尔菲法	一种限定程序的专家调查法（以古希腊城市Delphi命名）
2	研究行为全局的归纳		文献计量学方法	对特定研究对象（文献）采用特定研究方法（数学以及计量）的方法
3	以研究关键要素指代	实施载体	问卷调查法	一种利用形式上问题表格对研究问题进行控制式的度量的方法
		研究对象	引文分析法	基于引用和被引用，综合各种数学以及统计方法的研究方法
		研究目的	主成分分析法	以将多指标合成为少数几个相互无关的主成分指标为目的的统计学方法
			其他不列举	
4	思维抽象		比较法	一种基本的抽象思维形式，对相近或是相反事物进行对比的方法
5	形象化描述		扎根理论	一种针对某一现象进行归纳式的引导并提升出理论的方法
6	其他			不列举，如以学者姓名命名等

如上表所示，可以归纳如下：

（1）研究方法创生不可预料

① 某个研究方法名称之所以"流行"，是研究方法本身经历了检验，积累了足够的社会共识。近代以来，科学研究方法的重大创新导致了现代自然科学的产生，带来了一次次科学上的重要突破[①]，科学研究方法创新的意义不言而喻，大量学者为之努力，创造了相当数量的"准研究方法"，而"准研究方法"真正被学界广泛共识并认同为"研究方法"，需要经历漫长的广义程度的同行评议，正如鲁迅所言"世界上本没有路，走的人多了，也就成了路"。"研究方法"社会共识的形成发展，既需要遵循一定的内在规律，遵从一定的逻辑体系，还必须通过大量的探索及实践来凝聚，同时需要面对必要的讨论与挑战，甚至需要恰逢适宜的条件。

---

① 李宇明. 术语规范与术语立法[J]. 中国科技术语，2017，19（1）：5-6.

② 研究方法名称伊始定名是学界内部自发的。如"准研究方法"的创生是无数个体（组织）学者努力的结晶，"准研究方法"诞生伊始，定名自然出自学者个人，尽管定名会遵循一定的规则，但并不可控。"准研究方法"在经历漫长的检验与社会共识的积累后成为"研究方法"，作为社会共识，定名会延续使用。

③ 研究方法名称是难以再规范的。研究方法名称的定名是学界内部自发的，定名形式多样但不可控。尽管学界普遍认为科技名词的规范和统一是我国发展科学技术的一项重要基础性工作[①]，我国甚至在1985年经国务院批准专门成立了"全国自然科学名词审核委员会"（现名全国科学技术名词审定委员会）作为负责科技名词审定与公布的权威机构。但是如同广电总局将民间称谓的"NBA"规范为信达雅的"美职篮"，这种自上而下的努力很难短时间内撼动自下而上创生的民间共识。

研究方法名称指称了一组具备科学功能的行为手段集成，作为学术界共识，任何尝试规范化标准化的努力都更为艰巨。主要根源在于以下几方面：首先，研究方法名称发生于学科领域内部共识，学者本身作为内部权威较难认同外部权威，特别是一些"一般方法""移植方法"，牵扯多个学科领域，困难程度难以想象。更有甚者，或有"学术自由"相关之隐忧。其次，在学术蓬勃发展的今天，研究方法名称的创新、泛化、迁移、消亡的速度显著增快，外部很难及时把握。最后，规范化的努力所带来的学界内不同层次人群的理解偏差会直接影响到学科领域的健康发展。

综上所述，研究方法的名称，如同人的姓名。学界以区分为目的，不同研究方法的名称指称了具有不同科学功能的不同行为手段集合。研究方法的名称是学界内部由学者群体自行定名的，研究方法创生是不可预料的，"准研究方法"需要经历漫长的检验积累以达到学界共识，同时外力无法再次规范该名称。因此在一定程度上，研究方法本身创生和定名不可控的本质，是导致研究方法名词术语的混乱的重要原因之一。

（2）研究方法具有多个概念维度

"研究方法名称"是指代一组特定的"行为手段"。从语言学视角来考察，"行为手段"存在着多个概念维度。这些概念维度包含了"行为手段"本身、"行为手段"作为动词时的及物性、修饰"行为手段"的名词状语。

研究方法"行为手段"及物性指是否及物，可以理解为研究方法的作用对象，以

[①] 中国21世纪议程管理中心，中国科学院研究生院. 科学研究中的方法创新[M]. 北京：社会科学文献出版社，2011.

文献计量学方法为例，及物对象是"文献"，而比较法的及物对象是"不限定"；研究方法的名词状语是指修饰行为时的名词状语，可以理解为研究方法的承担对象，即该研究方法得以实现的限定载体。以问卷调查法为例，问卷是问卷调查法得以实现的限定载体。

上述概念维度上的实例存在着层次性。从语言学角度考察，所有研究方法在每个维度上的所有实例都存在着概念上的上下位关系。以"行为手段"的及物性为例，进一步考察层次性：比较法是一种科学研究的基本方法，通过观察分析找出研究对象的相同点和不同点，它是认识事物的一种基本方法。比较法的及物对象不限定，可以是国家、组织、人、专家、限定范围的特定人，也可以是文献；而文献计量学方法的及物对象是"文献"；引文分析的及物对象是"引文"。三者间的及物对象具有显著的层次性。层次性可分为抽象的和具体的，具体中可分为一般或特殊。

表2-6进一步剖析表2-5中的研究方法，揭示研究方法"行为手段"存在复杂的层次性。

表2-6　对若干研究方法"行为手段"的属性分析

示例	名词状语 （"行为手段"的实现载体）	及物对象 （"行为手段"的作用对象）	"行为手段"的 属性分析
文献计量学方法	抽象	具体一般 （"文献"）	具体一般 （统计或数学行为手段）
问卷调查法	具体一般 （网上问卷、传统问卷等）	具体一般 （"人"）	具体一般 （调查方法不限定流程）
引文分析法	抽象	具体特殊 （相比更特殊的"引文"）	抽象
比较法	抽象	抽象	抽象
德尔菲法	具体一般 （邮件、书信等）	具体特殊 （相比更特殊的"专家"）	具体特殊 （相比要遵循一定流程）
主成分分析法	具体特殊 （统计学方法）	抽象 （不限定的"数据"）	具体特殊 （相比要遵循一定流程）
扎根理论	更为复杂的组合		

1）研究方法的多个概念维度，且均有层次性

以表2-6为例，"行为手段"具有多个概念维度，包括了"行为手段"本身、"行为手段"的及物对象、"行为手段"的名词状语。

以行为手段的作用对象为例，文献计量学的作用对象是"文献"，而引文分析法的作用对象是更为特殊的"引文"；问卷调查法的作用对象是"人"，德尔菲法的作用对象是更为特殊的"专家"；比较法的作用对象极为抽象，主成分分析法的作用对象是数据，但不限定是人的数据还是文献的数据，是相对抽象。

如表2-5所示，研究方法在各个概念维度上均具有明显的层次性。

2）概念的层次性降低了概念关系之间描述手段的灵活性

假设试图对"老虎""大雁""鲸鱼""动物"4个概念实体构成的实体集合进行关系的描述，由于上述实体与实体之间存在着意涵的"上下位"关系："动物"是"老虎"等其他实体的上位词，因此上述概念实体集合必须基于概念层次进行分类，揭示能力最好的描述方法如图2-3所示。

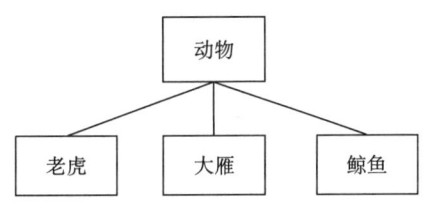

图2-3 实体层次关系示意

当描述维度过多的时候，层次性将极大地约束分类体系。如尝试对"公老虎""领头母雁的羽毛""小母鲸鱼的鱼鳍""动物"4个概念实体构成的实体集合进行关系的描述，由于"动物"的存在，因此必须基于概念层次进行分类，通过舍弃一些维度信息，如将"公老虎"抽象为"老虎"等。舍弃信息势必降低方法体系揭示内部关系的能力，如无法揭示"公老虎"与"领头雁"在群体中的首领身份的相似性，无法揭示"羽毛"与"鱼鳍"的作为生物的具体组织的相似性，无法揭示"母雁"与"母鲸"的性别相似性。

在研究方法世界，通过舍弃信息维度以增强体系可解释性比较常见，如将研究方法粗略地分为：定性、定量、定性兼顾定量。

3）"一组行为手段"增加了更多维度

一些复杂研究方法属于若干"行为手段"的组合，以扎根理论为例，扎根理论方法

包含了准备工作、数据收集、分析过程、撰写备忘录、排序及理论概述、撰写成稿①等"行为手段"组合,这种组合形式极大地增加了该研究方法的信息维度。

4)研究方法作为整体的概念维度

研究方法作为整体时,具有更多的概念维度。学者张力曾经从定性或定量、归纳或演绎、通用或专用、实证或非实证、实验或非实验5个维度对研究方法进行刻画。王芳等创造性地提出了情报学理论的一个新维度"学科专属度"。该研究的贡献在于定义并计算了理论的学科专属度,追溯并分析了理论的来源学科,专属度从一个新视角揭示了理论发展、应用的历史与现状以及学科间的影响。

关于研究方法作为整体时的概念层次性问题,学者汪冰②、储荷婷③分别就研究方法中是否也存在类似的现象进行过研究。汪冰初探并讨论了该现象,认为案例分析法、纲领研究方法、比较研究方法和多样化方法之间形成了"点""线""面""体"的方法层次关系。储荷婷依据自身对研究方法的教学和研究经验,按照研究方法的实用性,提出了图书情报方法适用性类型维度,将各种研究方法的适用性分为5个层次:超级研究方法、元研究方法、独立研究方法、随附研究方法、虚名研究方法。

综上所述,"行为手段"作为研究方法的构成,具有不确定数量的概念维度,研究方法在相同概念维度上所具有的层次性约束了描述研究方法之间关系的手段灵活性。通过忽略概念维度尽管可以构建某种方法体系,但这种"降维"手段势必降低方法体系描述研究方法间关系的能力。

(3)研究方法本身的"泛化""分化""消亡"现象

有学者曾经指出,有些方法会在图书情报学理论研究和工作实践中经历优胜劣汰,或者会发生变异与分化,即使经受住考验的方法还将经历反复的完善过程④。后世公认的结构主义创始人,现代语言学理论奠基者索绪尔也指出,语言绝对的不变性是不存在的,语言的任何部分都会发生变化⑤。研究方法名称作为一种特殊的科技术语同样存在着概念的泛化、分化与消亡。本节并不旨在从生命周期的视角探讨研究方法从创生到消

---

① 于兆吉,张嘉桐.扎根理论发展及应用研究评述[J].沈阳工业大学学报(社会科学版),2017,10(1):58-63.

② 汪冰.情报学方法论的研究方法断想[J].图书与情报,1992(2):9-13.

③ 储荷婷.图书馆情报学界的研究方法:实践与发展[J].国家图书馆学刊,2014,23(3):3-14.

④ 邹琳,宛玲.2000—2008年我国情报学方法论研究及应用论文统计分析[J].新世纪图书馆,2009(6):18-21.

⑤ 张格兰.略谈科技术语的泛化、消亡和产生[J].文史博览(理论),2014(11):40-41.

亡的过程，仅通过案例指出研究方法本身确实存在着动态变化。

1）研究方法的"泛化"

几十年来，越来越多的研究方法称谓的词义在不断以不同的程度泛化，这些科技术语在固有学界认识的基础上突破原有意涵的单一性，扩张出更广的新义和更宽的内涵。如"问卷调查法"传统意指通过调查问卷这种控制式的测量对研究问题进行度量，主要通过邮寄、个别分送或集体分发。近年来随着互联网技术的高速发展，国内社情民意调查网站在经历了技术学习和借鉴过程后已经兴起。目前，学界已广泛接受网络问卷调查形式，并认可了问卷调查法包含网络问卷调查形式，仅2018年，CNKI中就能检索到不同学科近20篇专门关于网络问卷产品在学科落地探索类综述文献。

2）研究方法的"分化"

为了本节随后的讨论，借鉴文献计量学方法思想粗略地设定一个研究方法共识程度量化方法：在《中文社会科学引文索引2017—2018》图书情报类20种期刊所刊登的所有学术论文中，假设某一个研究方法名称在学术论文篇名中完整出现超过10次，则可以认为该研究方法是具有"高学界共识程度"的研究方法。如利用CNKI检索得知，德尔菲法累计出现32次（2019年4月12日检索），在同一天检索还可得出如下结果，共词分析法（五字，并包含"共词分析方法"，不包含"共词分析"等其他，以下同）出现32次；引文分析法（引文分析方法）出现28次。由此可见，共词分析法、引文分析法与德尔菲法在学界的共识程度大体相当。与此同时，"文献计量学方法"根据元素类别可以分为出版物、著者、词汇、引文、检索工具等[1]。其中以利用数学与统计学方法对词汇（控制词汇或自然词汇）与引文进行分析处理为基础，论证与讨论科学技术以及相关现象、事物、过程的研究均属于文献计量学方法范畴。由此可见，研究方法随着泛化程度的加深，研究方法意涵的若干部分随着科学研究强化到一定程度，达到了一定学界共识程度后，会出现细分并呈现出分化现象。"引文分析法""共词分析法"即从"文献计量学方法"中分化出来。

值得一提的是，"引文分析法"尽管在1989年已有相关提法的记载，但在1992年仍有学者著文《"引文分析法"质疑》指出："引文分析法"是文献情报界用以判别期刊重要性程度的主要方法，但尚存若干缺陷，盛名之下，其实难副[2]。该研究方法至少

---

[1] 王崇德. 情报学研究方法概论[M]. 北京：科学技术文献出版社，1990.
[2] 李健生. "引文分析法"质疑[J]. 图书情报工作，1992（5）：41-45，57.

在当时仍然存有争议并上升到专门著文的程度，由此可见，一方面研究方法的分化并非一蹴而就，而是一个逐渐达到某种学界共识的程度并被公认的过程；另一方面也侧面实证了前文中关于研究方法本质上是"准研究方法"在积累了一定的学界共识后被学界认同的结果之论述。

3）研究方法的"消亡"

全世界每天出现的新术语约有1000个①，然而，任何系统都有生成、发展、成熟、消亡的过程，语言也不例外②。有语言学家依据术语在"消亡"过程中原因的不同将科技术语的"消亡"分为"显性消亡"和"隐形消亡"。"显性消亡"是指由于时代变迁和科技进步，一些客观事物或概念在新世纪不复存在，失去了原有作为符号存在的价值。"隐形消亡"是指客观事物或概念依然存在，只是该由其他术语形式来表示。被誉为中国现代语言学奠基人之一的语言学家王力曾指出，术语的"隐形消亡"主要由于同义词之间"优胜劣汰"的竞争③。

研究方法名称作为一种特殊的科技术语，同样存在着"消亡"现象。但考虑到研究方法作为一种特殊的学术成果所具备的学界众所周知的"睡美人"现象，我们不能简单地判定某种研究方法现阶段"零被引"就是语言学意义上的"消亡"。比较典型的有以下几种情况：①某个其他学科成熟的研究方法移植进入本学科的研究方法世界，现阶段由于各种原因没有能够引起学界高度共识，甚至遗忘尘封。②某个研究方法获得高速发展，导致原有的"名"不能完全概括"实"。③某个创新的研究方法，仍然处于积累学界共识的阶段。

4）"人"导致的混乱

本节以人的语用行为为例，阐述人的认知导致的模糊。

《汉语大词典》中"方法"指关于解决思想、说话、行动等问题的门路、程序等。维基百科指出"方法"是为达成某个特定目的，可以用来实践（实际操作）的模式或过程（步骤），并包括使用的工具或技巧。"研究方法"由一组行为手段构成，具备发现新现象、新事物，或者提出新理论、新观点，揭示客观事物内在规律的科学功能，这组行为手段有效则会以经验的形式得以保存并在科研历史长河中不断反复检验，在形成一定程度的社会共识后，人们把能够达到符合科学功能预期的这组行为手段称为研究方法。

---

① 冯志伟. 自然语言处理中的哲学问题[J]. 心智与计算, 2007 (3)：333-353.
② 信萧萧. 新世纪以来科技术语的"消亡"举隅[J]. 中国科技翻译, 2016, 29 (4)：6-9.
③ 王力. 汉语史稿[M]. 北京：中华书局, 2004：564.

综上所述，两者意涵的差距主要是是否具备科学功能，即"是否能够提出新理论、新观点，揭示客观事物内在规律"。由此可以推断"分词方法"是一种技术方法而非研究方法。与此同时，之前文中提及的方法于同日检索，"引文分析法"命中 21 条，"引文分析方法"命中 7 条，"引文分析研究方法"命中 0 条。由此可见，人们（不仅学者）出于交流的便利、其他约束（学术论文对于题名的字数限制），将较长的汉语词汇缩短为简单形式，而这种语用行为导致了模糊，如将"研究方法"简称为"方法"，与原意的"方法"重叠，导致了"研究方法"与"方法"之间概念模糊。

来源于人的因素导致混乱是多方面的，从社会的政治观点、学术观点差异，到个体的翻译与理解的能力差异等等，在此就不详细阐述了。

5）总结：研究方法名词术语"混乱"的本质

综上所述，研究方法作为科学领域用来表示一组特定的"行为手段"。学界认为研究方法名词术语混乱的本质是：首先，研究方法是由学界内部学者自发总结和定名的，再经历漫长检验并积累一定的学界共识后才被认可为研究方法。研究方法的发生不可控制，且外力无法规范。其次，研究方法由不确定数量的概念维度构成，研究方法在相同概念维度上具有的层次性约束了描述关系手段的灵活性。最后，研究方法本身在生命周期过程中可能不断地出现泛化、分化甚至消亡，以及由于人的因素导致的认知模糊。

2.4.3 研究方法体系构建困顿的本质

研究方法世界的构成要素是适用于该学科领域研究对象的各种研究方法，各种研究方法构成了研究方法的世界。体系，作为科学术语，泛指一定范围内或同类的事物按照一定的秩序和内部联系组合而成的整体，是不同系统组成的系统。研究方法体系，是以单数"研究方法"为直接素材构建的具有立体质感、层次分明、相互融汇的结构性系统。

（1）研究方法世界的本质

"研究方法世界"是一个高维空间，并将"研究方法"视为高维数据，其中每个"研究方法"的每个概念维度构成该高维数据的一个维度。

在研究方法世界中同时包含着三重复杂变化：①研究方法世界构成的变化。如前文所述，研究方法的发生无法控制，是由学界内部学者自发总结和定名的，而这种自发总结是人类社会所积极鼓励的。②研究方法本身的变化。研究方法本身在生命周期过程中可能不断地泛化、分化甚至消亡。③人认知的变化。研究方法基于人的认识水平，人所承载的不同社会的政治观点、学术观点差异,个体的翻译与理解的能力差异等等均会不断发生着变化。

(2)研究方法体系研究困顿的本质

研究方法体系本质上是构建者对具有高维数据属性、三重变化的研究方法世界进行"可视化"的识解。构建者结合内觉体验和认识,以主观入手通过权衡揭示能力与可解释性、选择不同视角、确定不同辖域、凸显不同焦点,抓住研究方法作为物象的结构特征,通过构建物对研究方法世界一次"立象尽意"的表达尝试。

这里的"可视化"具备两重意涵:首先意指了构建物可解释性对于人的重要性,任何一种方法体系如果不具备可解释性,就如同没有具体主题和对象的"冷抽象"画作。构建物如果不能依稀察觉主题或物象,人们很难获得具有现实意义的指导,那就偏离了构建的本意。其次,"可视化"同时意味着一定的揭示能力,原旨主义的可视化意在借助图形化手段清晰有效地揭示和传达信息,构建物需要具备对客观研究方法世界进行相当程度有效揭示的能力,否则如同将校园的人群以性别为维度粗略地划分为男与女,尽管具备高度的可解释性,但损失巨大信息,结果对现实也缺乏指导价值。

如图2-4所示,学者拘泥于"体系"二字,为了尽可能地以"体系"的形式刻画研究方法世界中研究方法之间的关系,对高维研究方法世界进行"降维"操作,抽象出研究方法有限的共性维度,描述研究方法在共性维度上的概念层次关系。构建思路近似于使用静态图片"可视化"地捕捉三重变化研究方法世界,困难程度可想而知。

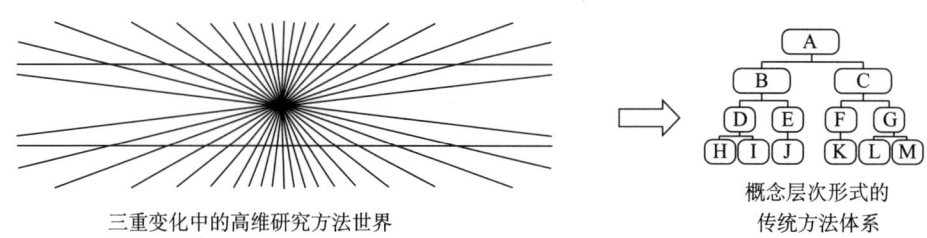

图2-4 研究方法体系构建传统路径

2.4.4 研究方法使用情况调查研究的本质初探

学界进行一系列的研究方法体系构建尝试后,学者逐渐意识到以"体系"形式刻画高维研究方法世界存在着无法克服的困境。尤其是随着学科间研究方法的扩散、渗透、融合,新技术重塑着外部环境,新方法不断产生,传统研究方法生命周期缩短,学界对研究方法体系的需求日益增长，落后的"体系"无论以何种逻辑线索构建，有限维度的"概念体系"都难以满足学界需要。与此同时，在研究方法使用案例积累、学术资源开放的大背景下，研究方法使用情况调查不自觉地成为研究方法体系研究的替代方案，这既是可贵探索也是困局突围的现实途径。研究方法使用情况调查研究本质上来讲是摆脱以往"概念层次结构"刻板描述研究方法间关系的束缚，从注重全局性的关系探索、宏大叙事到回归朴素的计量俗常、关注学界共识。研究方法使用情况调查研究对研究方法世界在真实世界中的具象化实例进行考察，借此管窥研究方法世界之轮廓。研究方法使用调查研究是对研究方法间关系的扬弃并加以吸收，描绘研究方法世界的内核初心未变。这种兼顾"关系挖掘"与"量化共识"，实现纯朴"描述"内涵的回归和现代定量精神的转向，对于刻画研究方法世界具有积极的意义。

2.4.5 对现有研究方法使用情况调查研究的考察

研究方法体系相关研究是学者通过不同的视角、逻辑起点、思维程序去梳理复杂的研究方法空间并就方法间的内在关系进行全局性的科学表述。相较于此，研究方法使用情况调查则是采用内容分析法、文献计量学方法等对特定范围内的样本文献进行统计描述分析，试图通过有限视界管窥研究方法世界轮廓，两类研究的差异实质上是对研究方法世界全貌全局视角下的定性描绘与局部视角下的定量测度。

研究方法使用情况调查研究的局限在于：①出于研究便利的考虑而采纳"可操作化"的简化措施，导致疏漏一些尚未积累足够学界共识的"准研究方法"，这些"准研究方法"或是未来具有潜力空间的新兴研究方法。②未充分考虑研究方法之间的相互关系，如将小众研究方法归纳为"其他"是常见做法。③进行人工标注或使用文本信息处理技术自动化处理时，可能出现偏差。

综上所述，本节将对情报学研究方法使用情况调查研究相关成果进行调研，以考察现状为未来工作提供指南。

(1) 考察1：揭示能力的要素

上文曾阐述过研究方法体系本质上是构建者对具有高维数据属性、三重变化的研究方法世界进行"可视化"的识解。学界求解研究方法体系的本质源于学界对自我身份的追求、学界个体安全感与归属感的需要、集体对于希望的期许。学界渴望洞察研究方法世界，但是学界权威构造的方法体系对研究方法世界的揭示能力有限，因此研究方法使用情况调查研究不自觉地承担起揭示研究方法世界的重担。揭示能力的核心要素分别是范围、粒度与类目、标注者、研究者。

1）范围

正如普查与抽样调查，研究方法使用情况调查研究是根据部分实际调查结果来推断总体标志总量的一种统计调查方法。学者不可能对学界所有的研究方法的使用进行普查，因此出于研究目的，选取一定范围进行考察，用所得到的调查数据来代表总体推断总体。范围是对研究方法世界揭示能力的关键要素之一。

2）粒度与类目

不同于普查或抽样调查，学术文献中研究方法的使用情况并不是外部特征，不是直观且可直接获取的。一方面，这是由于研究方法名词术语"混乱"本质导致的。研究方法之所以为研究方法，是一种学界共识乃至社会共识的产物，研究方法的定名主体——学者不可能先知先觉地进行科学表述。另一方面尽管结构化论文摘要兴起并逐渐成为学界论文写作的惯例，但采用多种研究方法逐渐成为主流的大背景下，受限于学者本人的认知、观念，在限定篇幅的结构化摘要中详尽阐述该研究中所使用的所有研究方法难度极大。有学者曾考察 15 935 篇情报学学术文献，仅 5866 篇在题目、关键词、摘要中出现了研究方法名称实体，因此采用内容分析法对学术文献中的隐含信息进行挖掘势在必行。

所谓粒度，是指所选取分析单元的大小。由于研究方法世界本身的高维属性，类目体系十分不稳定、不系统，是由研究者自行设定的，同时粒度与类目体系的确立，是对研究方法世界揭示能力的核心要素之一。

3）标注者

"对于研究方法的分类是一件十分复杂的事情""甚至互相矛盾""论文的论述方法十分复杂，有的无法确切判断其研究方法"。由于情报学的横断科学本质，以及高速发展的大环境，标注工作依赖于极广泛的知识储备、强大的解读能力、相当的细致程度。考察上述文献得知：除偶尔一二（著者的研究生学生），绝大多数标注者为著者本人。值得一提的是，由于标注工作是相当主观、人为且定性的过程。多人标注势必出现不统一，经过多人讨论后的矛盾处理方式是"接纳""顺从"又或是"服从"？多人标注的利弊有待进一步探讨。

综上所述，通过扩展范围、提升粒度、增加标注者无疑会提升样本代表性，但是由此引发的工作量指数激增、多人标注引发的科学性问题需要关注。

（2）考察2：现阶段研究的不足

首先列举若干具有代表性的现象：①研究对象大体相同的情况下，研究成果可能存在相互矛盾的现象,如样本中学者 A 指出,2010 年期间情报学实证研究占到了研究对象总量的 68.1%,而学者 B 指出 1999—2008 年情报学实证研究占比 15.5%。②有学者将"支持向量机""布拉德福定律"列为一种研究方法。③缺乏可操作性,有学者将"思维方法"列为一种研究方法,读者势必对如何界定、标注存疑。

(3) 考察 3:揭示方式与科学性的关系探讨

上述相关研究学者通过不同的揭示策略将得到迥异的结论,一方面由于不同标注标准导致了研究成果之间无法相互比较,无法共同为揭示研究方法世界献力;另一方面甚至得到了相互矛盾的结论,从而引发科学性质疑。

本节将考察揭示方式与科学性的问题。揭示方式是指学者开展研究方法使用情况调查而制定的粒度与类目总体策略。如图 2-5 所示,目前学者主要以 3 种揭示形式开展研究方法使用情况调查。

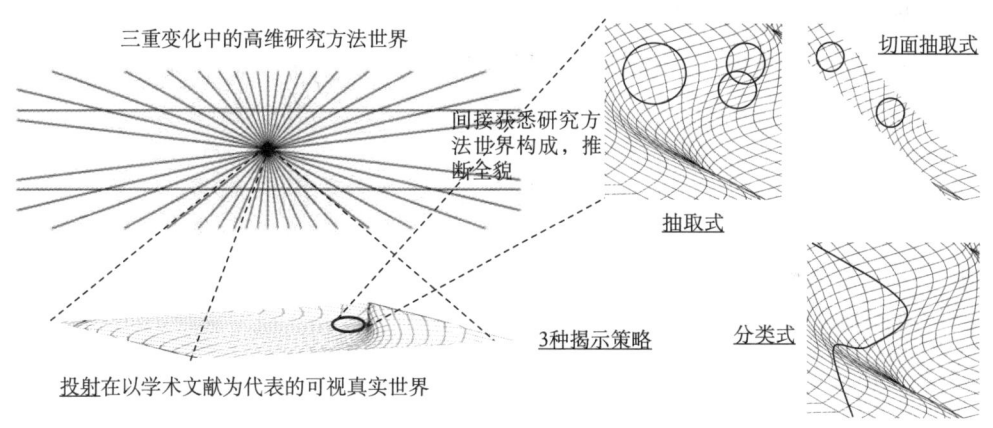

图 2-5 不同的标注策略的科学性讨论

1) 分类式

以"定性方法、定量方法、定性定量结合方法"为例,分类式是选取若干研究方法的一个概念维度,基于此概念维度的分类对研究方法进行分类。类似的分类式实例还包括"实证研究、非实证研究""实验方法、非实验方法"等。此类策略因为粒度最大,标注简单,但揭示能力最弱。

2) 抽取式

抽取式是最为原教旨的总体策略,该策略标注对象为研究方法本身,最具有揭示能力。但是由于研究方法名词术语的"混乱",学者可能受限于认识、担忧质疑等,经常陷入"泛化"或"收缩"的极端。

"泛化"是指研究者选取"社会认知最大公约数"的策略，为避免可能关于研究方法定义的争论，采用最大集合囊括一切，将所有可识别研究方法有关的知识元，均纳入编码范围。这也导致了上述"支持向量机""布拉德福定律""网络分析法"等同时列入研究方法标注范畴。"收缩"是指研究者同样选取"社会认知最大公约数"的策略，为避免可能关于研究方法定义的争论，采用最小集合，将相对的"绝对公认的研究方法"纳入标注类目。这导致了另一个问题：无法覆盖全部，标注"其他"类成为合理的解决方案。

"泛化"抽取导致了"研究方法"定义的无限放大，进一步增加学界认知的混乱，但是从某种角度来说，启发了其他研究，如关于"布拉德福定律类似的理论使用情况研究""支持向量机类的机器学习方法使用情况研究"。

"收缩"抽取尽管结论具有科学性，但由于忽略了"睡美人"状态中的研究方法及创新不久，尚未积累足够学界共识的"准研究方法"（被纳入"其他"），"收缩"抽取策略限制了研究方法使用情况调查研究的揭示能力。

3）切面抽取式

切面式选取一个切面的研究方法进行探究，如只选取数据采集方法为研究对象，只对数据采集方法进行抽取。由于相当多的文献是不包含数据采集的，又或者含有数据采集但是数据采集过程尚未达成社会共识，如通过爬虫获取的数据、通过数据库获取的数据等。其科学性等同于"收缩"抽取策略。

2.5　两类研究评述

在学科领域研究方法体系的研究过程中发现：一部分学科领域学者认为"领域内缺乏完整的研究方法体系，制约了学科的创新和发展[①]"，一部分学科领域学者认为"领域内研究方法体系多元并存，缺乏公认的研究方法体系的指导和研究规范，导致研究方法的混乱和无序发展[②]"，与此同时又有一部分学科领域学者认为"陈旧的方法体系越

---

① 王静，罗明义．旅游研究方法体系初探[J]．桂林旅游高等专科学校学报，2005（3）：13-18．
② 林俊山．关于当前统计方法体系改革的思考[J]．泰安教育学院学报岱宗学刊，2002（2）：21-22．

来越表现出明显的不适应①"。综上所述，现行的学科领域研究方法体系作为一种静态的、阶段性的人类智力成果与学界不断发展的研究方法体系需求之间逐渐出现了矛盾，迫使人们注意，由此引出本研究的问题：学界日益增长的学科领域研究方法体系需要与落后的研究方法体系研究之间的矛盾，如图2-6所示。

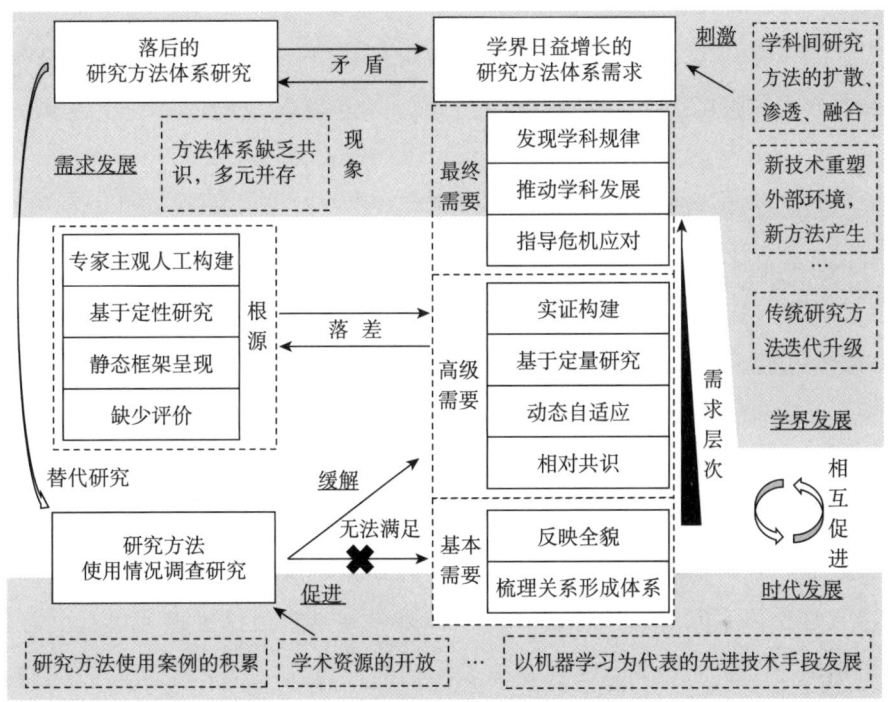

图2-6 揭示研究方法世界的两种路径

（1）背景

学科领域研究方法体系的构成要素是适用于对该学科领域研究对象进行研究的各种研究方法，研究方法在21世纪新形势新背景下，正受到剧烈的内外部环境的影响。首先，世界范围内政府组织的宏观政策与学界均强调促进学科交叉、融合和新兴学科的生长②③，现阶段学科间的交叉融合是学科建设及科学研究发展的热点和必然趋势。与此

---

① 刘伟，王传清. 21世纪我国图书情报学方法论研究综述[J]. 图书馆，2011（3）：68-73.
② 中华人民共和国国务院. 国家中长期科学和技术发展规划纲要（2006—2020年）[EB/OL]. (2006-02-09)[2019-08-04]. http://www.gov.cn/ztzl/kjfzgh/.
③ 中华人民共和国教育部. 关于加强国家重点学科建设的意见[EB/OL]. (2006-10-27)[2019-08-04]. http://www.gov.cn/ztzl/kjfzgh/content_883862.htm.

同时，科学发展运动的规律表明：科学在高度分化中又高度综合，各学科间的联系愈来愈紧密，在方法和某些概念方面，甚至有日益统一化的趋势，因此研究方法在学科间的扩散渗透与融合屡见不鲜。其次，科学研究第四范式的兴起，对科学研究、科学研究方法都产生了深远影响，不断有基于科学研究问题的数据分析及可视化的新工具与新方法融入学科研究方法的大家庭内。最后，信息技术、网络技术、大数据技术等不断重塑科学研究的外部环境，以机器学习为代表的先进研究手段正在影响着学科发展路径，加速了传统研究方法的演化迭代，促进了学科领域研究方法大家庭内的优胜劣汰、变异与分化。

（2）方法体系构建研究现状

学科领域方法体系构建是由学者专家以经验总结和归纳演绎为思维武器的定性研究。在人工构建过程中，不可避免夹杂着专家个人情感因素，缺乏客观性[①]，或受限于学者的知识和经验，或学者持有的不同哲学观点或理论学派，造成任何一种研究方法体系某种程度上都存在可讨论的空间。

学科领域研究方法体系作为一种人造智力产品，最大的优势在于能够比较全面系统地梳理该时期的绝大多数研究方法，任何学科领域研究方法体系在其所处时期背景下都具有很强的可解释性，因此造成目前方法体系多元模式并存的局面，任何新的人造方法论体系除增加一种新"说"以外，很难打破这种多元模式并存的尴尬局面，由于缺乏公认的研究方法体系，领域内研究方法混乱无序发展的现象在学界被诟病已久。另外，这类方法论体系本质上作为一种框架式的机械表述，具有强烈的时代印记，无法合理收纳新的研究方法，显然无法适应21世纪新形势新背景的需要。

（3）学界需求

科学史表明，学科方法体系在学科整个发展生命周期中都有重要作用。学界普遍认同的学科领域研究方法体系对于学科发展具有的重要意义在于：研究方法体系能够规范、整序学科领域内的科学研究行为，梳理当前研究方法，对学科当前研究方法有清晰认识[②]；研究方法体系对科学研究提供教育指导，促使从业者在从事相关研究时采用适

[①] 王洪芳. 图书情报学方法论研究综述[J]. 情报探索，2006（11）：114-115.

[②] 青觉. 构建中国民族政治学研究方法体系的路径：基于定量与定性研究之争的思考[J]. 教学与研究，2017（11）：69-80.

当的研究方法，使研究更科学更有价值①②③；研究方法体系有助于在完善学科体系的同时发现成熟方法和具有潜力的新方法，产生新的理论成果④⑤；研究方法体系在推动学科发展的同时也是衡量学科进展的水平的重要因素与标杆，也是应对新形势下学科危机的基石⑥。

（4）两类研究差异

对研究方法体系需求与研究方法体系研究现状、替代研究现状的矛盾梳理如表2-7所示。在现阶段，理想的学科研究方法体系需要满足6个方面的需要。其中全面性、科学与规范性是研究方法体系的基石与本源，统一性与权威性是学界对研究方法体系研究的迫切期待，适应性与功能性是21世纪新形势新背景下对研究方法体系的新历史要求。

表2-7 矛盾的梳理：研究方法体系需求与研究方法体系研究现状、替代研究现状之间的矛盾

	理想的 学科研究方法体系	现状的 学科研究方法体系	现状的 研究方法使用情况调查研究
全面性	全面梳理领域内的研究方法	比较全面地反映一个时期的研究方法	出于研究便利的考虑而采纳"可操作化"的简化措施，导致一些小众研究方法的疏漏，甚至忽视一些未来具有潜力空间的新兴研究方法
科学与规范性	正确地将所有研究方法科学地按照一定秩序与内部联系组合起来	学者从不同的方位、逻辑起点、思维程序去揭示研究方法间的相互关系，以理论分析或规范性研究为主，具备一定的科学性	出于研究便利的考虑，未充分考虑研究方法之间的相互关系，如将小众研究方法归纳为"其他"是常见做法
统一性	共识的一种方法体系	由于各种方法体系均有一定程度可解释性，方法体系多元模式并存	不存在统一性的问题

---

① 王贺．中国多中心侵袭性酵母菌感染临床相关科学研究方法体系的探索和建立[D]．北京：北京协和医学院，2017．
② 于玉林．基于系统分析：会计研究方法体系的探讨[J]．会计之友，2011（8）：9-12．
③ 曹佩升，刘绍龙．翻译实证研究方法体系建构[J]．甘肃社会科学，2011（1）：252-255．
④ 王跃生．方药量效关系研究方法体系建立[N]．中国中医药报，2015-05-14（4）．
⑤ 尹爽．论公共管理学理论研究方法体系的构建[J]．科技管理研究，2009，29（1）：88-90．
⑥ 张旭，卓黎黎．构建刑法学研究方法体系[J]．河北法学，2006（3）：144-146．

续表

	理想的 学科研究方法体系	现状的 学科研究方法体系	现状的 研究方法使用情况调查研究
权威性	非人工构建的	非实证研究,具有主观性	实证研究,但在进行人工标注或使用文本信息处理技术自动化处理时,可能出现偏差
适应性	适应大环境下,研究方法大家庭的剧烈变化	方法体系均为框架式表述,稳定却无法适应变化	不存在适应性问题
功能性	能够指引学科,为进一步的研究提供保障	综上原因,功能有限	成果丰富,以描述性研究成果、演化分析研究成果、比较研究的研究成果、关系梳理的研究成果四大类研究成果为主,但受限于标注工作量,结论普遍性受到质疑,无法把握整体

如表2-7所示,随着需求与时代的不断发展进步,学界对学科领域研究方法体系的需求与学科领域研究方法体系现状之间的矛盾进一步加深,这种矛盾即为本研究问题的引入。从根源上看,这是由学科领域研究方法体系的诞生方式所决定的。一个学科领域在整个发展生命周期进入某个特定阶段后,科学领域对研究方法体系的需求初现,学科领域内的先贤们不约而同地从不同的方位、逻辑起点、思维程序去梳理学科领域内的研究方法并对研究方法间的相互关系进行科学表述,形成多种方法体系,犹如先秦时期的百家争鸣,在短时间内很难实现学界内的共识。研究方法体系的这种诞生方式、随后的争鸣现状以及种种,却与学界对学科领域研究方法体系的刚性需要北辕适楚。

(5)作为替代研究的研究方法使用情况调查研究现状

从20世纪80年代至今,情报学领域内从早期先贤到近期新秀不乏尝试通过不同的视角、逻辑起点、思维程序去梳理复杂的研究方法空间并就方法间的内在关系进行科学表述,学者们构建了以"三层次说"[①]为代表的诸多研究方法体系并形成相应学说,这些学说通过不同侧面刻画了这个深邃的研究方法世界。

---

① 王崇德. 情报学研究方法概论[J]. 情报科学,1985(6):1-7.

然而近十几年，方法体系研究难有突破，情报学研究方法体系研究陷入建构窘境。而与此同时，随着情报学研究与实践工作的充分发展、研究方法运用案例的积累，加之学术大数据开放共享与合作生态的逐渐建立，出现了一种重要的替代研究范式：研究方法使用情况的调查研究，以下简称"研究方法计量研究"。研究者对特定范围内的学术文献（主要是期刊论文、会议论文、学位论文）中使用内容分析法等研究方法进行识别，在此基础上运用多种计量方法可以获得丰富的研究成果。

作为一种学界自发的对研究方法宏观层面的研究，不自觉地成为体系研究的替代性研究，替代性地满足了学界对研究方法体系的部分需求。这类研究出于可操作性的考虑，以及相比研究方法体系研究的较低约束，采用大量便利手段，因此与研究方法体系研究在核心基础有本质上的差异：并没对研究方法全面梳理，同时并未着眼于按照一定的秩序与内部联系科学表述研究方法之间的内部联系。但殊途同归，两者差异的实质是对研究方法世界全貌的正面定性手段的描绘与侧面定量计法的烘托。

2.6　2009—2018年《情报学报》研究方法使用调查

尽管结构化论文摘要中一般包含文献所使用研究方法且结构化摘要逐渐兴起并成为学界论文写作的惯例，但难以通过结构化摘要考察研究方法使用情况。主要原因是受限于学者本人的认知、观念，在限定篇幅的结构化摘要中详尽阐述该研究中所使用的所有研究方法难度极大①。曾有学者考察15 935篇情报学学术文献，仅5866篇在题目、关键词、摘要中出现了至少一种研究方法名称实体。因此本研究使用内容分析法对学术文献中的研究方法进行编码并在编码基础上开展调查。

2.6.1　标注对象

标注对象为2009—2018年《情报学报》所有正式刊登的中文学术文献，排除了非学术文献、连载形式刊登的学术文章、国外文献节选译文（早期），总计1348篇。其中非学术文献包括但不限于编者按、动态资讯、征文通知等。

2.6.2　标注方法

本研究的标注过程需要遵循以下基本原则、操作细则与标注方法。其中基本原则是

---

① 邹菲. 内容分析法的理论与实践研究[D]. 武汉：武汉大学，2004.

标注行为的纲领性原则，基本原则对重大原则性问题进行规范，从顶层保障了标注工作符合科学研究规范和研究方法使用调查研究一般需要，适用于研究方法使用情况调查的所有标注情况；操作细则、标注方法则以研究目的为导向，可结合研究需要权衡调整。

（1）标注方法总原则

1）研究方法的角色甄别

一种研究方法大体可能以两种角色出现在学术文献中：研究手段、研究对象，或同时兼有（利用文献计量学方法揭示"文献计量学"进展，用综述法探讨情报学领域"综述法"使用情况）。

"作为研究手段的角色"是指著者在该研究手段的指导下对问题开展研究，即研究者运用该研究方法开展研究。

"作为研究对象的角色"是指该研究方法以研究对象的身份出现在研究中。在本标注方法总原则中，对出现的研究方法进行标注的情况仅限于：该研究方法以"研究手段"的形式出现时。

2）标注尺度把握

研究方法由一组行为手段构成，具备发现新现象新事物，或者提出新理论新观点，揭示客观事物内在规律和运动规律等科学功能，其基本功能是探索以及认知未知。其中"具备发现新现象新事物，或者提出新理论新观点，揭示客观事物内在规律和运动规律等"是界定一个命名实体是否是研究方法的核心要素。在方法相关名词术语混乱的背景下，该要素显得尤为重要。

以"某某分词方法""用户领域身份判别模型""某某聚类方法"三者为例。"分词方法""判别模型"均具有特定实践功能，在绝大部分科学探索中，"分词方法"与"判别模式"所实现的功能还远不能达到上述定义的科学发现功能。

"聚类方法"则具有两重性。在某些科研场景中，"聚类方法"具有科学发现功能，如通过"聚类方法"对某领域的研究热点、研究前沿进行探索。在这些场景中，"聚类方法"将作为一种统计学方法进行标注。

3）标签设置

标签设置需兼顾学界共识和可操作性。

研究方法之所以被学界广泛认为是一种研究方法，是因为该研究方法积累了足够的学界共识而非简单的形式符合。一个具体的研究方法尽管完全符合原则2），具有科研功能，但在没有获得足够学界共识的积累时，只能视其为"准研究方法"，其不能成为独立的标注标签。以文献《基于 TAIPO 模型探析文献计量分析研究的发展趋势》为例，文献提出了一种名为 TAIPO 模型的"准研究方法"，尽管形式层面与著名的 SWOT 模型异曲同工，同时该"准研究方法"旨在通过理论（Theory）、应用（Application）、输入（Input）、处理（Process）、输出（Output）五要素探讨学科领域的发展趋势，具备了科学研究功能，但该模型尚未积累足够的学界共识，因此不能设置为独立的标注标签。

以"马克思主义方法""逆向思维方法""哲学方法"为例。上述研究方法尽管具备足够的学界共识乃至社会共识，但此类研究方法过于抽象，同时无法从学术文献中洞悉著者是否使用，因此不纳入标签设置范围。

以"博弈论方法""情报学一般方法""思维方法""数据收集方法"为例，上述 4 个研究方法相关实体词汇均指称了一系列具有某个共同属性的研究方法集合。其中"博弈论方法"指称的是在博弈论环境（利益相互影响的局势中，局中人如何选择自己的策略使其收益最大化的均衡问题）中求解 4 种纳什均衡。"博弈论方法"作为一种具有显著特征（纳什均衡）的研究方法需要设置为标签，但基于性价比的综合考虑，一方面现阶段情报学研究中博弈论方法使用较少；另一方面能够正确识别何种纳什均衡极大地提升了对标注者综合知识面的要求。因此"博弈论方法"在本研究中将标注为"其他"。

与此同时，同样集合形式的"情报学一般方法""思维方法""数据收集方法"，由于损失了大量信息，则不可以设置为标注标签。

4）附随研究方法不单独标注

一篇学术文献可能使用多种研究方法，而这些研究方法在使用过程中存在着层次性，为避免重复标注破坏揭示能力、徒增工作量，对标注行为的重要约束是：只标注最高层级研究方法。对于附随的研究方法不单独标注。以"文献计量学方法"为例。"文献计量学方法"是指用数学和统计学的方法，定量地分析一切知识载体，其中必然附随了统计学方法，此处的任何统计学方法将不被标注。

（2）编码表、标注细则、标注示例

操作细则是结合本次科学研究目的的实际需要制定的详细、具体的解释和补充。不同版本可依据研究目的对操作细则进行调整。标注编码如表 2-8 所示。

表2-8 标注编码

类别	章节编号	研究方法名称
一般数据收集方法	3.2.1	问卷调查
	3.2.2	访谈法
	3.2.3	德尔菲法
	3.2.4	网络日志
	3.2.5	社会心理学数据收集设备与方法：眼动仪等
	3.2.6	出声思维法
	3.2.7	计算机辅助手段
一般数据分析方法	3.3.1	系统性文献综述法
	3.3.2	元分析方法
	3.3.3	实验法
		实验实证法
	3.3.4	比较研究法
	3.3.5	案例法
	3.3.6	历史分析法
	3.3.7	阐释法 a-无实验实证
		阐释法 b-系统设计
		阐释法 c-政策、学科理论研究
	3.3.8	扎根理论方法
	3.3.9	内容分析法
	3.3.10	社会网络分析法
	3.3.11	统计学方法
	3.3.12	可视化分析
	3.3.13	其他
情报学专门数据分析方法	4.1	文献计量
	4.2	网络计量
	4.2	专利计量
	4.2	政策计量
	4.2	综合计量
	4.3	引文分析
n/a	n/a	综述

1）综述

文献综述是一种对已有研究成果进行搜集汇总、分析整理、归纳凝练的"再研究"，是科学研究中具有基础性地位的研究形式。综述类文献是一种研究形式而非一种研究方法，但考虑到可操作性，综述类文献将标注为"综述"。

2）统计学研究方法

统计学方法在情报学学科研究中的应用场景大致分为3种：程序性统计方法、描述性统计方法、多元统计分析方法。其中程序性统计方法不标注，如实验结果的信度、效度检验；描述性统计方法不标注；其他多元统计分析方法进行标注。

3）比较法

比较法是一种揭示共同点和相异点的基本思维方法。只有当比较研究作为全局性方法时进行标注。比较法作为一种局部使用的情况时则不标注，如实验结果与其他参照方法结果的比较，或与直觉、与现实、与专家判断的比较则不标注。

4）实验法、实验实证法

研究者改进或构造一种新的"方法"时，如评价模型、推荐算法、检索技术、数据组织方案、主题演化方法、本体构建技术等，一般需要通过实验、实证验证其有效。文献中通过实验、实证证明有效时，该文献标注为"实验实证法"，未证明则标注为"阐释法a-无实验实证"。

研究者需要通过"实验"进行科学揭示时，如通过"实验"揭示h指数与论文总被引C的幂律关系，通过心理学实验测度以构建人在检索决策中的心智模型，通过仿真技术揭示引文网络中知识扩散速率等，该文献标注为"实验法"。

5）阐释法

研究者改进或构造一种新的"方法"时，研究者没有进行实验或实证证明其有效，研究停留在构想阶段时，则标注为"阐释法a-无实验实证"。

研究者就信息系统、网站、数据库、知识库进行阐述，无论是否真实构建，均标注为"阐释法b-系统设计"。

研究者就科学界新趋势、国家相关政策、学科领域理论问题展开个人见解探讨时，标注为"阐释法c-政策、学科理论研究"。

6）其他

"其他"主要包括了出现频率较少的研究方法，如博弈论方法、层次分析法。同时"其他"包括了在现有分类体系下不适合单列的研究方法，如主题模型等。主题模型具有揭示能力，能够对文本进行表征，经常用于揭示热点等。主题模型本质上是统计学方法与文献计量学方法的交叉，本标注框架已有"统计学方法"与"计量学方法"，因此难以分类。

2.6.3 标注示例

10篇文献的标注示例如表2-9所示。

表2-9　10篇文献标注示例

篇名	数据收集方法1	数据分析方法1	数据分析方法2	数据分析方法3	数据分析方法4
基于学术论文全文内容的算法使用行为及其影响力研究		3.3.11 统计学方法	3.3.9 内容分析法		
h指数的综合修正研究：h指数——以学术期刊为例		3.3.3 实验实证法			
汉语领域术语非分类关系抽取方法研究		3.3.3 实验实证法			
基于BiLSTM-CRF模型的食品安全事件词性自动标注研究	3.2.7 计算机辅助手段	3.3.3 实验实证法			
智能情境、学习敏锐度与智慧服务的影响机制研究：基于97名"双一流"高校图书馆员的实证分析	3.2.1 问卷调查	3.3.11 统计学方法			
基于科学知识图谱的东北三省区域研究热点分析		3.3.12 可视化分析	4.1 文献计量		
学术谱系视角下的科技人才成长研究：以图灵奖人工智能领域获奖者为例		4.1 文献计量	3.3.9 内容分析法	3.3.10 社会网络分析法	4.3 引文分析

续表

篇名	数据收集方法1	数据分析方法1	数据分析方法2	数据分析方法3	数据分析方法4
基于贝叶斯模型的移动环境下网络舆情用户情感演化研究：以新浪微博"里约奥运会中国女排夺冠"话题为例	3.2.7 计算机辅助手段	3.3.3 实验实证法			
实验情报学的理论设计与现实基础		3.3.7 阐释法 c-政策、学科理论研究			
情报学研究中理论应用的国际比较		3.3.9 内容分析法	4.1 文献计量	3.3.4 比较研究法	

举例来说，《情报学研究中理论应用的国际比较》一文对若干国际期刊的论文中应用的理论进行抽取并编码（内容分析法）、运用文献计量学方法分析（文献计量），并比较中外差异（比较研究法），则该文献标注3种数据分析方法：内容分析法、文献计量、比较研究法。

又如《基于贝叶斯模型的移动环境下网络舆情用户情感演化研究：以新浪微博"里约奥运会中国女排夺冠"话题为例》一文，研究者使用爬虫技术采集女排夺冠相关微博数据（计算机辅助手段），基于情感分析（计算机辅助手段），揭示了这一过程中公众情感的演化规律。由于作者旨在提出一个舆情分析模型，事实表明该模型有效。因此，该文献标注为计算机辅助手段、实验实证法。

再如《学术谱系视角下的科技人才成长研究：以图灵奖人工智能领域获奖者为例》一文中，研究者综合运用多种科学计量学方法进行探讨。其中包含使用内容分析法对学者履历进行分析，构建合著网络、引文网络等。因此，该文献标注为内容分析法、文献计量、社会网络分析法、引文分析。

2.6.4 标注结果分析

每篇文献包含的研究方法的权重相同，如2.6.3中的三篇文献案例，第一篇每种方法的权重为0.333，第二篇每种方法的权重为0.5，第三篇每种方法的权重为0.25。对每一年方法的使用情况进行计量，标注计量汇总结果如表2-10所示。

表2-10 2009—2018年《情报学报》文献研究方法标注汇总结果

章节编号	2009年	2010年	2011年	2012年	2013年	2014年	2015年	2016年	2017年	2018年
3.2.1	2.832	2.332	2.583	3.249	4.582	4.333	3.249	5.331	2.333	3.333
3.2.2	1.499	0.666	0.583	1	1.499	0.5	0.5	0.999	0	0.25
3.2.3	0	0	0.5	0	0.5	0	0	0	0.333	0
3.2.4	2.5	0.5	1.5	1	0	0	0	0	0.5	0.25
3.2.5	1	0.333	1.666	2.749	0.583	0.833	0.583	2.166	0.333	1.333
3.2.6	0	0	0	0	0	0.333	0.333	0.333	0	0
3.2.7	0	0.333	2.583	2.25	4.166	3.25	3.25	4.833	5.999	4.666
3.3.1	0	0	0	0	0	0	0	0	0	0
3.3.2	0	0	0	0	0	0	0.5	0	1	0.5
3.3.3	4	3.833	3.833	1.5	5.833	4.333	10.665	3	3.5	3.5
3.3.3	60	68	109	87.5	59.5	56.5	55	49.666	58.166	46.5
3.3.4	0	1.833	3.25	1.5	2	1.333	1.583	0.5	0.75	0.333
3.3.5	0.833	4.833	1	2.5	1	1	1.333	1	1.833	1
3.3.6	0	0	0	0	1	1.5	0	0	0	1
3.3.7	9.333	4.333	4	1	3.333	3.333	1	6	1	4
3.3.7	10	9	3	4	3	4	3	2	2	3
3.3.7	8	4	2	4	5	6	6.5	12.5	9.833	7
3.3.8	0	1	0	1.5	1	1	0.333	0	1	1
3.3.9	0	1	2	0.833	5.166	0.833	2.333	1	2.5	1.916
3.3.10	3	0.666	4.833	7.582	4.999	4.083	4.248	9.666	9.999	3.583
3.3.11	5.415	3.499	6.749	9.082	9.582	9.916	12.579	15.164	12.249	14.748
3.3.12	3.249	1.999	2.666	4.082	1.083	0.5	2.249	1.499	3.832	3.916
3.3.13	0	0.5	0	0.25	2.5	1.333	2.499	0.5	2.25	0.833
4.1	2.749	5.499	5.833	6.082	4.249	1.75	4.666	1.499	3.082	3.416
4.2	1	0.333	0.333	0.5	0.75	0.75	0.333	0.5	1.833	0.5
4.2	0	1	0.25	1.5	2	0	0.666	0	1.333	1
4.2	0	0	0	0	0.333	0.333	0	0.5	0	0.333
4.2	0	1.5	0	0	0	0	0	0	1	0
4.3	0.583	1.499	0.833	2.333	1.333	0.75	1.583	0.333	0.333	1.083
综述	5	8.5	8	4	5	8.5	11	11	9	13
文献总数	121	127	167	150	130	118	130	130	136	121

研究方法为纵坐标，年份为横坐标，以上述数据构建百分比面积堆积图，其中"综述"图块置于顶层，各研究方法图块依据编号顺序自上往下排列，具体如图2-7所示。

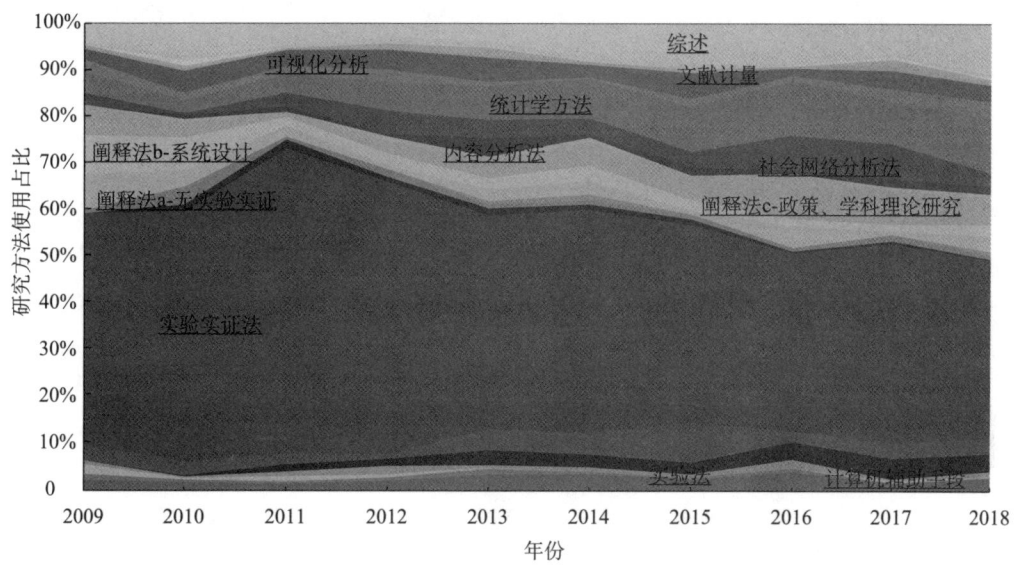

图2-7　2009—2018年《情报学报》研究方法使用情况百分比面积堆积图

通过对作为样本的2009—2018年《情报学报》所有文献研究方法使用情况的调研，可以直观地发现我国情报学研究方法的应用趋势存在以下若干现象。关涉具体方法的探讨将放在具体方法所在章节进行。

（1）计算机领域研究鸠占鹊巢现象有所缓解

研究者改进或构造一种新模型、新算法、新技术、新应用、新流程等，若阐述并通过实验、实证方法对阐述内容进行验证，则标注为"实验实证法"；若仅阐述未实验、实证则标注"阐释法a-无实验实证"。

由于早期情报学边界的模糊，同时进入以互联网为主要情报载体的情报3.0时代后，情报界技术方法工具建设蓬勃发展，与情报学交叉的其他领域的声音喧宾夺主，出现了情报工作者大量从事"打杂"工作，计算机领域研究在情报界鸠占鹊巢现象[①]。通过统计图可以发现"实验实证法"数量下降趋势显著，由于计算机领域研究文章主要利用"实验实证法"，可见计算机领域在情报界鸠占鹊巢的现象得到了学界重视，并有所

---

① 吴晨生，张惠娜，刘如，等. 追本溯源：情报3.0时代对情报定义的思考[J]. 情报学报，2017，36（1）：1-4.

缓解。

(2) 情报学研究逐渐规范

逐渐规范的结论主要从以下几个方面获得：①仅提出构想而不进行实验实证的"阐释法 a-无实验实证"文献逐渐减少，尽管 2013 年后仍保持一定比例的此类文献，但课题多为探索类研究，确实无法以有效方法实证实验评估其有效性，如对国家科技计划领域分类体系研究的构想、国家科技情报治理中的赋能评估研究、中国科技报告质量评价体系与推进策略。②统计学方法的广泛运用，在本研究中仅标注多元统计方法，以附随方法形式出现的程序性统计方法和描述性统计方法并不标注，在此情况下统计学方法的使用比例不断增加侧面反映出情报学科学研究的规范。③实验法的比例不断增加，即运用仿真实验、心理学实验、计算实验揭示客观规律的科学研究比例逐渐增多，这也反映了情报学研究的逐渐规范。

(3) 使用混合方法不断增多

有学者曾指出伴随着研究范式的逐渐成熟，混合方法应用逐渐增多。如图 2-8 所示，通过绘制单篇文献研究方法使用平均数折线图可以观察到使用混合方法的情况在不断增加。

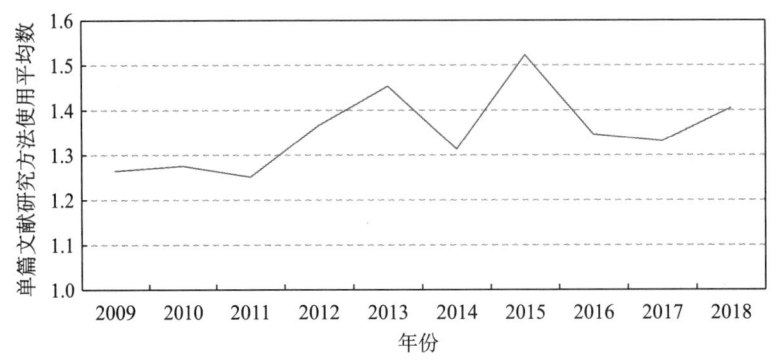

图 2-8 单篇文献研究方法使用平均数折线图

(4) 外部环境的剧烈变化对情报学的显著影响

主要体现在 3 个方面：①由于科学研究外部环境的剧烈变化，情报学领域学者对相关新政策、学界新趋势、学科领域理论的探讨逐渐增多，这类研究比例增加。②由于当前处于大数据时代，数据成为科学研究的重要基础，数据资源同时极大丰富，传统科学计量研究对象从单一学术文献计量逐渐拓展，已涵盖专利计量、政策计量、网络计量乃至综合计量。③以爬虫、眼动仪为代表的新数据收集手段的使用不断增多。

2.7 本章小结

新时期，具有"学科"与"事业"双重属性的情报学迎来了新的发展和机遇期，同时也是一次新的挑战和适应期。研究方法作为一门学科的核心特征，其重要程度不言而喻。本章围绕"情报学研究方法世界"展开，首先对20世纪80年代后情报学研究方法体系、情报学研究方法使用情况调查两类相关研究进行评述，随后就两类研究若干基本问题展开了讨论，做出初步结论：定性抑或定量，两条研究方法世界揭示路线之间话语权之争已经凸显。

随后通过重返情报学研究方法世界传播的历史现场，对2009—2018年《情报学报》研究方法的使用情况开展调查，就作为"史料"的已发表学术文献进行定量视角重读。一方面通过考察不同年代研究方法使用情况之差异，探寻历史与当下之间隐秘而又必然的联系，而不同年代间这种内在性勾连，正是情报学领域科学研究不断发展深化的重要佐证；另一方面考察历史上研究方法使用情况的"常"与"变"，也为随后第3章构建现阶段情报学研究方法体系提供丰富的内容素材与理论依据。

第3章
情报学一般研究方法

本章节以《情报学报》2009—2018年所刊登学术文献为主要线索，就现阶段我国情报学研究中所采用的具有代表性、典型性并对现阶段情报学科学研究具有现实意义的研究方法开展综述。

近10年《情报学报》中研究方法使用情况既是我国情报学界研究方法使用现状的缩影，同时也是情报学研究方法世界变迁发展的重要节点。本章以上述考察数据为现实依托，管窥情报学研究方法世界沧桑嬗变的同时了解情报学研究方法世界的基本面貌。

3.1 情报学研究方法遴选原则

自20世纪80年代至今，学者对情报学研究方法世界面貌的揭示工作就从未停止过。除历史上情报学方法论相关研究文献、情报学研究方法使用情况调查类文献外，还有相当数量关涉情报学研究方法的专著成果。自老一辈情报学家严怡民先生于1983年出版《情报学概论》[①](以来，这些学术专著有20余本。上述学术成果均力图在限定篇幅中呈现宏大磅礴的情报学研究方法世界，但出于可操作性考虑，著者或限定范围，或进行主次取舍。本书在研究方法的遴选上主要遵循3个原则：代表性、典型性、对现阶段情报学科学研究具有现实指导意义。

"代表性、典型性"是社会学研究实践中的重要概念之一。在方法论层面，社会学家艾尔·巴比曾定义"代表性"是样本具有跟其从中挑选出来的总体相同的特性，通过

---

① 严怡民. 情报学概论[M]. 武汉：武汉大学出版社，1983.

对样本的分析得出的描述和揭示也同样适用于总体①。而"典型性"恰好与"代表性"相互矛盾，个案的典型性越高则越特殊，共性的成分越少，对总体的代表性越差，反之，案例的典型性越低则共性的成分越多，对总体的代表性越好②。托马斯·库恩曾在《科学革命的结构》③中指出一个成熟的科学共同体不仅有反复出现在教科书、课堂讲演和实验室实验中的"类标准式"的实例，在边缘地区同时存在着"其他成就"，这些"成就"所解决的问题和技巧的核心通常是明确的，上述"类标准式的实例"与"边缘地区的其他成就"构成了一个成熟科学共同体的范式集合。从文献计量的视角考察，"类标准式的实例"与"边缘地区的其他成就"分别指具有代表性被学者广泛使用的高频研究方法和具有典型性但频次较低的小众研究方法。因此，兼顾两者是尤为重要的。

"对现阶段情报学科学研究具有现实指导意义"是指对具有代表性和典型性的研究方法基于现实考量的把握，这种把握主要体现在两个方面：一方面，若某研究方法在现阶段的情报学科学研究中主要以附随方法的身份出现，难以独立支撑一项科学研究，则本文着墨较少。自20世纪80年代末期，国外有学者首次完整阐述了综合定性与定量研究的混合方法④，钱学森提出从定性到定量的综合集成方法，要求整合数据、信息、模型、知识、专家经验和智慧⑤。这场被誉为"第三种研究范式"的混合方法（集成方法）在20世纪末引发了学界高度关注。20世纪90年代，情报学界就有学者指出：单一研究方法的时代已经过去，在进行研究时只有将几种或多种方法综合起来，使之互补，才能得出较为科学的结论⑥。随着情报学研究主题不断丰富，研究方法不断成熟，多位学者对混合方法（集成方法）在情报学领域的应用进行了更深入和细致的研究，有研究

---

① 艾尔·巴比. 社会研究方法[M]. 邱泽奇, 译. 北京：华夏出版社, 2005：286-287.

② 王宁. 代表性还是典型性？：个案的属性与个案研究方法的逻辑基础[J]. 社会学研究, 2002 (5)：123-125.

③ 托马斯·库恩. 科学革命的结构（第四版）[M]. 金吾伦, 胡新和, 译. 北京：北京大学出版社, 2012：43.

④ REICHARDT C S, COOK T D. Beyond qualitative versus quantitative methods：qualitative and quantitative methods in evaluation research[M]. New York：SAGE Publications, 1979.

⑤ 钱学森, 于景元, 戴汝为. 一个科学新领域：开放的复杂巨系统及其方法论[J]. 自然杂志, 1990 (1)：3-10.

⑥ 汪冰. 情报学方法论的研究方法断想[J]. 图书与情报, 1992 (2)：9-13.

成果指出：2010年之后，混合方法应用篇数占比已形成规模①②。随着混合研究方法的广泛使用，一些传统经典研究方法尽管仍然频繁出现，但越来越难以独立支撑一项科学研究，主要以附随方法的身份出现。如以专家访谈、德尔菲法等为代表的经典数据收集方法，本文则从简介绍。另一方面，以归纳、演绎、想象、类比为代表的思维方法和以"马克思主义方法"为代表的哲学类方法相对抽象，因此不纳入本文叙述的范畴。

3.2 各类数据收集方法

就各种数据收集手段分布情况绘制百分比面积堆积图，如图3-1所示。

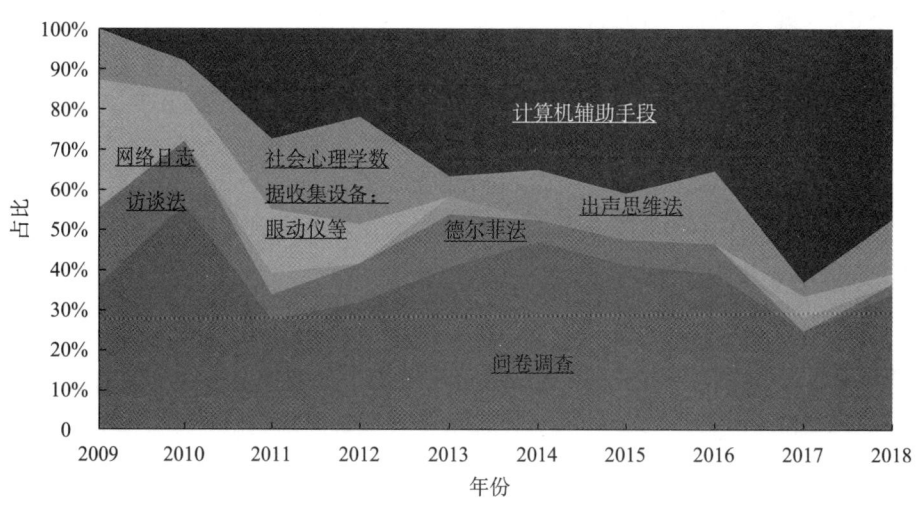

图3-1 数据收集手段百分比面积堆积图

伴随着第四科学研究范式的崛起，以网络爬虫为代表的计算机辅助手段使用比例增加明显。在调研中发现，由于网络日志方法对于普通情报学科研工作者来说获取难度较大，网络日志方法逐渐退出了历史舞台。其他数据收集方法在近10年波动并不显著。

需要指出的是：较多科学研究基于开放文献资源、公开数据集，然而对这些开放资源的利用并不公认为一种数据收集手段，因此未标注；同时，以文献调研法为代表的一

---

① 朱庆华，赵宇翔．情报学中混合方法研究的理论探索和应用[J]．情报学报，2013，32（12）：1236-1247.
② 王芳，祝娜，翟羽佳．我国情报学研究中混合方法的应用及其领域分布分析[J]．情报学报，2017，36（11）：1119-1129.

类数据收集方法，界限模糊难以标注。

3.2.1 问卷调查

问卷调查是指将要调查的内容具体化为一系列有机联系的可测指标，以便进行定量测量的方法[①]。作为一种收集数据资料的常用手段方法，调查者通过将标准化的问卷分发、邮寄给有关调查对象，然后对问卷回收整理以完成数据收集过程。网络问卷调查则需要依托互联网技术，主要利用第三方网络问卷平台邀请调查对象在线完成问卷调查。

问卷调查作为一种经典研究手段在社会科学领域被广泛使用，社会科学各领域学者发现该方法在实际应用过程中存在着大量规范性不足的问题并就其进行了多角度探讨。主要包括以下4个方面。

（1）问卷设计

问卷设计直接影响搜集数据的质量和结果的科学性，研究者容易将笔墨花费在问卷数据的分析上而忽略问题与选项的设计，或者在编排与版面设计方面失范[②]。

（2）调查对象样本代表性问题

比较常见的不足是：应当面向整个社会开展问卷调查，而问卷调查对象却限于研究人员交际圈[③][④]。

（3）问卷评估

问卷评估的薄弱环节主要体现在：缺乏对问卷进行信度和效度检验等，对调查问卷进行质量评估方面。问卷评估工作的薄弱导致调查所得数据的有效性与合理性会遭到质疑[⑤]。

（4）问卷调查组织统筹

在较大规模的问卷调查实践中，研究者委托兼职调查人员或外包服务单位，在兼职调查人员与外包单位是否能够高质量完成调查工作上存疑，如调查人员伪造问卷现象、调查人员缺乏岗位培训等[⑥]。

[①] 刘冰．调查问卷设计中应注意的问题分析[J]．辽宁师专学报（社会科学版），2014（4）：27-28.
[②] 万力．现代市场调查问卷设计技巧探讨[J]．现代经济信息，2017（21）：85.
[③] 张志华，章锦河，刘泽华，等．旅游研究中的问卷调查法应用规范[J]．地理科学进展，2016，35（3）：368-375.
[④] 陈忠海，李果元．档案学研究运用问卷调查法存在问题分析[J]．档案管理，2019（2）：10-12.
[⑤] 苟巧玲．社会调查中问卷质量评估的意义及方法[J]．中外企业家，2014（30）：233-234.
[⑥] 安琪．浅议城市管理中问卷调查弊端[J]．知识经济，2010（11）：60.

与此同时，多方面因素导致的被调查者个体在表面上持合作态度但实际上不作真实填答的"假卷"现象是难以察觉的。虚假信息的产生使科研失去科学性与客观性，具有实践经历的学者就这种现象的深层次原因和解决方法进行了探讨[1][2]。

3.2.2 访谈法

访谈法是一种有目的性的、个别化的研究型交谈，是通过研究者与研究对象口头谈话的方式收集研究对象思想与行为第一手资料的研究方法，同时允许研究者站在研究对象的角度理解研究对象的行为和意义建构，进而弥补量化研究带来的缺陷。

作为研究方法的名词术语，"访谈法"对"访谈"这一行为要素进行限定。随着访谈法的实践不断丰富，一些特定要素限定的访谈法在解决若干研究问题时富有成效，因此"访谈法"的若干下位词被作为研究方法的名词术语得以诞生和发展，如深度访谈法、焦点小组等，这些派生子方法均得到了学术共同体的广泛认同。

（1）深度访谈

深度访谈也称为半结构化访谈。深度访谈是指访问者与受访者之间以一种单独的、个人的互动方式进行面对面的交谈，达到意见交换和构建意义的目的，这种半结构式的访谈一般没有标准程序，访谈者往往事先只有一个比较简略的问题大纲，大致明确研究目的及访谈所希望得到的结果。所提问题是在访问过程中生成和提出的，并没有特定的范围和严格的标准，作为整体的访谈是双方的共同产物。深度访谈的优势在于灵活机动的访谈方式和细致深刻的研究方法能够更深入事物内部[3][4][5]。

（2）焦点小组

焦点小组也称焦点小组访谈法，是重要的可用性评价方法之一，它将一组人集合起来讨论某一特定问题，获得一些定性数据，如对特定现象或问题的看法和态度。焦点小组访谈可以被用于以下方面：揭示对某一问题、现象的群体反映。通过访谈能够就某一研究形成假说和推论，改进和完善一些定量研究方法，解释并阐述其他一些定量研究方

---

[1] 陶冶. 问卷调查中的"假卷"现象和解决方法[J]. 社会, 1991（11）：10-11.

[2] 李战华. 教育问卷调查中虚假信息产生的原因及处理方法[J]. 中国教师, 2010（6）：25-27.

[3] 尹伊, 石秀, 雷晋芳. 深度访谈方法的进一步探讨[J]. 科技情报开发与经济, 2008（4）：160-161.

[4] 孙晓娥. 深度访谈研究方法的实证论析[J]. 西安交通大学学报（社会科学版）, 2012, 32（3）：101-106.

[5] 杨善华, 孙飞宇. 作为意义探究的深度访谈[J]. 社会学研究, 2005（5）：53-68, 244.

法的结果①②③。

焦点小组访谈法作为集中收集信息资料的方法,具有工作效率高、经费投入少、了解情况快的直观优势,但对访谈者组织能力要求高,同时不适合涉及个人隐私的话题,不适合保密、敏感性话题,而最突出的缺点则是在集体环境中访谈过程可能被少数人主导。

3.2.3 德尔菲法

德尔菲法是一种规定程序的专家调查法,由组织者拟定调查问卷,按照规定程序分别向专家组成员征询调查,专家组成员通过组织者的反馈材料匿名地交流意见,经过若干轮征询和反馈后,专家们的意见逐渐集中,最后获得有统计意义的专家集体判断结果。德尔菲法特别适用于客观资料或数据缺乏情况下的长期预测,或者其他方法难以进行的技术预测。德尔菲法明显的特点在于其匿名性、多次有控制反馈的程序性以及预计结果的统计特性,因此集中了专家调查法和会议法的优点。

有情报学者曾对 38 种 CSSCI(2014—2015 年)来源期刊中应用德尔菲法进行研究的 100 篇文献进行实证研究,对德尔菲法在运用中存在的不足进行了归纳,对专家组成员的遴选缺乏标准,征询表单缺乏专家意见因而导致意见分散致使难以组织,忽略专家组中不同意见等问题进行了阐述④。

3.2.4 网络日志

互联网和移动终端的高速发展导致互联网数据量与日俱增,形成海量网络数据资源。这些网络数据资源为第四范式科学研究提供了坚实的数据基础,有学者指出"大数据时代的科研竞争就是数据之争"⑤。因此,科研人员充分利用这些网络数据资源开展科学研究已成为大数据时代必备的基本科研素养之一。

互联网用户只要连接到一个网络服务商,就已经在这个服务器上留下一个"脚印",

---

① 段卉,金亮. 焦点小组访谈法在传播研究中的新探索[J]. 青年记者,2017(30):54-55.
② 石庆馨,孙向红,张侃. 可用性评价的焦点小组法[J]. 人类工效学,2005(3):64-67.
③ 胡浩. 焦点小组访谈理论及其应用[J]. 现代商业,2010(26):282.
④ 曾照云,程晓康. 德尔菲法应用研究中存在的问题分析:基于 38 种 CSSCI(2014—2015)来源期刊[J]. 图书情报工作,2016,60(16):116-120.
⑤ 张婷婷,刘凯,王伟军. 科研人员 Web 数据自动抓取模式及其开源解决方案[J]. 信息资源管理学报,2015,5(2):21-27.

这就是服务器的日志文件等记录，网络中的每个服务器保存网络日志等记录，网络日志记录了用户整个访问和交互过程有关信息①。网络日志类型丰富，包括服务器日志、代理日志、查询日志、浏览日志、用户会话或事物、Cookies 等。当前，网络日志作为网络时代的典型产物具有日志文件种类众多、格式不一、体量庞大等特点，作为特殊的数字化资源受到科学界的长期关注，网络日志是科学界广泛使用的数据源之一②。

情报学界对网络日志进行日志分析，主要挖掘两方面价值：在宏观层面探索人类动力学规律，通过对人类互联网行为的定量分析，特别是对人类行为时空统计规律的挖掘和建模能够深入理解人类行为，有助于解释若干复杂的社会经济现象，如在舆情领域、科学学领域、信息服务领域等方面产生应用价值。在微观领域，通过日志研究人们从互联网上获取信息的模式、获取信息的类型等，从而得到用户兴趣偏好、社区发现等方面的成果；通过从日志中提取模式，掌握用户习惯，不仅可以指导服务方改进服务、提供个性化服务，同时可以挖掘潜在用户、潜在需求，也为相关战略制定提供有价值的潜在信息③④⑤⑥。

3.2.5 社会心理学数据收集设备：眼动仪等

19 世纪 70 年代末，德国学者冯特在莱比锡大学创立了心理学实验室，标志着科学心理学的诞生。心理学研究人在社会实践中心理活动的规律和信息活动的调节方法，也就是研究客观世界的各种信息在人脑的思维过程中如何转化为人的社会事件活动，探讨大脑反映客观世界和改造世界的思维。情报学是研究组织的情报活动及规律的学科，具有社会科学属性。情报学理论就是人关于"情报思想""情报观"的理解与论述⑦，两

---

① 邱均平，黄晓斌. 网络用户使用记录的计量分析[J]. 现代图书情报技术，2002（5）：50-55.
② 应毅，任凯，刘亚军. 基于大数据的网络日志分析技术[J]. 计算机科学，2018，45（S2）：353-355.
③ 张娥，冯耕中，郑斐峰. Web 用户访问日志数据挖掘研究[J]. 情报杂志，2003（9）：48-50.
④ OSTERLOH M，ROTA S. Open source software development：Just another case of cllective invention? [J]. Research policy，2007，36（3）：157-171.
⑤ 方延风. "互联网+"背景下开源软件在科技情报研究中的应用：信息采集、存储和预处理[J]. 科技和产业，2017，17（8）：141-146.
⑥ 刘林，汪涛，樊孝忠. 主题爬虫的解决方案[J]. 华南理工大学学报：自然科学版，2004，21（11）：137-141.
⑦ 包昌火，金学慧，张婧，等. 论中国情报学学科体系的构建[J]. 情报杂志，2018，37（10）：1-11，41.

学科间由于存在相当程度的重叠，心理学作为一门从哲学中剥离出来的古老学科对情报学的关照是历史悠久的。随着学科融合理念的不断深入，心理学与情报学之间的互相渗透、融合分化，情报学领域学者甚至曾就"情报心理学"问题进行过专门的探讨。

在情报学科学研究数据搜集环节，社会心理学"准实验"和以眼动仪为代表的新设备拓宽了情报学的研究领域，弥补了情报学本身研究的不足。

（1）社会心理学准实验

在信息行为领域的研究中，相比心理学行为实验，情报学领域更多采用的是"准实验"设计[①]，通过"准实验"搜集相关数据。

准实验设计是在自然的信息行为环境下利用自然发生的事件作为自变量来设计的，在情报学领域主要以信息检索研究为主，常见的程序是：根据研究目的邀请群体；创设信息检索环境，如特定的检索系统或范围；给定不同的查询任务等，通过跟踪用户的检索过程和结果为后续的分析比较提供数据基础。

在准实验过程中，通常结合3种方法获取数据：①通过设备记录行为过程，如在检索实验中，利用屏幕录取工具录制整个检索过程；②利用出声思维法获得用户个体的体验数据；③实验成功后的问卷调查或访谈。

（2）心理学仪器

眼动仪是一种可以采集用户眼动数据的特殊装置，眼动仪能够客观公正地记录实验对象的注视持续时间、注视次数、眼跳、瞳孔直径变化及注视点序列等量化数据，并且具有极高信度与效度，同时结合配套软件等允许生成热点图、路径图等直观示意图[②]。眼动数据与用户心理活动紧密相关，是人类心理与认知状态的外在表现[③]。眼动数据是理解人机互动的关键隐形数据，各眼动参数可从微观角度反映出用户的注意分布及转移，从而获悉用户的浏览行为和习惯。

眼动仪的优势在于：一方面其弥补了传统方法无法直接分析用户内部认知行为的不足，为了解信息浏览行为的特点和规律提供了一种新的研究手段；另一方面，相比点击、鼠标移动数据，眼动仪在挖掘用户相关性上更具优势。随着眼动仪的推广，它在近

---

① 曹梅，朱学芳．用户信息行为的研究方法体系初探［J］．情报理论与实践，2010，33（1）：37-40.
② 刘奇岳．眼动仪在教育研究中的应用现状分析［J］．软件导刊，2019，18（6）：135-137，142.
③ 王琳，郭梦雪．信息浏览行为是理论导向抑或生物驱动？：基于眼动仪实验的实证分析［J］．情报学报，2015，34（12）：1284-1295.

10年得到了研究者的重视，并作为一项成熟实验设备逐渐进入众多学科视野之中。

研究者观测用户行为正在经历由表及里，由系统操作到生理、心理活动的变化[①]。从早期收集鼠标（触屏）动作、座椅压力、鼠标握力，到近期的眼动、皮肤电、心电、脑电、肌电、眼电、呼吸率，此类心理学研究仪器的推出正在不断提升情报学的研究水平，特别是在信息行为、信息服务领域。

3.2.6 出声思维法

出声思维法是最早出现的言语报告法，Ericsson和Simon在认知心理学中运用此法研究人在问题解决中的认知过程。出声思维法的基本假设和形式为其在其他领域中的应用提供了基础和可能[②]。

出声思维法已成为最常用的可用性测试方法[③]，甚至被认为是"唯一的最有价值的可用性工程方法"[④]。出声思维法的基本特点是要求被试在完成任务的同时以口头言语的形式表述行为和思维活动，并依靠录音机等设备收集表述音频。最后通过分析进而理解用户思维过程和行为动机。

由于人的思维活动通常是内隐的，隐性知识是一种难以言传、未编码的知识[⑤]，具有与个体难以分离、难以共享等特点，个体在解决问题时内部思维无法被人直接观测到，相对其给出的结果而言，其解决问题的思维过程是一个"黑箱"，如果仅凭结果去推测"黑箱"内容不一定具有科学性，而事后询问答案通常又不完整准确。因此运用出声思维法可以观察人的内部思维过程以获得其行为中的隐性知识。

在情报学研究中，信息搜寻行为、基于用户的产品可用性评价、交互界面设计等方面是学者使用出声思维法的重点领域。其中信息搜寻行为的研究多采用出声思维法，研究在实验室的环境中设计搜寻主题或任务，要求用户一边搜寻所需的信息，一边将其操作和想法表述出来，工作人员记录用户操作与话语的同时提醒用户继续出声思考。出声思维法通常与其他数据收集方法一起使用。

---

① 何芳. 网页相关性眼动反馈指标研究[J]. 情报理论与实践，2019，42（2）：164-168.
② 周荣刚，张侃. 可用性测试中的出声思维法[J]. 人类工效学，2005（3）：55-57.
③ BOREN M T, RAMEY J. Thinking aloud: reconciling theory and practice[J]. IEEE transactions on professional communication, 2000, 43 (3): 261-278.
④ NIELSEN J. Usability engineering[M]. Cambridge: AP Professional, 1993.
⑤ 马捷. 运用"出声思考法"获取企业专家决策过程中的隐性知识[J]. 情报科学，2007（6）：944-948.

3.2.7 计算机辅助手段

情报工作是组织为获取和分析情报的一项系统化工作,是有意识、有目的、有组织、有控制地搜集、"序化和转化"数据和信息来为不同层次的科学决策服务的科学劳动[1]。广义的数据作为客观事物的真实记录或者对一事件的统计性描述,尽管具有重要的情报价值,但数据本身是原始和隐形的[2]。随着社会信息化进程的加快及计算机和信息技术的迅猛发展与全面应用,各类数据大量产生,并普遍存在于人类社会生活的各个方面。面对大数据时代的海量数据,有必要借助计算机辅助手段开展情报研究工作。

(1) 网络爬虫技术

由于绝大多数情境下,科研经费无法承担昂贵的商业化网络日志数据集,与此同时少量开源数据集又无法满足科研人员日益增加的数据需求,科研人员需要倚靠网络爬虫技术收集网络数据。网络爬虫是一种按照一定规则自动抓取互联网信息的程序或脚本。网络爬虫技术的利用主要分为两种形式:开源爬虫软件运用、开源工具改进或自定义开发的爬虫工具。

从实用角度来看,开源爬虫软件的作用正变得越来越重要。开源运动发展至今,已不再是一项 IT 领域自由化运动,更是一种共享价值的传播,开源软件具有项目丰富、功能先进、性能可靠、源码共享、实用免费、科研性应用无知识产权纠纷等特点,成为科研人员从事科学研究的首选工具和必备利器[3]。有学者就开源爬虫软件进行了介绍,并对各软件优缺点进行了探讨[4][5]。由于网络数据的复杂程度和数据规模不断增长,面对浩瀚的数据海洋,有限开源工具对抓取目标进行正确定义以满足科研需求日益困难,勉强使用开源工具会导致后期复杂的数据清洗预处理工作。因此相当部分的场景中,科研人员对开源工具进行改进或自定义爬虫工具。

---

[1] 包昌火,刘彦君,张婧,等. 中国情报学论纲[J]. 情报杂志,2018,37(1):1-8.

[2] 化柏林. 情报学三动论探析:序化论、转化论与融合论[J]. 情报理论与实践,2009,32(11):21-24,41.

[3] OSTERLOH M, ROTA S. Open source software development: Just another case of cllective invention?[J]. Research policy, 2007, 36 (3): 157-171.

[4] 张婷婷,刘凯,王伟军. 科研人员 Web 数据自动抓取模式及其开源解决方案[J]. 信息资源管理学报,2015,5(2):21-27.

[5] 方延风. "互联网+"背景下开源软件在科技情报研究中的应用——信息采集、存储和预处理[J]. 科技和产业,2017,17(8):141-146.

由于互联网网络信息的指数级增长,如何有效地提取和利用这些信息成为重要课题,此时主题爬虫引起了国内外众多研究者的关注。主题爬虫是指按照对应的主题有目的地进行爬取。主题爬虫将目标定位在互联网中与主题相关的页面中,主要设计思想是对页面进行过滤,将页面内容与搜索主题相比较,达到一定要求比例时才爬取页面的内容①,又称聚焦网络爬虫。主题爬虫的爬取范围以主题聚焦,提高了获取数据的精度。相比普通爬虫,主题爬虫大幅提高了数据搜集工作的效率。

(2)信息抽取技术

信息抽取技术是指从文本中抽取相关或特定类型的信息,并将这些知识点形成结构化信息的技术。抽取前,信息存在于一个大的信息集合中,抽取后信息以一个独立的单元而存在。大数据环境下数据形式日趋多样化,常见的类型包括Web和社交媒体数据、大体量交易数据、人工生成数据、机器对机器(M2M)的数据和生物计量学数据等②。在海量数据资源及第四范式科学发现模式下,对上述数据进行分析利用,成为实现科技创新的重要途径。而通过传统手工检索途径从庞大的数据中逐一学习并获取相关知识点,成为制约科技创新发展的瓶颈,只有利用计算机辅助手段从数据中抽取相关知识点,按照一定关联方式构建知识网络,帮助科研人员方便快捷地获取相关知识点是当前研究的热点问题。

根据抽取知识点构成的不同,知识点抽取技术分为细粒度和粗粒度知识点抽取技术两种,前者主要包括实体、关系、属性等抽取技术,后者主要包括事件、主题等抽取技术。

在情报学领域,科学数据、电商评论等是借助计算机技术辅助抽取的热点研究对象。科学数据主要通过科技文献的形式进行发布,科技文献大数据作为规范、准确、开放的庞大资源,对其进行深层次挖掘具有重大价值,对科技文献知识点的抽取是人类对已有知识学习、利用和再创新的基础。随着电子商务行业突飞猛进的发展,面对电商平台上的海量商品,消费者往往眼花缭乱,难以做出有效选择,而电商网站中积累的大量用户评论恰好可以发挥重大作用。评论功能缓解了真实交易中信息不对称问题,也可以帮助广大消费者降低成本,有效辨别商品品质,同时为商家提供有效的口碑信息,因此电商评论是社会媒体计算领域关心的重要研究对象。

---

① 刘林,汪涛,樊孝忠.主题爬虫的解决方案[J].华南理工大学学报(自然科学版),2004,21(11):137-141.

② 桑尼尔·索雷斯.大数据治理[M].匡斌,译.北京:清华大学出版社,2014.

(3) 情感分析技术

情感是影响人类行为的重要因素之一，是人对客观事物是否满足自己的需要而产生的态度体验[①]。情感分析中，情感的概念被认为等同于观点、评论、态度和情绪等，所以情感分析也被称为观点挖掘、评价抽取、主观分析等。在各类文本载体中，都有相当一部分信息的表达蕴含着发布者的潜在情绪及评价。对情感要素的分析抽取，可以提升情报研究的分析精度，优化情报分析结果等。情感分析技术对情报学领域的启示在于促进信息计量单元创新，传统情报学研究的文献计量学、信息计量学、网络计量学的计量单元很少涉及内容层面，情感分析提供了对文本内容的细粒度分析方法，结合情感分析进行引证动机分析、引用该内容分析等有利于深度挖掘科学交流活动的知识传播规律。同时，情感分析研究也有利于决策支持系统创新。为企业、政府提供决策支持是情报学的重要应用之一，情感分析方法能够挖掘在线评论、社交媒体中的舆论导向，为舆情分析、竞争情报等提供良好的决策支持。

3.3 各类数据分析方法

3.3.1 系统性文献综述

如果说文献综述是一种对已有研究成果进行搜集汇总、分析整理、归纳凝练的"再研究"，系统性文献综述则是受研究问题驱动并融合标准化研究技术的文献综述。系统性文献综述具有鲜明的知识创新功能，同时在具体操作上执行若干明确的关键步骤，区别于文献综述是具有基础性地位的研究形式（文体），系统性文献综述是一种具体的研究方法。

系统性文献综述在传统文献综述的基础上，融合标准化研究技术，成为科学研究方法体系中的新宠[②]。其鲜明特点在于：研究问题导向和标准化操作流程。系统性文献综述一方面受到研究问题的驱动，全局需围绕若干具体研究问题开展；另一方面系统性文献综述在传统文献综述基础上执行确定研究问题、文献搜集、评估文献质量、抽取数据、整合数据、撰写综述6个关键步骤。有学者指出，系统性文献综述方法通过具体问

---

① 林崇德，杨治良，黄希庭. 心理学大辞典[M]. 上海：上海教育出版社，2003.
② 游景如，黄甫全. 新兴系统性文献综述法：涵义、依据与原理[J]. 学术研究，2017（3）：145-151，178.

题来全面收集相关研究，采用预先设定的标准对文献进行筛选与分析，最终得出结论。相较于传统综述方法，其结果更加科学与客观[①]。

科学界多位方法学家就系统性文献综述的具体步骤进行过论述，国内有学者在此基础上进行过归纳，系统性文献综述研究框架大致可以归纳为6个步骤：

（1）确定研究问题

传统文献综述的综述对象通常是一个研究领域。由于系统性文献综述是提出问题并回答问题的过程，因此系统性文献综述聚焦于若干明确有关联的问题，是"特定而精准的研究问题"[②]，是"可理解、可定义、可解决的研究问题"。有学者特别指出系统性文献综述作为一种极具生命力的科研方法，内驱力恰恰在于"具体而明确地提出研究问题"。

（2）文献搜集

系统性文献综述强调"系统、全面、无偏差地收集现有的所有发表与未发表的文献资料，尽量减少遗漏"，为鼓励学者慎重对待文献搜索方法，研究者需要在最终报告中陈述文献搜集具体方法以及过程细节（如检索式）。在文献检索流程中，研究者需要使用多种检索技巧和途径对多个数据库进行检索。为了避免研究结论出现偏见，文献类型需要包括优质的学术期刊论文、书籍、会议论文等各类文献，同时除检索以外，研究者可以通过使用回溯法和专家法扩大该研究问题的文献列表。

（3）评估文献质量

研究者需要制定文献纳入与排除的标准，根据纳入标准与排除标准对检索到的文献进行质量评估，准确地纳入或排除文献以确保数据的有效性和可靠性。为保证评估质量，可引进多人评审或盲审法，降低选择性偏倚。

（4）抽取数据

对最终纳入文献进行收集，提取必要的内容信息，对纳入的原始文献抽取的要素包括文献的研究背景、理论依据、研究范式、研究问题、资料收集与分析方法、研究发现或结论、研究成果与进展、启发和新问题等内容，可使用内容抽取等技术对原始文献进行处理。

（5）整合数据

建立一览表，对纳入的原始文献进行描述和汇总，依据数据抽取结果，找寻数据资

[①] 邱璇. 系统综述：一种更科学和客观的综述方法[J]. 图书情报知识，2010（1）：15-19.
[②] 黄甫全，游景如，涂丽娜，等. 系统性文献综述法：案例、步骤与价值[J]. 电化教育研究，2017，38（11）：11-18, 25.

料之间的区别与联系，并用适合的分析方法探析数据资料背后的知识真相，以分别回答研究问题中的不同方面。有学者指出"整合不是队友研究发现的简单聚合，而是建立不同部分之间的联系，发现新的规则"①。

（6）撰写综述

系统性文献综述的撰写相当于实证研究报告的撰写，需要包括引言、研究背景、研究方法论、数据抽取过程、数据整合结果、讨论和结论。每一个部分都基于研究目的和研究问题来展开。结论还应该指出启发与进一步需要研究的问题。质性文献综述一般选择可以回答研究问题的重要点，用图示和表格呈现结论与研究的特点，突出已有研究中的相同与不同并使之结构化。

总而言之，系统性文献综述法在传统文献综述提炼研究问题的基础上，必须标准化地执行包括确定研究问题、文献搜集、评估文献质量、抽取数据、整合数据、撰写综述6个关键步骤。为保障其科学性，每一个关键步骤可考虑使用图标呈现具体明晰的做法，使用文档证明所采用的方法细节。

3.3.2 元分析

元分析则是系统性文献综述的高阶形式，是定量化的文献综述。元分析需要使用统计学方法对原始文献数据进行量化整合，是一种将定性分析与定量分析相结合的文献综合方法。元分析的命名者美国教学心理学家Glass把元分析定义为：以综合已有的发现为目的，对单个研究结果进行综合统计学分析的方法。简单地说，元分析是应用特定的设计和统计学方法对以往的研究结果进行整体的和系统的定性与定量分析，即采取一套视线明确且透明的文献取舍标准，就某特定研究主题选取大量相关或相近的研究成果，并用一套特定的统计分析技术从这些分散的研究成果中总结出该研究主题的主要结论②。

元分析步骤主要包括：①确定研究问题；②检索文献；③制定纳入和排除标准、评估文献质量；④抽取数据；⑤整合数据；⑥统计分析；⑦根据异质性检验结果，选择合并效应量估计模型；⑧估计合并效应量进行推断统计。

元分析所分析的对象是已发表研究文献中的研究数据。例如，在原始文献中研究者要报告其研究主题的均差与方差，否则元分析会使用方法分析或多元回归技术来揭示导致该

---

① JESSON J K, MATHESON L, LACEY F M. Doing your literature review: traditional and systematic techniques[M]. Los Angeles: SAGE Publications, 2011: 5-125.

② 夏凌翔. 元分析方法的几个基本问题[J]. 山西师大学报（社会科学版），2005（3）：34-38.

主题研究结论差异的影响因素及其贡献程度。元分析的基本统计学思路是：以原始研究结果为单位，强调对有关研究进行全面的文献检索，有明确的文献纳入和排除的标准，系统地考虑原始研究中研究对象、方法、测量指标等对分析结果的影响，对纳入文献进行严格评价，并在此基础上对结果进行定量的合并。在抽取数据流程中，元分析方法抽取围绕必要的数据信息，如结果数据、图表、被试对象基本信息等。在统计分析流程中，通常元分析需要完成计算效应值、同质性检验、总体效应检验、发表偏倚分析。计算效应值是元分析中一个最主要的变量，通过计算效应值使得同类多个个体文献得以比较，效应值是实验组的均值与控制组的均值间的差与控制组的标准差之间的比值。同质性检验的目的在于看各个独立的实验数据能否融合，假若数据间的差距很小，说明数据都是为了验证同一个问题；反之，若数据间差距很大，就要考虑异质性的原因。

3.3.3 实验法

实验法是研究者通过一定手段改变观察环境中某个或某几个变量，以观察这个或这些变量对其他变量影响的研究方法，目的是确认独立变量与从属变量间的因果关系，从而揭示客观事物间的关系，解释客观现象[①]。

用实验研究寻求事物之间的因果关系、检验理论正确与否早已成为自然科学的研究范式，实验法作为科学研究的一种普遍方法在一些具有综合交叉性质的学科，如实验心理学、实验经济学已经取得了广泛应用。情报学作为研究情报的产生、传递和利用规律的一门学科，在各种探索研究中，实验研究正凸显为重要研究方法之一。通过实验研究，可以突出主要因素并利用实验仪器人为地控制或模拟研究对象，使事物或过程能反复再现，从而为揭示情报现象、认识情报规律提供了有效途径。情报学实验法的研究步骤包括：提出问题、资料收集、做出假设、设计实验、实施实验、分析结果、得出结论。其中设计实验，选择实验具体方法是实验研究的核心，实验研究的具体方法大致可以分为以下几类[②]。

（1）实验室实验法

实验室实验法是在实验室内，借助各种实验仪器设备，在严格控制或主动创造实验条件下对待定的现象进行观察和记录的方法。该方法可以获得精准的数据，分析出确切

---

① 张晓林. 信息管理学研究方法[M]. 成都：四川大学出版社，1995：60.
② 赵洪，王芳，柯平. 图书情报学实验研究方法与应用方向探析[J]. 情报科学，2018，36(11)：23-28.

的结果，具有很好的内部效度。例如，在实验室环境中利用眼动仪设备进行实验，探寻用户信息行为和与之相关的认知活动[1]。但该方法也因实验室条件与现实条件不尽相同，导致研究结论受质疑，以及存在外部效度较差等缺点。

（2）自然实验法

自然实验法是在真实的现实情景中，通过适当控制和改变某些条件来进行研究的一种实验方法。对于无法在实验室内研究的社会现象，自然实验法更能显示其明显的优越性，因而兼具观察法和实验法的优点，有良好的内在效度和较高的外在效度。但它也存在对自变量控制程度较低、造成无关因素影响的可能性较大等缺点，往往需要进行检测性的预备实验。

（3）对照实验法

对照实验法是用以探寻一定因素对一个对象的影响和处理效应时，除了对实验所要求研究因素或操作处理外，其他因素都保持一致，并对实验结果进行比较的方法。该方法能够揭示研究对象的某种性质或某种原因。通常一个对照实验分为实验组和对照组，并根据实验的精确性要求设置不同的对照测量结构。对照实验法是一种简单有效且用途广泛的实验方法，但需严格遵守单一变量原则（每次只改变一个因素）、平行重复原则（同样条件下重复实验），从而保证对照实验的科学性。对照实验法被广泛应用在关涉算法改进的研究中。在此类研究中，通过开展对照实验以证实创新算法较已有成果更优是极其必要的。

（4）析因实验法

析因实验法是一种依据已知结果去分析、寻找未知原因的实验方法。该方法适用于结果已知（即所表现出来的现象是客观的），而影响或造成这种现象或结果的各种因素是未知的情况。研究者通过析因实验法对未知原因进行探索。在实验中，将各因素全部水平相互交叉组合进行实验，以考察各因素的主效应与因素之间的交互效应，其特点是能够全面地显示和反映各因素对实验指标的影响，析因实验法常常能产生重大科学发现或科学理论的建立，如信息偶遇现象[2]、文献"睡美人"现象[3]。

---

[1] 吴桐，张自然，付婷，等．协同信息检索行为实验研究综述[J]．图书情报工作，2016，60（5）：125-132．

[2] 杜雪，刘春茂．网络信息偶遇影响因素个性特征的调查实验研究[J]．图书情报工作，2015，59（11）：119-126．

[3] 李月琳，肖雪，胡蝶．信息检索实验中的任务设计：真实与模拟仿真工作任务的比较研究[J]．图书情报工作，2014，58（16）：5-12．

(5) 模拟实验法

某些研究对象难以甚至无法进行直接观察和实验时，常常借助间接手段进行实验研究，这种方法被称为模拟实验法。虽然模拟出来的运行情况很多时候并不完全等同于研究原型，但它扩大了研究的实验观察领域，能提高科研工作效率，减少人力物力消耗，在科学研究中发挥了重要作用。在情报学领域，对一些科研成果进行评价是困难的，如信息政策草案功效评价模型①、犯罪预测模型②，这些研究成果无法直接评价，因此采用模拟实验的方法验证其有效性。

(6) 计算实验法

20世纪80年代开始，伴随着人们对系统复杂性认识的不断加深，计算实验法率先被应用在众多社会经济管理领域。计算实验法是以综合集成方法论为指导，融合计算技术、复杂系统理论和演化理论等，通过计算机再现管理活动的基本情景、微观主体之行为特征及相互关联，并在此基础上分析揭示管理复杂性与演化规律的一种研究方法③。它通过在计算机上构建显示社会系统的模拟系统，来研究社会系统的演化规律、系统与环境间交互机制及系统动力学原理，是一种区别于传统建模方法的情景建模方式。计算实验与系统仿真都是通过模仿实际系统来研究真实系统，但系统仿真是以真实系统为"标杆"并通过不断修正仿真模型以尽量"逼真"，系统仿真尽可能重现"一种"现象。计算实验从广义上讲，也是一种"仿真"，但追求的是在一定基本情景和法则下的多种可能状态、轨迹和落地路径中的"一种"，因此计算实验法通过计算机多次实验尽可能重现"一束"社会现实，既包括见过的也包括从未见过的所谓"怪异"的情形④。计算实验法在情报学领域主要应用于网络舆情传播现象及知识扩散现象。例如，有学者通过多Agent系统仿真建模研究科研合作网络中的知识扩散现象，构建了知识扩散模型，通过仿真实验探讨了合作网络结构对知识扩散的影响。

---

① 孙菲菲，曹卓，肖晓雷．基于随机森林的分类器在犯罪预测中的应用研究[J]．情报杂志，2014，33 (10)：148-152．
② 孙铭蔚，马海群．面向信息政策方案的综合评价模型构建及模拟实验[J]．情报理论与实践，2010，33 (4)：90-93．
③ 盛昭瀚，张维．管理科学研究中的计算实验方法[J]．管理科学学报，2011，14 (5)：1-10．
④ 关鹏，王曰芬，傅柱．基于多Agent系统的科研合作网络知识扩散建模与仿真[J]．情报学报，2019，38 (5)：512-524．

3.3.4 比较研究法

情报研究的过程，本质上就是一种思维过程，是人脑对信息的获取和加工，是根据社会需要，在一定的心理结构和操作下，对储存的和外来的信息进行鉴别和筛选，重新联结和组合的过程①。情报研究中常用的思维方法有比较、分类、归纳、演绎、分析、综合、判断、排列等。在诸多思维方法中，归纳、演绎、分析、综合等思维方法一般融合在科学研究过程中而不孤立出现。由于现代数据允许精准地对分类与排列问题进行科学解答，因此出于科学性的考虑，分类、排列通常由更具体的某个分类、排列算法来指代。而"比较"是鲜有可以作为科学研究方法进而独立存在的思维方法。

比较是指确定对象之间差异点和共同点的逻辑方法，是人们根据一定的需要和标准，把彼此有某种联系的事物加以分析、对比，从而找出它们的内在联系、共同规律和特殊本质的方法。比较是一种既古老又年轻的方法，自 18 世纪以来，学术界开展了各个领域的比较研究，如比较文学等。这些研究对各学科的发展和完善产生了较大的推动作用，同时比较方法也逐步丰富自己的内容和特点。在 20 世纪 90 年代，情报学界一度出现"比较情报学"这一提法，也充分说明了比较方法的重要性与适应性。根据不同的标准和角度，比较可以分为不同的类型，如同类比较和异类比较、定性比较和定量比较、静态比较和动态比较、纵向比较和横向比较、全面比较和局部比较、宏观比较和微观比较等。

比较作为一种基本的思维方法，几乎所有的学术文献中都存在着不同程度的使用，绝大部分比较方法作为从属方法而使用，如在结论章节比较各算法优劣、在综述章节比较前人之工作等，只有当"比较"行为作为一种全局方法贯穿整个研究时，比较方法才上升为比较研究法。情报学中比较研究法的基本思想是：从单一的孤立研究中跳出来，从多视角进行综合研究。比较方法不仅是简单的类别，而是建立在综合分析基础上的多层次、纵横交叉的对比②。

情报学比较研究的研究对象是广泛的，有学者曾经归纳过比较研究的 4 个基本原则③：第一，比较必须建立在实事求是的基础上。比较的基础是大量的情报资料，第一手资料，不实事求是地搜集第一手资料，比较结果就会偏离。第二，比较意味着被比较的事

---

① 包昌火. 情报学研究方法论[M]. 北京：科学技术文献出版社，1990：14-15.
② 于兴华，王文英. 试论比较情报学[J]. 情报科学，1982 (5)：1-5.
③ 葛耀良. 比较情报学浅议[J]. 情报学刊，1983 (2)：87-89.

物是同类的或近似于同类的，比较事物之间以足够的程度具有某一种重要属性，以保证比较是有意义的。如果比较的对象完全不同或完全相同，就失去了比较的意义。第三，必须明确所要比较的是哪些具体的特征，界限要分明，定义要清楚，对于比较对象的差异点必须有所描述和分析。第四，比较须全盘考虑，全盘考虑的关键在于对本质特征的比较。

3.3.5 案例法

案例法（又称案例研究）与实验法、问卷调查等并列为主要的社会科学研究方法。案例法是对现实中某个复杂和具体的现象进行深入和全面的实地考察，是一种经验性的研究方法。案例法与实验法的区别在于对所研究现象的背景不予控制，不干预现象的变化过程，另外案例法通过选择的若干案例来说明问题，结论不依赖抽样原理[1]。案例法于19世纪70年代起源于美国医学界和法学界，20世纪初开始逐步盛行于管理学界。之后，案例研究方法逐渐凸显其独特的研究特性和研究成效，从而被各学科广泛采纳。

案例研究方法是一种解释社会现象的研究方法。案例研究是一种运用历史数据、档案材料、访谈、观察等方法收集数据，并运用可靠技术对一个事件进行分析从而得出带有普遍性结论的研究方法[2]，即对某一个特定个体、单位组织、现象或者主题进行深入而具体研究的方法。案例法最显著的特征是描述客观世界真实发生的事件，然后进行解释与评价。案例法的研究对象在很大程度上是一个不能复制的过程，所以案例研究的意义并不局限于描述客观世界，它力图解释、预测或控制客观世界的发展变化。无论单一案例还是多案例比较，都是通过解剖麻雀深描加工，解释依照复制法则的逐级差异，思考其中的关联运动，本质上是在定性的场景下开放探讨[3]。

（1）单案例研究与多案例研究

案例研究可以使用一个案例（又称个案研究），也可以包含多个案例。个案研究可以用作确认或挑战一个理论，也可以用作提出一个独特或极端的案例。单个案例通常能够说明某方面的问题，但用来搭建知识结构的框架是远远不够的。多案例研究能使案例研究更全面、更有说服力，能提高案例研究的有效性，如多个案例可以同时指向一个证

---

[1] 孙海法，刘运国，方琳. 案例研究的方法论[J]. 科研管理，2004（2）：107-112.
[2] 张梦中，马克·霍哲. 案例研究方法论[J]. 中国行政管理，2002（1）：43-46.
[3] 邹千江. 案例研究法：一种综合视角[N]. 中国社会科学报，2018-08-14（5）.

据，或为结论提供支持①。多案例研究的特点在于它包括了两个分析阶段：案例内分析和跨案例分析。前者是把每一个案例看成独立的整体进行全面的分析，后者是在前者的基础上对所有的案例进行统一的抽象和归纳，进而得出更精辟的描述和更有力的解释。不过，用多个案例研究需要更多资源，比如事件、经费和研究工作。科研工作者常常要掂量利弊，做出选择。

（2）案例法的流程

案例研究可划分为4个阶段：第一阶段为开放式阶段，研究者不做事先判断，阅读历史卷宗、档案材料，运用访谈法、直接观察法、参与式观察法等了解事实真相。第二个阶段为重点突破。这一个阶段更为系统、全面地收集资料、证据，但目的是发现事件或者重要人物的本质特征，而不是无的放矢，收集杂乱无章的资料。第三个阶段是写作工作。好的案例报告不仅反映写作者严谨的科学精神，而且也要求作者具有较高的文学素养。第四阶段为检查阶段。所谓检查，是指将报告初稿送交被采访者、被调查者或当事人阅读，由他们提出报告是否与事实有出入或修改意见②。

（3）案例法在情报学领域运用的不足

李健③曾专门调研156篇图书情报领域案例研究学术论文并探讨了案例研究方法应用中存在的不足。他指出问题主要出现在以下五方面：①例证分析多，案例研究少。李健认为最常见的问题是将案例研究与例证分析混为一谈，绝大多数名为案例研究的论文所作工作只是例证分析，典型特征是分析仅停留在事例的表面。例证分析的目标是举例说明，无须提炼出理论框架。而案例研究以提炼或更新理论框架为直接目的。②调查研究多，案例研究少。有部分论文记载了对某一个问题或现象的现状调查与分析，虽然案例研究也需要调查事件的情况，但调查却只是案例研究的一个阶段，调查结果也不是案例研究的结果，调查所得结论还需要与理论假设结合进行分析，才能得出案例研究的最终结果。③过去事件多，当前事件少。案例研究是一种有很强时间效应的研究，主要研究正在发展中的事物，提炼理论为事物后来的发展提供参考是案例研究的作用之一。李健在调研过程中发现，图书情报领域大部分所选择的事件为已发生过的，以正在发展中的事件为研究对象的很少，再次印证了研究者把例证分析混淆为案例研究的状况。④二

---

① MEREDITH J. Building operations management theory through case and field research[J]. Journal of operation management, 1998, 16：441-454.
② 张梦中，马克·霍哲. 案例研究方法论[J]. 中国行政管理，2002（1）：43-46.
③ 李健. 论我国图书情报学案例研究方法[J]. 图书馆工作与研究，2010（9）：17-20.

手资料多,一手资料少。引用一手资料进行分析是案例研究的基本要求。研究者需要采用访谈法、观察法等进行资料收集,也需要收集关于案例的文档资料,这些文档资料主要是指原始的文字记载。李健发现对材料来源不加以说明的比比皆是,几乎没有人在论文中说明收集的方法与程序,研究者对材料真实性的态度很不严谨,所使用的材料基本上以二手材料为主,而一手资料(如研究者本人进行的实地调研,对当事人的访谈,对原始文件的查阅等)很少,更鲜有研究者按照多元证据来源的要求收集资料以保证资料的真实性。⑤单案例研究多,多案例研究少。李健发现图情领域单案例研究占绝大多数,多案例研究极少,无法进行多个案例的交叉分析和比较分析毫无疑问会限制研究的广度和深度。

(4)情报学领域的应用成果

1)网络舆情、突发事件研究

案例研究是一种有很强时间效应的研究,在网络舆情和突发事件研究领域有广泛的应用空间。王旭以"魏则西事件"为研究对象,运用社会网络分析法,结合生命周期理论,阐述了该事件舆情的扩散过程,绘制了"魏则西事件"舆情传播网络社群图,以定量方式对"魏则西事件"舆情传播网络进行了结构测度分析,探索了突发事件舆情传播网络的拓扑结构和传播规律,识别与评断突发事件舆情传播网络中的重要节点[①]。张明红从情景研究的视角对青岛"11·22"事故的演化路径与演化驱动要素展开讨论,进而分析基于情景的事件演化模型,该研究丰富和拓展了突发事件演化研究的思路,为提高应急响应水平提供了新知识[②]。

2)情报教学示范借鉴

在大学课堂,讲师给大学生或MPA学生讲述美国"9·11"事件可能比直接谈当今国际关系更容易吸引学生的注意力,案例研究给读者以身临其境的现实感,这种魅力是显而易见的。案例研究也被广泛使用于情报学领域内的方法培训,赵勇通过对科学计量学家莱兹多夫发表的231篇学术论文的研究主题和研究方法进行了分类编码分析,帮助科研工作者了解本学科研究方法应用的主题场景、类型及趋势,同时探讨了莱兹多夫的

---

① 王旭,孙瑞英.基于SNA的突发事件网络舆情传播研究:以"魏则西事件"为例[J].情报科学,2017,35(3):87-92.

② 张明红,佘廉.基于情景的突发事件演化模型研究:以青岛"11·22"事故为例[J].情报杂志,2016,35(5):65-71.

研究方法应用经验所带来的启示①。陈峰以《2009 中国风能产业国际竞争态势研究报告》的形成过程为例，展示了公益类科技情报机构提供产业竞争情报产品的方法②。张丽丽通过日本 Foodex 展会上加拿大"四分卫小组"实践案例的分析，生动形象地诠释了"四分卫小组"这种新颖竞争情报搜集方法的实施过程，促进了这种针对会议会展情报搜集渠道的典型情报方法的引进③。

3.3.6 历史分析法

历史分析法是学术研究的基本方法之一。历史分析法是通过搜集和整理获得史料，运用发展、变化的观点分析客观事物和社会现象，揭示历史过程、本质及规律的认识的方法。由于客观事物是发展、变化的，历史分析法将事物发展不同阶段加以联系和比较，历史分析法的目的是弄清事物在发生和发展过程中的来龙去脉，揭示其发展趋势，以便认识现状和推动未来。同样，一些研究问题总有其历史根源，只有通过追根溯源，才能提出符合实际的解决办法。历史分析法与主流的抽象演绎法不同，是回到历史的客观现实中实现从个别到一般的认识过程，通过归类、比较、分析、综合等思维方法完成归纳推理的研究方法。从历史实际出发和归纳推理是历史分析法的核心要求。有学者梳理了历史分析法的三重特征：一是从历史事实中总结归纳事物的发展规律；二是强调时间重要性或历时而变的发展过程；三是强调不同国家（地区）不同发展阶段的特性。

历史分析法发生于史学研究，是社会科学各领域均应给予高度重视的基本研究方法，历史分析法对情报学的必要性在于：马克思主义哲学认为事物都是处于不断发展变化的过程之中的，同时，又是一定历史条件下的产物。这一定律不仅适用于客观物质世界，在主观意识领域同样具有指导意义。历史分析法就是基于上述观点所提出的应用于实际的具体方法，使用历史分析法将事物或问题放在具体的历史和时代背景下把握，是马克思主义研究理论的基本要求，也被证明是正确的方法论原则④。

---

① 赵勇，高思嘉，武夷山．见微知著：一位优秀科学计量学家采用的研究方法之分类编码分析[J]．情报学报，2017，36（5）：443-451．
② 陈峰，赵筱媛，郑彦宁．公益类科技情报机构提供产业竞争情报产品的方法：以"2009 中国风能产业国际竞争态势研究报告"为例[J]．情报学报，2010，29（2）：362-367．
③ 王知津，张丽丽．竞争情报四分卫法实施及案例分析[J]．情报科学，2008（3）：328-332，336．
④ 眭纪刚，郭京京．创新发展研究中的历史分析方法[J]．科学学研究，2017，35（10）：1454-1460．

（1）历史分析法对于预测的意义

预测是情报学研究的核心特点之一，为决策科学化服务的情报研究工作不仅研究客观事物的历史和现状，而且还研究它们的未来，预测是情报研究的重要内容，也是情报研究的重要特点①。所谓预测就是鉴往知来，借对过去的探讨以求对未来的了解，其目的是获取未来的信息。从实践的观点来看，人们可以用3种方法进行预测：主观判断（定性）的方法、客观判断（定量）的方法、定性和定量相结合的方法。在现阶段极度崇拜技术的时代里，数学模型似乎是情报预测问题的科学解答，形式化开始在情报学中盛行②。引发的后果是，预测研究屈从于简单的数量调查和检验，工具主义反对现实主义，情报预测研究逐渐成为应用数学的分支，出现大量"为计量而计量"的研究，一些情报工作者相信从模型中可以获取一切问题的答案，以时间序列代替历史思考，不去追问为何，不能从历史发展角度为预测研究提供更广阔的视野。

尽管数学模型从形式上看逻辑性很强，但忽视了情报行为中的某些关键因素，如政治、文化和技术的因素等，其他领域学者也有类似的发现，有经济学学者曾指出：由于对数学模型的顶礼膜拜，经济学家最终发现自己陷入一种两难境地，大量富有研究意义的历史现象因为无法量化而不能进入研究视野，而另外一些现象量化分析十分方便，但在社会与经济发展中却意义不大③。在大多数严肃的预测活动中，很少是纯主观或纯客观的，而是基于定性分析基础上的定量预测，也是"艺术"和"科学"的统一④。无论使用何种具体方法进行预测，历史分析法对于情报学预测问题都具有重要的方法论意义，情报学的预测工作需要给予贴近现实的描述和对定性的历史研究足够的重视。

（2）情报学领域的应用成果

历史分析法是西方情报部门最早使用的情报分析手段，历史分析学派是最有传统的情报分析理论的代表。布鲁内尔大学情报和安全研究中心的克里斯蒂安·古斯塔夫森博士在讨论地平线扫描等未来预测方法对英国情报界的变革影响时提到一份有关苏联目标和意图的早期冷战评估报告，这份报告观测了几个世纪的俄国政治世界观，试图从中探

---

① 洪巧荣. 马克思主义哲学视野下中国文化发展模式研究[D]. 南京：东南大学，2014.
② 李峰，刘静延，蒋录全. 预测方法的发展及最新动态[J]. 情报杂志，2005（6）：76-77.
③ 包昌火. 情报学研究方法论[M]. 北京：科学技术文献出版社，1990：14-15.
④ 郭艳茹，孙涛. 经济学家和史学家应该互相学习什么[J]. 学术月刊，2008（3）：77-82.

索苏联的长期意图①。情报学作为一门社会科学，特别是在政策研究领域，关切国家层面的科技、情报、信息安全政策相关课题已经成为世界性的热门课题，其难度和产生的社会效益大于其他情报学课题，它是情报学理论的制高点②。政策研究的对象甚至每一个具体概念都是与一定的历史条件或背景紧密联系的。所以，情报学政策研究领域应注重从历史的观点出发，通过对历史发展过程的纵向分析或反思去剖析政策原理和制度的实质。离开历史分析，相关政策研究将缺乏历史感，没有历史深度的政策研究将是生硬和缺乏生命力的。

1）政策、制度、战略研究

通过对一国某个特定领域历史政策、制度、战略进行梳理，可以有效厘清其历史沿革从而把握其特点与规律，进而为情报分析和预判提供依据。魏简康凯通过梳理美国对华出口管理历史及美国出口管理制度历史沿革，以特朗普政府颁布《2018出口管理改革法案》为切口，从竞争情报和国家法的角度分析美国出口管制制度的发展趋势对我国的影响，并为我国政府、科技情报学界、企业的应对措施建言献策③。谢晓专通过对美国执法情报共享融合发展轨迹的梳理指出了美国执法情报共享发展的特点，并剖析美国在执法情报共享融合的关键成功因素，以期为我国提供经验借鉴④。吴常青通过对中国台湾地区"通保法""情报法"制定和修改的历史简述中国台湾地区情报通信法制的演进，阐述中国台湾地区通信监察在走上法制化轨道进程中挖掘中国台湾地区通信检查制度的核心内容与价值定位，探寻该制度在中国台湾地区不断的制度价值再平衡、立法模式重新选择及制度改革完善的过程中产生的经验教训，以期为中国大陆地区提供参考⑤。

2）理论研究

历史分析法在厘清科学界相关的基本认识方面也发挥着不可替代的重要作用。姜明智通过对各个时期科学组织范式所涉及的研究对象、组织结构及科研机构的演进进行分析，梳理了科学组织范式的转变情况，同时对科研机构在科学组织体系中的作用及历史

---

① 陈美华，王延飞. 科技管理决策中地平线扫描方法应用评析[J]. 情报理论与实践，2017，40（12）：63-68.
② 王延飞，陈美华，赵柯然，等. 国家科技情报治理的研究解析[J]. 情报学报，2018，37（8）：753-759.
③ 魏简康凯，宿铮. 美国出口管制改革的竞争情报分析[J]. 情报杂志，2019，38（4）：4-8.
④ 谢晓专. 美国执法情报共享融合：发展轨迹、特点与关键成功因素[J]. 情报杂志，2019，38（2）：12-20，115.
⑤ 吴常青. 中国台湾地区情报通讯监察制度研究[J]. 情报杂志，2016，35（7）：19-24.

沿革进行了剖析，在结合未来数据驱动科学等一系列发展趋势的背景下，提出当前科研机构在数据密集型科学范式发展中的特点并指出新的科学组织范式正在形成①。谢晓专对"情报"一词的词元与语义变迁的3个历史阶段分别阐述，指出整个 intelligence 和 information 研究，以 information 研究为基础，以 intelligence 研究为内核，重构情报学体系是解决情报学名不副实尴尬和实现可持续发展的可行之路②。李志芳考察科学研究的研究范式演变，依据该变迁过程分析了情报学中的范式演变及范式演变给情报学带来的影响，并对在数据密集型科学背景下情报学研究应对范式演变时期应该作出的回应提出了几点建议③。

3.3.7 阐释法

在人类文明早期，就开始了以阐释（又称解释、诠释、释义）为特征的思想展开方式，它最早起源于对经典、神圣文本的解释活动。在东方，比如孔子曾自谦"述而不作，信而好古"（《论语·述而》），意指孔子对传统文化历史经验的高度重视，谦虚地将自己置于古代圣贤政治理想和价值观念的阐释者与记录者身份上。随着汉武帝时期设立"五经博士"用于传承不同儒家经典注释体系，中国古代的思想学术逐渐确立以"经学"以及"经典注释"为基本形态的传统，"经学"作为一种极具"实践性"的解释传统，为传统的中国政治和社会生活提供了价值基础和实践指南④。在西方，阐释学则起源于古希腊时期人们在搜集神话和宗教经典文献过程中对于阐释方法的反思和探索，中世纪在《圣经》诠释的活动中强化了自身作为阐释方法的理论内涵，文艺复兴时期在"人"的发现以及科学理性的广泛传播的背景下使自身蕴含的主体性意识和方法论意识逐渐觉醒，开始了阐释学冲破神学束缚，成为具有普遍学科实用性的理论构建之路，并在自身普遍性的诉求中，不断体现着对于"人"的反思与关照⑤。

近代阐释学发轫于阿斯特论经典阐释学，对于阐释学的理解还局限于对经典文本的诠释，在德国语文学家和哲学家阿斯特（1778—1841年）看来，一个文本犹如一个存在

---

① 姜明智，曲建升，刘红煦，等. 科学组织范式的演变及其发展趋势研究[J]. 图书与情报，2018（5）：44-49，140.
② 谢晓专. 情报学"名不副实"的尴尬及其解决之道[J]. 情报资料工作，2010（3）：14-19.
③ 李志芳，邓仲华. 科学研究范式演变视角下的情报学[J]. 情报理论与实践，2014，37（1）：4-7.
④ 干春松. 中国阐释学传统及转向[J]. 中国社会科学评价，2019（1）：17-21.
⑤ 姜峰. 西方诠释学演进逻辑及其形而上学重建[D]. 沈阳：辽宁大学，2018.

者，对于个别存在者的理解必须建立在对于整体、统一的存在的理解基础上。如果说阿斯特的阐释学理论还没有摆脱语法学、修辞学的藩篱，还不具有一种普遍阐释功能，而真赋予阐释学普遍、一般的阐释功能的地位则要归功于施莱尔·马赫（1768—1834年）。某种意义上说阿斯特只是传统阐释理论的近代代言人，而马赫则标志着近代阐释学理论达到了新高度，马赫在谈到阐释的艺术时联系到人，在他看来"每一个人只是语言显现的处所"，所以在他那里语言比人具有更为基础的地位，但无疑摆脱了阿斯特经典阐释的窠臼，而使阐释学具有更为普遍的应用。如果在马赫那里阐释还是围绕着文本展开，在德国哲学家狄尔泰（1833—1911年）这里阐释的理解已转向人的一般的精神活动，成为精神科学的方法论了，这种阐释学理论从精神发展的角度来理解一个文本、一首诗、一件艺术品是如何创作出来的。海德格尔（1889—1976年）完成了从一般精神科学的方法论的阐释学到本体论阐释学的转向，这种阐释学是关于人以发展的观点对自身的生命本质的理解以及整个世界的理解，是一种纯粹理论向度内的阐释学，没有触及实践能力。伽达摩尔（1900—2002年）完成了阐释学的实践转向，把阐释学从方法论、本体论的理解转向了一种人的实践能力，这种能力的实践要求包含着人的自然能力的施展、真正灵活运用知识以及把科学和生活相联结起来的能力[1]。

（1）阐释学在情报领域的引入

中国学术的阐释学传统自古有之，鉴于中国思想传统有如此多的阐释活动，在20世纪90年代，哲学家汤一介先生曾将中国本土的解释传统归纳为3种，分别是对历史事件的解释、整体性的哲学解释以及社会政治运作型的解释[2]。在情报学产生后的较长的时间段里不难体察到中国本土传统阐释学的身影。如对《孙子》《吴子》《鬼谷子》《管子》等先贤经典情报思想的注解与阐释，通过挖掘古典经典的现代内涵，启发构架中国特色的情报理论[3][4][5][6][7][8]。自20世纪起，在情报学学科体系建构等一系列相关话题

---

[1] 苗磊. 诠释学的近代发展及其实践转向[J]. 山东理工大学学报（社会科学版），2012，28(5)：16-19.
[2] 汤一介. 论创建中国解释学问题[J]. 学术界，2001（4）：97-113.
[3] 熊剑平. 孙子情报思想的传承与商兑[J]. 情报杂志，2019，38（7）：1-5.
[4] 许富宏. 《鬼谷子》的情报思想[J]. 图书与情报，2009（6）：171-173.
[5] 谢川豫. 《孙子》和《吴子》中的军事情报思想比较[J]. 情报杂志，2004（2）：116-117，120.
[6] 申华. 《武经七书》情报分析思想简析[J]. 情报杂志，2002（2）：90-91.
[7] 王霄. 浅析《管子》的军事情报思想[J]. 情报杂志，2001（3）：88-89.
[8] 张魁. 《管子》情报思想概述[J]. 情报杂志，2001（8）：89-91.

上，情报学学者特别关注对钱学森情报学思想的挖掘。学者们围绕着钱学森"情报是为解决特定问题而激活的知识"等经典情报定义，钱学森对情报学层次结构的勾画，钱学森对学科归属和范围的论述，钱学森的历史实践等进行钱学森情报思想的阐述。有学者结合情报学方法对钱学森经典著作《科技情报工作的科学技术》进行被引用分析，阐述钱学森情报思想对我国情报事业发展和理论研究的指导价值及深远影响，具有浓郁的情报学特色[①]。

20世纪下半叶，现代阐释学推动了人文和社会科学观念和方法论的重大变革。阐释学发展至今已广泛应用于多个学科领域，作为一种经典研究方法，目前从哲学、语言学、文学、法学、教育学、宗教、艺术、政治的传统阵地拓展到了自然科学，尤其是在科学技术哲学等交叉领域[②]。国外有学者曾考证在1990年George Bennett、Daniel Benediktsoon先后将阐释学引入到图书情报领域[③]，国内学者史海燕也曾系统揭示过阐释学在情报学中应用的主要领域、具体途径和面临的问题[④]。随着研究的深入，国内情报学学者对阐释学的认识程度不断提高，逐渐认识到阐释学对情报学的价值，如有学者指出阐释学是情报学研究的基础，是指导情报学研究的元理论[⑤]，也有学者指出了阐释学对情报学理论研究的理论指导作用和价值[⑥]，阐释学是发展和丰富情报学人文研究范式的必要步骤。

（2）阐释应用的特点

以经典文本与著者解读为代表的中国传统阐释研究，成果相当丰富，与此同时尽管现代阐释学进入情报学领域近30年，虽然情报学领域的学者对阐释学给予了高度评价，但基于现代阐释学理论和方法的实证性研究并不多见。究其原因，有学者归纳为两个方面[⑦]：一方面，作为方法应用的阐述法是非结构化的，阐释法既不具备可供使用者参考的结构化的实施步骤或方法原则也未对研究对象进行限定，作为一种抽象形式的存在其

---

① 马海群，蒲攀. 钱学森情报思想影响力分析：兼评《情报理论与实践》的学术贡献[J]. 情报理论与实践，2014，37（9）：26-29.
② 吴国林，叶汉钧. 量子诠释学论纲：兼论公共阐释[J]. 学术研究，2018（3）：9-19，2.
③ BUDD J M. Knowledge and knowing in library and information science: a philosophical framework [M]. Lanham: Scarecrow Press, 2001: 285-286.
④ 史海燕. 阐释学在情报学中的应用研究[J]. 图书馆学研究，2014（17）：17-21，52.
⑤ 张恒. 情报学研究的哲学理论基础：现代阐释学[J]. 情报探索，2009（6）：34-36.
⑥ 王琳. 哲学解释学视角下情报学若干理论问题研究[J]. 情报科学，2012，30（12）：1767-1772.
⑦ 王琳. 解释学与情报学的人文研究范式[J]. 图书情报工作，2012，56（24）：55-59.

在更大程度上表现为"解释的艺术"而不是"解释的科学"。作为解释的艺术，阐释学很难实现理想的应用，而且也不存在客观的方法来判断阐释学应用的优劣，作为一种非结构化的方法，阐释学的教育与培训也是有困难的。正如 Daniel Benediktsoon 指出，实证方法可以成功地传授给学生，但一门学科好的历史的或阐释学的观点和处理则主要通过艰苦的个人努力和体验来学习。另一方面，阐述学本身富于变化，其应用对人的要求较高。现代阐释学涉及认识论、方法论和本体论 3 个层次，同时包含众多分支，这些分支并不具有相同的本体论、认识论或方法论的观点，甚至是相互竞争的。因此，研究者需要深入了解阐释学相关理论与方法，辨明不同分支间的区别与联系，才能将解释置于阐释学的众多变化中，同时以阐释学所开展的研究活动本身也是一种阐释活动，需要研究者不仅从阐释学视角关注研究问题，也要从阐释学视角关注研究本身，因此对实践者本人有较高的要求。

（3）阐释学在情报学的应用

阐释学是一种探究"意义"的理解和解释本质特征的理论，阐释学研究的焦点是传播、语言、知识的理解和解释，这同样也是情报学关注的现象。阐释学在情报学研究的具体场景主要包括：

1）经典文本阐释

经典文本阐释有两个研究对象：一是文本本身，二是作者的意图。我国具有悠久的经典注疏历史，在这种传统的影响下，阐释经典文本这种经典阐释方法成为主要研究途径。但由于情报哲学自身发展尚不完善，一些基本问题与论域范围尚待厘清，纯粹的情报哲学的研究著作较少，也使得经典阐释方法在情报学中的运用有些差强人意、勉为其难。除上文提及的对情报先贤及经典文本的阐释研究外，在 20 世纪两次对情报学理论研究影响颇为深远的大讨论"情报改名""波普尔世界 3 理论"中，阐释经典的方法得到了广泛的使用，其中学术界围绕"情报"改名从不同角度阐述"情报"，据统计，仅情报学界提出的"情报"概念就多达 129 种[1]，甚至出现情报不定义论[2][3]。近 10 年来，对经典文本阐释依然是主流研究手段，如有学者通过解读论文集《我国情报学发展的重要篇章——包昌火情报工作论著集萃》，阐释了包昌火先生情报思想的核心是 information

---

[1] 杨小华. 关于情报学理论体系建构的思考[J]. 广西师范大学学报（自然科学版），2000 (S3)：185.
[2] 彭宁. 情报"不可定义性"辨析[J]. 情报学刊，1990 (1)：14-16.
[3] 李宁. 试论情报的双重本质和不可定义性[J]. 技术与市场，1988 (1)：49.

的 intelligence 化①。在一些情报学研究中需要借鉴其他学科的理论与思想，并基于这种借鉴理论与思想开展研究，则需要对其进行阐释，如有学者基于传播领域"共文化理论"就网络舆情进行探讨②。

2）信息资源建设

信息资源建设是相关构建者和组织者利用信息组织工具加工已有的、零散的信息片段使之有序化的过程。其中信息系统的构建与研究是阐释学应用富有成果且活跃的一个应用领域，不仅成果众多，而且研究涉及多个主题。信息系统的构建是一个阐释过程，其中"文本"解释是系统要支持的组织活动，信息系统的研究也具有解释的属性。从哲学阐释学的视野来看，整个信息资源建设涉及信息构建者和组织者与初始信息的视域融合。有学者指出了其中的3层含义：首先，信息资源建设是信息资源建设者和初始信息之间不断融合的过程，是一种再创造和阐释活动。其次，建设者对初始信息的理解是一个历史性的过程，整个过程受到建设者本人"偏见"的影响，是一种主观性较强的活动，这种对初始信息的理解偏见，随着理解过程的进行而逐步调整，产生新的"偏见"。最后，理解本身是一种应用，具有实践的倾向。理解作为一种应用不仅仅指向原始信息，还指向了今后的引用。信息资源建设过程就是建设者对原始信息组织之后，形成新的信息的过程，最终目的是为用户使用信息提供方便。

3）用户信息需求和行为

情报是否发挥其价值，要看最终用户是否从中获取其所需，现阶段情报学尤其强调对用户需求的感知，情报学中的用户，不仅包含读者、信息检索用户、信息服务用户，目前出现了越来越多针对用户的研究，如用户的信息行为、用户与系统的交互、用户友好界面设计等。对情报学中用户信息需求的解读，也是对用户心理、用户行为、用户预期的解读，这些与心理学、社会行为研究也是密切相关的。

4）知识在阐释中的作用

知识包括显性知识和隐性知识，隐性知识存在于人的大脑中，左右着其认识事物的标准和水平。在阐释中，知识，特别是隐性知识发挥了很大作用。因为阐释的本质是阐释者与阐释对象视野相融合的过程，所以阐释必然受到阐释者对事物认识水平及其既定事业的影响，与此相对应的是知识管理的产生。要增强阐释的效果，提升情报人员的认

---

① 包琰. 包昌火情报思想剖析[J]. 情报杂志, 2013, 32（6）：1-4, 9.
② 张新, 郭继荣, 车向前. 网络群体交际与冲突的共文化阐释与对策研究[J]. 情报杂志, 2018, 37（10）：134-139, 104.

识事业和知识储备，使情报人员的视域与文本对象等的视域最大限度的融合，而且能够把阐释的结果再阐释给用户，以便最大限度地被用户接受和理解。

3.3.8 扎根理论方法

扎根理论研究方法是由芝加哥大学的 B. Glaser 与哥伦比亚大学的 A. Strauss 两位学者共同开发出来的一种质性研究方法，扎根理论是运用系统化的程序，对某一现象进行研究并归纳式引导出扎根理论的一种定性研究方法。其主要宗旨是在经验资料的基础上使用一套系统性应用的方法形成一个关于某一实质领域的归纳理论。研究者在研究开始之前直接从实际观察入手，从原始资料中归纳出经验概括，然后上升到理论。这是一种自下而上建立实质理论的方法，即在系统收集资料的基础上寻找反映社会现象的核心概念，然后通过这些概念之间的联系建构相关的社会理论。扎根理论的特点在于认为社会学需要建立理论，认为定性研究或任何研究都应着重资料分析与理论建立。因此，该研究方法比较适合那些现有理论体系不是很完善、很难有效解释事件现象的领域，或者也可以说是存在理论的空白点、出现一些全新现象的领域。目前有 3 种主要的扎根理论方法：B. Glaser 与 A. Strauss 的原始理论、A. Strauss 与 J. Corbin 的程序化理论和 K. Charmaz 的建构扎根理论[1]。扎根理论区别于其他研究方法而独有的特征包括：连续比较，主要是指资料收集和资料分析同时进行，伴随着整个研究过程，直至达到理论的饱和；理论抽样，根据研究过程中形成的概念、范畴或理论有目的性地选择样本；理论敏感性，要求研究者具有透过现象挖掘其深层次内涵的能力[2]。

(1) 扎根理论总体研究流程

扎根理论虽不提倡墨守成规地依据具体流程对实践中的问题进行研究，但其提出一套清晰的应用步骤，为研究者提供了明确的指引方向。主要包括研究设计、资料收集过程、三层次编码和理论生成与检验 4 个阶段，具体实施流程可依据研究问题的特殊性进行调整。如图 3-2 所示，有学者通过多种文献资料的整理归纳，得出比较规范的扎根理论研究一般流程。

---

[1] 费小冬. 扎根理论研究方法论：要素、研究程序和评判标准[J]. 公共行政评论, 2008 (3): 24.
[2] 张敬伟, 马东俊. 扎根理论研究法与管理学研究[J]. 现代管理科学, 2009 (2): 115-117.

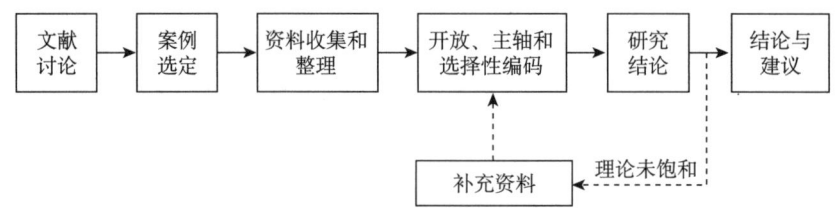

图3-2 扎根理论研究一般流程①

（2）研究设计阶段

研究设计阶段包括将研究问题和初步构想梳理清楚后进行文献探讨，对立意取样典型案例进行分析，形成可以解释的理论。在选择具体的研究问题之前需要首先确定研究对象，研究对象是研究者希望集中了解的人、事件、行为、过程、意义的综合，是研究中即将设计的领域范围②。如在信息素养的相关研究中，通过阅读有关研究某一群体的文献，才能进一步了解研究对象的基本情况和背景知识，识别理论研究空白区域，确定研究问题。但同时研究者不应陷入过多的文献阅读之中，那会妨碍新的概念和理论的建构③。

在相关研究文献整理的过程中，如果缺少相关研究，可以使用一些手段初步了解研究对象的特点。如在初期通过广泛的问卷调查了解研究对象的基本特点，而该过程也能够为后期的深度访谈邀请等创造契机。

（3）资料搜集阶段

由于扎根理论研究方法是不断比较、思考、分析、转化资料成概念以建立理论的过程④。因此，该研究方法高度重视资料，需要研究者通过与当事人进行连续、亲密互动和抵近观察来收集资料。在研究者与事件、现象的互动中，研究者用以提炼全新结论的理论敏感性不断提高，促使归纳提炼的研究结论逐渐丰满⑤。

在资料搜集阶段，传统研究主要运用问卷调查法，有时候也会运用访问和观察等。但主要借助结构化方法来设计研究，经常使用结构化的问卷调查和基本统计分析等定量研究方法，结构化问卷调查具有封闭性的特点，尽管传统方法进行量化研究收集的资料范围比较广，但是不够深入。相反，扎根理论主要运用观察、访问、实物等，范围只涉

---

① 李志刚. 扎根理论方法在科学研究中的运用分析[J]. 东方论坛，2007（4）：90-94.
② 同①.
③ 陈向明. 质的研究方法与社会科学研究[M]. 北京：教育科学出版社，2000：327-332.
④ 占南. 基于扎根理论的个人信息管理行为研究[J]. 图书馆学研究，2016（15）：11-20.
⑤ LAYDER D. "Grounded theory and field research", new strategies in social research[M]. Cambridge：Polity Press, 1983.

及若干个案,但是收集到的资料非常深入详细。扎根理论的观察和访问也具有开放性的特点。受访者可以运用自己的概念和表达方式发表自己的看法,针对各种回答,研究者再根据自己的研究范围和目的随机应变、不断追问。扎根理论的观察也是开放的,事先只是拟定一个观察的大纲和范围,在观察时尽量做详细的记录,开放性的特点有助于收集丰富的资料,得到意外的收获。

1) 样本选取

扎根理论采取的是目的性抽样的原则,即理论性抽样,就是根据研究对象和研究目的确定抽样的标准,选择那些本身富含信息量的样本,试图最大化地从属性和维度上形成概念、解释变量以及寻找概念之间的关系,主要包括开放性抽样、关系性和差异性抽样、区别性抽样3种形式。在扎根理论研究中,研究者的理论触觉,以及编码阶段的逻辑和目标,决定了理论抽样的原则和程序[1]。

2) 资料搜集的区别策略

由于扎根理论对资料的依赖性,在运用扎根理论方法面向不同人群进行资料收集时,主要采取田野调查(又称实地调查或现场研究),同时结合深度访谈或焦点小组,为保证第一手资料的丰富程度,研究者通常要针对不同人群采取不同策略。

未成年人:考虑到未成年人语言表达能力和理解能力的特殊性,必要时增加与未成年人父母的提问内容,并根据未成年人的表达展开延伸提问[2][3]。

农民工群体:由于受访者年龄和受教育程度个体间差异较大,前期制定的访谈主要提纲尽量简化,在访谈过程中措辞要通俗易懂[4]。

农村进城隔代教养的祖辈:考虑到受访者的防备心理,在正式访谈前需要与受访者取得联络,提前建立信任关系[5]。

科研人员或专业人士:选择思维活跃、信息丰富的中青年科研人员或专业人士作为受访对象,考虑到科研人员思维相对活跃、知识面宽广,可以利用小组访谈,通过主持

---

[1] STRAUSS A, CORBIN J. 质的研究概论[M]. 徐宗国,译. 台北:巨流图书公司,2004:73,127.
[2] 王平. "社会信息资本":未成年人网络行为质化探索下的概念发现[J]. 图书情报工作,2017,61(13):13-18.
[3] 王平. 未成年人互联网利用行为的"小世界":要素与作用机制[J]. 图书情报工作,2017,61(24):87-95.
[4] 陶颖,邹纯龙,周莉. 基于扎根理论的农民工信息寻求影响因素研究[J]. 图书情报工作,2016,60(17):110-115.
[5] 吴祁. 农村进城隔代教养的祖辈信息寻求行为影响因素[J]. 图书馆论坛,2017,37(9):79-90.

人的引导实现各受访者之间的充分讨论、相互启发，在头脑风暴式的思维模式下就问题进行全面讨论①②。

敏感信息人群：如关涉个体医疗健康信息时，有研究者考虑到健康问题的敏感性，为了尽可能保证被访者的配合度及数据真实性，研究者借助自身人际网络关系的间接引荐，与被访者之间均有弱关系连接，既保证了被访者的信任与配合，又避免与被访者过于熟悉而产生顾忌③。

随着互联网技术的迅猛发展，网民规模日益扩大，网民群体逐渐成为一些研究领域，如信息行为等的重点关注对象，互联网环境的虚拟性和匿名性，为研究者抵近接触研究对象制造了一定门槛。为了获得优质的网民调查对象，可借鉴类似社会心理学"登门槛效应"循序渐进地获得高质量的调查对象，如有研究者首先通过互联网招募信息广泛邀请符合要求的实验人员，在情景实验过程中同时观察实验人员的实验态度，再根据实验人员参与态度对部分对象发出焦点小组访谈邀请和深度访谈邀请④。

3）结合研究内容的变通手段

研究者需要结合研究内容，根据研究条件采取灵活的替代形式。在一项网络问答社区用户知识创新行为模型影响因素的研究中，研究者考虑到问答社区本身就是一个大型的资料库，社区中的问答信息记录充分展现了用户言行，同时反映了各个问答社区及用户特征，社会中的问答均由参与者自主完成，保证了资料数据的客观性，并且数据资料永久存储在平台，保证了研究的可重复性及理论可验证程度，因此研究者变通采取了两种替代手段：一是自行发布提问，邀请用户回答，由研究者在问答社区中发布提问，邀请参与者完成回答。二是搜索相关提问，查看已有回答，研究者在问答社区中搜索相关问题。该替代手段最终搜集了近20万字的数据资料，最终整理了160份回答记录用于该研究⑤。

关于社会大众的感知和反应，以往研究多是通过传统问卷调查或实验法获取数据，

---

① 王伟，王沙骋. 基于扎根理论的科研人员信息查寻行为影响因素研究[J]. 情报理论与实践，2013，36（12）：64-67.

② 胡雅萍，潘彬彬，叶凤云. 竞争情报工作者信息搜寻与利用行为研究[J]. 情报理论与实践，2015，38（2）：1-5.

③ 张鑫，王丹. 基于扎根理论的个体医疗健康信息源选择行为影响因素研究[J]. 图书情报工作，2018，62（14）：5-13.

④ 张敏，刘雪瑞，张艳. 在线健康社区用户诊疗信息求助行为形成机理的概念模型：基于扎根理论的探索性研究[J]. 情报科学，2019，37（4）：22-28.

⑤ 施涛，姜亦珂，陈倩. 网络问答社区用户知识创新行为模式的影响因素：基于扎根理论的研究[J]. 图书情报知识，2017（5）：120-129.

但对于一些突发性事件，社会大众的感知和反应具有实时性和情绪化，无论模拟实验还是事后问卷调查，均难以得到研究对象真实的切身感受和反应，在一项公共危机网络再传播行为的研究中，研究者直接借助现实危机事件，通过社交媒体观察网民及时的再传播行为，取得了较丰富的研究数据，排除简单或重复的再传播行为数据后，最终获得204条数据用于该研究①。

如果研究者期望通过真实信息行为探寻其行为特征、相关性判断及影响因素，可以通过实验法等进行数据搜集。在一项关于合作信息查询与检索的研究中，研究者一方面利用屏幕录制软件记录实验者在计算机上的具体操作活动，并记录用户的非计算机操作行为；另一方面采用出声思维法，实验者在操作时阐述自己的想法，同时对实验者合作查询与检索过程的交谈或讨论情形进行录音②。

4）资料预留

在现有的研究中，研究者需要在所搜集资料中随机选取1/4～1/3进行理论抽样，对理论饱和度进行检验。

5）访谈中的质量保障措施

为避免研究过程中调查者的直观臆断，特别是访谈过程中人为干预的影响，调查者一般使用音频录制功能保留被访者口语化资料。在正式访谈前，需要对访谈目的、事件预期、酬劳费用和保密性等情况进行说明，并就一些关键术语的概念进行说明。

（4）编码阶段

扎根理论的核心阶段是对资料的分析，Strauss将这一过程称为编码（译码），编码阶段包括开放式编码、主轴编码和选择性编码3个阶段，也称一级、二级和三级编码。

开放式编码指研究者以"开放式"心态，尽量悬置个体"偏见"或研究界的"定见"，将所有资料按其本身呈现的状态进行编码。这是一个将收集的资料打散，赋予概念，然后再以新的方式重新组合起来的操作过程。编码的目的是从资料中发现概念类属，对类属加以命名，确定类属的属性和维度，然后对研究的现象加以命名及类属化。

主轴编码的任务在于进一步合并前面业已形成的概念类属，并发现这些概念类属之间的相互关系，如因果关系、情景关系、功能关系、过程关系、事件先后关系、语义关

---

① 史波，吉晓军. 社会化媒体环境下公共危机信息网民再传播行为：基于扎根理论的一个探索性研究[J]. 情报杂志，2014，33（8）：145-149.

② 李鹏，韩毅. 扎根理论视角下合作信息查寻与检索行为的案例研究[J]. 图书情报工作，2013，57（19）：24-29，56.

系、相似关系、差异关系、对等关系、类型关系、结构关系、策略关系等。研究者每一次只对一个类属进行深度分析，围绕这一个类属寻找相关关系，因此被称为"轴心"。随着分析的不断深入，各个类属之间的各种联系越来越具体，研究者不仅需要考虑类属本身之间的关联，而且要结合当时语境和所处的社会文化背景。主轴编码的目的是发现和建立概念类属和范畴之间的联系，从初始范畴中找出主范畴，以此将原始资料中各部分之间的各种关系表现出来。

选择性编码是指在所有已发现的概念类属中经过系统的分析"选择"核心类属，核心类属必须在与其他类属的比较中一再被证明具有通用性，能够将最大多数的研究结果囊括在一个比较宽泛的理论范围之内。选择性编码的目的是对主轴编码形成的范畴进行进一步的整合和提炼，找出核心范畴，将原始资料所蕴含的结果囊括在一个具有概括性的理论范畴内，形成理论框架或范式。

为了说明上述复杂的资料分析过程，以学者冯生尧[①]的示例进行说明，如图3-3所示。在研究促进师徒交流的因素时，假设从原始资料中发现了7个促进因素，这就是开放式编码。课时较少、师徒的备课组相同及办公室相同，可以归类为教学制度。同时，备课组相同和办公室相同并不必然导致交流，只有在集体主义、团队精神的基础上，才能最终产生交流，所以又把这两个因素和责任心归纳为集体主义。最后3个因素表明新老老师都能承认能力差异及由于能力差异而形成的一种等级，我们称之为能力等级。这样，教学制度、集体主义和能力等级就构成了关联式编码，后两者又可以归纳为中国文化，这就是核心编码。最后，建立的理论是：中国师徒制度的成功，其表层原因在于中

一级编码	二级编码	三级编码	理论建立
课时较少 备课组相同 办公室相同 老教师有责任心 老教师不怕自以为是 新教师谦虚 新教师不怕暴露缺点	教学制度 集体主义 能力等级	教学制度 中国文化	中国师徒制度的成功，其表层原因在于中国的教学制度，深层原因是中国的文化传统

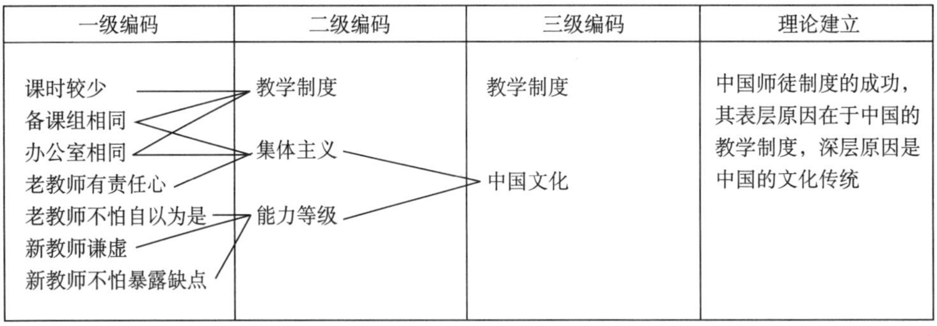

图3-3 扎根理论示例[②]

---

① 冯生尧，谢瑶妮．扎根理论：一种新颖的质化研究方法[J]．现代教育论丛，2001（6）：51-53．
② 同①．

国的教学制度，深层原因是中国的文化传统。

撰写备忘录。撰写备忘录是对研究过程的记录，其主要内容包括：对数据进行跟踪和分类，记录类属的形成过程，发现哪些信念和假设支持你的类属，进行类属与类属之间的比较，分析后得出的概念之间进行比较，将分析结果与已有文献或研究领域的主导观念进行比较，最后完善分析结果[①]。撰写备忘录有助于研究者将分析的编码和数据上升到概念类属，将编码提升到了概念的水平，并且能帮助发现资料所具有的理论意义，以及研究中的不足，为理论构建奠定基础。

理论抽样、理论饱和度检验。理论抽样的目的是形成类属的属性，直到类属饱和，也就是没有新的属性再出现。在初步明确了形成类属的属性之后，搜集相关数据，来加工和完善研究中产生的类属。在类属饱和之后，进行分类整合，生成理论。理论饱和点是检验评价构建的理论阶段的一个关键点，主要用于决定检验何时停止分析。具体可从研究者建构理论面临的内外部条件两方面考虑。内部的条件通常是理论已达到概念上的饱和，理论中各部分间建立的关系合理；外部的条件包括研究者的人力、财力、物力，以及其兴趣和知识界限。

（5）扎根理论在情报学领域的应用

1）信息行为、信息素养

信息行为研究是情报学的重要主题和研究领域之一。国外对信息行为的研究已经具有百年历史，具有丰硕的理论与实践成果。信息行为是一个较为宽泛的概念，随着科技不断发展，从最初对图书馆用户的信息搜寻与利用行为逐渐发展成广义上系统用户行为研究。信息素养这一概念是从图书馆检索技能发展和演变过来的，信息素养研究始终是图书馆学、情报学等许多学科领域的研究热点[②]。现有研究既有关涉特定群体的，如高校教师、公务员、未成年人、农民工、农村进城隔代教养的祖辈、科研人员和专业人士、虚拟社区普通网民等，也有关注特定行为的，如跨屏行为、转移行为、信息共享行为、知识贡献行为、医疗保健信息求助行为、信息安全行为、合作检索行为、信息偶遇等。

2）网络舆情

我国正处于社会经济文化结构转型期，各种问题与矛盾堆砌至互联网，容易形成网

---

① 凯西·卡麦兹. 建构扎根理论：质性研究实践指南[M]. 边国英，译. 重庆：重庆大学出版社，2009：102-103.

② 郭胜华. 图书情报学领域信息素养研究述介[J]. 情报杂志，2003（7）：26-28.

络舆情乃至网络危机事件，进而诱发社会风险，关乎社会风险的研究对于公权部门把握网络舆情模式、净化网络空间、维护网络社会稳定有着不言而喻的重要意义。国内情报学领域运用扎根理论方法在网络舆情领域的实践有网络谣言的演化过程研究、网民直接参与网络舆情事项的行为动机、网络观点在传播过程中的异化现象，以及政府有效介入的行为模式等。

3）竞争情报

在竞争情报领域，有学者尝试使用扎根理论方法进行探索性研究，如针对上市公司竞争力研究中尝试对上市公司年报全文进行深度分析，通过开放式编码、主轴编码和选择性编码提炼上市公司竞争力有关的概念和范畴，构建上市公司竞争力影响因素模型[①]。

3.3.9 内容分析法

内容分析法是获取文献中情报内容的一种定量与定性相结合的方法，其基本特点是系统性和客观性[②]。内容分析法由传播学奠基人拉斯韦尔开创并运用于其对两次世界大战中宣传技巧相关的研究中。在第二次世界大战后，拉斯韦尔与他人合作《政治语言学》，对内容分析法进行了全面阐述[③]，20世纪50年代美国学者贝雷尔森发表《传播研究的内容分析》一书，确立了内容分析法的地位[④]。我国科技情报学研究界首先是通过奈斯比特的《大趋势》一书了解到内容分析法的，钱学森在谈到情报研究工作时曾对该书中情报的收集和分析做过精辟的评价[⑤]。

内容分析法对信息内容媒介中的特定信息进行客观分析并编码，将其转化为客观、系统、可计量的表示形式，以便在定量分析的基础上揭示信息内容媒介所隐含的情报内容。随着信息内容表述形式的多样化，内容分析法分析的信息内容媒介从第二次世界大战时期的报纸、电台广播扩展到目前的各类文本、视频、音频、多媒体等。编码对象是研究中预先定义的分析单元，分析单元形式更加多样化。以学术文献为例，字、词、图表、摘要的字数、特定数学函数是否存在于该文献、该文献被负面引用次数、该文献使

---

① 毛一雷，刘志辉. 基于扎根理论的上市公司竞争力影响因素研究[J]. 图书情报工作，2018，62（20）：95-101.
② 包昌火. 情报研究方法论[M]. 北京：科学技术文献出版社，1990：236-237.
③ 郭惠民. 传播学的奠基人[J]. 国际新闻界，1990（2）：48-54.
④ 罗金增. 内容分析法与图书馆学[J]. 情报杂志，2003（4）：51-53.
⑤ 钱学森. 要抓紧情报科学技术的研究[J]. 国防科技情报工作，1984（5）：2.

用的研究方法等都可以作为分析单元进行编码。

(1) 内容分析法特点

作为一种情报研究科学方法，内容分析法的独特优势在于：为研究提供可行的信息量化途径，研究者通过编码，将非定量的信息内容消化、整理、序化为定量数据，为其他定量研究方法的后续使用提供物质基础。定性与定量方法的结合使用，促使研究整体达到最大程度的系统性与客观性，显著提升研究成果质量。内容分析法本质上是：研究者在对研究对象深刻理解的基础上建立假设，通过编码对原始信息抽丝剥茧获得分析单元，并检验假设。研究成果依赖于分析深度以及一定的"线索"样本的数量。分析深度指抽丝剥茧的程度，即分析单元的细化程度。

(2) 内容分析法一般程序

内容分析法具有共性的一般性步骤如下：

1) 确定研究目的

根据科研需要，确定使用内容分析法的目的。建立初步的理论假设，对内容分析法衍生的工作量与预期的科研成果进行估计。

2) 样本收集与预编码

收集内容分析的信息内容媒介，在样本收集过程中开展探索性的预编码。现阶段学界的主要研究对象为学术文献、新闻文本、人才履历文本、专利等开放数据。

预编码的目的：一方面为科研人员制定编码框架积累经验；另一方面通过实践考察具体编码的工作难度、工作量等。科研人员通过预编码亲身实践以便根据实际情况权衡样本数量与编码框架复杂程度。

总体而言，随着样本数量增加，工作量与科研成果质量同步提升。编码框架越复杂，科研成果质量越可能提升，但工作量随着框架复杂程度的提升指数增加，且对编码工作人员要求大幅攀升。

3) 定义编码框架

这是内容分析法的核心步骤，根据分析目的制定具有逻辑结构的分析单元，设计由分析单元构成的编码框架是技术性极强的工作，需要设计者综合考虑编码工作量与编码框架的复杂程度，而非追求最大程度的细化。特别是项目需要组织其他编码员共同参与编码工作，设计者切勿高估其他科研人员具备与本人相仿的专业能力与投入程度，尽量杜绝设计过于依赖主观判断的分析单元。

4）编码组织

当科研项目需要组织多名编码员共同开展编码时，组织详尽的事前培训是顺利推进的关键。培训内容应包括解读编码框架及其中类目的含义、类目归属的判定标准、标注过程的注意事项并适当选择若干样本进行练习与演示。

多人编码时，编码员需要独立开展编码工作。

5）一致性检验

在统计学中，编码员一致性（统计学中又称为编码员间可信度或编码员间吻合性）检验又称为信度检验，是对编码员之间的吻合程度进行描述，有助于改进编码框架，也是保证研究可靠性与可再现性的必要环节。

目前，就采纳何种方式进行一致性检验并未达成共识，目前主流的检验方式如下。

Cohen's Kappa Coefficient[1]：计算相对简单，适合绝大多数编码场景。尽管 K 值的准则在统计学界依然存在讨论，但一般认为 K 值大于 0.75 为优秀。

Krippendorff's Alpha[2]：计算相对复杂，但最大优势在于允许评价数据不完整、评价者个数任意等。一般认为可接受的 Alpha 值为大于 0.7[3]。

其他的方式包括 Smith's Assessment[4] 等。

（3）内容分析法的应用

1）其他数据收集方法中的附随方法

在使用访谈法、观察法、行为实验等进行数据收集后，需要对访谈内容记录、观察内容记录、行为实验记录等进行再次整理。通过编码分析，提取记录中的概念或行为特征等。在条件允许情况下，将整理后的数据返回受访者、观察对象、实验对象，供其确认，以修正误漏之处，确保数据的信度与效度。由于内容分析法作为从属收集方法的附随身份出现，在绝大多数研究中，学者并不会专门提及使用了内容分析法。

---

[1] FLEISS J L, COHEN L. The equivalence of weighted kappa and the intraclass correlation coefficient as measures of reliability[J]. Educational and psychological measurement, 1973, 33: 613-619.

[2] KRIPPENDORFF K. Computing Krippendorff's alpha-reliability [J]. Computer science, 2011, 7488: 1-10.

[3] FORD J M. Content analysis: an introduction to its methodology[J]. Personnel psychology, 2004, 57 (4): 1110-1113.

[4] SMITH R A, HOUSTON M J. A psychometric assessment of measures of scripts in consumer memory [J]. Journal of consumer research, 1985, 12 (2): 214-224.

2）政策研究

政策是由一个或一批行为者为处理有关问题或事务而采取的一种有目的的行为过程①，政策工具是政府机构通过某种手段或途径实现政府行为的调节机制②，也是政府推动和实施政策的第一手段③。政策文本是政策存在的物理载体，作为政治仪式的符号，具有价值宣誓功能④。政策文本历来是政策研究的重要工具和载体，政策研究也是情报学领域长期关注的重点话题。通过细粒度的编码方式，内容分析法允许对政策文本进行清晰、完整描述的同时对政策立场、政策倾向、政策价值等深层政策内涵进行挖掘，并对政策属性、结构等方面的特征予以揭示，是学者对政策文本进行多层次、多维度分析的基础。

3）网络舆情研究、大众传媒研究

网络舆情是通过互联网表达和传播，公众对自己关心或与自身利益紧密相关的各种公共事物所持有的多种情绪、态度和意见交错的综合⑤。随着社交媒体的发展，以网络为载体的公众舆情表达呈激增态势，网络舆情成为近些年来学术研究的热点，各学科、各领域运用各自理论、方法对舆情进行了多角度、全方位的研究。在社交媒体蓬勃发展的同时，以报纸、电视为代表的大众传媒等依然是不可取代和不可或缺的信息源和内容生产者⑥。情报学界利用内容分析法从信息素养、社群发现、信息生命周期等对网络舆情、大众传媒进行研究。

在大众传媒研究中，内容分析法允许灵活地对新闻报道的重要报道框架、版面、报道主题新闻呈现方法、传播内涵、信息源等类目进行量化赋值，通过内容分析对媒介建构特征的勾勒，允许研究者从不同微观视角探析媒体舆论特征，显著提升研究的全面程度。在网络舆情研究中，内容分析法能够就网络传播行为、发布特性、内容形式和指向、主题类型、态度倾向、心理动因等进行编码，能够最大限度地系统表征网络舆情各要素，通过对上述关键切入点进行内容分析并以量化形式挖掘舆情特点及发现舆情核心

---

① ANDERSON J. Public policymaking[M]. Boston：Houghton Mifflin，1990：5.
② 詹姆斯·P. 莱斯特. 公共政策导论[M]. 北京：中国人民大学出版社，2004.
③ SALAMON L M，ELLIOT O V. Tools of government：a guide to the new governance[M]. Oxford：Oxford University Press，2002.
④ 黄萃，任弢，张剑. 政策文献量化研究：公共政策研究的新方向[J]. 公共管理学报，2015（2）：96.
⑤ 刘毅. 略论网络舆情的概念、特点、表达与传播[J]. 理论界，2007（1）：11-12.
⑥ 任贤良. 社交媒体并不能取代大众传媒[J]. 青年记者，2014（19）：4-5.

要素等，为学者深入探索网络舆情的原因和规律提供可能。

4) 基于学术文献的内容分析

近年来，随着互联网及计算机软硬件的发展，数字出版的基础设施逐步成熟，数字学术出版物应运而生，随之带来的是数字学术出版物在数量上呈现爆发式增长，研究者可以利用网络文献数据库获取到大量的学术文献，这为研究者的研究工作提供了良好的数据基础。学术文献中包含大量有学术价值的知识，特别是期刊论文，凝聚着科学家的研究成果与智慧，这些知识往往无法像外部特征一样简单抽取出来，因此学者使用内容分析法对学术文献中核心要素进行深入探讨，如引文内容、研究方法、实验工具等。以引文内容为例，基于引用内容的引文分析研究已成为引文分析发展的新阶段。学者使用内容分析法围绕引用内容已经从不同角度对引用内容展开一系列应用研究，研究领域包括引用位置分析、引用动机分析、引用主题分析等。

在较多科研场景中，内容分析法常与其他方法综合运用。以指标体系构建的相关研究为例，学者通常综合运用内容分析法、层次分析法、德尔菲法进行某些评价体系的构建，其中内容分析法用以获取主要评价指标，其他方法确定权重。

5) 其他

学者使用内容分析法对多种信息内容媒介进行内容分析，如通过对专家履历的内容分析洞察组织在人才吸纳和培养方面的具体机制和措施，客观了解其组织的人才状况，掌握其人才管理经验。通过对招聘网站情报学相关岗位招聘信息的内容分析，解析人才的知识结构需求，了解相关领域行业的需求状况就业情况等。

(4) 技术支撑

现阶段，内容分析法编码工作还主要依赖人工手工完成。由于人工标注成本高昂，该类调查成果受限于调查范围，不能反映全貌。尽管部分研究已经尝试借助 Excel 等统计工具辅助开展统计调查工作。但基于关键词匹配技术的调查方法在具体研究方法使用情况的查全率、查准率方面存疑，因此人工标注的瓶颈亟待突破。在可以预见的未来，以自然语言处理、机器学习为代表的新技术将极大地推动内容分析法的发展，相关新技术将促进内容分析法得到飞跃发展，新技术在编码效率上相对于人工方法具有不可比拟的优势。

3.3.10 社会网络分析法

社会网络分析法是一门对群体中个体间相互作用进行量化分析的艺术和技术。

社会网络是指社会个体成员之间因为互动而形成的某种相对稳定的社会体系，或者说社会行动者及相互关系的集合①。社会网络常用图表示，节点表示实体或行动者，而边表示个体之间的社会关系②。作为一种应用性很强的社会学研究方法，社会网络分析法受到了广泛关注，随着以"结构洞""社会资本"为代表的理论研究的深入，依托计算机技术及软件应用的成熟，促使社会网络分析法的应用范围更加广泛，其主要领域已不限于传统的小群体关系、家庭与社会支持网络，而是扩展到几乎所有的人类活动领域③，甚至已经超越原有指称"人类社会"的意涵。在现阶段的研究中，节点可以表征人类、其他生物、字词文献等不同类型的实体，而节点间的连接关系可以描述实体间任何类型的互相作用和影响。

社会网络理论概念最早可以追溯到20世纪30年代。一般认为，德国社会学家奥尔格·齐美尔在1922年出版的专著《群体联系的网络》中第一次使用"网格"概念，英国人类学家拉德克里夫·布朗则于1940年首次提出了"社会网"的概念，美国社会心理学家莫雷诺1934年对实验性小群体的计量学研究为社会网络研究奠定了基础。约翰·巴恩斯在1954年通过对一个挪威渔村阶级体系的分析首次把社会网的隐喻转化为系统的研究。关于中国的社会网络研究，较早和比较系统的是天津社会科学院分别于1986年和1993年与美国哥伦比亚大学和加利福尼亚大学合作完成的"天津城市居民职业、生活方式和社会网"和"天津城市居民社会生活网"两项课题④⑤。在情报学领域，包昌火等率先将社会网络分析法运用于人际网络的竞争情报研究中⑥。

（1）社会网络分析法的特点

社会网络分析法关注实体间关系或关系模式，而不是实体本身。社会网络分析法通过映射和分析实体间个体间关系，提供丰富、系统的描述和分析社会关系网络的方法、工具和技术。其分析问题的理论视角主要集中在实体之间的关系而不是行为者的某些特

---

① NEWMAN M E J. Scientific collaboration networks. I. Network construction and fundamental results[J]. Physical review letters, 2001, 64 (1): 1-8.
② AGGARWAL C C. Social network data analytics[M]. New York: Springer US, 2011.
③ 林聚任. 论社会网络分析的结构观[J]. 山东大学学报（哲学社会科学版），2008 (5): 147-153.
④ 张文宏，阮丹青，潘允康. 天津农村居民的社会网[J]. 社会学研究，1999 (2): 108-118.
⑤ 汤汇道. 社会网络分析法述评[J]. 学术界，2009 (3): 205-208.
⑥ 包昌火，谢新洲，申宁. 人际网络分析[J]. 情报学报，2003，22 (3): 365-374.

征上,并且强调作为行为者的实体之间相互影响、依赖,从而产生整体涌现行为①。

(2)社会网络分析法的应用

1)竞争情报领域

随着竞争情报科学理论研究和实践活动的不断深入,企业人际竞争情报网络作为竞争情报体系建设的重要组成部分,越来越引起国内外专家学者的重视②。企业人际竞争情报网络是企业社会关系网络的重要组成部分,建设人际竞争情报网络的目的是对竞争对手、竞争环境的一些隐藏、非公开信息进行搜集和分析。为了获得这些特殊的信息,竞争情报工作者需要用一定的方式和这些人或组织建立关系,人际竞争情报的相关活动便孕育而生③。而使用社会网络分析法进行人际网络分析、竞争对手分析和企业内部角色分析更能突出竞争情报工作的特殊性、科学性和价值④。利用社会网络分析法对人际竞争情报网络建模,填补了竞争情报领域中的空白,网络建模也成为人际竞争情报方法论的核心⑤。

2)科学合著领域

合著网络是一种社会网络,它是科学家通过交流思想、共享知识、合著学术文献而形成的人际关系网络。科学合著现象一直是科学计量学和文献计量学研究的重要课题,其本质就是研究作者之间的关系,而社会网络分析法正是以关系研究见长,目前国内外已经有较多运用社会网络分析法研究科学领域的合著现象。社会网络分析法允许对已形成相对稳定关系体系中个体成员之间的互动关系进行量化研究,社会网络分析法中的小团体分析、中心性分析、角色分析对科学合著现象分析起到借鉴作用。科学合作有显隐性之分⑥,有学者将显隐两性概括为"两范式",基于学科外在特征的显性合作关系研究和基于学科内容特征的隐性合作关系研究。对作者显性合作关系的研究主要表现在作者共现层面。由于显性合作关系无法深层次揭示学科领域网络关系,因此作者合作关系

---

① 费钟琳,王京安.社会网络分析:一种管理研究方法和视角[J].科技管理研究,2010,30(24):216-219.
② 彭靖里,谭海霞,王崇理.竞争情报中人际网络构建的理论研究:基于社会网络的分析观点[J].图书情报工作,2006(4):38-42.
③ 吴晓伟,李丹.企业人际竞争情报网络复杂性研究[J].图书情报工作,2007(9):75-78.
④ 包昌火,谢新洲,申宁.人际网络分析[J].情报学报,2003,22(3):365-374.
⑤ 吴晓伟,楼文高,宋新平.企业人际竞争情报网络建模研究:要素分析[J].情报理论与实践,2010,33(9):51-56.
⑥ 邱均平,王菲菲.基于SNA的国内竞争情报领域作者合作关系研究[J].图书馆论坛,2010,30(6):34-40.

的研究逐步向基于内容的隐性合作关系过渡①，通过从文献中关键词、主题词等内容特征与文献作者进行关联或耦合②，可以细粒度构建作者合作关系，克服显性合作的片面性和局限性。现阶段，学者们对作者隐性合作关系进行研究时，大多借鉴作者—文献耦合中的耦合度算法③，将关键词与作者相关联以达到度量作者间研究方向的相似性，分析合著者对作者合作的潜在影响④，了解相关领域核心作者和领域结构的演化过程⑤，以及明确相关领域知识交流与信息传播的重要性等目的，使学科领域知识结构表现更为透彻，知识结构体现更具内涵，尤其是更深层次的作者—主题关联聚合研究对挖掘出学科领域知识结构更具意义。

3）网络舆情

随着社会行动者的不断泛化，社会网络分析法不再仅仅使用于社会科学领域，自然科学领域也开始将该方法用于其领域所形成的网络，如将社会行为者泛化为舆情传播者，社会网络分析法就可用于研究多媒体舆情传播网络的结构特征。社会网络分析法在网络舆情研究中的应用主要包括3个方面：第一，用于舆情传播网络的结构特征分析，该类型研究强调舆情传播网络的结构特征，重点测度网络密度、小团队结构等指标。第二，用于舆情传播网络的关键用户或意见领袖的识别，该类研究以社会行动者在社会网络中的位置或作用为研究对象，主要以节点的点入度、点出度、中心度等指标测度结果为识别依据。第三，用于舆情传播网络的动态演化，该类研究区别于前两类的静态网络分析，而是将关注点放在舆情传播网络的动态演化特征上，重点考察随时间变化的节点数量、网络密度、点度中心度等关键指标特征。

4）科学学研究

关键词是用于浓缩概括文章主题的词汇，在同一主题学术文献中普遍会出现两篇或多篇文献使用同一关键词的情况，这种现象被称为关键词共现。学术界普遍认为，某两

---

① 李纲，李昂．基于社会网络分析的学术团体合著研究：以武汉大学计算机学院为例[J]．信息资源管理学报，2011（3）：43-47．

② 牟冬梅，琚沅红，郑晓月，等．基于学科内容的科研人员隐性合作关系研究[J]．情报理论与实践，2017，40（7）：17-22．

③ KESSLER M M. Bibliographic coupling between scientific papers[J]. American documentation, 1963, 14（1）：10.

④ 陈卫静，郑颖．基于作者关键词耦合的潜在合作关系挖掘[J]．情报杂志，2013，32（5）：127-131．

⑤ 王磊．我国信息素养领域作者关键词耦合分析[J]．信息资源管理学报，2015，5（1）：68-75．

个关键词在同一文章中两两出现的频率越高,说明这两个关键词之间联系越紧密,所代表的主题越贴切。社会网络分析法通过网络中心性分析可以知道哪些关键词所代表的主题是该领域的研究热点,哪些关键词正处于研究的边缘,哪些关键词间联系紧密,对关键词共现现象进行社会网络分析有助于科研人员深入剖析某领域的知识结构与研究热点,对该领域的研究发展有着深远意义。

3.3.11 统计学方法

科学的发展可以简单描述为两种力量作用的结果:一是来自学科内部的力量,是学科领域研究内容的不断发展与转换;二是来自学科外部的力量,包括外部环境及其他多种因素①。情报学作为科学技术和社会发展到一定阶段的产物,本质上来说情报学源于目录学、文献学、图书馆学,在发展阶段广泛吸收各类学科的理论作为成长的养料,情报学与大量学科产生了密切的联系,学科间互相交叉融合,而统计学尤为突出。一方面,数学在情报学中的利用标志着情报学从描述科学向精密科学的演变。以概率论为基础的统计学作为应用数学的分支和开展量化研究的基础,是适用于所有学科领域的通用方法,情报学自然不例外。另一方面,统计学方法是指有关收集、整理、分析和解释统计数据,并对其所反映的问题做出一定结论的方法,与此同时数据又是情报转化理论中的重要一环,数据是作为情报研究对象的事实的数字化、编码化、序列化和结构化②,统计学与情报学之间的紧密联系不言而喻。

情报学自诞生起就不断吸收来自统计学的养分,统计学通过理论移植、内容渗透、方法论指导等多种方法滋养着情报学,产生于20世纪的文献计量学的三大定律,便是情报学利用数学、统计学的典范。统计学方法的重要功能就在于搜集、整理、分析和运用数据,可以认为统计学方法贯穿情报学研究的整个过程中,随着大数据时代的到来及科学研究的第四范式数据密集型科学发现的兴起,数据创造、搜集和使用上的新趋势日渐凸显,统计学方法在情报研究实际应用中不断发展延伸到广泛的领域中,运用机器学习方法进行数据清洗和标记数据,运用主成分分析进行评价研究,应用聚类分析进行热点分析,通过回归模型、相关性分析研究信息行为,可以说统计学方法满足了情报研究实际应用的多方位需求。

---

① 程广龙. 多学科影响下的情报学研究[J]. 现代情报,2005(9):206-208.
② 化柏林,郑彦宁. 情报转化理论(上):从数据到信息的转化[J]. 情报理论与实践,2012,35(3):1-4.

统计学方法过于丰富，广义的统计学方法还包括多领域交叉学科的研究方法，如多领域交叉的机器学习相关方法等，本节将相对"纯粹"的统计学方法在情报学科研流程中使用场景分为3类分别进行阐述，即程序性统计方法、一元描述性统计方法、多元统计分析方法。

（1）程序性统计方法

在采用问卷调查等方式进行资料收集时，学者为确保结果的可靠性和真实性通常对问卷进行信度分析和效度分析，根据分析出的结果进行二次筛选，调整问卷的整体结构；同样，当使用内容分析法对研究对象进行编码后，为保证编码一致性，则需要进行一致性检验。

以信度效度检验为代表的程序性统计方法以保障研究的科学性为目的，被广泛使用并逐渐成为科学界共识，尽管程序性统计方法通常不被认为是"主要"研究方法，但作为"主要"研究方法科学性的重要保障，依然是科学研究中不可或缺的重要研究方法。

程序性统计方法依据内容大体分为4类：内容效度，指检验实际测到的内容与所要测量的内容之间的吻合度，如内容效度比率、Q-sorting；结构效度，测量相关性，包括差别效度、收敛效度、法则效度、预测效度、共同方法偏差等；信度，指采用同样的方法对同一对象重复测量时所得结果的可靠性、一致性和稳定性程度，即测验结果是否反映了被测者的稳定的、一贯的真实特性，包括内部一致性、分半信度、重测信度、评价者间信度、复本信度等；控制效度，指在实验过程中被试情景感知与实验者设想的一致性，如 t-tests 等[1]。

（2）一元描述性统计方法

描述性统计是对数据进行揭示的第一步，是了解和认识数据基本特征和结构的方法，只有在完成了描述性统计分析，对数据特征有充分了解和认识后才能更好地开展后续变量间相关性等复杂数据分析。在情报学研究中，这类单变量一元描述统计主要作为研究过程中的辅助手段[2]。

在科学研究的程序中，研究者通常会运用指标、分类、图形及计算概括性数据等活动来描述数据特征。描述性统计分析要对调查总体所有变量的有关数据进行统计性描述，主要包括数据的频数分析、集中趋势分析、离散程度分析，以及一些基本的统计图

---

[1] 丁楠，潘有能. 基于关联数据的图书馆信息聚合研究[J]. 图书与情报, 2011（6）：50-53.
[2] 张辉. 情报科学中的统计学方法[J]. 情报科学, 1989（4）：27-35，77.

形。例如，通过频数分析和交叉频数分析检验异常值；使用平均值、中位数、众数反映数据的集中趋势；使用方法、标准差反映数据之间的差异程度，即离散程度分析；运用偏度和峰度等指标检查样本数据是否符合正态分布等。通过绘制各类统计图，如饼图、条形图、折线图等表达数据，相比单纯文字表达更简明清晰。

(3) 多元统计分析方法

多元统计分析方法又称多变量统计分析方法，是运用数理统计的方法来研究多变量问题的理论和方法，是统计学中的重要理论分支，主要研究多元随机变量之间的关系和内在统计规律。多元统计分析方法在经济学、医药学领域的应用发展较为成熟，形成了专业系统化的统计学[1]。

随着社会和科研水平的发展，在处理实际情报学问题时，大多数的数据指标个数由原来的一维逐渐发展演变成现在的多维情形，对数据的处理和分析不能像过去那样凭借经验与直觉，随着计算机技术的迅猛发展和海量数据的不断涌现，多元统计分析方法已在情报学研究中广泛应用并发挥着重要作用。在大多数情况下，当变量与其他参数存在一定关联时，采用多元统计分析方法可以让最终的统计结果更为客观和真实，反映的结果也更为准确。

多元统计分析方法有很多，主要包括多元回归分析、聚类分析、主成分分析、因子分析方法等。例如，情报学中常有的通过建立模型对文献被引数进行预测，实质就是多元回归分析的应用，建立预测模型就是建立自变量与因变量之间的数量关系，然后依此模型来预测或探索所研究的问题，一个因变量多个自变量即是很常见的多元回归分析模型；聚类分析是将一批样本或变量按照不同性质进行分类，按照举例的远近分成很多类别，做到同类间数据差异尽可能小，不同类的性质差异尽量大；主成分分析则是从多个指标中提取出少数几个综合指标再进行分析，从原来的变量中提取出几个主分量，使其尽可能多地保留原变量的信息，然后进行分析；因子分析可以看作主成分分析的发展，是通过研究多个变量相关稀疏矩阵之间的依赖关系来找出因子，因子是指能综合所有变量的少数几个综合变量。

1) 多元回归分析

多元回归分析是最常用的统计学方法之一，它用于分析一个因变量与多个自变量之间的关系，特别用于两个方面：一是定量描述和解释相互关系，二是预测或估计因变量的值。

---

[1] 叶明确. 统计学学科前沿研究报告[M]. 北京：经济管理出版社，2013.

在情报学研究中，大多数情况下都需要对分析的数据当中的隐藏规律与内容进行总结，以此获得合适的处理实际问题的途径。回归分析法最重要的特点就是能够将实际问题作为函数进行处理，这样就可以通过构建相应的函数模型的方式进行解决。

运用多元回归分析描述和解释相互关系的案例较丰富。例如，通过建立用户满意度与影响因素的回归模型[1]，进而获得策略矩阵；通过构建信息资源使用态度和使用动机的回归模型[2]，以研究信息行为的特点与影响因素；通过拟合社交媒体的关注数、博文数、粉丝数等考察社交媒体用户行为和关系的一般规律等[3]。

运用多元回归分析进行因变量值预测被广泛应用于网络舆情与竞争情报领域，如通过微信数据预测网络关注的话题发展趋势，通过电影评论预测电影票房等。

2）聚类分析

聚类分析指将物理或抽象对象的集合分组为由类似的对象组成的多个类的分析过程。聚类分析根据分类对象之间的相关程度分类，在聚类之前，类别是隐藏的，事先并不知道分类数量。聚类分析的思想是同一类中个体相似性尽量大，不同类的个体差异性尽量大。

情报学界运用聚类分析主要有 3 类：以样本分类为目的，如有学者对论文作者进行聚类分析以透视学科作者主要群落[4]。以总结归纳为目的，如有学者以恐怖主义数据库中恐怖袭击的频率和烈度为依据，通过聚类分析，对诱发欧洲恐怖袭击的深层次社会矛盾的各种类型进行归纳总结[5]。以挖掘隐含信息为目的，如学者通过聚类分析对学术文献中共现的词对（主题词或关键词）的关联性进行运算，将关系密切的词聚集归类，从而达到挖掘隐含信息的目的[6]，或者对同被引学术文献进行聚类分析，可以用来表示某一个学科或专业的研究结构和状况，在此基础上，对某学科和专题高被引论文的连续的

---

[1] 徐革，姚卫东，陈浩. 电子资源用户满意度影响因子的多元线性回归分析[J]. 现代图书情报技术，2007（10）：52-56.

[2] 陈航，徐蔡余，王曰芬. 微信碎片化信息阅读行为特点与影响因素研究[J]. 图书与情报，2017（3）：26-35.

[3] 王晓光. 微博客用户行为特征与关系特征实证分析：以"新浪微博"为例[J]. 图书情报工作，2010，54（14）：66-70.

[4] 宋丽萍. 我国情报科学论文作者学术群落的聚类分析[J]. 情报学报，1993，12（5）：371-379.

[5] 李益斌. 欧洲恐怖主义的新态势及原因分析：基于聚类分析法[J]. 情报杂志，2018，37（3）：55-63.

[6] 钟伟金，李佳，杨兴菊. 共词分析法研究（三）：共词聚类分析法的原理与特点[J]. 情报杂志，2008（7）：118-120.

同被引聚类分析则可以动态地表示该学科和专题的变化情况①。

3) 主成分分析、因子分析

在实际的情报学问题研究中，往往会有多变量课题，如在网站评估或学者评价课题中评测指标极其丰富，变量个数太多会使研究问题变得十分复杂，我们希望在包含信息相同的前提下变量个数越少越好。在较多场景中，不同变量之间往往具有相关性，即可以理解为这些变量中有一部分信息重合。主成分分析就是采用一种"降维"思想，将多指标的变量转化为少数几个综合指标的统计方法，而这几个少量的综合指标可以尽可能多地反映原来变量的信息，而且彼此互不相关。因此，情报学领域中，主成分分析被广泛应用于评价研究，如对核心期刊的测定方法、学者学术影响力评价、信息资源综合评价、信息服务质量评价等。有学者曾给出运用主成分分析法进行评价研究时需注意的事项：科学设置指标体系，合理选择样本是准确评价的前提，其中样本之间的类同性是关键之一，如期刊评价研究中应该选择类型、性质等基本类似的期刊，还需要注意指标之间的同向性②。

尽管主成分分析与因子分析在假设条件、求解方法、解释重点等方面有诸多不同，但主成分分析和因子分析两者原理近似，一般将因子分析方法视作主成分分析方法的推广和发展，本质上两者均是一种降维、简化数据的思想。两者在原理上的核心区别是：主成分分析利用"降维"思想③，在损失很少信息的前提下把多个指标转化为几个不相关的综合指标（主成分），即每个主成分都是原始变量的线性组合，各个主成分之间互不相关，使得主成分比原始变量具有某些更优越的性能从而达到简化系统结构的目的；因子分析则利用"降维"思想由研究原始变量相关矩阵内部的依赖关系出发，把一些具有错综复杂关系的变量表示成由少数公共因子和仅对某一个变量有作用的特殊因子线性组合而成，就是从数据中提取对变量起解释作用的少数公共因子。

有情报学者归纳过主成分分析与因子分析使用时的注意事项：两种方法适用条件需要指标必须服从正态分布。在一些研究，如学术期刊评价研究中，评价指标普遍幂律分

---

① 崔雷. 专题文献高被引论文的连续同被引聚类分析[J]. 情报理论与实践，1996 (1)：47-49.
② 王引斌. 测定核心期刊的新方法：主成分分析法[J]. 情报学报，1998 (5)：77-80.
③ 宋云超. 主成分分析与因子分析在新指标解释方面的比较[J]. 数学大世界（教师适用），2011 (7)：77-78.

布的情况下，采用主成分分析和因子分析需要格外慎重①。

4）多维尺度分析

多维尺度分析是多元统计方法的一个新分支，是主成分分析和因子分析的一个自然延伸，多维尺度分析是一种用于在低维空间内研究多个事物之间相关性的分析方法。该分析方法是在低维空间内以点和点之间的距离来显示事物之间的关联性，以及影响事物关联性的潜在因素。其基本原理是通过某种非线性变换，把高维空间的几何图形转化成低维空间的图形，变换后的图形仍能近似地保持原图形的集合关系②。

多维尺度分析处理的数据一般是表示事物之间的接近性的观察数据，既可以是实际距离，也可以是主观评判的相似性，目的就是要发现决定多个事物之间距离的潜在维度，用较少的变量对事物之间的相似性做出解释。多维尺度分析的输出结果是一种可视化图谱，呈现了各元素之间的关系，越相似的元素在空间上就越接近。研究者可以通过观察图谱的组织结构来推断数据集的基本维度或确认先前的假设。多维尺度分析通常以二维空间定位，侧重说明知识单元之间的相对关系，在边界界定及词类关联上需要结合特定内容和知识基础进行解释。

3.3.12 可视化分析

可视化就是把数据、信息、知识转化为可视表示形式的过程，本质是从抽象数据到可视化结构的映射。一般来说，可视化可以分为数据可视化、科学计算可视化、信息可视化和知识可视化。可视化可以看作人类与计算机这两个信息处理系统之间的一个接口单元③。可视化充分利用计算机图形学、图像处理、用户界面、人机交互等技术，形象、直观地显示科学计算的中间结果和最终结果并进行交互处理。可视化技术以人们便于接受的表格、图形、图像等方式并辅以信息处理技术将客观事物及其内在的联系表现出来，可视化结果便于人们记忆和理解④。

---

① 俞立平，刘爱军．主成分与因子分析在期刊评价中的改进研究［J］．情报杂志，2014，33（12）：94-98.
② 赵守盈，吕红云．多维尺度分析技术的特点及几个基础问题［J］．中国考试，2010（04）：13-19.
③ MAZZA R. Introduction to information visualization[M]．Berlin：Springer，2009：30-80.
④ 洪文学，王金甲．可视化和可视化分析学［J］．燕山大学学报，2010，34（2）：95-99，105.

可视化分析是一门通过交互的可视化界面来便利分析推理的科学[①]，是自动分析技术与交互技术相结合的产物，目的是帮助用户在大规模及复杂数据内容的基础上进行有效理解、推理和决策[②]。人们可以利用可视化分析工具从海量、多维、多源、动态、时滞、异构、含糊不清甚至矛盾的数据中综合出视觉符号，人类利用形象思维获取视觉符号中蕴含的信息并获得深刻的见解，这种见解有助于人们进行分析推理，并能直接支持评价、计划和决策等行为，进而获得科学发现。在大数据时代，大数据可视化分析的研究与发展将为科学发现创造新的手段和条件[③]。

可视化技术应用在情报领域中，延伸了情报领域的广度和深度[④]，是大数据时代情报研究的有效工具[⑤]。可视化技术可以大大提高情报分析的效率，弥补传统方法的一些缺陷，对信息从一个全新的角度进行观察分析，发现以往的方法所不能发现的隐藏情报，并对其进行分析解释，得到有价值的结论，得出对决策有用的情报。

(1) 科学知识图谱

科学知识图谱是将传统的文献计量方法与现代的文本挖掘和复杂网络、数据、统计学、计算机科学方法及可视化技术等有机地整合在一起的一种综合分析科学发展的知识发现方法[⑥]。它利用一定的方式把轴向数据映射在 2D 或 3D 的图形中，从宏观、中观、微观各个层面来解释一个领域、学科、主题发展的概貌，使得人们能够从各个角度全面审视一个学科的知识结构、国内外发展趋势、研究进展、热点前沿等信息[⑦]。由于图形展示方法非常符合人的认知习惯，而且比起文本信息，人的大脑能够处理更多的图形信息，科学知识图谱备受情报学研究人员的喜爱，在情报学领域知识图谱的成果已较为丰富。

---

① THOMAS J J, COOK K A. Illuminating the path: the research and development agenda for visual analytics[M]. Los Alamitos: IEEE Computer Society Press, 2005.

② KEIM D A, ANDRIENKO G, FEKETE J-D. et al. Visual analytics: definition, process, and Challenges[EB/OL]. [2012-09-06]. http://www.ll.gatech.edu/atasko/7450/sy//abus.html.

③ 曾文，车尧，张运良，等. 服务于科技大数据情报分析的方法及工具研究[J]. 情报科学，2019，37 (4): 92-96.

④ 邓伟珍. 图书情报领域信息可视化分析方法研究进展综述[J]. 科技传播，2018，10 (18): 170-171.

⑤ 黄晓斌，钟辉新. 大数据时代企业竞争情报研究的创新与发展[J]. 图书与情报，2012 (6): 9-14.

⑥ 陈悦，刘则渊. 悄然兴起的科学知识图谱[J]. 科学学研究，2005，23 (2): 149-154.

⑦ 任红娟，张志强. 基于文献计量的科学知识图谱发展研究[J]. 情报杂志，2009，28 (12): 86-90.

科学知识图谱在情报学领域的主要应用为：识别学科领域研究热点，展示学科领域研究前沿，识别核心作者群及其之间的互引关系，描述核心期刊群之间的互引关系，识别核心国家、机构及其之间的合作情况。

1）识别学科领域研究热点

学者通常使用词频统计分析法（高频关键词反映研究热点）、词共现法（以共现频繁的词聚类反映研究热点主题）和共被引聚类方法（类比较大的聚类反映研究热点主题）。

2）展示学科领域研究前沿

利用高频关键词、前沿术语、文献和引文聚类的时间演化来探寻学科或领域的研究前沿，不失为一种相对科学合理的方法。

3）识别核心作者群及其之间的互引关系

通过作者共现或共被引分析能够识别出一个学科或领域的核心作者群及其之间的合作强度和互引关系，通过了解聚类内作者的研究主题，能够发现一个学科或领域的知识结构和研究热点。同时，通过作者共现或共被引聚类的时间演化图谱，能发现学科或领域研究前沿。

4）描述核心期刊群之间的互引关系

对学科领域核心期刊进行共被引聚类分析和多维尺度分析，可以基于多维尺度视图中各期刊之间的距离划分核心期刊群区域，不同区域代表不同的研究主题。

5）识别核心国家、机构及其之间的合作关系

通过对发表机构数据的共现分析可以绘制机构合作网络，通过合作网络，不仅可以识别核心研究机构及其之间的合作关系，同时可以看出领域内的主要机构合作网络。

主流科学知识图谱工具包括 Pajek、Gephi、UCINET、CiteSpace、VOSviewer。其中前三者为通用网络分析工具，后两者为文献专用图谱绘制工具，较多的学者对图谱工具的优劣进行了多角度的对比[1][2][3]。

（2）专利地图

专利地图是一种专利分析研究方法和表现形式，它将专利情报所包含的科技、经

---

[1] 张洋，赵镇宁．共现科学知识图谱构建技术与工具研究[J]．图书情报知识，2019（1）：119-129．
[2] 钟秀梅，崔雷．科学映射工具在医学知识图谱构建中的比较[J]．医学信息学杂志，2015，36（4）：48-53．
[3] 廖胜姣．科学知识图谱绘制工具 VOSviewer 与 Citespace 的比较研究[J]．科技情报开发与经济，2011，21（7）：137-139．

济、法律情报等进行加工剖析，并通过各种可分析解读的可视化图表形式反映蕴含在专利数据内错综复杂的信息，分析技术分布态势，指明技术发展方向，为决策提供更直观的情报支持①。尤其可用于竞争对手（国家地区、科研机构、公司企业等）技术动态监测。由于具有类似地图的指向功能，专利地图是指导政府部门、科研机构、高新企业进行专利战略布局和专利技术研发的有效分析手段。

专利地图主要分为3种类型：专利管理地图、专利技术地图、专利权力地图。

1）专利管理地图

专利管理地图主要服务于经营管理，对各项专利的分布情况依据"专利数量""发明人""专利分类号""专利年龄"等不同变量进行呈现，通过多角度对全局进行分析和归纳，以反映业界或某领域整体经营的趋势状况。专利管理地图的主要作用，是帮助政府部门或企业研究不同公司机构、不同行业的专利申请情况和专利数量的变动情况，用以获取发展趋势和行业竞争情况，专利管理地图致力于全局研究，帮助使用者了解竞争企业的技术热点和研发实力。主要包括：申请人分布图、企业专利数量消长图、所属国专利数量比例图等。

2）专利技术地图

专利技术地图主要服务于研发。它致力于专利技术的研究和归纳，是对相关专利资料的进一步详细研读，研究重点是每一项专利的技术和功效，通过图表可以看出特定技术的动向和发展趋势，从而为技术的优化和发展提供参考依据，促进技术扩散，它与技术研发方向的决策息息相关，并为研发中的回避设计、技术地雷、技术挖洞等战略提供重要信息依据和参考，因而对技术创新有重要作用。主要包括：专利引证关系技术族谱图、专利技术/功效矩阵图、专利技术发展图等。

3）专利权力地图

专利权力地图主要服务于权力范围的界定。通过研究专利的权力范围和分布以揭示专利的相关权力指标，如权力要求范围、侵权可能性、权力状态等信息。其目的一方面在于防止出现专利侵权问题，为企业决策和经营提供参考，维护产业和企业的利益；另一方面可以评估自身技术可行性和产业利益，对于研究热门领域和重点区域具有重要指导作用。

---

① 张帆，肖国华，张娴. 专利地图典型应用研究[J]. 科技管理研究，2008（2）：190-193.

(3) 可视化分析支撑技术

可视化分析主要可以分为两个阶段：从原始数据到可视化数据的转换过程；从可视化数据到可视化形式的表示过程。在第一个阶段中，科研所使用的数据通常多源、关系复杂，通过常规二维视图形式呈现则需要降维处理。在第二个阶段中，在有限空间中可视化数据应该如实进行呈现，从而可以帮助人更好地理解和揭示数据信息。因此，可视化分析支撑技术分别是降维技术、交互技术①。

1）降维技术

在情报学领域中，因子分析、聚类分析及多维尺度分析是信息可视化方法中的常用降维技术。随着科学技术的不断发展，新的降维技术不断涌现，如寻径网络算法、最小生成树算法、突发检测算法、潜在语义索引等。

2）交互技术

交互技术的核心是建立人与系统之间的一种交流方式，以帮助人更好地理解和揭示数据信息②。目前，常用的交互技术主要有以下几种：选择式交互，标记用户感兴趣的数据；探索式交互，显示数据集不同的子集；重组式交互，通过改变显示数据的空间排列从而对用户提供数据集的不同理解；编码式交互，允许用户改变显示方式的基本属性（颜色、大小、形状）；摘要/细节式交互，允许用户改变数据显示的抽象层次；过滤式交互，选择特定的数据进行显示；连接式交互，高度显示与特定数据相关的关系及隐藏的数据；焦点上下文交互，突出显示焦点，保持背景数据信息③。

3.3.13 其他：博弈论方法、层次分析法、主题模型

一些研究方法难以归类，体现在两个层面，以主题模型方法为例。首先，主题模型兼顾研究方法、研究技术两种性质，一般而言，其直接使用主要作为具体任务中的一个环节，但主题模型同时具备文本挖掘的科学发现功能。其次，主题模型既可以视作统计学中的一种聚类方法，又可以视作计算机方法或文本信息处理技术。故本章将难以分类又具有显著识别特征的研究方法归入"其他"。"其他"包括博弈论方法、层次分析法、

---

① 赵蓉英，吴胜男. 图书情报领域信息可视化分析方法研究进展[J]. 情报理论与实践，2014, 37(6): 133-138.

② 陈磊. 三维信息可视化交互技术及其在网络安全中的应用[D]. 天津：天津大学, 2008.

③ YI S J, KANG Y A, STASKO J T. Toward a deeper understanding of the role of interaction in information visualization[J]. IEEE Transactions on visualization and computer graphics, 2007, 13(6): 1224-1231.

主题模型。

（1）博弈论方法

博弈论是数学运筹中的一个支系，是一门用严谨数学模型研究冲突对抗条件下最优策略问题的理论，它通过对人们互相之间存在的互动关系、策略对抗情况下的决策选择，为个人或组织的正确决策提供指导。主要研究人们策略的相互依赖行为，研究决策主体行为存在相互作用时，行为主体如何利用所掌握的信息进行决策，以及这种决策是否达到均衡的问题[①]。其最重要的意义在于普适性和数计精确性，能够促进人们的互相了解与合作[②]。博弈论作为一种经典的竞争理论，涉及竞争对手、策略、参与者信息掌握的充分程度、信息分析与预测能力等，这些正是情报研究的核心内容，因此在情报学领域得到了高度关注[③]。

自20世纪90年代初期传入我国以来，博弈论方法在情报学领域主要运用在以下几个方面。

1）竞争情报与反竞争情报

竞争情报是关于竞争对手的背景、技术秘密、发展策略等一切影响竞争结果的信息，竞争情报是参与者在博弈中能否占据优势的"武器"[④]。反竞争情报是指针对竞争情报活动而开展的一种企业自身信息，尤其是秘密信息等的保护方法，通过模仿竞争对手来检测和分析企业自身商业活动的过程，旨在保护企业的核心信息[⑤]。博弈论在竞争情报中的应用主要是关于组织的战略选择。博弈论应用于竞争情报中可以清晰地分析出当前的形势，通过博弈解释与博弈模型构建，能够变复杂为简单，大大提高决策的质量。

2）知识共享

知识共享的核心环节与基础是信息交流，通过信息交流实现博弈参与者不断地进行策略调整从而达到稳定均衡。而基于交换与共享的视角，在用户信息交流过程中，各方参与者的知识存量、知识结构、知识质量必然不等同。这种知识位势差产生了竞争与合作的关系。自博弈论诞生后，大部分研究逐渐开始用博弈论来描述这种竞争与合作关

---

① 张维迎. 博弈论与信息经济学[M]. 上海：上海人民出版社，1996.
② 乔尔·沃森. 策略：博弈论导论[M]. 费方域，赖丹馨，等译. 上海：格致出版社，2010.
③ 包昌火，金学慧，张婧，等. 论中国情报学学科体系的构建[J]. 情报杂志，2018，37（10）：1-11，41.
④ 毛军. 博弈论与竞争情报[J]. 情报理论与实践，1999，22（4）：290-292.
⑤ 孙励. 反竞争情报的博弈论分析[J]. 情报理论与实践，2003，26（5）：435-437.

系，因此博弈论在知识共享领域得到了广泛应用①。

3）网络舆情

现实中，由媒体（传统媒体、新媒体等）、意见领袖、NGO、政府和网民等共同作用引发的舆情事件几乎涵盖所有舆情主体，本质上是相关主体间利益关系的失衡和矛盾的激化②。在舆情研究中融入博弈思想有助于从根本上挖掘舆情的成因和演变动力，为有关主体采取针对性的危机应对措施提供情报支持。博弈论定性分析可以从深层次探究舆情危机产生的原因，把握危机处理的大方向，而采取定量数据建模的方式则可以提出具体方案、实施时机、实施程度等，通过模型的构建和求解为舆情处理提供客观依据。

（2）层次分析法

层次分析法是从定性分析到定量分析综合集成的一种典型的系统工程方法，是适用于分析多目标、多准则、复杂系统的有力工具③。它将人们对复杂系统的思维过程数学化，将以人的主观判断为主的定性分析进行定量化，该方法将决策有关的元素分解为目标、准则、指标或方案等若干层次，将定性指标量化，计算出的层次单排序和总排序结果可作为多目标、多方案优化决策的参考依据。由于层次分析法通过将各种判断要素之间的差异数值化，帮助人们保持思维过程的一致性，因而适用于复杂的模糊综合评价系统④，层次分析法的整个过程体现了人的决策思维的基本特征，即分解、判断与综合⑤，而且定性与定量相结合，便于决策者之间彼此沟通，是一种目前广泛应用的确定权重的方法，其基本步骤如下：

①将复杂问题概念化，找出研究对象所涉及的主要因素；②分析各因素隶属关系，构建有序的递阶层次结构模型；③对同一层次的各因素对于上一层该准则的相对重要性进行两两比较，建立判断矩阵；④由判断矩阵计算被比较因素对上一层该准则的相对权

---

① 王朋举. 企业联盟成员间失败知识共享的演化博弈分析[J]. 情报理论与实践，2017，40（8）：112-116.
② 宋余超，陈福集. 基于博弈论的我国网络舆情研究文献综述[J]. 情报杂志，2015，34（11）：100-104.
③ 梁蕾. 层次分析法的演进及其在竞争情报系统绩效评估中的应用[J]. 情报理论与实践，2015，38（12）：20-24.
④ 梁冬莹，周庆梅，王克奇. 基于层次分析法的数字资源服务绩效评价体系构建[J]. 情报科学，2013，31（1）：78-81，128.
⑤ 任仙姬. 层次分析法在数字参考咨询服务评价中的应用研究[J]. 情报科学，2008，26（12）：1829-1832.

重,并进行一致性检验;⑤计算各层次相对于系统总目标的合成权重,进行层次总排序①。

在情报学领域,层次分析法广泛用于评价研究中。评价研究首先需要建立一套评估指标体系,评估体系中指标的重要性各有不同,如何确定各个指标之间的关系,使评价指标的权重分配赋值更科学合理是需要解决的关键问题。层次分析法是其中应用最广的一种②。经过几十年的改进,层次分析法的标度准则、判断矩阵构建及其一致性检验已得到改造,可采用Excel、Yaahp或MATLAB等软件进行计算求解。这不仅简化了层次分析法的建模过程,也使求解过程更加简单、准确、高效,便于非数学工作者。因此,层次分析法将成为情报学一种重要的评价研究手段。

网络层次分析法是一种新的决策科学方法,是层次分析法的扩展,是将系统内各元素的关系用类似网络结构表示,不再是简单的递阶层次结构,网络层中的元素可能互相影响、互相支配,该方法特别适用于存在内部依存和反馈效应的复杂系统决策③,相较于传统的层次分析法,网络层次分析法的网络结构关系具有更大的灵活性,在两两比较分析中,既考虑到元素施加的影响,也考虑其接受的影响,能够更为客观地反映指标之间的联系。网络层次分析法既能充分结合定性与定量方法,又能充分反映定性问题中元素组和元素间的互相影响、互相支配的关系,其理论更准确地描述了客观事物之间的联系,是一种更加有效适用的决策方法。

(3) 主题模型

随着互联网上文本数据的飞速增长,科研工作者需要处理的文本数据规模也呈几何倍数增长,如何从这些文本数据中高效、快速、准确、全面地研究和理解大规模文本数据集已成为迫切需要解决的问题④。主题模型是以非监督学习的方式对文本的隐含语义结构进行聚类的统计模型,通过使用概率的产生式模型来对文字隐含主题进行建模,基本思想是假设语料库中有若干独立的隐含主题,根据这些主题的概率分布可生成语料库各文档中的全部词语,从而将文档理解成特定隐含主题的分布。目前主题模型广泛地应用于主题挖掘、文本检索、文本分类、引文分析等领域。

---

① 李朝葵,陶卫国. 层次分析法在网络信息资源导航系统评价中的应用[J]. 四川图书馆学报,2004(3):75-78.
② 侯定丕,王战君. 非线性评估的理论探索与应用[M]. 合肥:中国科学技术大学出版社,2001.
③ 孙宏才,田平. 网络层次分析法与科学决策[M]. 北京:海洋出版社,2001:3-8.
④ 祖弦,谢飞. LDA主题模型研究综述[J]. 合肥师范学院学报,2015,33(6):55-58,61.

早期对大规模文档集的数据挖掘基于词频 TF-IDF 模型。TF-IDF 模型用来评估一个词项对文档集的重要程度，词项重要性与它在某篇文档中出现的次数正相关，同时与它在文档集中出现的总次数负相关。TF-IDF 基于词频统计，导致文档的维度过高，并且无法解决一词多义和一义多词。随后出现了 LSA 隐语义索引，LSA 通过对词项—文档矩阵进行奇异值分解，大大降低了文档维度，低维空间表示可以刻画同义词，即部分解决了同义词的问题，单 LSA 没有解决同义词的问题，也不是一种概率模型，没有对应的物理解释。随后出现的 PLSA 是 LSA 的概率形式，对其中的每个变量及相应的概率分布和条件概率分布都有明确的物理解释。PLSA 在文档层面没有提供合适的概率模型，使 PLSA 模型随文档数增加而变得越来越庞大[1]。LDA 模型则是一个三层贝叶斯产生式概率模型，该模型假设文档由一系列潜在主题混合而成，主题由词汇表中所有的词汇混合而成，不同文档的主要差别在于它们的主题混合比例不同[2]。它实质上作为一个层次贝叶斯模型，把模型的参数看作随机变量，从而可以引入控制参数的参数，实现彻底的"概率化"。

一般而言，主题模型的直接使用只是作为具体任务中的一个环节，从本质上来看，主题模型技术可以视作一种抽取技术，一种基于概率论"抽取"文本数据中隐含主题的技术。例如，周娜[3]对情报学学术文献中研究内容与研究方法之间的潜在关系进行研究，LDA 仅扮演了数据搜集的功能，作者使用主题模型技术提取科学文献中的主题，再结合人工标注不同主题的研究内容和方法，以此建立内容与研究方法的共现关系以了解学科领域的研究态势。主题模型技术应用场景广泛，在协同推荐任务、舆情分析、电商评论挖掘、自动摘要、用户画像、主题演化等领域中具有广泛的应用。

3.4 本章小结

自 20 世纪 80 年代以来，国内情报学研究已经走过了 40 余年历史，对于情报学研究方法体系的构建探索尽管已有学者早着先鞭，但至今仍然缺乏一个具有学术共同体普遍认同的研究方法体系，第 2 章已经就研究方法体系构建过程中的种种"陷阱"进行辨识

---

[1] 孙国超，徐硕，乔晓东．主题模型可视化研究综述[J]．情报工程，2015，1（6）：51-61．
[2] 胡吉明，陈果．基于动态 LDA 主题模型的内容主题挖掘与演化[J]．图书情报工作，2014，58（2）：138-142．
[3] 周娜，李秀霞，高丹．基于 LDA 主题模型的"作者—内容—方法"多重共现分析：以图书情报学为例[J]．情报理论与实践，2019，42（6）：144-148，123．

与讨论，并廓清这些横亘于构建道路上的障碍。本章在前文讨论基础上通过"一般方法、特殊方法""收集方法、分析方法"两次二分的层层递进策略，对情报学研究方法世界进行解构，旨在最大程度迎合读者认知习惯。随后对具有代表性、典型性，对现阶段情报学科学研究具有现实意义的研究方法之原理与发展进行分疏，展示我国几十年来形成的情报学界研究方法世界的多样性和实用性。

新环境下，情报学领域内外部环境正在发生巨大变化，作为指导情报学实践的研究方法也在根据实际的需要不断调整和变化。因此，坚持科学的研究方法，拓宽方法论研究的领域，完善情报学研究方法体系，特别是尝试采用新途径刻画情报学研究方法世界，仍然是情报学界一项充满挑战而又有战略意义的任务。

第4章 情报学专门研究方法

恩格斯指出：各门科学都有自己的科学形式①，那么情报学是否拥有这种科学形式？关涉情报学专门研究方法（又称专有方法、特殊方法、特征方法等）的探讨长期以来都是学界研究的重点话题。柯平曾对20世纪80年代以来图书情报学研究方法主题相关文献进行梳理，发现从文献计量视角来看，以专门研究方法为切口的文献数量仅次于方法论视角②，目前情报学界在专门研究方法话题上主要存在以下讨论：

情报学是否存在专门研究方法？

专门研究方法判定标准是什么？

情报学专门研究方法有哪些？

本章将围绕上述问题就学界分歧进行综述。

（1）情报学是否存在专门研究方法？

多数学者认为成熟学科的研究方法大体可以分为3个层次：哲学研究方法、一般研究方法、专门研究方法，其中专门研究方法是各学科特有的研究方法，是一个学科中最底层也是最核心的研究方法，在方法体系中与本学科研究对象联系最为紧密。专门研究方法不仅是推进该学科发展的工具③，同时可以发现本学科的特殊规律性④，专门研究

---

① 马克思，恩格斯. 马克思恩格斯全集：第20卷[M]. 北京：人民出版社，1974：593.
② 柯平，苏福. 我国图书馆学研究方法分析[J]. 图书馆，2016（5）：1-4，9.
③ 王子舟，刘君，周亚. 方法根植于精神与素养：图书馆学研究方法问题三人谈[J]. 图书馆，2014（4）：1-7.
④ 李德升. 情报学特殊研究方法对学科建设的意义[J]. 图书情报论坛，2000（2）：10-12.

方法的存在更是一门学科独立的前提，也是衡量一门学科是否成熟的标志①。该观点的主要依据来源于对其他公认成熟学科的观察和类比推断，正如有学者指出：考古学独特的专门研究方法类型法、层位法被考古学界称为"考古学的两把尺子"②；而田野调查法是人类学学科自我界定和合法化的"商标"，也是成为人类学家成熟职业身份的"成年礼"③。那么情报学作为一门公认的独立学科必然有着自己的专门研究方法。

学者隋玄华基于历史观就学科专门研究方法必然存在的论述在学界中相当具有说服力④。他讲道，如果用历史观回顾人类发展史和科学发展史，会发现科学是客观存在的，科学从始至终都是一个统一整体，人的意识是具有主观能动性的，人的认知能力是不断发展、不断完善的，同时也是有限的，人类认知能力的局限性导致不同学科的产生，不同学科的产生和发展必然要求有专门研究方法与之相适应，因此，专门研究方法存在与否的根本原因在于人的认知能力。在人类诞生之初，一切处于最原始、最自然的状态。那时候人的认知能力也是低下的、愚昧的，对于自然现象的解释完全是迷信的，毫无科学而言，没有科学也就没有学科，科学研究更无从谈起，也没有所谓研究方法，更无专门研究方法。随着人类发展到现阶段，科学被划分出若干学科，学科依据不同的研究对象进行划分，不同学科要确立自己的学科地位，就应该有不同于其他学科的专门研究方法。否则，如果所有学科研究方法均相同，那么学科研究对象的差异性也就消失了，学科划分的意义也就不存在了，所以，只要有科学研究，必然有研究方法，只要有学科的划分，必然有相应的学科专门研究方法。

另外一种相反的观点指出：通过其他成熟学科存在的专门研究方法的事例归纳推断出"有无专门研究方法成为学科发展是否成熟的衡量标准"这一结论，进而以此结论推断出情报学必然存在专门研究方法。但是这样的推断是以偏概全的，如历史学家杨念群就提出"历史学所用的方法其实都是其他学科使用的方法，历史学自身没有自己的方法，历史学本身的方法到底何在"⑤，因此，这种推断归纳本身是存在瑕疵的，进而认为

---

① 潘幼乔，邓小昭，刘丽.关于情报学专门研究方法的思考[J].图书情报工作，2006（6）：55-57，65.

② 张忠培.中国考古学：走近历史真实之道[M].北京：科学出版社，1999：214.

③ 古塔，弗格森.人类学定位：田野科学的界限与基础[M].骆建建，袁同凯，郭立新，译.北京：华夏出版社，2005：5，7，20.

④ 隋玄华，纪晓平.图书情报学特殊研究方法刍议[J].情报资料工作，2010（1）：39-41.

⑤ 葛兆光，杨念群，徐杰舜，等.研究范式与学科意识的自觉[J].山东大学学报（哲学社会科学版），2005（4）：1-12.

专门研究方法，只存在于一时一地的具体研究环境，若要专指于某一具体方法，则既无必要，也不可行。因此，关于专门研究方法，关注重点不在于列举出某些鼓励性的甚至是生造的方法，不在于能否证明学科是否独立，而结合研究课题，考察具体方法的应用，包括使用条件、使用效率等，才是专门研究方法的真正出路①，即专门研究方法是研究中经常使用的方法，对研究具有较大贡献的方法，具有相对性，完全绝对且对其他学科不适用的方法是不存在的②。

(2) 专门研究方法的判定标准是什么？

专门研究方法需要体现对情报学的依赖性。

学界长期以来对专门研究方法的来源与内涵存在争议，如果不能有效解决这个争议，就会影响领域的研究水平。一种观点认为：专门研究方法是本学科独自具有的，必须体现本学科的特殊规律性，是其他学科所不具备的研究方法。

另一种观点认为：专门研究方法是在长期的科学实践中创造并使其逐渐完善起来的在本学科领域中广泛、经常地应用的方法，它强调可以吸收移植其他学科方法，同时强调它在领域中的应用频次和解决问题的特殊性，当其应用频次和特殊性能达到学者们所认定的范围内则可以认为是领域内的专门研究方法。

情报学专门研究方法是学科内容的重要组成部分，相比于一般研究方法，专门研究方法与本学科的研究对象和研究问题之间的联系更为紧密。专门研究方法无论土生土长还是移植嫁接，有意识还是无意识，专门研究方法一定在情报实践活动中产生，并且能够揭示出哲学方法或一般方法所不能揭示或不能准确揭示的有关情报活动的特殊规律性③，如空白点分析法、等级排序法、知识基因法、情报简化法等，有学者指出其不能称为情报学专门研究方法的主要原因是它们未对情报学的发展提出具有独到意义的结论，对情报学学科体系的研究也未产生实质性的影响④。专门研究方法最终都会在本学科领域得到发展，成为本学科领域研究方法体系的核心部分并体现出鲜明的学科特色。如学界具有共识的专门研究方法：文献计量学方法，其为情报学贡献出重要的几大定律，在极大地丰富了本学科的同时也使自身专门研究方法的身份更加牢固。

---

① 陈慧鹏. 嬗变与回归：论图书馆学专门方法研究[J]. 图书馆杂志, 2010, 29 (10)：2-5, 24.
② 陈宇旸. 图书馆学专门方法研究的发展与展望[J]. 图书情报工作, 2009, 53 (11)：51-54.
③ 郑燕平, 尹达. 情报学专门方法判定标准辨析[J]. 情报探索, 2009 (4)：17-18.
④ 潘幼乔, 邓小昭, 刘丽. 关于情报学专门研究方法的思考[J]. 图书情报工作, 2006 (6)：55-57, 65.

专门研究方法应得到其他学科的认同,即专门研究方法具有客观非独占性和学科普遍适用性:任何一种研究方法都是人类智慧的结晶,人的认识能力的历史局限性导致一些专门研究方法在某一个历史阶段狭窄地应用于特定学科。因此,情报学专门研究方法既可以土生土长于情报学科本身,也可以从其他学科移植、引进;同时情报学专门研究方法既可以应用于情报学学科,也可以应用于其他学科领域。

专门研究方法的身份地位不是由使用数量多少确立的,而是遵循学科的规律性和规范性,最能体现学科特色,体现学科价值和学科属性,对本学科发展起支撑作用的那部分方法领域。专门研究方法具有动态性、可变性的特点。专门研究方法使用频率是可变的,在专门研究方法的初期阶段使用频率会少于一般方法。不难理解,一般方法作为"一般"方法,具有广泛的适应性,在较多的研究中具有通用性。然而专门研究方法也会随着学科的动态发展和研究人员认知能力的提高而产生相应的变化。在学科发展之初,很多隐性的规律未被人们充分认识。当学科发展到一定程度,人的认知能力逐渐提升,隐性的规律会逐渐显性化。专门研究方法也遵循同样的道理,随着学科的发展,会出现越来越多的特殊研究方法,特殊研究方法的增多和完善也证明着学科的发展和进步[1]。随着学科不断发展成熟,新的研究方法会大量涌现,本学科的专门研究方法的外延也必然处在不断发展之中。

综上所述,上述两个标准是不可分割的有机整体,来源与内涵是情报学专门研究方法的内在特征,而影响则是其外在表现。

(3) 情报学专门研究方法有哪些?

情报学领域学者们提出了各自对情报学专门研究方法的看法,如下所示:

1985 年,王崇德提出文献计量学方法、引文分析法。

1987 年,王秀成、玄兆国提出文献计量学方法、引文分析法、数据库技术与方法、密码方法、密写方法。

1990 年,刘植惠提出空白点分析法、等级排序法、引文相关法、聚类映像法、知识基因法。

1990 年,邹志仁提出文献计量学方法、引文分析法。

1995 年,靳娟娟提出文献计量学方法、引文分析法、空白点分析法、等级排序法、引文相关法、聚类映像法、知识基因法。

---

[1] 隋亥华,纪晓平. 图书情报学特殊研究方法刍议[J]. 情报资料工作, 2010 (1): 39-41.

1996年，夏薇提出文献计量学方法、引证分析法、文献信息处理法。

1999年，严怡民提出情报简化法、文献计量法、引文分析法、等级排序法。

1996年，夏薇提出文献计量法、引证分析法、文献信息法。

1997年，郝沐平提出文献内容分析法、文献计量法、引文分析法。

2000年，李德生提出文献计量法、引文分析法。

2004年，廖静提出文献计量学方法、引文分析法。

2006年，潘幼乔提出文献计量学方法、引文分析法、非交互文献的知识发现法。

2006年，张寒生提出文献计量学方法、引文分析法。

2007年，王庆稳提出文献计量学方法、引文分析法。

2009年，郑燕平提出文献计量学方法、引文分析法。

依据专门研究方法的标准与学者研究结论，将文献计量学方法、科学计量学方法、引文分析方法及情报组织方法作为情报学专门研究方法。

4.1 文献计量学方法

文献计量学是以文献体系和文献计量学特征为研究对象，采用数学和统计方法，定量分析一切知识载体，研究情报分布结构、数量关系、变化规律和定量管理，进而谈论科学技术的某些结构、特征和规律的一门交叉学科[①]。一般认为，具有现代意义的文献计量学研究，源于1917年科尔和伊尔斯发表的《比较解剖学的历史：对文献进行的统计分析》一文[②]。1969年英国著名情报学家普里查德首先使用"文献计量学"（Bibliometrics）一词，这一术语的提出标志着文献计量学的正式诞生[③]，也标志着真正开始从学科的角度来研究文献计量问题[④]。国外的文献计量学研究始于1917年，至今经历了3个发展阶段[⑤]，我国的文献计量学研究较国外要晚半个多世纪。有学者检索到国内文献计量学相关文献最早出现在1964年，但在公开发行的学术刊物上正式刊登论文则是在

---

① 罗式胜. 文献计量学概论[M]. 广州：中山大学出版社，1994.
② 张丽君. 论文献计量学的背景、现状和前景[J]. 内蒙古科技与经济，2002（8）：108.
③ 邱均平，王宏鑫. 20世纪文献计量学发展的层次分析[J]. 高校图书馆工作，2000，20（4）：1-8，30.
④ 高俊宽. 文献计量学方法在科学评价中的应用探讨[J]. 图书情报知识，2005（2）：14-17.
⑤ 邱均平. 文献计量学[M]. 北京：科学技术文献出版社，1988.

1979年①。

一种方法的使用频次一定程度上反映了方法的发展状况、进展和趋势,有多位学者对文献计量学方法的应用进行了定量分析,以论述我国文献计量学研究取得的进展。例如,汪冰就对我国1979—1989年文献计量学研究论文进行了定量分析,曹学艳对1993—2002年发表的文献计量学论文进行了统计,范全青则对1979—2008年我国公开发表的文献计量学研究论文进行了统计,安源对1980—2012年发表的4948篇文献计量学研究文献进行了研究统计②,如表4-1所示。

表4-1 1980—2012年我国图书情报领域公开发表的文献计量学研究论文统计

年份	1980	1981	1982	1983	1984	1985	1986	1987	1988
篇数	1	5	9	16	12	8	12	17	20
年份	1989	1990	1991	1992	1993	1994	1995	1996	1997
篇数	31	33	44	59	52	109	95	89	78
年份	1998	1999	2000	2001	2002	2003	2004	2005	2006
篇数	83	122	89	87	131	191	260	292	348
年份	2007	2008	2009	2010	2011	2012	总计		
篇数	322	363	431	471	533	535	4948		

安源基于普莱斯文献统计指数模型对4948篇文献进行拟合分析,将我国图情领域文献计量学的发展分为3个阶段:一是1980—1987年的文献计量学初创阶段,刘植惠的《文献计量学的研究对象和应用》是我国文献计量学研究的较早期论文,后来相继出现了一些介绍性文章,大体上反映了这一领域在我国情报学界的兴起。二是1988—2002年的文献增长阶段,符合普莱斯关于文献增长"四阶段理论"中第二阶段成长期的文献指数增长特征。三是2003年以后的文献计量学持续发展阶段,符合普莱斯关于文献增长"四阶段理论"中成熟期的成长特征。

经过30多年的努力探索,我国文献计量学的发展已初具规模,基本上形成了研究、

---

① 范全青,郭维真,凤元杰. 我国文献计量学研究30年之发展[J]. 情报资料工作,2009(3):30-33,60.

② 安源,张玲. 文献计量学在我国图书情报领域的应用研究进展综述[J]. 图书馆,2014(5):63-68.

教育和实际应用全面发展的局面，成为我国情报学领域一个重要分支学科。随着文献计量学知识的普及和研究的不断深入，文献计量学也得到了情报学界的普遍承认和重视，文献计量学方法作为情报学领域专门研究方法的地位已经确立并不断加强。

4.1.1　文献计量学方法体系

由于文献计量学方法是指用数学和统计学的方法定量分析一切知识载体的方法，因此只要符合两个条件，使用数学或统计学定量分析方法、计量元素来自知识载体，这种方法就可以认为是文献计量学方法。

有学者依据研究手段将文献计量学方法分为文献统计分析法、数学模型分析法、引文分析法、计算机辅助法等①，如图4-1所示。

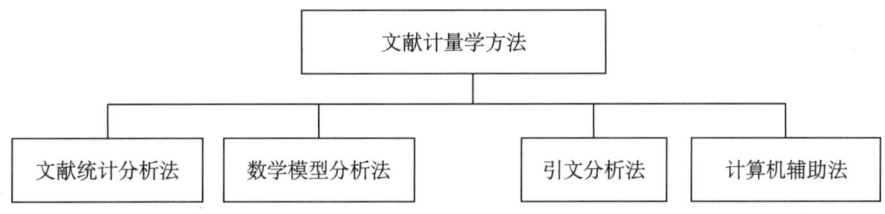

图4-1　文献计量学方法体系①

文献统计分析法是指通过对来源数据的搜索，运用多种统计学方法，如多维尺度分析法、内容分析法、聚类分析法、因子分析法等描述、揭示文献的数量特征和变化规律，从而达到一定研究目的的分析研究方法②。通过对某些机构、学科、期刊文献在一定时间内计量元素分布的统计分析发现文献增长、流动、分布等情况，揭示文献信息的量变规律，从而达到对研究对象进行评价、发展预测的目的。数学模型分析法是运用数学理论和方法，以数学表达的形式和符号来描述研究对象中各种因素之间的数量关系，从而揭示其规律的一种研究方法③。它主要运用于文献计量学理论研究中，如布拉德福定律期刊等级模型、齐普夫定律频率模型、罗特卡定律倒平方模型、文献增长与老化模

---

① 安源，张玲．文献计量学在我国图书情报领域的应用研究进展综述［J］．图书馆，2014（5）：63-68．
② 宋巧枝，方曙．基于文献计量分析法的专利计量分析研究［J］．现代情报，2008（2）：125-127．
③ 郑重．信息计量学．［EB/OL］.（2011-03-28）［2017-09-06］．http://wenku.baidu.com/view//471a58e0524de518964b7dc7.html.

型等。引文分析法是运用数学及统计学方法进行比较、归纳、抽象、概括，对刊物、论文、著者等研究对象的引用、被引用现象进行分析，以揭示其数量特征和内在规律的计量研究方法①。引文分析法通过对引文的年代、类型、数量等方面的分析，发现学科热点与前沿，预测学科发展趋势，遴选核心期刊，进行科学评价等。计算机辅助法是针对特定学科或者课题，借助有关的计算机系统进行信息的统计、分析、模拟及推理，并给出相应的统计分析结果的方法②。它使用强大的可视化数据分析平台，通过类团关系图、战略坐标图、共现网络图等知识图谱方式对数据进行深层挖掘，得出某些领域的引文网络、共引网络、合作网络，以此分析某些领域研究主题、热点问题及发展脉络演进趋势等。

也有学者依据计量对象将文献计量学方法分为四大类③：基于引文的计量方法，如引用频次统计、文献共被引分析、文献耦合分析等；基于作者及单位的计量方法，如作者（单位）同被引分析、合著分析等；基于词汇的计量方法，如词频统计、关键词共现分析等；基于两种对象的交叉共现计量方法。

4.1.2 文献计量学方法主要应用

在情报学领域，文献计量学方法的应用十分广泛，具体归纳为如下方面：

（1）进行科学评价

评价是人类的一种以把握事物对象的意义或价值为目的的认识活动，评价是人类发现价值和揭示真相的一种根本方法。科学评价具体来说至少包含 3 层意思：首先，评价标准体系是合理的，有科学根据的；其次，评价遵循一定程序和规则，遵循科学的方法和逻辑，评价信息是全面、真实可信的；最后，评价中对各种价值的估计是可靠的，权重是合理的。在科学技术迅速发展，科学信息量大大增加的背景下，只有对各种各样的科学信息进行评价，人们对其需要的科学信息进行判断和预测才能作出正确的选择，实现人的价值和目的。科学评价涵盖了人类活动的各个领域，主要包括各类科学出版物评价、各类科研工作评价、学科评价、机构评价。利用文献计量学理论和方法开展科学研究的定量评价是一种重要和有效的方法，随着文献计量学的推广和普及，科学研究的定

---

① 郑重．信息计量学［EB/OL］．（2011-03-28）［2017-09-06］．http：//wenku.baidu.com/view/abf1f51c59eef8c75fbfb396.html.
② 赵蓉英，许丽敏．从文献计量学到网络计量学嬗变的可视化分析．情报科学，2011（7）：975-983.
③ 李一平，刘细文．科学共同体文献计量学特征研究[J]．图书情报工作，2014，58（9）：62-68.

量评价已成为一种通行的做法和普遍趋势。国际上利用文献计量学方法进行科学评价源于20世纪中叶，1962年和1963年，被誉为"科学计量学之父"的普莱斯先后发表《巴比伦以来的科学》《小科学，大科学》，开创了使用文献计量学进行科学评价的先河。进入20世纪80年代后，学者们更加明确地指出，文献计量学适合于对科学家、学术机构以及科学出版的测量与评价。科学评价中的文献计量学方法，主要包括文献增长规律、文献老化规律、文献作者分布规律和引文分析方法。

(2) 揭示研究热点、探测新兴领域与前沿趋势

研究热点是指受学界关注或者追捧的研究问题或对象。新兴领域与研究前沿是同一事物的不同发展阶段，前者是后者发展的一种结果。成功的、产生重要发现的研究前沿可能有两种结果：研究规模逐渐发展壮大，成为独立的研究领域，甚至发展为一门新的学科；因为其重要影响而被其他学科融合和吸收，此过程被美国社会学家莫顿称为"融入式泯灭"[①]，即研究前沿的成果被所融入的领域如此广泛接受和应用，以致这些成果的原始出处被逐渐遗忘而不再被提及，在论文引用上表现为不再被引用。

近年来，运用文献计量学方法基于文献事实在学科现状热点分析、学科动态研究和预测学科发展方面应用广泛。通过对某一领域论文数量、著者情况、期刊来源、主题分布、发表年代等多角度的统计分析，客观研究学科现状及学科发展趋势[②]。学者利用引文分析法通过统计引文量频次、年代、文献类型、学科、主题的统计，对学科的交叉、渗透、成熟、老化等趋势进行研究，建立在耦合强度或共引强度基础上的文献聚类分析，更可以直观揭示学科和科学结构及其相互关系。

计算机网络技术的飞速发展，为引文分析的可视化提供了良好的平台，使分析结果更加科学直观，同时引文分析的可视化开启了科学知识图谱从诞生到发展的新的历史阶段。引文的可视化分析结合共引、文献耦合等引文分析方法，可以挖掘、分析和显示作者间、期刊间、机构间、关键词间的相互关系，探明有关学科之间的亲缘关系和结构，划定某学科的作者集体，分析推测学科间的交叉、渗透和衍生趋势，还能对某一学科的产生背景、发展概貌、突破性成就、互相渗透和今后发展方向进行分析，从而揭示学科的动态结构和某些发展。

---

① 周萍. 新兴领域的文献计量学预测方法综述（待续）[J]. 情报科学, 2013, 31 (11)：143-149.
② 徐彦. 运用文献计量方法研究学科发展动向的可行性[J]. 情报学刊, 1989 (3)：18-22.

(3) 其他综合应用

运用文献计量学的理论和方法解决实际工作中的问题，是文献计量学的重要内容和发展方向。除了上述几方面，还涉及情报系统分析、情报检索、用户行为等方面。以情报检索为例，运用文献计量学可对词频分布进行深入研究，改进自动标引与分类技术，有助于完善情报检索系统、定量评价检索效果、提高文献的利用率等。

4.1.3 文献计量学方法使用注意

苏新宁[①]等学者就文献计量学方法在具体使用中需要注意的一些相关问题进行了归纳，主要有四方面：一是人为制造数据的排除。在使用文献计量学进行评价研究中要注意人为制造的数据如自引现象、联盟引用、互惠引用现象等会破坏评价研究的客观、公正，因此需要排除上述现象。二是选择指标的考证。在选择指标时，需要对每一个指标进行实际数据的考证，确定这些指标是否适合评价。特别是采用一些创新评价指标时，需要进行多方面数据调研和分析。三是显性评价与数据一致性。文献计量学是一种高度依赖数据的定量研究方法，定量研究应当把所有计算结果显性公布，同时数据资源应提供公开查询，保证科学研究的公开、公正和获得公众信任。当数据完全依赖其他机构提供时，应对数据资源进行严格检验，对缺损数据要科学补缺，不可随意补充，需要保证数据的一致性。四是速度和效率。由于文献计量学方法的使用很大程度上依赖于数据的统计与分析，因此需要研究者具备一定的计算机技术以辅助开展研究工作。

4.2 科学计量学方法

无论是网络计量学方法还是专利文献计量方法、政策文献计量方法，都是文献计量学、统计学、数学等学科有机结合并作用在特定研究对象上的研究方法。这些计量学方法均继承文献计量学的研究范式及文献计量三大定律。可以说，专利计量等均是由文献计量发展而来的，文献计量是以学术文献中的计量信息作为分析研究的基础，而专利计量等则是以专利、网络或政策中的计量信息作为分析研究的基础[②]。

---

① 苏新宁. 文献计量学与科学评价中有关问题思考[J]. 图书与情报，2013（1）：79-83.
② 乐思诗，叶鹰. 专利计量学的研究现状与发展态势[J]. 图书与情报，2009（6）：63-66，73.

4.2.1 网络计量学方法

邱均平曾将网络计量学定义为采用数学、统计学等各种定量方法,对网上信息的组织、存储、分布、传递、相互引证和开发利用等进行定量描述和统计分析,以便揭示其数量特征和内在规律的分析学科。网络计量学方法是借用文献计量学方法体系,对以互联网为载体的对象开展研究的研究方法。

网络计量学的研究对象主要包括 3 个层次:网络信息的直接计量、网上文献信息及相关特征信息的计量、网络结构单元的信息计量。网络计量法着重于信息资源外部特征的"量",如对多媒体数字信息的计量研究,对站点、社交媒体等信息增长老化、学科分析、信息传递和它们之间的相互印证及联系的计量研究,甚至包括对网络人口统计、网络用户编号的研究。网络计量法是一种基于数学和统计的定量分析方法,通过对研究对象的外部特征进行定量分析间接反映内容的相关关系。

4.2.2 专利文献计量方法

专利文献中包含着技术、经济、法律等极为重要的专利信息,具有其独特性。通过专利信息计量与分析可以发现专利信息的数量特征、分布规律和结构关系,在科学、技术、创新、产业、专利竞争、专利战略、专利政策、专利制度等方面具有极为重要的作用。专利信息计量研究的内容包括专利数量分析、专利引用分析和专利关联分析 3 个领域,国家、组织机构和发明者个人 3 个层次,理论、指标与方法和应用 3 个方面。专利信息计量研究对发明人、企业、实验室、大学、科研机构、政府部门具有极大的应用价值,它有着广泛的应用前景和较大的发展空间[①]。

4.2.3 政策文献计量方法

政策文献计量是一种量化分析政策文献体系和政策文献结构属性的方法,是文献计量学、统计学、数学等学科有机结合产生的一种研究方法。目前,政策文献计量主要进行三方面研究:①继承文献计量学的研究范式,对政策的外在结构进行量化分析,主要从政策议题、政策主题、政策形式等维度展开,进而分析政策变迁过程、府际关系、政策分布特征等。②从政策文本的总体特征出发,既研究政策文本的外在结构特征,同时

---

① 文庭孝. 专利信息计量研究综述[J]. 图书情报知识, 2014 (5): 72-80.

结合内容分析法对政策文本的内容结构开展研究，主要目的是从政策内外部特征寻求不同行政层级之间的政策差异，从而构建政策领域的整体蓝图。③围绕某一领域、某一系列或某一项政策进行文献计量研究，主要从政策阶段划分和政策类型等维度展开分析，推进学科理论的发展。

4.3 引文分析方法

随着某一研究方法获得学界重视程度的不断加深，该研究方法的若干焦点得到了较多关注。随着利用水平的提升，可能出现分化现象，新的研究方法指称概念从原有研究方法概念范畴中分化出来。引文分析法则是从文献计量学方法分化出来的研究方法。

16世纪后期，论文引用制度形成，参考文献成为学术论文的第二特征，是合理进行学术科研交流的必要部分①。1961年，《科学引文索引》创刊，国际参考文献格式逐渐规范化，引文分析获得长足发展，伴随着文献耦合、科学引文网络、同被引、引文可视化概念的相继提出，引文分析成为文献计量学中的常用方法。传统的引文分析是利用各种数学、统计学及逻辑方法，对科技期刊、论文、著作等各种分析对象的引用或被引用现象进行分析研究，以便揭示其数量特征和内在规律，达到评价、预测科学发展趋势的目的②。作为引文分析方法的新发展，全文本引文分析通过自然语言处理、文本挖掘、情感分析及可视化等方法技术对引文的引用情况、引用动机等进行挖掘、分析和展示，从而更加准确地测度和评价被引作者、文献、期刊、机构及国家的学术影响力并透视作者的引证动机等③。

4.3.1 引文分析研究

引文分析常见的方法可分为两大类：将引文款目作为独立计量单位的分析，将款目间联系作为计量单位的分析④。前者相对简单和成熟，但存在分析方法的改进问题，如

---

① KAPLAN N. The norms of citation behavior: prolegomena to the footnote[J]. American documentation, 1965, 16 (3): 179-184.
② 庞景安. 科学计量研究方法论[M]. 北京: 科学技术文献出版社, 2002: 216-217.
③ 赵蓉英, 曾宪琴, 陈必坤. 全文本引文分析: 引文分析的新发展[J]. 图书情报工作, 2014, 58 (9): 129-135.
④ 丁学东. 文献计量学基础[M]. 北京: 北京大学出版社, 1993: 198.

对影响因子的计算、最大引文年限、引文半衰期的数据统计方法等。后者则可以得出更深层次有意义的结论，是目前引文分析研究的重点①。

近几年主要关注的研究对象和热点集中在以下4个方面：①引文网络，学者通过引文网络研究分析其中的知识流动和技术扩散路径，挖掘核心文章，研究网络拓扑结构的动态变化及进化。②自引与自引率，目前国内科技论文的过度自引现象严重，尽管从理论上说，自引本身并无错误，因为它能够反映科学研究的连续性、继承性、相关性，反映著者学术研究的发展道路、研究方向及研究过程，在肯定自引具有必要性的同时，国内学者探讨较多的是适度自引问题。③共引分析，共引分析已成为引文分析中一种潜在多产的分析方法，它不仅可以揭示学科结构的发展现状乃至变化情况，还可以用来进行前沿分析、领域分析、科研评价等，进而为宏观科技决策提供先行支持，为科技规划与评估提供基础。④影响因子，作为引文分析的延伸性研究，关于影响因子的争论是情报计量学近年发展历程中一个非常重要的现象。

在引文分析发展过程中，国内外学者对其有效性和可靠性的争论不少。目前，引文分析方法的不足主要体现在以下几个方面②：①理论不完善，引用动机复杂多样，引用关系并不总是正向的，简单的被引频次不足以衡量学术影响力的高低。②方法缺陷，传统引文分析在统计被引频次时不考虑引用次数、引用位置及被引用的次数和引用位置。在共引和耦合关系研究中，共引频次的计算方法主要限于题录数据，并没有考虑共引层次及在同一篇文献中的多次共引。③引用动机不明确，引文分析的前提是引用规范、引用动机正确，引文分析过程中自动识别不正当引用行为能力的缺失直接影响到引文分析结果的可靠性。

4.3.2 全文本引文分析

信息组织技术的逐步发展和完善，以 XML 为代表的结构化标志语言的推出，为全文本引文分析的发展带来了数据支撑。而自然语言技术的成熟则为全文数据进行更多维度分析，如句法分析、语法分析、语义分析和语境分析等带来了方法支撑。全文本引文是指微观视角下基于全文数据的引文分析，是以施引文献的全文数据为研究对象，利用文本挖掘、自然语言处理、情感分析和可视化分析等方法技术，对引文的引用情况及引

---

① 杨思洛. 引文分析存在的问题及其原因探究[J]. 中国图书馆学报, 2011, 37（3）：108-117.
② 赵蓉英，曾宪琴，陈必坤. 全文本引文分析：引文分析的新发展[J]. 图书情报工作, 2014, 58（9）：129-135.

用动机等进行挖掘、分析和展示，量化引用所体现的文献之间影响的程度和方法，进而更加准确地测度和评价被引作者、文献、期刊、机构和国家学术影响力的一种方法。

（1）引文文本挖掘

文本挖掘指为了发现知识，从文本数据中抽取隐含的、以前未知的、潜在有用的信息的过程，是分析文本数据、抽取文本信息进而发现文本知识的过程①。文本挖掘的目标在于获得文本的主要内容特征，如文本涉及的主题、文本主题的类属、文本内容的浓缩等，其具体实现技术主要有特征抽取、主题标引、文本分类、文本聚类、自动摘要等。在全文本引文分析过程中，利用文本挖掘技术可以实现：引文识别，进而提取引用位置、引用内容等信息；对引用动机进行识别，进而进行引用动机挖掘、引用意图分类等；利用主体文献的引文内容文本进行聚类，可以进行研究热点分析；摘要总结，利用文献在所有施引文献中的引用上下文文本集合进行分析、整理、组合，形成该文献的摘要②。

（2）引文意图分析

基于计算机智能识别技术的自然语言研究包括语言行为和语言含义理论，通过对语言句法结构的理解和具体语境下的运用推理，使计算机达到在具体的语言环境下的动态语境的理解和人类语言思维交流的程度。在全文本分析中，自然语言识别技术的处理对象是引文的引用内容，通过对引用内容的词法、句法和语义的解读，来分析作者的引用意图及引文对于施引文献的影响和作用等。

（3）引文情感识别

情感分析又称"意见挖掘"，是对带有情感色彩的主观性文本进行分析、处理、归纳和推理的过程③。在全文本引文分析中，通过抽取引用上下文中带有情感信息的词语，可以分析作者对引文是赞成还是反对，通过某文献大量引用内容的情感分析，可以预测该文献在未来的被引趋势。

（4）引文网络可视化

可视化是指利用计算机图形学和图像处理技术，将数据转换成图形或图像在屏幕上显示出来，并进行交互处理的技术。可视化在全文本引文分析中作为一种重要的分析方

---

① 张群. 文本挖掘技术及其在专利信息分析中的应用[J]. 现代情报，2006（3）：209-213.
② 苑彬成，方曙，刘清，等. 国内外引文分析研究进展综述[J]. 情报科学，2010，28（1）：147-153.
③ 赵妍妍，秦兵，刘挺. 文本情感分析[J]. 软件学报，2010（8）：1834-1848.

法，可以对分析结果进行形象直观的展示，可以弥补传统信息分析方法存在的缺陷，直观有效地展示信息分析结果，对信息从一个全新的角度进行观察分析，发现隐藏情报。

4.4 情报组织方法

由于当今信息资源数量的绝对激增而质量相对分散下降，对信息资源的利用成本不断增加。为了从大量信息资源中获取自身所需，人们在序化思想[①]指导下不遗余力地运用"序"对无序混乱的信息资源进行纠正。信息组织是在系统科学理论指导下依靠专门的技术方法和手段对信息资源进行选择和整理，形成一个便于有效利用的系统过程，从而达到使这类资源被充分利用的目的[②]。一般来说，信息链"事实—数据—信息—知识—智能（情报）"[③] 是信息组织的价值链构成，信息组织的价值便是通过环环相扣的环节来实现的。

情报组织的主要探讨内容是情报资源的收集、整序等组织整理问题，是信息组织研究领域的扩展与深化。情报组织是针对用户需求特点，利用一定的科学规则和方法，通过对已知的情报内外在特征进行分析、表征和提炼，实现从无序到有序的一种重组活动，以使情报达到一种科学组合、有效流通和保证用户有效率获取与利用的目的。情报组织方法包括分类组织法、主题组织法、文摘组织法、引文法、目录法等。在信息资源数字化、网络化背景下，情报组织的方式方法也在不断拓展，出现了对元数据、本体、关联数据等的理论探索与实践。

4.4.1 分类组织方法

分类是人们认识事物的一种基本思维方式。分类组织法是以知识门类的层层划分、代码来揭示和组织信息，它比较全面和客观地反映了知识全貌和其内在的逻辑关系。由于其以类别分析事物，服务人类认知习惯，因此分类法历史悠久，是一种普遍使用的信息组织方法，在社会活动的各个领域，均可找到大量实例。例如，自汉代刘向、刘歆的《七略》算起，我国图书分类法已经有2000多年的悠久历史[④]。分类组织法作为最广泛

---

① 杜琪. 图书馆学序化思想研究[J]. 图书馆学研究, 2019（15）：2-8.
② 靖继鹏，马费成，张向先. 情报科学理论[M]. 北京：科学出版社, 2009：223-224.
③ 梁战平. 情报学若干问题辨析[J]. 情报理论与实践, 2003（3）：193-198.
④ 侯汉清. 分类法的发展趋势简论[J]. 情报科学, 1981（1）：58-63, 30.

的情报组织方法,广泛应用于文献标引、图书排架、目录组织、分类检索和浏览系统建立等[1]。

(1) 传统分类组织法

传统分类组织法依据分类方式可分为体系分类法、组配分类法和体系-组配分类法。体系分类法主要将所有类目组成一个等级式体系结构,由对概括文献内在特征和外表特征的概念进行逻辑分类和系统排列而构成,主要按学科、专业集中文献,并从知识分类的角度来揭示各类文献在内容上的区别和联系[2],国内外有代表性的体系分类法有杜威十进分类法、中国图书馆分类法等。由于体系分类法的类目是列举式,难以全面列举所有的相关事物概念,此外单线排列的类目体系限制了复杂主题概念多向成类的可能性,因此产生了组配分类法。组配分类法是指在类目之间采用分面结构,将文献的内容分析为若干因素,从分面寻找相应的类号,然后将其排列组配成一个完整的分类号。组配分类法允许按任何一个属性或特征集中文献或从多种角度检索文献,其中冒号分类法是其典型代表。体系-组配分类法,也称半分面分类法,是介于体系分类法和组配分类法之间的一种分类法。该分类法以体系分类为主,以分面组配为辅,并尽量使分类号保持分段的组配形式,在详细列举类目结构的基础上广泛采用各种组配方式,国际十进分类法是其典型代表。

(2) 自由分类法

伴随着信息资源数字化与网络化发展,信息采集与组织都发生了巨大变化,情报组织的方式方法也在与时俱进中,自由分类法即在Web2.0时代发展下产生的一种新的分类体系。自由分类法又称为分众分类法、大众分类法、社会分类法或标签分类法等[3]。它是由网络信息用户自发地为某类信息定义一组标签(tag)进行描述,并最终根据标签被使用的频次选用高频标签作为该类信息类名的一种为网络信息分类的方法。相较于传统分类法具有严密的等级结构和逻辑体系,其实质是以词为类,但其类目却是平面的、非等级的[4]。自由分类法的优势在于大众趋同性、直观性和易用性强[5],相对于传统信

---

[1] 叶鹰. 情报学基本教程[M]. 3版. 北京:科学出版社,2018:106.
[2] 周宁. 信息组织学教程[M]. 北京:高等教育出版社,2007.
[3] 陈志新. 分类法研究的十五个问题:我国2009至2016年分类法研究综述[J]. 情报科学,2018,36(6):149-155.
[4] 熊回香,王学东. 面向Web3.0的分众分类研究[J]. 图书情报工作,2010,54(3):104-107.
[5] 余金香. Folksonomy及其国外研究进展[J]. 图书情报工作,2007(7):38-40,74.

息组织方式，自由分类法无须预先编制、维护和学习庞大的分类体系，也无须掌握专门技术方法，相对于传统信息组织方法，其信息组织方式成本极低，同时自由分类法的标签设定比关键词更自由更方便，因此可以从多维度对信息资源进行揭示。自由分类法作为一种交互式 Web2.0 应用，能够实现对网络信息资源的有效分类和组织，但其局限性也是显著的，如关系揭示不全面、使用量不均衡、标签本身科学性缺乏等①，因此将自由分类法硬搬到传统分类法适用领域，如学术资源分类问题，有学者指出从方法论上讲，是错误。总体而言，自由分类法并没有更新信息组织和信息检索的基本方法和基本原理，但是强化用户参与，解决了用户沉默问题，满足了不同用户的需求，同时在组织信息和排序检索结果方面确实能够辅助传统分类系统，因此自由分类法是传统分类法的有力补充。

4.4.2 主题组织方法

主题法亦称为主题语言或检索语言，不同于分类法使用分类号作为概念标识，它是一种以语词作为检索概念标识，采用语言揭示和描述信息主题内容，按照主题字顺揭示信息的信息检索语言②。如果说人类对分类法研究所表现出来的执着热情最根本动因在于满足用户对文件检索"全"的需求，那么主题组织法则是为了弥补分类法的不足，满足人们对特定事物、特定主题检索"准"的需求而产生的检索工具。传统的主题组织方法依据构成原理，可以分为标题词法、单元词法、叙词法及关键词法。在各种主题组织方法中，标题法是主题组织法组织系统中出现最早的一种，LCSH 和美国国家医学图书馆的《医学主题词表》是目前世界范围内使用最为广泛的标题表。叙词法，也称作主题词法，是指以受控的自然语言词汇作标识，通过概念组配方式表达文献主题的主题法类型，其脱胎于单元词法，又综合了标题法、体系分类法、组配分类法等多种检索语言的原理和方法③，目前使用最为普遍，发展最为充分，也最具有典型性④，《汉语主题词表》是我国第一部大型的综合性叙词表。在网络信息组织背景下，关键词法则被最广泛

---

① 王胜利，白雪梅，何贤英．自由分类法与传统分类法的比较研究[J]．情报杂志，2010，29(S1)：178-181．
② 康桂英．分类法与主题法在网络信息资源组织与揭示中的应用[J]．情报科学，1999（3）：284-287，291．
③ 叶鹰．情报学基本教程[M]．3 版．北京：科学出版社，2018：116．
④ 周文芳，范丰龙．论知识组织的系统论原理[J]．情报资料工作，2007（6）：50-51，61．

使用①。由于主题法具有按主题集中文献、以受控词语作为文献主题概念标识、主要用参照系统间接显示主题概念间关系、按主题词的字顺排列四方面特点，有学者指出主题法上述特点表明其事实上是以主题概念的语义网络为基础的知识组织方法②。

4.4.3 索引文摘方法

索引是以揭示具体信息线索，显示单一的概念、事实、数据等与特定的信息现象或实体集合之间的联系为目的，并按一定系统组织起来的信息记录③。依据索引被检对象的不同，可以分为篇目索引和内容索引，前者是标引图书或报刊中的论文篇目，如《全国报刊索引》，而后者是将文献中字、词、句、人名、地名、主题等具体内容按照一定编排法组织起来以供索引。由于索引法可以帮助人们有效地组织和检索信息，它在传统文献组织中一直占有十分突出的地位，更是在网络信息组织中大放异彩，从本质上看，"链接"是索引法在多媒体和网络信息组织中的具体运用。

文摘法是由中介用户对一次文献内容作简要而准确的摘录报道，提供用户检索的一种方法④。美国国家标准学会把文摘定义为：某一文献内容的简要而准确的表述，不加揭示，也不区分文摘由谁撰写。替代性、客观性、兼具报道和检索两种功能是文摘所具备的特点⑤。其中最大特点是对一次文献内容作实质性的揭示，简要地增加一次文献内容本身的透明度，帮助最终用户直接了解和识别一次文献的主要内容。主要部分是按分类编排的，即每一类目下编排文摘若干条，如美国《化学文摘》《生物学文摘》，用户可通过分类途径进行检索。根据不同划分标准，文摘可分为不同类型，根据对原文信息的压缩程度可以划分为报道性文摘、指示性文摘和报道－指示性文摘3种。此外，从编撰目的和职能可分为普及性和情报性文摘两种。

4.4.4 元数据

元数据英文原文为metadata，最早出现于美国国家航空航天局《目录交换格式》手册中，在中国大陆，基本上都将metadata翻译成"元数据"，而在中国台湾地区，则有

---

① 李育嫦.网络信息组织中的分类法与主题法[J].情报资料工作，2004（3）：31-33.
② 蒋永福，付小红.知识组织论：图书情报学的理论基础[J].图书馆建设，2000（4）：14-17.
③ 储节旺，郭春侠.索引法在网络信息组织中的应用[J].情报杂志，2000（6）：94-96.
④ 陈广杰.文摘法与引证法的比较研究[J].中国图书馆学报，1998（2）：75-78.
⑤ 叶鹰.情报学基本教程[M].3版.北京：科学出版社，2018：123-124.

"元资料""诠释资料""超资料"等多种译名。元数据是描述和限定其他数据的数据。迄今为止,元数据还没有完全统一的定义,学界普遍认可的是"描述数据的数据"或"元数据是关于数据的数据"[1][2]。在过去,网络信息提供者只注重信息内容而忽视网络信息资源描述问题,这导致通过检索提取网络信息资源效率低下。只有对网上信息资源进行整体上的有效组织、管理和个体上的充分揭示、描述,才能从根本上解决网络信息资源的查找、利用上的困难,由于网上信息资源不同于传统文献的种种特点,要求创立有别于传统数目著录组织方式的新工具,元数据就是在这一背景下产生的。

元数据作为一种编码体系用于描述数字化信息资源,特别是网络信息资源的编码体系,这是元数据和传统基于印刷型文献编目体系的最根本区别,元数据最为重要的特征和功能是为数字化信息资源建立一种机器可理解框架,曾有学者这样表述:制定和应用元数据规范,虽然最终是为人服务,但实际上是为机器打工——为了在分布式网络环境下实现机器与机器之间的语义理解而制定规则[3]。由于元数据具有传统目录的"著录"功能,目的在于使人们可以通过元数据了解并辨别资源,进而利用和管理资源,为由形式管理转向内容管理奠定必要的基础。元数据在网络信息资源组织方面的主要作用体现在描述、定位、搜寻、评估、选择5个方面。

元数据作为对信息资源的结构化描述,为各种形态的数字化信息单位和资源集合提供规范、普遍的描述方法,为了实现特定目标,需要设计和制定不同的元数据标准,国内元数据相关研究集中在不同类型元数据标准的探讨。近年来,由于以互联网、大数据、人工智能为代表的新一代信息技术作为通用目的技术,在全球范围内广泛应用、迅速发展,引发了一场影响广泛而深远的新产业革命,因此数据已经成为促进经济发展和技术创新的全新驱动力。一方面,用户发现、理解和使用开放数据离不开高质量元数据标准支持,高质量元数据标准制定以及相关框架体系完善程度有利于保障新一代信息技术更好地实现互操作性目标;另一方面,元数据标准发展水平和完善性直接关系一个国家新一代信息技术及产业发展的水平及国际竞争地位,对于抢占未来国际竞争制高点,具有十分重要的意义。现阶段,国内元数据相关研究热点集中在全球范围开放政府数据运动背景下的开放政府数据元数据标准研究、数字人文背景下文化遗产信息资源元数据标准研究及科学数据元数据标准研究。

---

[1] 吴显义. 我国元数据研究现状分析[J]. 情报科学, 2004 (1): 55-58, 62.
[2] 刘嘉. 元数据:理念与应用[J]. 中国图书馆学报, 2001 (5): 32-36, 45.
[3] 刘炜, 李大玲, 夏翠娟. 元数据与知识本体[J]. 图书馆杂志, 2004 (6): 50-54, 49.

(1) 都柏林核心集

都柏林核心集，又称 DC 元数据，是元数据格式中的一种，同时也是一种发展比较成熟和成功的元数据。以往，网络信息资源的组织、整理主要通过两种手段：搜索引擎，图书馆界或其他专业人员通过诸如 MARC 等标准对信息资源进行著录。前者由搜索引擎自动生成的记录揭示资源能力极其有限，检索效率低下，而后者图书馆规则烦琐的著录标准面对迅速增长的海量数据显得无能为力。人们为了寻求一种既能对网络信息资源进行充分有效的著录，同时非图书馆专业人员也能比较容易掌握和使用的折中办法，都柏林核心集应运而生①。

在上述背景下，OCLC（联机计算机图书馆中心）和 NCSA（美国国家超级计算应用中心）在 1995 年 3 月联合召开了第一次都柏林核心集会议，其目的是解决如何用一个简单的元数据记录来描述种类繁多的电子信息，使非图书馆专业人员也能够了解和使用这种著录格式，以便有效地描述和检索网上资源。与会者认为，没有一种元数据格式可适用于任何操作环境，于是一致主张先建立一套最小的核心著录项，因此都柏林核心集设计原理是：元数据著录项应同时具有意义明确、灵活性和最小规模 3 种特色。在设计上采用的原则是：内在本质原则、易扩展原则、语法独立原则、无必须项原则、可重复原则和可修饰原则。经历无数次的讨论和发展实践后，DC 不断完善并趋于成熟，目前 DC 已经拥有 15 个基本元素：Title（题名）、Creator（创建者）、Subject（主题）、Description（说明）、Publisher（出版者）、Contributor（其他责任者）、Data（日期）、Type（类型）、Format（格式）、Identifier（标识符）、Source（来源）、Language（语种）、Relation（关联）、Coverage（范围）、Rights（权限）。

DC 元数据作为网络时代一种新型的信息资源通用描述工具，正在为越来越多不同专业领域及不同语种、不同文化背景的国家和地区所接受。目前，DC 元数据已在我国一些大的图书馆，如上海图书馆、北京大学图书馆等得到研究应用，在一些商业企业也有应用，如万方数据等。

(2) 资源描述框架

随着万维网尤其是语义网的发展，为了满足各个不同领域的信息资源组织需求，世界上许多组织创建了自己的元数据格式。由于没有一个统一标准，局面比较混乱，给元数据的发展带来了消极的影响。为了解决数据间互操作、只有结构没有语义、内容互有

---

① 庄育飞. 都柏林核心集及其价值初探[J]. 图书情报工作，1999（7）：8-10.

重复等问题①，在国际互联网协会的倡导下，一些元数据团体、著名公司与研究机构在1999年合作颁布资源描述框架（RDF），RDF的制定目的主要为元数据在Web的各种应用提供一个基础结构使应用程序之间能够在Web上交换元数据，以促进网络资源的自动化处理，因此RDF可以看作是一个元数据的"容器"②。RDF有各种不同的应用。例如，在资源检索方面，RDF能够提高搜索引擎检索效率；在编目方面，能够描述网站、网页或电子出版物等网络资源的内容间关系；而借助智能代理程序，能够促进知识的分享与交换；应用在数字签章上，则是发展电子商务的关键；其他应用还可能涉及诸如内容分级、知识产权、隐私权等③。

RDF框架由3个部分组成：RDF Data Model、RDF Schema和RDF Syntax。其中Schema定义描述资源时需要的属性类及其意义、特性；Syntax则把形式描述通过其宿主语言XML转换成机器可以理解和处理的文件。Data Model形成对资源的形式描述。模型（Model）的定义为：它包含一系列的节点；它包含一系列属性类；模型是一个三元组，属性类、节点、节点值或原始值。模型中所有被描述的资源及用来描述资源的属性值都被看成节点。由资源节点、属性类和属性值组成的一个三元组叫作RDF陈述。陈述可以理解为"资源R具有值为V的属性P"，在一个模型中，陈述既可以作为资源节点，同时也可以作为值节点出现。这种"资源—属性—值"的三元组形式作为一种Web资源描述通用框架可以描述Web上各种资源，同时以一种机器可理解的方法被标识出来，提供了Web数据集成的元数据解决方案，相较于其他数据形式，RDF数据具有易控制、易扩展、易综合及高包容性和可交换性等特点。

4.4.5 关联数据

关联数据是由"万维网之父"Tim Berners-Lee提出概念，由国际互联网协会推荐的一种规范，其原理是用一种轻型的、可利用分布数据集及其自主内容格式，基于标准的知识标识与检索协议，可逐步扩展的机制来实现可动态关联的知识对象网络，并支持在此技术上的知识组织和知识发现④。从技术角度来讲，关联数据可以理解成一组最佳实

---

① 夏翠娟. RDB2RDF标准及应用研究[J]. 现代图书情报技术，2013（4）：10-17.
② 姜恩波. RDF原理、结构初探[J]. 现代图书情报技术，2001（5）：32-33.
③ 程变爱. 试论资源描述框架（RDF）：一种极具生命力的元数据携带工具[J]. 现代图书情报技，2000（6）：62-64.
④ 沈志宏，张晓林. 关联数据及其应用现状综述[J]. 现代图书情报技术，2010（11）：1-9.

践的集合①，它利用 URI 作为数据标识，采用资源描述框架的三元组结构作为数据模型，并基于 HTTP 发布到互联网上的数据应用形式，是语义 Web 的一种简化实现，意图在目前以文档为基础的互联网之上构建数据的 Web②。

关联数据网络和当前的超文本网络有所不同，超文本网络的基础单位是由超链接所链接起来的 HTML 文件，关联数据则是将互联网上任一信息内容或其子内容看成是一个可采用标准方法规范描述和调用的知识对象，通过创建和发布关于各类知识对象及其与各类其他知识对象之间关系的规范化描述信息，通过建立基于知识内容的检索及基于知识关系的分析关联机制，关联数据可支持特定信息环境下对不同知识对象的关联发现。关联制定了关于内容对象的描述原则：使用 URI 来标识事物；使用 HTTP URI 使人们可以访问到这些标识；当有人访问到标识时，提供有用的信息；尽可能提供关联的 URI，以使人们可以发现更多的事物。其中前两条原则分别建立规范化透明机制和调用内容对象的机制，第三条原则要求用结构化、规范化方式来描述内容对象，第四条原则要求建立内容对象与其他内容对象的关联，以支持从支持内容对象出发对相关内容对象的关联检索③。

关联数据在知识组织中的作用主要分为 3 个方面：①知识描述与揭示，知识的描述与揭示是知识组织技术的基础环节，关联数据使用三元组描述资源之间的相互关系，能够在一定程度上描述和揭示知识之间的相互关系，是一种语义资源④。在利用关联数据标注需要描述和揭示知识的知识资源过程中，一方面标注赋予了知识资源语义，一定程度上消除了知识资源的语义歧义；另一方面被关联数据标注后的知识资源能够有效地与其他相关语义资源、知识资源建立联系，有利于提供更全面的知识服务。②知识单元互联，关键数据最重要的价值在于"关联"，它支持结构化数据的任意关联⑤，利用关联数据技术可以实现知识单元之间的关联构建。利用关联数据技术实现知识单元互联主要有两种方式，一种是将知识资源转化为 RDF 格式，建立知识单元之间的关联，然后发布

---

① 沈志宏，黎建辉，张晓林. 关联数据互联技术研究综述：应用、方法与框架[J]. 图书情报工作，2013，57（14）：125-133.
② 刘炜，夏翠娟，张春景. 大数据与关联数据：正在到来的数据技术革命[J]. 现代图书情报技术，2013（4）：2-9.
③ 丁楠，潘有能. 基于关联数据的图书馆信息聚合研究[J]. 图书与情报，2011（6）：50-53.
④ 陈烨，赵一鸣，姜又琦. 基于关联数据的知识组织研究述评[J]. 情报理论与实践，2016，39（2）：139-144.
⑤ 白海燕，朱礼军. 关联数据的自动关联构建研究[J]. 现代图书情报技术，2010（2）：44-49.

成关联数据；另一种是基于现有的、已经发布关联数据的知识资源，建立它们之间的关联。③知识序化，传统知识序化主要采用线性方式，如基于词表、主题词表或分类法的知识组织方法。而基于关联数据的知识组织方式是一种网络化的知识序化方式。关联数据可以将不同数据源的各类相互关联的数据对象链接起来，形成网状结构。基于关联数据技术的知识组织将各类知识资源看作数据对象，用RDF描述出知识资源间相互关系，发布成关联数据，形成一个人机可读的语义化知识网络。

近几年，情报学领域关联数据相关科学研究主要集中在以下几个方面：

(1) 关联数据实践

探索研究利用关联数据技术对各类型信息资源进行管理是当前主要研究热点之一。按数据资源主体分为4种：①政府信息资源是一切产生于政府内部的信息资源，或者虽产生于政府外部但却对政府活动、公共事物和普通民众有影响、有意义的信息资源的统称[①]。目前，各国政府都把开放数据提到了前所未有的高度，政府数据开放已经成为大数据发展的重要数据来源，如何研究探索利用关联数据技术进行政府信息资源管理，协调政府信息资源有效开发和利用，是关涉到政府职能转变和服务型政府建设的重要举措之一。②图书馆、档案馆、博物馆（Libraries Archives and Museums，LAM）信息资源。LAM作为收藏数据资源的主要部门具有先天数据资源优势，其在保留本国文化精髓，满足民众精神文化和知识需求方面有着不可或缺的重要作用[②]。随着网络化和数字化时代来临，关联数据技术在LAM领域有着广泛应用，如基于关联数据的信息资源组织与整合、基于关联数据馆藏资源的发布和共享、基于关联数据的知识服务研究等。③高校等科研机构信息资源，科研机构作为创作、传播和利用知识的重要机构，关联数据技术作为一种数据交换和标识的语义网技术，能够将非结构化及异构数据转为机器可处理、可理解的统一标准结构化数据，为科学研究数据的组织提供了良好基础。关联技术对促进学术交流与共享具有重要的意义。④其他拥有丰富资源的领域，如医学相关领域。医学领域存在着大量的物种信息、蛋白质信息、基因信息、用户数据、临床试验数据、诊疗实践数据、药物发现等丰富数据资源，关联数据技术主要应用于药物知识发现、语义关

---

① 李绪蓉，徐焕良. 政府信息资源管理与开发[M]. 北京：北京大学出版社，2005.
② 周俊烨. 基于关联数据的图书馆、档案馆和博物馆数字资源整合模式构建[J]. 图书馆，2019(1)：70-75.

联搜索、智慧医疗建设、医学资源共享、医学信息学知识体系构建等方面①。

（2）关联数据技术利用

由于关联数据技术为数据资源提供了丰富语义知识，关联数据技术很大程度上为其他研究任务推进提供了新思路，如命名实体识别任务、数据聚合任务、视觉搜索任务、检索任务、科学评价等。以命名实体任务为例：首先，关联数据首先包含了大量命名实体，允许利用现有技术和工具转化为实体词典。其次，关联数据中的命名实体都基于本体预先分类，可用于训练统计模型。再次，关联数据覆盖领域广，可以满足不同领域对命名实体识别的要求，支持跨领域命名实体识别。然后，关联数据覆盖语种多，为多语种命名实体的识别提供新思路。然后，关联数据不同实体之间基于语义关系相互关联，能够为实体消歧提供语义支持。最后，关联数据对实体有着丰富属性描述，利用属性描述能够丰富命名实体识别结果的呈现形式，为后续利用提供更多可能。

4.4.6 本体

本体（Ontology），起源于哲学，它在哲学中的定义为"对世界上客观存在物的系统描述，即存在论"，是客观存在的一个系统的解释或说明，关心的是客观现实的抽象本质②。随着本体在人工智能、计算机及网络领域中的应用发展，其定义也被融入了许多新的内容，如在人工智能领域，将本体概念用于知识标识和知识组织。由于本体概念的两层含义：一方面研究存在的本质；另一方面研究客体对象的理论定义，即整体现实世界（本体）的基本特征③，为示区别，在非哲学领域，Ontology 通常被译为本体，Ontologies 则是若干本体集成的本体知识库。

本体是一个关于一些主题的清晰规范的说明。它是一个规范的、已经得到公认的描述，它包含词表（或称名称表、术语表），词表中的术语全是与某一学科领域相关的，词表中的逻辑声明全部是用来描述那些术语的含义和术语间关系的。因此，本体提供了一个用来表达和交流某些主题知识的词表，还包括一个关系集，由关系集把握着词表中

---

① 涂志芳，吴丹. 医学相关领域开放关联数据集调查研究[J]. 图书情报工作，2015，59（18）：14-23，76.
② 邓志鸿，唐世渭，张铭，等. Ontology 研究综述[J]. 北京大学学报（自然科学版），2002（5）：730-738.
③ 顾金睿，王芳. 关于本体论的研究综述[J]. 情报科学，2007（6）：949-956.

这些术语间的联系①。有学者归纳本体包含 5 个基本的建模元语，分别是：类/概念（classes/concepts）、关系（relations）、函数（functions）、公理（axioms）和实例（instances）②。也有学者指出本体作为知识组织的重要手段应该具有声明、公理、类、属性、函数、实例六要素，只有满足六要素的知识表示体系才可以称为"知识本体"，如果缺少函数、公理等要素，则不过是一部词表，充其量只能成为轻量级本体③。类/概念的含意非常广泛，可以指任何事物，在本体实现中，概念通常用类来定义；属性用于描述概念的性质，是一个概念区别于其他概念的特征；关系代表了在领域中概念之间的交互作用；函数则是关系的特定表达形式；公理代表永真断言；实例代表某个概念类的具体实体。概念之间有 4 种基本关系：part-of 表达概念部分与整体的关系；kind-of 表达概念间的继承关系；instance-of 表达概念间实例和概念之间的关系；attribute-of 表达某个概念是另一个概念的属性的关系。

总体来说，本体的每一个知识表示元素都可以看作一个知识片，每一个知识片都包含名称、定义和文档说明④。构造本体的目的都是为了实现某种程度的知识共享和重用。广义来讲，本体的作用主要有以下两个方面：①本体的分析澄清了领域知识的结构，从而为知识表示打好基础，本体可以重用，从而避免重复的领域知识分析；②统一的术语和概念使知识共享成为可能⑤。本体作为一种知识表示方法，与谓词逻辑、框架等其他方法的区别在于它们是属于不同层次的知识表示方法，本体表达了概念的结构、概念之间的关系等领域中实体的固有特征，即"共享概念化"，而其他的知识表示方法如语义网络等，可以表达某个体对领域中实体的认识，不一定是实体的固有特征。这正是本体层与其他层次的知识表达方法的本质区别⑥⑦。

关涉本体的研究主要集中在以下几个方面：

---

① 李景，钱平．叙词表与本体的区别与联系[J]．中国图书馆学报，2004（1）：38-41．
② 顾金睿，王芳．关于本体论的研究综述[J]．情报科学，2007（6）：949-956．
③ 李景．本体理论在文献检索系统中的应用研究[M]．北京：北京图书馆出版社，2005：5-6．
④ 艾丹祥．基于本体论的知识检索研究[D]．武汉：武汉大学，2004：11-12．
⑤ 黄卿贤，胡谷雨，王立峰．本体的概念、建模与应用[J]．解放军理工大学学报（自然科学版），2005，6（2）：123-126．
⑥ 顾芳．多学科领域本体设计方法的研究[D]．北京：中国科学院计算技术研究所，2004．
⑦ 王大治．本体开发及应用技术研究[D]．成都：中国科学院成都计算机应用研究所，2005．

（1）本体构建研究

目前，本体被认为是大数据环境下解决"信息和知识孤岛问题"的最佳方法①，本体构建相关研究是长期以来的热点话题，本体构建方法可分为抽象方法和具体方法，抽象方法用来说明本体构建需要哪些步骤，具有宏观指导作用，具体则是说明本体构建中需要哪些具体方法②。也有学者将本体构建方法分为本体论工程方法和叙词表转化方法，后者来源是该专业领域叙词表，前者知识来源则相对丰富，主要有表格、主题词表、数据库、Word Net、Web 网、领域专家、Wiki 等③。具有代表性的本体构建方法有骨架法、IDEF5 法、七步法、五步循环法、METH-ONTOLOGY 法、TOVE 法、KACTUS 法、SENSUS 法、循环获取法等，多倾向于手动构建或由叙词表转化的自动构建。现阶段，本体构建方法正朝着自动化或半自动化趋势发展，部分研究者尝试在结构化或半结构化数据的基础上，结合机器学习方法与本体构建研究，探索出一些自动或半自动本体构建方法，如利用条件随机场模型或基于支持向量机、基于深度学习等进行构建的方法。

（2）本体评价研究

本体评价是评价本体在特定应用或特定环境中的性能和适用性，是影响本体能否在语义网中大规模应用的一个重要影响因素④。特别是近年来，国内外本体构建研究爆炸式增长，由于不同的本体在其领域覆盖面、可理解性方面存在较大差异，为解决用户很难从整体上把握本体特征也难以了解本体应用情况等问题，并促进本体技术有更广阔的发展前景，必须进行本体评价。本体评价已经成为语义网发展的关键问题，它贯穿本体构建到本体应用的整个生命周期，是保证本体工程质量的重要途径，也是本体选择及本体复用的基本前提⑤。从学术角度来讲，本体评价方法随着待评价本体的特征或待评价本体的任务及目的的不同而变化，本体评价的应用场景主要有 3 种：①为本体构建提供质量保障，在这种场景下，本体大多为手工构建，为保证本体质量，通常工程的开始阶段就对本体的结构层、功能层及可用性文档设定要求，在该场景下主要采取基于任务的方法、基于文本语料库的方法、基于指标体系的方法。判断所有构建本体成功与否的最

---

① 王思丽，祝忠明，刘巍，等. 基于深度学习的领域本体概念自动获取方法研究[J]. 情报理论与实践，2020（3）：145-152，144.
② 王向前，张宝隆，李慧宗. 本体研究综述[J]. 情报杂志，2016，35（6）：163-170.
③ 李勇，张志刚. 领域本体构建方法研究[J]. 计算机工程与科学，2008（5）：129-131.
④ 何琳. 领域本体评价研究[J]. 图书馆杂志，2010，29（2）：57-62.
⑤ 宋丹辉. 本体评价研究综述[J]. 情报理论与实践，2011，34（9）：118-122.

重要依据是看其能否有效提升完成预定任务的效率。因此,基于任务的评价方法最重要的目的是优化结果,而基于文本语料库和基于指标的评价方法是从本体进化的角度识别现存的问题,由此可推断出后者对本体的改进会促进前者的提升。②为本体学习提供最优的学习算法,当需要评价结果清晰反映学习算法优劣以便本体工程师设定权重、要求运行评价后续成本尽可能低时,适合采用的评价方法主要有专家手工评价、基于黄金标准的评价。③为本体选择提供参考,本体选择是根据特定标准识别并选择满足要求的一个或多个本体或本体模型的过程。查找满足特定标准的本体的过程本质上就是本体评价。尽管大多数指标可以通过自动化方法进行评价,但一些质量指标如可用性、相对于特定任务的有用性等方面评价却很难自动开展,这种情况下仍然由人手工完成。

(3) 本体技术应用

随着本体理论和技术研究的深入,本体被应用于很多领域,并在这些领域发挥着重要作用,如信息检索、语义 Web、异构数据集成与融合等领域①。①信息检索领域,由于本体具有较好的概念层次结构和逻辑推理能力,所以它在信息检索领域应用最为广泛,本体技术主要集中在两个环节:一是利用本体进行文档预处理;二是提高信息检索的准确率。②语义 Web,本体作为具有共同标准的概念体系,支持逻辑推理,促进计算机相互理解和互操作,可有效提升语义 Web 的性能②,提供更智能化的语义 Web 服务。本体在语义 Web 中的应用研究主要集中在提高对模糊信息的语言描述能力,促进半自动化和自动化本体生成及本体演进。③异构数据集成与融合,分布式的网络环境下,海量数据信息储存于不同的系统、数据库中,造成了数据冗余和异构问题。而本体作为共享概念模型的明确的形式化规范说明,可以有效解决异构数据的集成和融合问题。④其他,本体也广泛应用于医药、教育、电子商务、农业、军事、旅游、地理信息、法律、生物等领域。在这些专业领域中,主要通过构建领域本体,实现领域知识的融合和知识信息共享。

4.5 本章小结

一门学科是否有自己专门的研究方法,是这门学科是否成熟的重要标志。为了确立

---

① 王向前,张宝隆,李慧宗. 本体研究综述[J]. 情报杂志,2016,35(6):163-170.
② 徐静,孙坦,黄飞燕. 近两年国外本体应用研究进展[J]. 图书馆建设,2008(8):84-90.

和巩固自身的学科地位，情报学领域内的学者们围绕情报学专门研究方法问题展开了长期的探讨，特别是近 20 年来，文献计量学方法、引文分析方法、情报组织方法作为情报学专门研究方法和技术的共识已经形成，本章就该共识成果进行详细阐述。

需要指出的是：情报学研究的深入，不断为文献计量学方法注入了新活力，文献计量学方法的内涵与外延随之扩展。网络计量学方法、专利计量学方法、政策计量学方法尽管均为"方法"，但本质上却是文献计量学方法研究对象上的丰富。与此同时，引文分析方法同样作为文献计量学方法在研究对象上的扩展，但是由于引文具有"一种重要科学对话"的属性，在学界研究深入后甚至出现了专门的理论与方法，因此逐渐从文献计量学方法中分化出来独立成为研究方法，该现象也引发了情报学专门研究方法判定标准之讨论。问题根源主要在于情报学专门研究方法研究匮乏，以及关涉专门研究方法的诸多争议问题学界讨论尚嫌不足。

本书会继续深入研究若干研究方法理论问题，如基于生命周期视角开展研究方法探讨，特别是研究方法的创生与沉睡机制等，探讨成果将通过本书讨论平台进行分享。

第 5 章
情报学研究方法语料库构建

语料库的构建是开展方法与技术知识抽取的基础。情报方法与技术实体的自动抽取工作，需要借助机器学习方法，从大规模的学术文献中识别出文献所使用的方法，因此，需要提前构建基于情报学领域学术文献的语料库。本章首先对已有研究工作中语料数据准备工作进行概述，然后详细介绍本研究中语料库的构建工作。

5.1 相关工作概述

本章主要针对情报学方法实体的自动抽取工作，构建一个基于学术文献全文内容的结构化语料库。目前，中外情报学领域研究工作的发展，为情报学方法的归纳整理工作提供了大量的研究数据。已有学者针对情报学的方法论和研究方法开展了大量研究，这些工作总体而言可分为学者归纳法和文献抽取法两大类。

学者归纳法指的是学者们通过阅读、了解他人工作，在自身原有知识基础之上，通过归纳总结得到情报学中一些主流的、经典的研究方法与方法论。该类工作主要对情报学方法进行介绍与概述，并不会在研究中指出具体的数据来源和基础语料。早在1981年，张保明就在其所撰写的《数学在情报检索理论中的作用》一文中，最早提出了情报学方法与方法论的研究，文中对集合论、代数理论、数理统计等数学理论与方法在情报学中的应用进行了总结，但该项工作相对来说集中于情报学研究的子领域中[①]。随后，王崇德在其工作中提出了更为系统化的情报学方法"三层次论"，阐述了情报学方法论

---

① 张保明. 数学在情报检索理论中的作用[J]. 情报科学, 1981 (3): 11-16.

的研究体系、意义和应用,后续的研究也往往以此为基础提出各种形式的研究方法论①。除去方法论外,也有学者对情报学中具体的研究方法做出定性的介绍。张岌秋在文章中介绍了传统情报学研究方法、社会科学通用研究方法和网络环境下的研究方法②。刘伟等人将之进一步扩充后,对21世纪我国情报学的研究方法进行了综述,并指出当前研究方法中存在的问题③。

文献抽取法指的是学者们借助文献计量的方法,通过对大量的文献与专著进行人工阅读或自动分析,提取其中所用的研究方法,并在总结其他工作者所使用的方法基础上,进一步构建方法体系。此类工作的数据来源多为各类期刊文献、学位论文和相关专著。Jarvelin 和 Vakkari 开创了使用学术论文内容来收集研究方法并建立方法体系的先河④。孙鸿飞以期刊文献的题录信息为研究对象,对其中出现的学科研究方法词进行筛选和统计⑤。Blake 则从期刊转向硕士、博士学位论文,通过人工阅读其摘要部分内容,识别出学位论文中使用的研究方法⑥。祝振媛等在此工作基础上,利用词表对学位论文摘要内容进行分词,随后通过人工判断,获取学位论文中的研究方法⑦。考虑到题录信息描述较宽泛,且可能会有所遗漏,Kumpulainen 通过阅读635篇文献的全文内容,获取了更为细致的特定学科文献使用的方法⑧。部分工作在收集方法的基础上,还进行了研究方法体系的构建。赵忠伟将研究方法归纳编码为数据实验、用户实验、政策对策、文献计量、文献综述、一般理论和应用,并在此基础上,对学术论文中的每一类研究方法进行人工标注,从而分析特定学科中不同类型方法的使用占比⑨。Chu 选取了 Library and Information Science(LIS)领域3本顶级期刊 *Journal of Documentation*(*JDoc*)、*Journal of*

---

① 王崇德. 情报学研究方法概论[J]. 情报科学,1985(6):1-7.
② 张岌秋. 论网络环境下情报学研究方法的演化[J]. 图书情报工作,2005,49(10):33-36.
③ 刘伟,王传清. 21世纪我国图书情报学方法论研究综述[J]. 图书馆,2011(3):68-73.
④ VAKKARI P. Content analysis of research articles in library and information science[J]. Library and information science research,1990,12(2):77-90.
⑤ 孙鸿飞,侯伟,周兰萍,等. 近五年我国情报学研究方法应用的统计分析[J]. 情报科学,2014,32(4):77-84.
⑥ BLAKE V L P. Since shaughnessy[J]. Collection management,1994,19(1-2):1-42.
⑦ 祝振媛,李广建. 从情报学硕博士论文看情报问题与情报方法[J]. 情报理论与实践,2016,39(1):1-7.
⑧ KUMPULAINEN S. Library and information science research in 1975:content analysis of the journal articles[J]. Libri,1991,41(1):59-76.
⑨ 赵忠伟,黄永,程齐凯,等. 我国图书情报领域近十年科研论文研究方法的演化分析:以《情报学报》和《中国图书馆学报》为例[J]. 信息资源管理学报,2017,7(3):106-113.

the American Society for Information Science & Technology（已改名为 *Journal of the Association for Information Science and Technology*，*JASIST*）、*Library and Information Science Research*（*LISR*），收集了其2001—2010年发表的全部论文，通过人工阅读对 *JDoc*、*LISR* 中论文的研究方法进行标注，得出LIS领域包含16种类别的研究方法体系表，并按照此体系对 *JASIST* 论文中的研究方法进行人工标注，随后对标注结果进行了定性和量化分析，探讨学科方法体系的演变①。该工作是近年来通过人工标注构建学科研究方法体系的代表作，还有其他研究对单一类别的方法实体进行了人工标注，构建了学科中某一类方法实体②③。

总体而言，上述两种现有的情报学方法和方法论研究中，学者归纳法相关研究的数据基础来源于学者自身的先验知识，其结果完全依赖于作者自身的知识水平和判断标准，这使得最终得到的方法实体范围有限，且存在很大的主观性。相较于学者归纳法相关研究，文献抽取法相关工作是对众多他人工作的总结，数据来源较广，结果更加客观。但多数工作采用人工阅读的方式获取文献中的研究方法，这种方式准确性较高，但因耗时太久而不能处理大规模的数据。少数自动抽取的工作则聚焦于文献的题录数据，虽然数据处理速度提升，但其准确性较低，且题录数据无法涵盖文献正文中的所有方法，使得最终结果的完整性受到影响。

诚然，现有工作已经为情报学方法和方法论的抽取和梳理做出了令人瞩目的贡献，但主要采用的都是人工阅读或人工标注的方式，而未考虑基于大规模学术文献全文的方法自动识别和抽取，因此，这些工作也并未构建用于数据抽取的结构化语料库。相比之下，我们的工作更希望能够基于大规模的学术期刊文献，采用机器学习的方法，从学术文献全文中自动识别并抽取出每项工作所使用的研究方法，与此同时，减少人工参与和干预，在减少工作量的同时保证最终结果的客观性。为此，需要基于现有的情报学期刊文献构建一个便于计算机处理的结构化语料库。

---

① CHU H, KE Q. Research methods: what's in the name? [J]. Library & information science research, 2017, 39（4）: 284-294.

② 杨波, 王雪, 佘曾溧. 生物信息学文献中的科学软件利用行为研究[J]. 情报学报, 2016, 35（11）: 1140-1147.

③ KHAN S, LIU X, SHAKIL K A, et al. A survey on scholarly data: from big data perspective [J]. Information processing & management, 2017, 53（4）: 923-944.

5.2 情报学研究方法语料库构建概述

要从大规模的学术文献中自动抽取文献使用的研究方法，需要提前构建包含学术文献全文内容的语料库。由于基于机器学习模型的抽取方法只能大规模处理 TXT 格式的文本，且需要一定规模的数据作为训练集，因此，本语料库中将包含 TXT 格式的学术文献全文内容作为原始语料，将标注并审核过的研究方法句和研究方法实体作为训练语料。

如图 5-1 所示，本章将从以下 4 个步骤实现语料库的构建。首先，获取大量的情报学领域 PDF 格式中文文献，作为原始语料并通过人工标注的方法将之转换为机器可处理的 XML 格式文献，将之作为学术文献全文语料。随后，通过人工阅读的方式，确定每

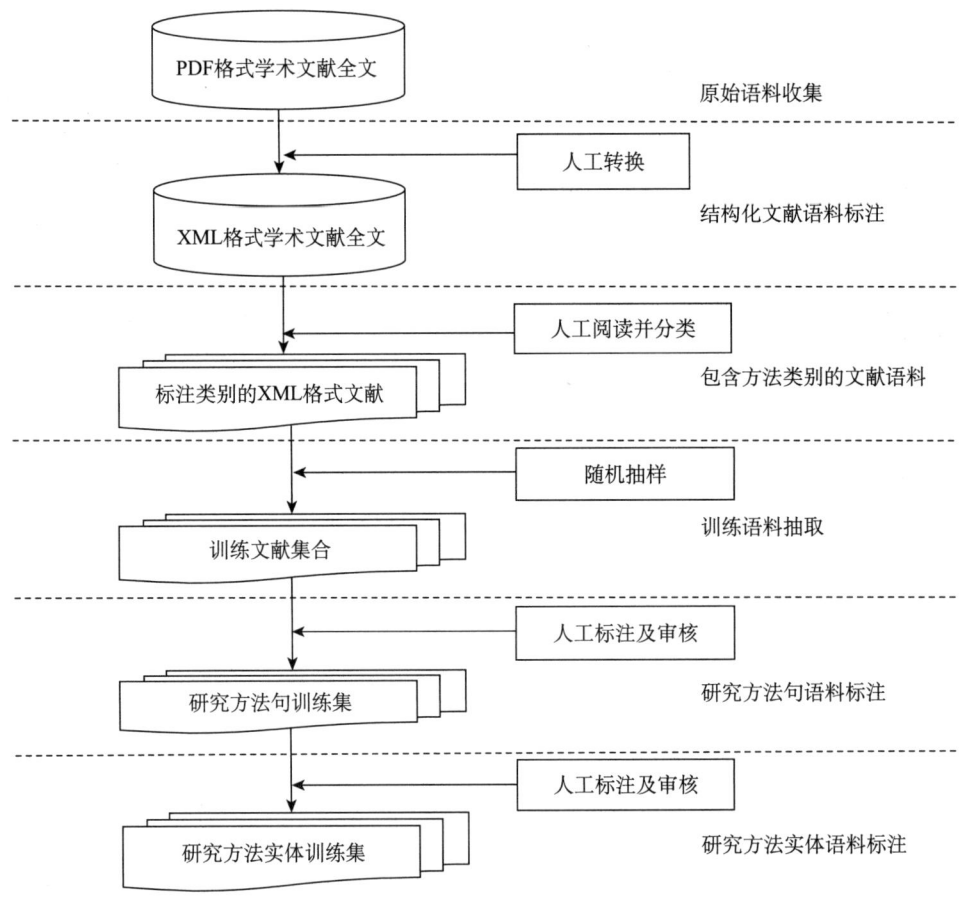

图 5-1 语料库构建流程

一篇文献所属的研究方法类别（方法类别介绍详见第 2 章），得到全部文献的篇章级方法类别，从而获得包含方法类别的文献语料。在已知文献篇章级研究方法的基础上，从全部 XML 格式文献中抽取部分文献作为训练数据，并邀请标注员和审核员对文献中的研究方法句进行分类标注，从而得到句子级别的研究方法，即研究方法句语料，为后续的研究方法句抽取提供训练语料。最后，根据识别的研究方法句，人工标注句中所包含的研究方法实体，即实体级别的研究方法，并经过审核后得到研究方法实体语料，作为研究方法实体自动抽取的训练语料。

5.3 语料采集及格式转换

要构建一个基于情报学领域学术文献的情报学研究方法语料库，需要提前收集大量的情报学领域学术文献，并将其转换为计算机可处理的格式。

5.3.1 学术文献全文数据采集

目前，国内情报学相关的中文学术期刊种类繁多，考虑到不同期刊和文献数量庞大且质量参差不齐，为保证语料库中文献的主题相关性，本书根据南京大学《中文社会科学引文索引 CSSCI 来源期刊（2014—2016 年）》[1] 和中国知网提供的期刊综合影响因子[2]对多本图情期刊进行比较后，决定将《情报学报》作为本章的数据来源。《情报学报》作为情报学领域最为知名的学术期刊之一，专注于信息、知识、情报相关的理论、方法、技术与应用，其所刊载的学术文献已被学者们作为研究数据，广泛用于论文主题演化、学科理论挖掘和学科方法评价等研究中，其权威性已得到情报学领域广大学者的认可[3][4][5]。

---

[1] 南京大学. CSSCI 来源期刊目录（2014—2016）[EB/OL]. [2018-12-20]. https://cssrac.nju.edu.cn/cpzx/zwshkxywsy/20191231/i64031.html.

[2] 中国知网. 期刊导航[EB/OL]. [2017-12-20]. http://navi.cnki.net/KNavi/Journal.html#.

[3] 刘思洋. 情报学研究方法、工具的多样性及其评价：以《情报学报》为例[J]. 情报探索, 2018（9）：130-134.

[4] 刘俊婉, 郑晓敏, 宿娜, 等. 国内外情报学领域期刊发文时滞的计量分析：以 Scientometrics 和《情报学报》期刊为例[J]. 中国科技期刊研究, 2016, 27（12）：1292-1299.

[5] 谭春辉, 麻晓杰. 我国情报学非正式学术共同体的构建：基于 1998—2012 年《情报学报》的计量分析[J]. 新世纪图书馆, 2014（8）：84-91.

以"情报学报"作为文献来源在中国知网上进行检索,得到1982—2019年发表的论文共计2772篇。鉴于近10年文献更具代表性,从中国知网下载了2009—2018年发表的文献,并通过人工阅读剔除了特邀评论、会议通知、新闻等非学术文献,最后获得1381篇PDF格式的学术文献。每一年的文献分布情况如表5-1所示。

表5-1 《情报学报》全文语料库原始文献分布

年份	期数	文献总数
2009	6	140
2010	6	148
2011	12	167
2012	12	153
2013	12	131
2014	12	124
2015	12	130
2016	12	130
2017	12	136
2018	12	122

5.3.2 学术文献全文内容格式转换

鉴于PDF文档不利于后期计算机处理,故需要对所得学术文献数据进行格式转换,即将PDF格式先转换为TXT格式,随后在TXT文档中为每篇文献的标题、摘要、正文等部分添加不同标签,具体包括文献格式转换与文档标签标注两步。

(1)文献格式转换

中国知网提供了部分文献的HTML格式文件,故对于可直接进行HTML阅读的《情报学报》文献,直接将HTML阅读页面的文献内容复制、保存为TXT文件即可。对于无法进行HTML阅读的文献,则需要人工将PDF文件内的内容选中,并复制到TXT文件中。其中,文字型的PDF直接将文字逐段复制粘贴即可。图片型PDF文件则需要借助OCR识别工具,将图片中文字识别后,复制粘贴到TXT文档中。最后,通过对比原PDF文件内容,修正错误内容,删除无关字符并将格式调至与源文件一致。另外,考虑到图表的内容无法复制,故所有的文献中的图片与表格均只保留标题,部分特殊内容如公式推导或代码均不保留。同时,中英文标题及摘要也仅保留中文部分。

(2) 文档标签标注

完成文献的格式转换后,为方便计算机阅读文档,需对文档各部分内容标注不同的文档标签。具体标签名称及定义如表5-2所示。其中,章节及其标题只标注一级和二级章节,更细粒度的章节内容和标题则直接标注为段落,正文单独成行的小标题也视为段落,均在首尾分别标注"< para >"与"</ para >"。

表5-2 全文语料库结构标注中的标签

标签名	标签定义
< title >……</ title >	文章标题
< author >……</ author >	作者
……	摘要
< keyword >……</ keyword >	关键词
< chapter >……</ chapter >	一级章节
< chapter_title >……</ chapter_title >	一级章节标题
< sub_chapter >……</ sub_chapter >	二级章节
< sub_chapter_title >……</ sub_chapter_title >	二级章节标题
< para >……</ para >	段落
< table >……</ table >	表格
< figure >……</ figure >	图片
< reference >……</ reference >	参考文献
< appendix >……</ appendix >	附录

随后,招募了9名本科生、1名硕士生和1名博士生,全面开展此次语料库的初步标注工作。其中,本科生负责全部文献的转换和标注工作,为标注员;研究生负责最初的标注规范制定和标注中的协调及最后的审核工作,为审核员。具体而言,标注工作分为以下几个步骤:

1) 标注规范制定

首先由两名研究生选择3种类型的文献(HTML格式文献、PDF文献、图片型文献)各1篇,并共同将3篇文献先转换为TXT格式,随后在转换格式的TXT文献中进行各部分内容的标签标注工作,并根据标注过程在商讨后撰写标注规范。

2）文献预标注

利用已撰写的初步规范，对9名本科生标注员进行预标注训练，包括工作内容介绍和标注规范解读。随后，每名标注员分配10篇PDF格式文献进行预标注工作。在此标注过程中，标注员和审核员随时保持沟通，审核员根据标注员的反馈对标注规范进行修改。最后，审核员对标注员的初步标注结果进行审核，针对每名标注员的标注错误如标签漏标、乱码等进行更正，并给予标注员反馈。

3）正式标注

根据完善后的标注规范，对标注员进行再次培训。随后，为每名标注员分配不同年份一年内发表的全部PDF格式文献（2018年发表的文献按期均分给每名标注员），开展完整的标注工作。原始语料的标注质量直接决定了后期训练语料的标注及自动抽取工作的质量，所以，全体标注员和审核员皆保持"不独立解决问题"的原则，在标注过程中遇到的所有问题全部反映在线上讨论群里，审核员对其及时做出解答和反馈。

最终，经由标注和审核，本研究将2009—2018年发表的1381篇PDF格式《情报学报》文献全部转换为包含各类标签的XML格式文件。具体的标注结果样例如图5-2所示。

图5-2 标注结果示例

5.4 训练语料标注

本研究希望借助于机器学习算法，在已构建完成的结构化语料基础上，实现情报学领域方法实体的自动抽取。机器学习方法需要已标注完成的训练语料来训练相关模型，为此，需要提前抽取部分文献作为训练集，并在学术论文全文中标注出现的方法词。

在已转换为 XML 格式的学术论文中，我们从每年发表的论文中随机抽取 20 篇，共计 200 篇文献作为训练语料。随后，我们邀请了 8 名标注员对已选文献中的方法进行标注，标注员包括 4 名情报学专业博士生和 4 名情报学专业硕士生，1 名博士和 1 名硕士组成一组，每组分别对 50 篇文献进行标注。同时，我们还邀请了情报学领域的一名教授负责标注过程中的指导工作。采用先识别文献中研究方法句，再抽取句中研究方法词的方式，对情报学领域学术文献中的方法实体进行自动抽取，故对训练语料的标注内容也包括研究方法句和方法词两部分。

5.4.1 研究方法句标注与核对

每篇 XML 格式文献按照"。""？""……"进行分句，并按照每句一行存储到 Excel 表格中，每一标注小组的两名标注员对分配的 50 篇文章进行独立标注，具体过程如下：

（1）标注规范制定

1 名博士标注员和 1 名硕士标注员通过对一篇文献中句子的预标注，整理标注过程细节，并撰写规范（具体标注规范见附录 1）。随后，所有标注员通过线下讨论的方式了解标注规范的内容，并对标注规范进行讨论和完善，得到最终的标注规范。规范首先确定文献中研究方法句的定义。研究方法句是指作者在文献中所撰写的与具体研究方法相关的句子，包括"目标文本使用方法句"和"目标文本引用方法句"两种。

"目标文本使用方法句"是指作者在原文中明确指出其提出和使用了算法、模型、软件、工具、数据、指标等的句子，但不包括方法的定义和背景介绍等内容。具体而言，"目标文本使用方法句"有如下 4 种情形：

①包含目标文本所使用的研究方法名称的句子。例如，在句子"本文研究了组合 SVM 和 KNN 两种分类器进行汉语专有名词自动抽取的方法"中，"SVM 和 KNN"是作者在文中所使用的研究方法。因此，该句应标注为"目标文本使用方法句"。

②包含目标文本所使用的研究方法和研究方法所需解决的问题的句子。例如，在句子"利用社会网络的结构分析思想，对标签网络结构进行量化分析"中，"社会网络"是目标文本所使用的研究方法，"量化分析"是该研究方法所需解决的问题。因此，该句子应标注为"目标文本使用方法句"。

③包含目标文本所使用的研究方法的句子，但该研究方法不是具体的名词短语，而是一种简短的描述。例如，在句子"具体计算方法是将标签的所有连接边的权重相

加聚集起来，因此标签 t_i 的加权点度中心度为：其中，w_{ij} 为标签 t_i、标签 t_j 之间连接边权重，Set（t_i）为标签 t_i 的连接标签集合"中，"将标签的所有连接边的权重相加聚集起来"是方法的简短描述。因此，该句子应标注为"目标文本使用方法句"。

④表述执行步骤的句子，若其中有方法实体，则标为方法句，若没有方法实体，则不应标为方法实体。例如，在句子"步骤6：在'主题—标签语料库'上建立LDA模型，参照公式（2）、公式（3）和公式（4），采用吉布斯采样算法，从'主题—标签语料库'中学习得到 K 个混合主题及标签在这 K 个混合主题上的概率分布"中，出现该文使用的方法实体描述"吉布斯采样算法"，应予以标注。

"目标文本引用方法句"是指作者在原文中提及或引用他人工作的句子，且这些句子描述了其他人提出和使用了哪些方法，具体包括如下3种：

①包含其他学者在工作中所使用的研究方法名称的句子。例如，在句子"Glizzo 和 Strapparava 研究了基于 LSA 的多语言领域模型（Multilingual Domain Models）"中，"基于 LSA 的多语言领域模型"是其他工作所使用的研究方法。因此，该句子应标注为"目标文本引用方法句"。

②包含他人工作中所使用的研究方法和研究方法所需解决的问题的句子。例如，在句子"Rigutini 等提出一种基于 EM 的学习算法用于 CLTC 中，使用机器翻译技术对英文和意大利文进行翻译"中，"EM"是其他工作所使用的研究方法，是一种算法。"对英文和意大利文进行翻译"是该研究方法所需解决的问题。因此，该句子应标注为"目标文本引用方法句"。

③包含除目标文本外的其他人工作中所使用的研究方法的句子，但该研究方法不是具体的名词短语，而是一种简短的描述。例如，在句子"在传统的社会网络分析方法中，程度中心性的点度中心度的一种最为常见的计算方法是计算网络中其他节点与该节点的连接线条数"中，"计算网络中其他节点与该节点的连接线条数"是方法的简短描述。同时，该句子是描述传统工作中的方法，而非目标文本使用的方法。因此，该句子应标注为"目标文本引用方法句"。

对文章中的每一句话，标注员需要判断其是否为方法句，如果为"否"则标注"0"，如果为"是"，则进一步判断是作者在文中使用的方法还是他人使用的方法，如果为作者自己使用的方法，则标注"1"，如果为他人使用的方法，则标注"2"。

（2）正式标注

根据标注规范，每组中的两名标注员分别对所需标注的50篇文献进行独立标注，对于无法判断类别的句子，标注员及时将其分享到线上讨论群，由邀请的情报学教授帮助进行判别。

（3）组内标注核对

每组标注员完成同一组文章的句子分类标注后，对两人的标注结果进行对比分析，筛选出二者标注类别不一致的句子，经由两人商讨后重新标注为一致的结果，以保证最后每组 50 篇文献标注结果保持一致。

（4）标注结果组间对比

每组标注员对其所负责的文献标注完毕并得到一致的标注结果后，各组之间将所标注文章两两交换，进行二次标注。对于所得的来自其他组的新文章，各组仍按照步骤（3）所述进行标注。如此，每篇文章得到两组标注员的标注结果，随后，两组共计 4 名标注员对其共同标注过的文章进行结果核对，对于两组标注结果不一致的句子，进行多次讨论，最终得到每篇文章每条句子最终的标注类型。

表 5-3 给出了部分研究方法句标注示例。例如，第一句为"企业竞争优势"这一概念的定义，并未表示任何方法的使用，故被标注为"0"，即非方法句。第二句指出原文使用的数据源（专利数据）、测量维度（中心度指标）及构建的模型（基于多重关系网络的综合评价模型），故被标注为"1"，即作者使用方法句。最后一句中提及 Boyack 使用了"引文 - 文本综合方法"，Boyack 是作者引用的其他作者，故该句被标注为"2"，即他人使用方法句。附录 2 给出 60 条标注样例，每个类别分别包含 20 条样例。

表 5-3 研究方法句标注示例

序号	句子内容	所属类别
1	<para>企业竞争优势是指企业在市场竞争中体现出来的区别于其他竞争对手的某种或多种特质，是企业引进变革或创新战略设计的前提	0
2	<para>本文拟从企业技术竞争优势的三个方面（技术创新优势、技术垄断优势、技术利用优势）出发，以专利数据为数据源，以中心度指标为测量维度，构建基于多重关系网络（专利权人合作网络、专利权人引用网络、共专利权人网络）的综合评价模型	1
3	Boyack 比较了直接引用、文献耦合、文献同被引以及引文 - 文本综合方法四种关系，而通过引文-文本综合的方法能够进一步促进技术前沿领域分析的精度[27]	2

5.4.2 研究方法实体标注与核对

在完成研究方法句标注后，需要对句中的研究方法实体进行标注。具体标注与核对过程如下：

（1）确定研究方法实体定义

经由标注员和教授的讨论，本研究中的研究方法实体指的是研究方法句中具体的方法名称。此外，本研究只对作者使用的研究方法实体进行标注，即对类别标注为"1"的方法句中的方法实体进行标注。我们标注了算法、模型、数据库、指标、系统、工具等多种类型的方法实体，包括文章中具有经典名称的方法实体，如"SVM算法"，以及文献作者拟定名称的方法，如"基于主题图的语义化知识推荐模型"。

（2）实际标注工作

方法实体标注工作仍由方法句标注过程中拟定的标注小组负责，每组负责对自己之前识别的方法句进行实体标注。首先将每组标注的研究方法句中类别标为"作者使用方法句"的句子筛选出来，并存入Excel表格中。随后由两名标注员单独标注句中的实体，具体标注方式为在句中出现的方法实体首尾加上"<m>""</m>"标签，标注示例如表5-4所示。我们对方法句中不同类型的方法实体进行了标注，附录3给出了50个研究方法实体标注样例。

表5-4 研究方法实体标注示例

序号	实体内容
1	首先由用户设定最小支持度阈值和最小置信度阈值，使用<m>Apriori算法</m>对数据库进行关联规则挖掘
2	本文首先引入查询词出现信息的概念，随后给出了查询词出现权重的形式化表示，进而将其与<m>BM25模型</m>结合起来
3	为了深入分析非线性评价带来的评价结果实际差距扭曲问题，本文采用<m>回归分析法</m>将非线性评价转换为线性评价并进行深入分析
4	实验采用的数据集合是<m>GOV2数据</m>
5	我们在对原始文档的预处理过程中，经过了词干提取[6]的过程，这个过程应用的是<m>Snowball软件包</m>
6	最后使用<m>Spearman一致性检验</m>对评价结果的有效性进行了检验[13]，从而实现了关联规则兴趣度的评价

（3）组内标注核对

标注员完成标注任务后，我们通过自编程序对每组两人的标注结果进行对比，筛选出二人实体标注不一致的方法句，标注员经商讨对这些句子进行重新标注，得到最终完全一致的方法实体标注结果。

（4）标注结果组间对比

对于标注完毕的方法句，我们将其按照数量均分成 4 份，并重新分配给每个标注小组进行二次标注，各组仍按照步骤（3）所述进行标注。如此，每个方法句得到两组标注员的标注结果，随后，两组共计 4 名标注员对其共同标注过的方法句进行结果核对，对于两组标注结果不一致的实体，进行多次讨论，最终得到每个句子中所包含的方法实体。

5.5 本章小结

本章主要介绍了本研究中的语料库构建工作。目前，方法实体自动抽取工作缺乏大规模、高质量的全文数据语料，为此本研究制定了一套全面、详细的情报学研究方法语料标注规范，对情报学领域研究方法语料库进行构建。首先，我们构建了情报学领域学术论文全文数据库，共得到了 1381 篇 XML 格式学术文献全文。其次，我们在此基础上标注了方法实体自动抽取的训练语料，200 篇文献从全文语料库中被随机抽取出来作为训练数据。通过对训练语料的标注，我们得到了 2678 个作者表明其使用了研究方法的研究方法句，并进一步标注得到了 3841 个研究方法实体。本章构建的情报学研究方法语料库具有重要的理论与实践意义，一方面为相关标注工作提供了可参考的标注规范，其他工作研究人员可在此规范的基础上，针对自身工作需求，制定新的标注规范从而构建其他语料库；另一方面可直接用于情报学领域的方法实体自动抽取工作，从而不断完善现存的情报学研究方法体系，学者们也可在此基础上借助方法实体出现的位置、功能、文本情感等数据，探究情报学领域研究方法的影响力，并开展方法关系分析、方法检索与推荐等工作，进而通过情报学研究方法的发展来分析整个情报学领域的发展。

第 6 章
情报学研究方法句的自动分类

研究方法句分类是指将情报学学科相关文献中的所有句子分成两种类型，分别为非研究方法句和研究方法句。研究方法句是指与研究方法相关的句子。研究方法句又分为两种类型，分别是"论文使用方法句"和"论文引用方法句"。"论文使用方法句"是指包含目标文本中使用到的方法的句子，"论文引用方法句"是指目标文本中引用其他工作中使用到的方法的句子。

研究方法句分类具有如下意义。首先，研究方法句分类是研究方法实体识别的前提。研究方法句的发现能够减少研究方法实体识别的噪音，提升研究方法实体识别的性能。其次，研究方法句分类模型的比较分析，为学科领域的方法体系构建提供了新的思路。可充分利用目前丰富的学术论文、图书等学科领域资源，从海量文本语料中自动抽取研究方法实体，并进一步自动构建研究方法体系。另外，该研究可对海量的学术文献信息资源进行进一步的深度分析、整合和存储，发现学术文献中的隐性知识和规律，丰富信息资源开发与利用的范围。

本章首先介绍与研究方法句分类相关的工作；然后介绍本章使用的研究方法句分类的思路与模型，并比较分析各模型进行研究方法句分类的性能；最后，选择性能较优的模型进行研究方法句分类。

6.1 相关研究概述

研究方法句识别是研究方法词识别的前提。句子识别可作为文本分类任务处理。本文对现有的句子分类任务进行梳理，总结先前工作的经验。句子分类任务是指将文本中的句子按需求进行类别划分。关于学术文本，一般可分为背景、目的、方法、结果和总结等多个类别。现有的句子分类方法分为以下几类：基于规则的分类方法，基于统计模型的分类方法和序列标注方法，基于深度学习模型的卷积神经网络和循环神经网络等方法。

6.1.1 基于规则的句子分类方法

该方法首先选择特征并确定特征所属的类别，接着利用特征匹配文中的句子，根据特征的类别将对应的句子划分到不同的类型。例如，华秀丽等利用两阶段的分类方法，在第一阶段使用基于规则的分类方法，选择位置信息、关键词信息和上下文信息作为特征来对句子进行匹配①。在第二阶段使用机器学习方法，将第一阶段中未分类的句子进行分类。崔海涛等通过英文语法特征和词性进行句子分类②。

6.1.2 基于统计模型的句子分类方法

基于统计模型的方法包括序列标注、分类方法。由于序列标注和分类方法是以特征选择为前提的。因此首先总结特征类别，然后分别对序列标注方法和分类方法进行梳理。

（1）特征选择

在特征选择过程中，一般有以下几类特征：

位置信息③④⑤⑥：句子在全文、章节或摘要中的位置，句子所属位置和句子所属语境类型相关。

---

① 华秀丽，徐凡，王中卿，等. 细粒度科技论文摘要句子分类方法［J］. 计算机工程，2012，38（14）：138-140.

② 崔海涛，黄超. 基于规则的英文句子分类实现［J］. 信息化建设，2015（11）：180-181.

③ 同①.

④ HIROHATA K, OKAZAKI N, ANANIADOU S, et al. Identifying sections in scientific abstracts using conditional random fields［C］//Proceedings of the Third International Joint Conference on Natural Language Processing. AFNLP, 2008：381-388.

⑤ HACHEY B, GROVER C. Sentence classification experiments for legal text summarisation［C］//Proceedings of the 17th Annual Conference on Legal Knowledge and Information Systems. Amsterdam：IOS Press, 2004：29-38.

⑥ LIAKATA M, SAHA S, DOBNIK S, et al. Automatic recognition of conceptualization zones in scientific articles and two life science applications［J］. Bioinformatics, 2012, 28（7）：991-1000.

句子中是否包含关键词①②③④：这里的关键词是指线索词或重复率较高且具有明显类别区分度的单词或短语，这些词是事先确定的，能够帮助判断句子的类别。

n-gram 信息②⑤⑥：包括 uni-gram、bi-gram 等。

句子中词的词频③④：词频一般使用 TF 或 IDF 表示，其中，TF 代表词在文档中的频率，IDF 代表词在语料集中的重要程度。

句子中是否包含引用：句子中引用他人内容的数量。

句子的上下文信息⑤：指待判定语境类型的句子的上一句、下一句的语境类型信息。其他特征包括句子长度②⑥、句子中词的词性⑥等。

（2）序列标注方法

在序列标注方法中，句子类别划分任务主要使用条件随机场（CRF）和最大熵（ME）进行。例如，Hirohata K 等将学术文本的摘要分为 4 个部分，分别为目的、方法、结果和总结，并使用 BI 标注策略，利用条件随机场进行序列标注⑤。Liakata M 等将学术文本分为假设、动机、目标、主题、背景、方法、实验、模型、发现、结果和总结等多个部分，使用两种关系，支持向量机和条件随机场，并比较了两种模型的结果⑥。Hachey B 等比较了多种方法，如条件随机场、最大熵、决策树、朴素贝叶斯等方法②。

（3）分类方法

该方法主要通过事先的特征选择，使用统计分类模型进行类别划分。例如，Nom-

---

① 华秀丽，徐凡，王中卿，等. 细粒度科技论文摘要句子分类方法[J]. 计算机工程，2012，38（14）：138-140.

② HACHEY B, GROVER C. Sentence classification experiments for legal text summarisation [C] //Proceedings of the 17th Annual Conference on Legal Knowledge and Information Systems. Amsterdam：IOS Press，2004：29-38.

③ NOMPONKRANG T, SANRACH C. The comparison of algorithms for Thai-sentence classification [J]. International journal of information and education technology，2016，6（10）：801-808.

④ YAMAMOTO Y, TAKAGI T. A Sentence Classification System for Multi Biomedical Literature Summarization [C] //Proceedings of the International Conference on Data Engineering Workshops. New York：IEEE，2005：1163.

⑤ HIROHATA K, OKAZAKI N, ANANIADOU S, et al. Identifying sections in scientific abstracts using conditional random fields [C] //Proceedings of the Third International Joint Conference on Natural Language Processing. AFNLP，2008：381-388.

⑥ LIAKATA M, SAHA S, DOBNIK S, et al. Automatic recognition of conceptualization zones in scientific articles and two life science applications [J]. Bioinformatics，2012，28（7）：991-1000.

ponkrang T 等①使用关键词和词频等特征，使用决策树模型、朴素贝叶斯模型、K 近邻和支持向量机等对句子进行分类，最后发现支持向量机能够得到最优的结果。Khoo Y M A 等②同样使用朴素贝叶斯、决策树和支持向量机等进行分类。

6.1.3 基于深度学习模型的句子分类方法

在句子分类任务中，深度学习技术被广泛运用。现有的研究主要集中在卷积神经网络和循环神经网络两种模型的使用和改进上。深度学习方法无须人为进行特征选择，模型的性能较突出。本节介绍卷积神经网络和循环神经网络在句子分类中的应用。

（1）卷积神经网络

在关于卷积神经网络的改进上，一般可分为两种：输入端的改进和模型本身的改进。在输入端的改进方面，主要通过改变输入的词关系和预训练的词向量。例如，Hsu S T 等人使用 2 个词到 5 个词的词组作为输入，而不是单个词的输入关系③；Limsopatham N 等使用两种不同的词向量，一种词向量从一般的文本中训练得到，一种词向量从特定领域的文本中训练得到，并将两种词向量进行合并④。在合并过程中，使用了两种策略，一种是直接将两个词向量进行衔接操作；另一种是使用不同的词向量先对句子进行表示，然后将两种句子表示输入卷积层，之后将卷积层学到的两种特征进行衔接操作。第二种操作被证明是更高效的。Mao K 等引入了主题向量的方法，该向量通过 LDA 主题模型学习得到，并将该主题向量与词向量相结合⑤。Mandelbaum A 等为缓解社交媒体短文本中语义信息稀少的问题，引入了图片向量，该方法通过卷积层学习图片向量，然后与

---

① MANDELBAUM A, SHALEV A. Word embeddings and their use in sentence classification tasks[J]. arXiv preprint arXiv：161008229，2016.

② KHOO Y M A, ALBRECHT D. Experiments with sentence classification [C] //Proceedings of the Australasian Language Technology Workshop (ALTW2006). Sydney：ALTW, 2006：18-25.

③ HSU S T, MOON C, JONES P, et al. A hybrid CNN-RNN alignment model for phrase-aware sentence classification[C] //Proceedings of the 15th Conference of the European Chapter of the Association for Computational Linguistics (EACL2017). Stroudsburg：ACL, 2017：443-449.

④ LIMSOPATHAM N, COLLIER N. Modelling the combination of generic and target domain embeddings in a convolutional neural network for sentence classification [C] //Proceedings of the 15th Workshop on Biomedical Natural Language Processing (BioNLP@ ACL2016). Stroudsburg：ACL, 2016：136-140.

⑤ MAO K, MAO K, MAO K, et al. Topic-aware deep compositional models for sentence classification [J]. IEEE/ACM transactions on audio speech & language processing, 2017, 25 (2)：248-260.

词向量相结合①。在模型本身的改进上，文献②③④⑤中发现卷积层存在缺陷，如使用池化层尝试寻找文本中重要的词语或片段，但是无法识别这些词语和片断在多大程度上影响预测结果，于是将注意力机制加入到卷积层之上，其中注意力层能赋予不同的特征以不同的权重，重要的词语具有相对高的权重。在神经网络模型中，参数值的设置对结果的输出具有较大的影响，因此，文献⑥中分析了参数值对卷积神经模型的影响，并给出了最优的参数组。

（2）循环神经网络

相比于卷积神经网络，循环神经网络在句子分类任务中使用较少。循环神经网络在训练过程中，能够学习到前后文信息的影响，一些研究使用了循环神经网络中的 LSTM（长短时记忆网络）、GRU 和 BiLSTM（双向长短时记忆网络）模型进行分类。例如，Chang J 等使用 LSTM 和 GRU 进行模型训练，最终发现 LSTM 在句子分类中能够得到较好的效果⑦。Limsopatham N 等使用 BiLSTM 模型进行训练，在其中引入了字向量和词向量两种向量，然后将两种向量进行衔接操作⑧。

6.1.4 句子分类任务总结

目前，句子分类任务的解决方式分为以下 3 种方法：基于规则的方法；基于统计的

---

① MANDELBAUM A, SHALEV A. Word embeddings and their use in sentence classification tasks [J]. arXiv preprint arXiv：1610.08229, 2016.

② HSU S T, MOON C, JONES P, et al. A hybrid CNN-RNN alignment model for phrase-aware sentence classification[C] //Proceedings of the 15th Conference of the European Chapter of the Association for Computational Linguistics (EACL2017). Stroudsburg：ACL, 2017：443-449.

③ LIU Y, JI L, HUANG R, et al. Multi-grained-attention gated convolutional neural networks for sentence classification [J]. arXiv preprint arXiv：1808.07325, 2018.

④ ZHAO Z, WU Y. Attention-based convolutional neural networks for sentence classification[C] //Proceedings of the 17th Annual Conference of the International Speech Communication Association. San Francisco：ISCA, 2016：705-709.

⑤ 郭宝震，左万利，王英. 采用词向量注意力机制的双路卷积神经网络句子分类模型 [J]. 浙江大学学报（工学版），2018, 52（9）：1729-1737.

⑥ ZHANG Y, WALLACE B. A sensitivity analysis of (and practitioners' guide to) convolutional neural networks for sentence classification [J]. arXiv preprint arXiv：1510.03820, 2015.

⑦ CHUNG J, GULCEHRE C, CHO K H, et al. Empirical evaluation of gated recurrent neural networks on sequence modeling [J]. arXiv preprint arXiv：1412.3555, 2014.

⑧ LIMSOPATHAM N, COLLIER N. Modelling the combination of generic and target domain embeddings in a convolutional neural network for sentence classification[C] //Proceedings of the 15th Workshop on Biomedical Natural Language Processing (BioNLP@ ACL2016). Stroudsburg：ACL, 2016：136-140.

机器学习方法；基于深度学习的方法。下面对3种方法进行总结和比较。

基于规则的方法能得到较高的准确率。同时，基于规则的方法需要事先制定匹配规则，时间成本和人力成本均较高。基于统计的机器学习方法在句子分类任务中有较好的性能，但其仍依赖于人工，特征选择需耗费大量的时间成本和人力成本，且特征选择的优劣较大程度上影响模型结果的好坏。为解决特征选择的问题，深度学习方法在近年来被一部分学者使用，同时出现了相应的改进方法，在句子分类任务中取得了优秀的结果。因此，本书选择使用深度学习方法执行句子分类任务。

6.2 基于深度学习的研究方法句分类思路

本章设计了一种两阶段的研究框架。如图6-1所示，第一阶段是模型选择。使用标注数据集对模型进行训练并测试，从而选择一种研究方法句分类最优模型。第二阶段是句子分类。使用方法句分类最优模型将未标注论文集中的句子分为3个类别，分别是论文使用方法句、论文引用方法句和非研究方法句。

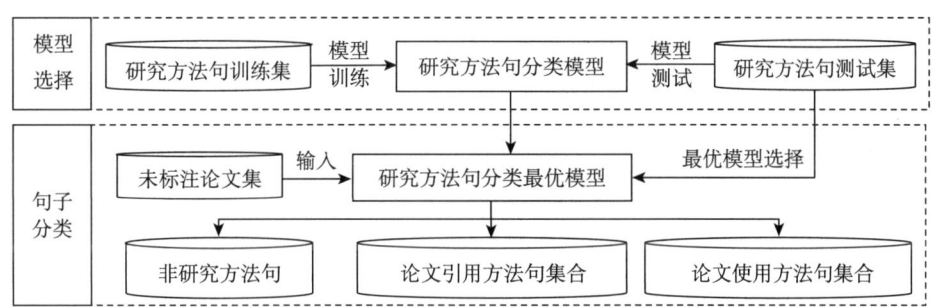

图6-1 两阶段研究方法实体识别模型

本章使用3种研究方法句分类模型，分别是卷积神经网络模型、长短时记忆网络模型和基于注意力机制的循环神经网络模型。下面将分别介绍以上3种模型。另外，本章使用两种模型结构，分别是单阶段结构和两阶段结构。下面也将对这两种结构进行介绍。

假设数据集中包含 n 篇论文 $\{p_1, p_2, \cdots, p_n\}$，其中一篇论文 P_i 中包含 m 个句子 $\{p_{i,1}, p_{i,2}, \cdots, p_{i,m}\}$，其中句子 $p_{i,s}$ 包含 z 个词 $\{p_{i,s,1}, p_{i,s,2}, \cdots, p_{i,s,z}\}$。训练模型中包括卷积神经网络模型、长短时记忆网络模型和基于注意力机制的循环神经网络模型。下面分别介绍它们的基本原理。

6.2.1 卷积神经网络模型

卷积神经网络用来在大规模数据中识别出具有指示性的内容，将它们结合以生成一个固定大小的向量来表示该结构，捕获对当前预测任务最重要的局部特征，其本身是一种特征提取模型。

在文本处理中，卷积神经网络使用一个大小为 k 的滑动窗口在一个句子中滑动，对每个滑动窗口中的词应用一个非线性函数，该函数称为"滤波器"。滤波器的作用是捕获窗口内词的重要属性。接着，使用一个池化层，该层将滤波器得到的向量通过对某一维度取最大值或平均值的方式得到该维度大小的向量。池化层的作用是放大重要的特征。得到的向量将被送入下一层网络中。

本书使用一维卷积神经网络。对于一个句子 $p_{i,s}$，其中有 z 个词 $\{p_{i,s,1}, p_{i,s,2}, \cdots, p_{i,s,z}\}$。每个词 $p_{i,s,m}$ 有对应的词向量 $v_{i,s,m}$。使用大小为 k 的滑动窗口，对序列中的每个窗口使用同一个"滤波器"。其中，滤波器是该窗口向量与权重向量 u 的内积，其后使用一个非线性激活函数 σ。如下式所示，该窗口中的内容使用 x_i 表示：

$$x_i = \text{Concatenate}(v_i, v_{i+k-1}), \tag{6-1}$$

$$h_i = \sigma(x_i \cdot u), \tag{6-2}$$

$$h_i \in \mathbb{R}, x_i \in \mathbb{R}^{k \cdot d_{emb}}, u \in \mathbb{R}^{k \cdot d_{emb}}。 \tag{6-3}$$

池化层则采用下式进行处理：

$$c_{[j]} = \max_{1 < i \leq m} h_{i[j]}, \forall j \in [1, l]。 \tag{6-4}$$

其中，$h_{i[j]}$ 表示 h_i 的第 j 个元素。Max-pooling 的作用是获取整个窗口位置中最显著的信息。

6.2.2 长短时记忆网络模型

在自然语言中，文字的顺序决定文字的语义。循环神经网络能够考虑到输入序列的顺序。其将任意长度的序列表示成定长的向量，同时关注输入的结构化属性。在普通的循环神经网络中，由于当前神经节点的表示与之前所有神经节点的表示相关，则在训练过程的反向传播阶段，会出现梯度爆炸或梯度消失的现象。长短时记忆网络很好地解决了这一问题。长短时记忆网络中引入了门机制和记忆单元。记忆单元用来保存跨时间的记忆及梯度信息。门机制决定有多少新的输入加入记忆单元，以及记忆单元中现有的多少记忆应该被忘记。

$$s_{i,s,m} = R_{\text{LSTM}}(s_{i,s,m-1}, x_{i,s,m}) = [c_{i,s,m}; h_{i,s,m}], \quad (6-5)$$

$$c_{i,s,m} = f \odot c_{i,s,m-1} + i \odot z, \quad (6-6)$$

$$h_{i,s,m} = o \odot \tanh(c_{i,s,m}), \quad (6-7)$$

$$i = \sigma(p_{i,s,m} W^{pi} + h_{i,s,m-1} W^{hi}), \quad (6-8)$$

$$f = \sigma(p_{i,s,m} W^{pf} + h_{i,s,m-1} W^{hf}), \quad (6-9)$$

$$o = \sigma(p_{i,s,m} W^{po} + h_{i,s,m-1} W^{ho}), \quad (6-10)$$

$$z = \tanh(p_{i,s,m} W^{pz} + h_{i,s,m-1} W^{hz}), \quad (6-11)$$

$$y_{i,s,m} = o_{\text{LSTM}}(s_{i,s,m}) = h_{i,s,m}, \quad (6-12)$$

$s_{i,s,m-1} \in \mathbb{R}^{2 \cdot d_h}, x_{i,s,m} \in \mathbb{R}^{d_x}, c_{i,s,m}, h_{i,s,m}, i, f, o, z \in \mathbb{R}^{d_h}, W^{po} \in \mathbb{R}^{d_x \times d_h}, W^{po} \in \mathbb{R}^{d_x \times d_h}$。

时刻 m 的状态由两个向量组成,分别是 $c_{i,s,m}$ 和 $h_{i,s,m}$,$c_{i,s,m}$ 是记忆组件,$h_{i,s,m}$ 是隐藏状态组件。有 3 种门结构 i、f、o 分别控制输入、遗忘和输出。门的值由当前输入 $p_{i,s,m}$ 和前一个状态 $h_{i,s,m-1}$ 的线性组合通过一个 sigmoid 激活函数得到。遗忘门控制有多少先前的记忆被保留 $f \odot c_{i,s,m-1}$,输入门控制有多少更新被保留 $i \odot z$。一个更新候选项 z 由当前输入 $p_{i,s,m}$ 和 $h_{i,s,m-1}$ 的线性组合通过一个 tanh 激活函数来得到,然后记忆 $c_{i,s,m}$ 被更新。最后,$h_{i,s,m}$ 由记忆 $c_{i,s,m}$ 的内容通过一个 tanh 非线性激活函数来得到并受输出门的控制。

6.2.3 基于注意力机制的循环神经网络模型

在网络中,输入句子被编码为单一的向量,该结构强制所得到的向量包含生成时所需要的全部信息。然而,句子中的词语的重要性程度都是不同的,如在情感分类中,句子中的情感词对于情感分类任务更重要。注意力机制是一种能够决定网络中应该关注输入序列中哪些部分的模块。其计算公式如下式所示:

$$v_{i,s} = \sum_{m=1}^{|p_{i,s}|} \alpha_{i,s,m} h_{i,s,m} \circ \quad (6-13)$$

其中,$v_{i,s}$ 为句子 $p_{i,s}$ 的向量表示,其通过句子中所有词 $p_{i,s,m}$ 的注意力权重系数 $\alpha_{i,s,m}$ 和当前状态 $h_{i,s,m}$ 相乘后连加得到。注意力权重系数 $\alpha_{i,s,m}$ 由下式所得:

$$\alpha_{i,s,m} = \text{softmax}(a(h_{i,s,m})) \circ \quad (6-14)$$

其中,a 表示当前状态 $h_{i,s,m}$ 经过一个非线性激活函数 tanh,如下式所示:

$$a(h_{i,s,m}) = \tanh(W_a h_{i,s,m}) \circ \quad (6-15)$$

6.3 研究方法句分类模型构建与结果分析

本章使用多种基于深度学习的神经网络模型进行研究方法句分类,并比较多种分类模型在研究方法句分类任务上的性能。本节首先介绍各神经网络模型,然后对各模型的结果进行比较分析。

6.3.1 研究方法句分类模型

本章使用多种研究方法句分类模型进行研究方法句分类实验,包括基于卷积神经网络的句子分类模型、基于长短时记忆网络的句子分类模型、基于注意力机制的句子分类模型及基于神经网络的三分类句子分类模型。下面分别对这几种分类模型进行介绍。

(1) 基于卷积神经网络的句子分类模型

如图6-2所示,基于卷积神经网络(CNN)的研究方法句分类模型分为5个模块。①输入:将论文中的每个句子以词 $p_{i,s,w}$ 为单位输入到神经网络中;②Embedding层:词需要转化为向量形式输入到模型中,Embedding层的目的在于寻找到词 $p_{i,s,w}$ 对应的词向量 $v_{i,s,w}$;③卷积层(CNN):该层的目的是自动选取输入的词向量中的特征;④池化层(Max Pooling):该层的输入是卷积层的输出,其目的是对卷积层选取的特征进行压缩;⑤输出层:输出论文中的每个句子 $p_{i,s}$ 对应的标签 $y_{i,s}$。

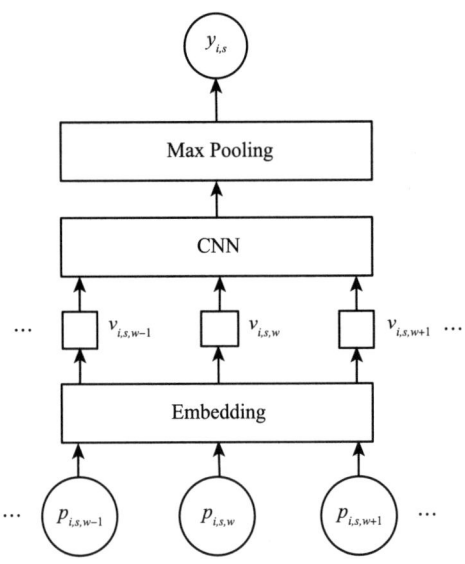

图6-2 基于卷积神经网络的研究方法句分类模型结构

(2) 基于长短时记忆网络的句子分类模型

如图6-3所示,基于长短时记忆网络(LSTM)的研究方法句分类模型分为4个模块。①输入：将论文中的每个句子以词 $p_{i,s,w}$ 为单位输入到神经网络中；②Embedding 层：词需要转化为向量形式输入到模型中，Embedding 层的目的在于寻找到对应的词向量 $v_{i,s,w}$；③长短时记忆层（BiLSTM）：该层的目的是自动选取输入的词向量中的特征；④输出层：输出论文中的每个句子 $p_{i,s}$ 对应的标签 $y_{i,s}$。

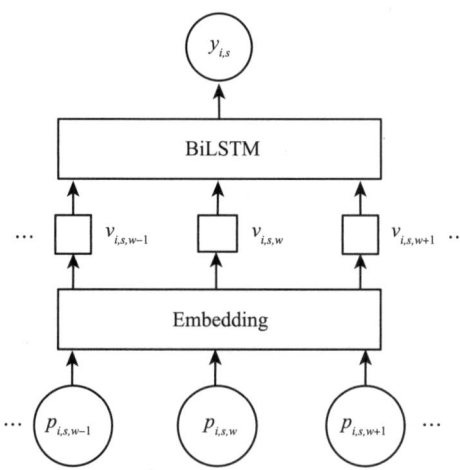

图 6-3　基于长短时记忆网络的研究方法句分类模型结构

（3）基于注意力机制的句子分类模型

如图 6-4 所示，基于注意力机制（Attention Mechnism）的研究方法句分类模型分为 5 个模块。①输入：将论文中的每个句子以词 $p_{i,s,w}$ 为单位输入到神经网络中；②Embedding 层：词需要转化为向量形式输入到模型中，Embedding 层的目的在于寻找到对应的词向量 $v_{i,s,w}$；③长短时记忆层（BiLSTM）：该层的目的是自动选取输入的词向量中的特征；④注意力层（Attention）：该层决定输入序列中哪些部分应该得到更多的关注；⑤输出层：输出论文中的每个句子 $p_{i,s}$ 对应的标签 $y_{i,s}$。

（4）基于神经网络的三分类句子分类模型

本章使用两种类型的神经网络模型。第一种类型是单层次模型，该模型将句子分为 3 类：非研究方法句、论文使用方法句、论文引用方法句，即使用单层次分类模型直接将句子分为 3 类：非研究方法句、论文使用方法句、论文引用方法句。引入 3 种三分类模型，分别为基于卷积神经网络的三分类模型、基于长短时记忆网络的三分类模型、基于注意力机制的三分类模型。

第二种类型是两层次分类模型。如图 6-5 所示，该模型分为两个层次：第一层次

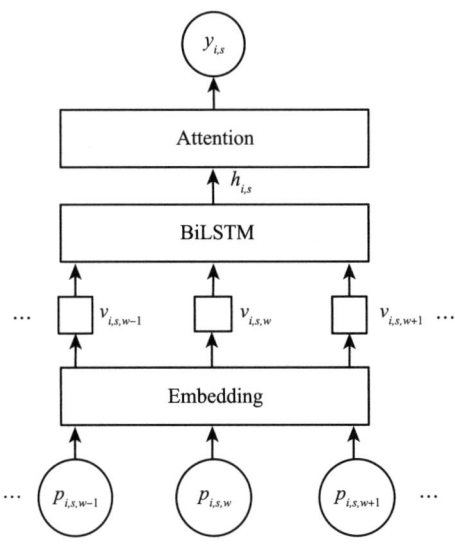

图6-4 基于注意力机制的研究方法句分类模型结构

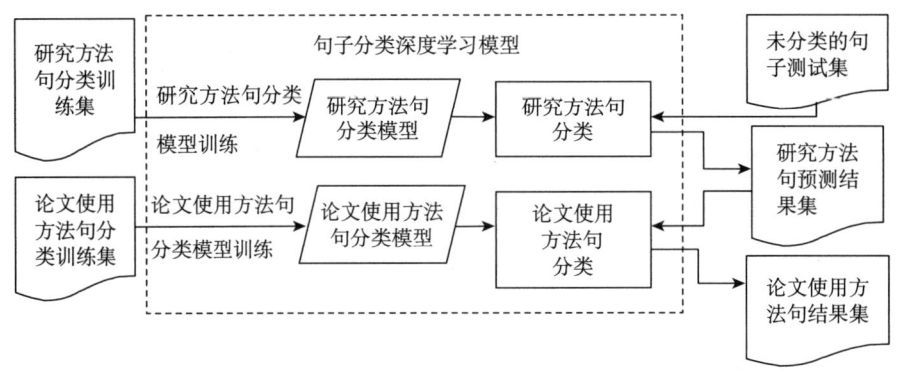

图6-5 基于深度学习的研究方法句分类基本思路

是研究方法句分类，第二层次是论文使用方法句和论文引用方法句分类。研究方法句分类是判断一个句子是否提到了使用的方法。论文使用方法句分类是判断一个句子中提到的方法是否是本文使用的方法。第一层次的研究方法句分类分为4个阶段：①研究方法句分类训练集构建。将所有的已标注文本分为以句子为单位的集合。将句子集合分为两个类别，即研究方法句集合和非研究方法句集合。②研究方法句分类模型训练。将构建的研究方法句集合和非研究方法句集合放入到训练器中进行训练，得到研究方法句分类模型。③研究方法句分类。将待标注的数据集输入到研究方法句分类模型中进行研究方法句分类，以识别研究方法句和非研究方法句。④研究方法句数据集构建。将所有识别为研究方法句的句子构成研究方法句集合，得到研究方法句预测结果集。第二层次的研究方法句分类分为3个阶段：①论文使用方法句分类训练集构建。将所有的已标注文本分为以句子为单位的集合。将研究方法句集合分为两个类别，论文使用方法句集合和论文引用方法句集合。②论文使用方法句分类模型训练。将构建的论文使用方法句集合和论文引用方法句集合放入到训练器进行训练，得到研究方法句分类模型。③论文使用方法句和论文引用方法句分类。将研究方法句分类模型预测得到的预测结果集输入到论文使用方法句分类模型中进行论文使用方法句和论文引用方法句分类，以识别论文使用方法句和非论文使用方法句。

6.3.2 研究方法句分类实验设置

实验设置包括与数据集相关的实验数据集准备、数据预处理工作等。另外，神经网络模型中的词向量准备、模型参数设置是重要的工作。最后，为突出本项目使用的神经网络模型的优势，实验选择多种基准模型进行比较分析。

（1）数据集准备

数据集中共包含198篇《情报学报》论文。按句子为单位将论文分割。将所有句子分为训练集、验证集与测试集。训练集、验证集和测试集的比例为8∶1∶1。在研究方法句分类模型训练中，将数据集分为研究方法句与非研究方法句。将所有研究方法句形成研究方法句集合，非研究方法句形成非研究方法句集合。在论文使用方法句分类模型训练中，将数据集分为论文使用方法句和非论文使用方法句。将所有论文使用方法句形成论文使用方法句集合，非论文使用方法句形成非论文使用方法句集合。数据集统计信息如表6-1所示。

表6-1 研究方法句数据集统计信息　　　　单位：个

数据类型	句子总量	非研究方法句	论文使用方法句	论文引用方法句
训练集	20 936	18 193	2110	633
验证集	2612	2275	260	77
测试集	2608	2306	230	72

（2）文本预处理

文本预处理分为两个部分：①中文分词，使用 ICTCLAS① 进行中文分词。为保证分词质量，使用 13 720 篇中文图书情报学科论文的关键词构建了用户分词词典。②非常用词替换，将文本中的英文词替换为 ENG，引用标签替换为 CITE，URL 路径替换为 URL-COM。

（3）词向量预训练

本章选择使用两种类型的词向量，分别是基于 Word2Vec② 的词向量预训练模型与基于 BERT 的词向量预训练模型。其中，基于 Word2Vec 的词向量预训练模型使用 13 720 篇中文图书情报学科的论文作为词向量训练集。中文文本在词向量训练前须进行分词处理。应用 NLPIR 分词系统，将论文中作者标注的关键词作为用户词典加入到分词系统中，共计 49 108 个用户词。使用 Word2Vec 工具训练词向量。

另外，使用谷歌开源的 BERT 中文预训练字向量语言模型③。该模型以字为单位，包含 110×10^6 个参数。将预训练 BERT 模型应用在目标模型中，可对 BERT 模型进行微调，即基于少量训练样本，将 BERT 作为第一层输入，后面加入多层神经网络，以实现目标模型的训练目标。BERT 模型是一个语言编码器，把输入的句子和词语转化为特征向量。其输入是一个句子或一对句子，句子中的每个词有对应的词向量，该词向量包括词向量（word piece embedding）、位置向量（position embedding）和词语对应的向量表示（segment embedding）。BERT 模型的训练采用两种模式。第一种模式为 Masked 的任务，即遮住句子中一部分单词，让编码器预测这部分单词。第二种模式是句子预测任务，即训练一个二分类模型，来学习句子之后的关系。BERT 模型的训练算法采用双向 Transformer。

（4）模型参数设置

在研究方法句分类和研究方法实体识别任务中，采用交叉熵损失函数和 Rmsprop④ 优化函数。BiLSTM 的神经元个数设置为 300，CNN 的神经元个数设置为 128。

---

① Github. ICTCLAS[EB/OL].［2019-08-12］. https：//github.com/NLPIR-team/NLPIR.
② Google. Word2Vec[EB/OL].［2019-08-12］. https：//code.google.com/archive/p/word2vec/.
③ DEVLIN J, CHANG M-W, LEE K, et al. Bert：Pre-training of deep bidirectional transformers for language understanding［J］. arXiv preprint arXiv：1810.04805, 2018.
④ GRAVES A. Generating sequences with recurrent neural networks［J］. arXiv pre-print arXiv/1308.0850, 2013.

(5）基准模型

随机数方法（Random）：该方法使用随机数生成器随机生成 0、1、2 三种数字。为测试集中的数据赋予生成的随机数。

朴素贝叶斯①（NB）：利用 NB 对句子进行预测分类，这里涉及三类句子：0 代表非研究方法句；1 代表目标文本所使用方法的描述句子；2 代表目标文本引用他人研究中所使用的方法的描述句子。首先对训练语料进行分词，并进行预处理（主要为删除单字词），得到最终的词表，词表长度为 14 116。接下来，对训练语料中的句子，依据 TF-IDF 进行特征选择，并基于 TF-IDF 构建训练语料的向量空间模型。然后将训练语料转换为向量空间模型后，训练 NB 分类模型。最后将训练好的 NB 模型用来对测试集的语料进行分类并得到最终的预测结果。

K 近邻②（KNN）：将训练语料转换为向量空间模型后，训练 KNN 分类模型。最后，将训练好的 KNN 模型用来对测试集的语料进行分类并得到最终的预测结果。

支持向量机③（SVM）：将训练语料转换为向量空间模型后，训练 SVM 分类模型。最后，将训练好的 SVM 模型用来对测试集的语料进行分类并得到最终的预测结果。

6.3.3 研究方法句分类结果分析

使用基于深度学习的神经网络模型进行实验并比较各模型性能。本节首先介绍比较分析时所使用的评测标准，然后根据评测标准对各模型的性能进行分析，选择性能较优的模型进行最终的研究方法句分类。

(1) 评测标准

正确率（ACC）：正确率=分类正确的样本个数/分类的所有样本个数。

定义属于类 C 的样本被正确分类到类 C，记这一类样本数为 TP。不属于类 C 的样本被错误分类到类 C，记这一类样本数为 FN。属于类 C 的样本被错误分类到其他类，记这一类样本数为 TN。不属于类 C 的样本被正确分类到了其他类，记这一类样本数为 FP。

---

① HASTIE T, TIBSHIRANI R, FRIEDMAN J. The elements of statistical learning. Data mining, inference, and prediction[M]. Berlin：Springer-Verlag, 2001.

② KELLER J M, GRAY M R, GIVENS J A. A fuzzy k-nearest neighbor algorithm [J]. IEEE transactions on systems, man, and cybernetics, 1985, 15 (4)：580-585.

③ JOACHIMS T. Text categorization with support vector machines：Learning with many relevant features [C] //Proceedings of the European conference on machine learning. Berlin：Springer, 1998：137-142.

P、R、F_1 值：准确率 P 为 $TP/(TP+FN)$，召回率 R 为 $TP/(TP+TN)$，F_1 值为 $2PR/(P+R)$。

F_1 宏平均：F_1 宏平均（Macro-averaging），是先对每一个类统计指标值，然后对所有类求算术平均值。

$$Macro\_P = \frac{1}{n}\sum_{i=1}^{n} P_i, \qquad (6-16)$$

$$Macro\_R = \frac{1}{n}\sum_{i=1}^{n} R_i, \qquad (6-17)$$

$$Macro\_F = \frac{2 \times Macro\_P \times Macro\_R}{Macro\_P + Macro\_R}。 \qquad (6-18)$$

F_1 微平均：F_1 微平均（Micro-averaging），是对数据集中的每一个实例不分类别进行统计，建立全局混淆矩阵，然后计算相应指标。

$$Micro\_P = \frac{\sum_{i=1}^{n} TP_i}{\sum_{i=1}^{n} TP_i + \sum_{i=1}^{n} FP_i}, \qquad (6-19)$$

$$Micro\_R = \frac{\sum_{i=1}^{n} TP_i}{\sum_{i=1}^{n} TP_i + \sum_{i=1}^{n} FN_i}, \qquad (6-20)$$

$$Micro\_F = \frac{2 \times Micro\_P \times Micro\_R}{Micro\_P + Micro\_R}。 \qquad (6-21)$$

（2）结果分析

研究方法句分类结果如表 6-2 所示，可以得到如下结论。

表 6-2 研究方法句分类模型性能

模型	ACC	$F_1@0$	$F_1@1$	$F_1@2$	$Macro\_F_1$	$Micro\_F_1$
基准模型						
Random	35.20%	50.11%	16.64%	5.61%	24.12%	35.20%
NB	86.60%	92.86%	25.77%	7.27%	44.68%	86.60%
KNN	86.60%	92.77%	16.62%	0.00%	36.46%	86.60%
SVM	87.17%	93.12%	6.52%	0.00%	35.21%	87.17%
Word2Vec						
CNN（Binary）	91.73%	95.70%	61.86%	40.71%	66.09%	91.73%
BiLSTM（Binary）	91.50%	95.40%	67.04%	60.53%	74.32%	91.50%

续表

模型	ACC	$F_1@0$	$F_1@1$	$F_1@2$	$Macro\_F_1$	$Micro\_F_1$
Att-BiLSTM（Binary）	92.80%	96.15%	68.61%	60.81%	75.19%	92.80%
CNN（Single）	91.62%	95.44%	61.54%	20.78%	63.49%	91.62%
BiLSTM（Single）	92.11%	95.66%	67.47%	59.74%	75.78%	92.11%
Att-BiLSTM（Single）	91.84%	95.49%	68.44%	64.94%	76.11%	91.84%
BERT						
CNN（Binary）	93.30%	96.27%	72.90%	72.85%	80.67%	93.30%
BiLSTM（Binary）	93.03%	96.12%	72.02%	69.44%	79.19%	93.03%
Att-BiLSTM（Binary）	93.22%	96.21%	72.90%	70.83%	79.98%	93.22%
CNN（Single）	93.19%	96.12%	74.06%	73.08%	81.09%	93.19%
BiLSTM（Single）	93.42%	96.29%	73.26%	75.17%	81.57%	93.42%
Att-BiLSTM（Single）	93.38%	96.22%	74.95%	71.52%	80.90%	93.38%

注：Word2Vec 代表模型中使用自训练词向量，BERT 代表模型中使用 BERT 开源模型。Single 代表单阶段模型，Binary 代表两阶段模型。ACC 代表句子分类正确率，$F_1@0$ 代表类别为非研究方法句的 F_1 值，$F_1@1$ 代表类别为论文使用方法句的 F_1 值，$F_1@2$ 代表类别为论文引用方法句的 F_1 值，$Macro\_F_1$ 代表 F_1 宏平均，$Micro\_F_1$ 代表 F_1 微平均。

单阶段的双向长短时记忆模型 BiLSTM（Single）的句子分类的总体性能较高。BiLSTM（Single）在准确率（ACC）、F_1 宏平均（$Macro\_F_1$）和 F_1 微平均（$Micro\_F_1$）等评测指标上的性能优于其他模型，分别为 93.42%、81.57% 和 93.42%。这 3 个评测指标用于评估模型在多个类别上整体的性能。因此，该模型在句子分类任务中的整体性能较优。

单阶段的双向长短时记忆模型 BiLSTM（Single）在识别非研究方法句和论文引用方法句上得到较高的性能。BiLSTM（Single）在非研究方法句识别上的 F_1 值（$F_1@0$），论文引用方法句识别上的 F_1 值（$F_1@2$）等评测指标上的性能优于其他模型，分别为 96.29% 和 75.17%。其中，$F_1@2$ 指标值大幅优于其他模型，如比 Att-BiLSTM（Single）和 CNN（Single）模型高出约 4 个和 2 个百分点。

单阶段的基于注意力机制的双向长短时记忆模型 Att-BiLSTM（Single）在识别论文使用方法句上性能较高。Att-BiLSTM（Single）模型在论文使用方法句识别上的 F_1 值（$F_1@1$）评测指标上的性能优于其他模型，为 74.95%。虽然其性能较优，但提升幅度较小，如比 BiLSTM（Single）和 CNN（Single）模型高出约 1 个百分点。

研究方法句的识别可进一步进行研究方法实体识别。句子分类的准确性能够保证研究方法实体识别的性能。因此,为保证研究方法句识别的准确率,即被正确预测为某一类别的句子的比重,进一步分析各模型的准确率 P,结果如表 6-3 所示。

表 6-3 神经网络模型的准确率值

模型	P@0	P@1	P@2
CNN (Binary)	96.10%	73.62%	74.32%
BiLSTM (Binary)	95.77%	73.02%	74.63%
Att-BiLSTM (Binary)	95.90%	73.62%	76.12%
CNN (Single)	96.42%	72.43%	72.15%
BiLSTM (Single)	96.10%	73.83%	77.78%
Att-BiLSTM (Single)	96.22%	74.52%	72.97%

在表 6-3 中,在非研究方法句识别中,单阶段的卷积神经网络模型 CNN (Single) 能得到较高的准确率($P@0$),为 96.42%。在论文使用方法句识别中,单阶段的基于注意力机制的双向长短时记忆网络模型 Att-BiLSTM (Single) 具有较高的准确率($P@1$),为 74.52%。在论文引用方法句识别中,单阶段的双向长短时记忆网络模型 BiLSTM (Single) 得到较高的准确率($P@2$),为 77.78%。虽然 CNN (Single) 和 Att-BiLSTM (Single) 准确率较高,但与其他模型相比没有大幅提升。例如,在 $P@1$ 中,Att-BiLSTM (Single) 的值仅比 BiLSTM (Single) 高不足 1 个百分点。虽然 BiLSTM (Single) 模型仅在论文引用方法句识别中的准确率较高,但与其他模型相比,提升幅度较大,如其值超过 CNN (Single) 和 Att-BiLSTM (Single) 约 5 个百分点。另外,BiLSTM (Single) 模型在非研究方法句识别和论文使用方法句识别中的性能也较优。因此,选择使用单阶段的双向长短时记忆网络模型 BiLSTM (Single) 进行研究方法句分类。

6.4 研究方法句分类测试语料的分类及其结果分析

选择单阶段的双向长短时记忆网络模型进行研究方法句识别测试语料实验。在该实验中,本节首先介绍用于研究方法句识别的测试语料,然后介绍数据集的处理过程,最后分析研究方法句识别的结果。

6.4.1 数据集介绍

采集《情报学报》2009—2018 年的 1170 篇中文论文,包括题名、摘要、作者信息、关键词与全文内容，将题名、作者信息与关键词信息剔除，保留摘要与全文内容。在全文内容中，删除表格标题与图标题。使用4种句末标点进行分句，即句号、感叹号、省略号与问号。分句后总计163 596个句子。

6.4.2 数据预处理

文本预处理分为两个部分：①中文分词，使用ICTCLAS进行中文分词。为保证分词质量，使用13 720篇中文图书情报学科论文的关键词构建了用户分词词典。②非常用词替换，将文本中的引用标签替换为CITE，URL路径替换为URLCOM。

6.4.3 研究方法句分类结果

使用单阶段的长短时记忆网络模型进行研究方法句分类。训练集为198篇已标注论文，共26 206个句子。共识别得到15 276句论文使用方法句，5655句论文引用方法句。部分实例如表6-4和表6-5所示。更多的关于论文使用的方法句与论文引用的方法句分类结果，分别参见附录4与附录5。

表6-4 论文使用方法句实例

序号	论文使用方法句
1	本文设计实现了一个急救知识问答系统，该系统以常问问题集（FAQ）为查询对象，利用信息检索的方法对用户通过手机发送的问题进行分析，匹配问题集中最相似的问题—答案对返回给用户
2	本文使用Citespace R3软件中的聚类功能来揭示出共被引网络中主要的连片和团簇（cluster）子网络，高被引期刊和作者在网络里会形成连片结构
3	首先通过一个术语对，采用Web挖掘技术，获取潜在的匹配模式
4	运用科学计量学方法，通过Bibexcel软件，对出现频次居前55位的高频关键词进行共现分析，生成共现矩阵，然后利用SPSS软件，进行多维尺度分析（Multi-dimension Analysis）、聚类分析（Cluste Analysis）和因子分析（Factor Analysis），分别绘制以高频关键词为内容的国际生物科学与工程前沿知识图谱，从而客观而形象地显示出该学科前沿研究的主流领域及其所关注的热点问题
5	本文以Web of Science数据库1900年到2013年11月1日的2326篇撤销论文记录为研究对象，分别从撤销论文的年份、学科、国家、期刊、机构及作者6个方面进行了分析与对比，得出主要结论如下

表6-5 论文引用方法句实例

序号	论文引用方法句
1	文献[11]是先采用 SA—Tree 组织数据集,然后再用 MinMax 剪枝和局部 MinDist 剪枝方法,其实质也是预测查询超球的半径
2	Davis 等通过实证研究发现,作为中介变量,"使用态度"并不能完全传递有用认知与易用认知对使用意向的影响,鉴于此,为了进一步简化原 TAM 模型,随后的许多研究者都舍弃了使用态度这一概念
3	Swan 和 Allan 建立了一个基于统计模型的二项式分布,以确定检索信息的显著性[24]
4	目前在中医药领域科研热点的研究中,应用较多的方法是单纯的主题词统计和排序分析方法
5	邱均平、张荣等[3]提出了期刊评价指标体系的三维层次结构图,并利用灰色关联法进行评价

6.4.4 研究方法句年份分布分析

现有研究对科技论文中的研究内容进行了初步探析,如分析论文中的研究方法和手段的数量、论文的研究角度与论文的写作方式。大部分研究都是基于摘要内容进行的,而通过论文全文进行研究内容分析的较少。论文全文中的研究方法句能够反映一篇论文中研究方法的使用情况。将研究方法句分为两种,分别是论文使用方法句和论文引用方法句。论文使用方法句是指描述论文中使用或提出的方法的句子。论文使用方法句数量越多,则说明论文中使用的研究方法越多,该论文的内容越偏向于研究型论文。论文引用方法句是指描述其他论文中使用到的或提出的方法的句子。论文引用方法句越多,则一篇论文中对其他方法的描述越多。这说明该论文较倾向于改进已有方法或与已有方法进行比较。

本节主要分析不同年份下研究方法句的分布情况,如论文使用方法句在不同年份的平均数量和论文引用方法句在不同年份的平均数量。分析不同年份下研究方法句的分布,具有以下意义:①学术论文期刊通过分析不同年份下本期刊中研究方法句的分布,可以掌握本期刊论文内容的发展趋势,如期刊是否在某一年份趋向于录用研究型论文;②学科领域通过分析不同年份下该学科期刊中研究方法句的分布,可以把握学科的整体发展路径,如学科是否趋向于研究方法驱动型。

分析研究方法句在不同年份下的分布,需要统计不同年份下每篇论文的论文使用方法句数量、论文引用方法句数量和论文句子总数量。以 6.4.3 中的研究方法句分类结果为依据,确定论文使用方法句和论文引用方法句。

(1) 论文使用方法句年份分布分析

论文使用方法句占比是指论文使用方法句数量与论文句子总数量的比例。取每一年份下所有论文的论文使用方法句占比的平均数,具体分布如图 6-6 所示。可以发现,论文使用方法句的分布分 4 个阶段:第一阶段为 2009—2013 年,呈现整体上升趋势。在这个阶段,论文中论文使用方法句数量不断增加。由此表明,在这一阶段《情报学报》中的研究型和实验型论文的数量不断增加。第二阶段为 2013—2015 年,呈现下降趋势。在这个阶段,论文中论文使用方法句数量开始下降。由此表明,在这一阶段《情报学报》可能意识到研究型和实验型论文不断增加的困境,开始增加理论型论文的录用。第三阶段为 2015—2017 年,呈现平缓的趋势。在这个阶段,论文中论文使用方法句的比例较平缓。该现象表明,在这一阶段《情报学报》中研究型论文的比例趋向于固定。第四阶段为 2017—2018 年,呈现急速下降趋势。在这个阶段,论文中论文使用方法句的比例呈现下降趋势。由此表明,在这一阶段《情报学报》逐渐重视情报学中理论的发展。现今,情报学学科正在不断建设学科的理论体系[①],因此,以上趋势在一定程度上体现了情报学学科的发展趋势。

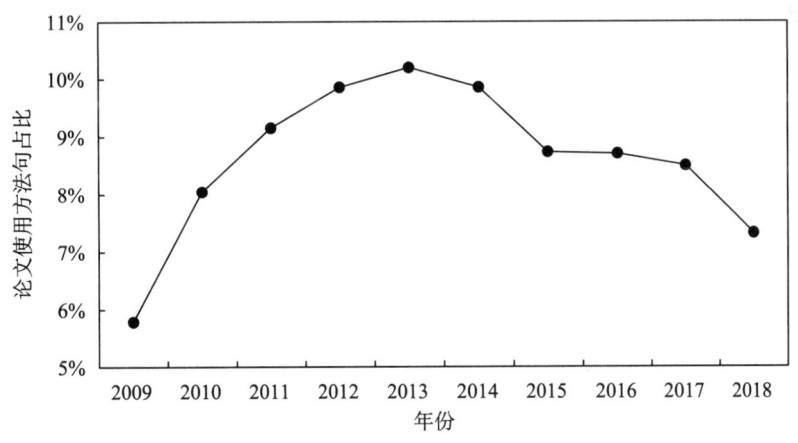

图 6-6 论文使用方法句年份分布情况

---

① 包昌火,金学慧,张婧,等. 论中国情报学学科体系的构建[J]. 情报杂志,2018,37 (10):1-11,41.

(2) 论文引用方法句年份分布分析

论文引用方法句是论文中对先前工作的引用。引用包括多种情况，如与已有方法进行比较或使用已有研究工作中的方法的情况，都需要引用已有方法对应的文献。论文引用方法句占比是指论文引用方法句和论文句子总数量的比例。取每一年份下所有的论文的论文引用方法句占比的平均数。论文引用方法句占比越高，则表示论文中越倾向于使用已有方法或与已有方法进行比较研究。具体分布如图6-7所示。可以看出，论文引用方法句的分布分为3个阶段：第一个阶段为2009—2010年，呈现急速上升的趋势。在这个阶段，论文引用方法句比例上升。这一现象表明，在这一阶段《情报学报》中的论文较倾向于使用已有研究工作中的方法或提出新方法与已有方法进行比较。第二个阶段为2010—2014年，呈现波动上升的趋势。在这个阶段，论文引用方法句比例缓慢上升。这一现象表明，在这一阶段《情报学报》中的论文仍习惯于使用已有研究工作中的方法或与已有方法相比较。第三个阶段为2014—2018年，呈现持续下降的趋势。在这个阶段，论文引用方法句比例波动下降。这一现象与图6-6中2014—2018年论文使用方法句比例下降的趋势相结合，可以总结得到这一时期《情报学报》中有关研究型和实验型的论文下降，理论型论文数量上升，从而使论文引用方法句的数量也随之下降。

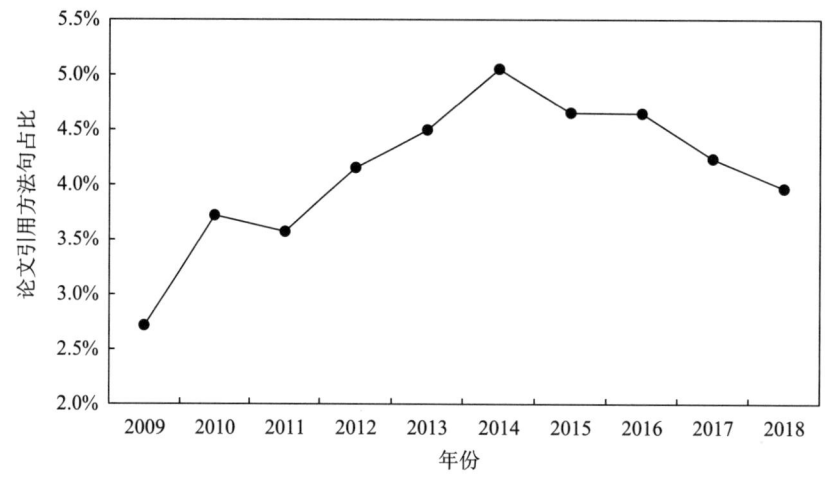

图6-7 论文引用方法句年份分布情况

(3) 论文引用方法句与论文使用方法句比例分析

论文引用方法句与论文使用方法句之比是指论文引用方法句和论文使用方法句数量的

比例。取每一年份下所有的论文的论文引用方法句与论文使用方法句之比的平均数。具体分布如图6-8所示。该比例越高，说明论文中提到已有方法的句子越多，提及论文使用的方法的句子越少。这表明，随着该比例上升，论文的创新性在一定程度上下降。从图6-8中可以看出，论文引用方法句与论文使用方法句之比的分布分为3个阶段：第一个阶段为2009—2015年，呈现波动上升趋势；第二个阶段为2015—2016年，呈现急速下降趋势；第三个阶段为2016—2018年，呈现上升的趋势。

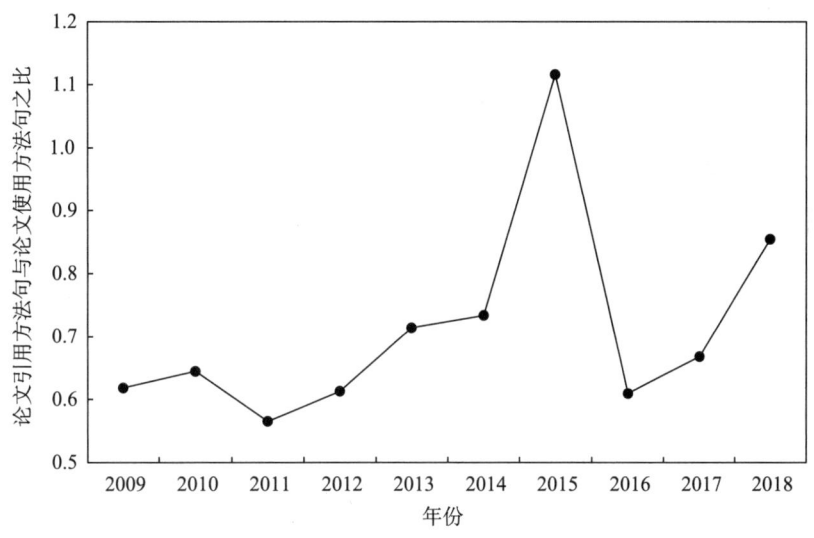

图6-8　论文引用方法句与论文使用方法句之比

6.4.5　研究方法句句长分析

研究方法句的句子长度是指一个研究方法句中中文字符和英文单词的个数。一个研究方法句的句子长度越长，则在一定程度上代表某一方法越复杂，需要越多的词汇进行描述。因此，通过分析不同年份下研究方法句的句子长度，可以进一步分析论文使用的或引用的研究方法的复杂性。研究方法句的句子长度由中文字符的个数和英文单词的个数决定。每一个中文字符计为一个长度，每一个英文单词计为一个长度（英文单词由空格分割）。

（1）论文使用方法句句子长度年份分布

为分析不同年份下论文使用方法句的平均长度，计算各年份下所有论文使用方法句的句子长度的平均值，具体数值如图6-9所示。可以看出，随着年份的推移，论文使用方法句平均长度呈现波动上升的趋势。这表明随着年份的推移,《情报学报》论文中使用的研究方法复杂度逐渐提升。

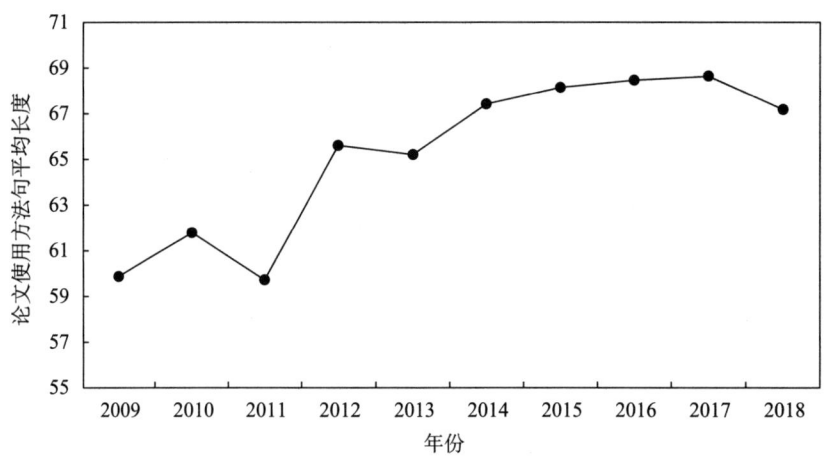

图 6-9　不同年份下论文使用方法句平均长度

(2) 论文引用方法句句子长度年份分布

为分析不同年份下论文引用方法句的平均长度,计算各年份下所有论文引用方法句的句子长度的平均值。具体数值如图 6-10 所示。可以看出,随着年份的推移,论文引用方法句平均长度呈现波动上升的趋势。这表明随着年份的推移,《情报学报》论文中引用的研究方法复杂度逐渐提升。

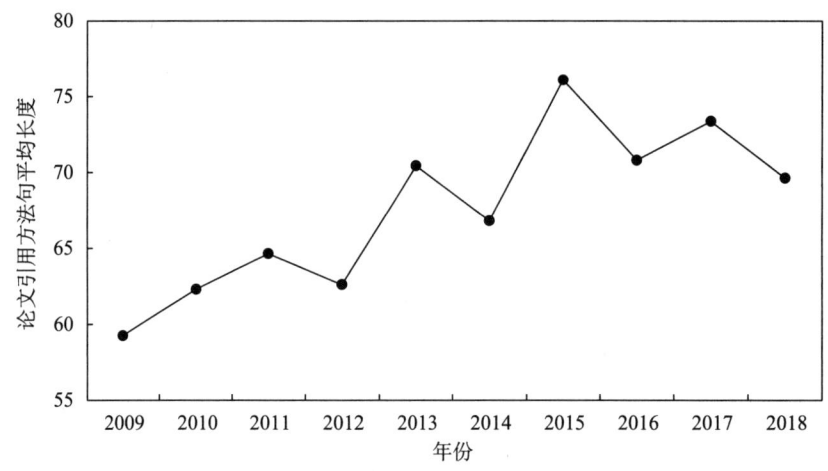

图 6-10　不同年份下论文引用方法句平均长度

6.5 本章小结

本章使用多种神经网络模型将论文中的句子分为 3 类，分别是论文使用方法句、论文引用方法句和非研究方法句。为进行句子分类，在 6.1 节，进行了相关工作的整理和评述，比较多种句子分类方法的优劣。通过大量的文献分析，选择神经网络模型方法作为句子分类方法。在 6.2 节，介绍了 3 种神经网络模型，并将这 3 种模型用于本章的句子分类任务中，分别是卷积神经网络模型、长短时记忆网络模型和基于注意力机制的模型。在神经网络输入端，选择使用两种词向量模型，分别是 BERT 词向量预训练模型和 Word2Vec 词向量预训练模型。另外，使用两种结构的神经网络模型，分别是单阶段模型和两阶段模型。在 6.3 节，最终从 3 类神经网络模型中选择最优模型，并将该模型用于最终的句子分类任务中。首先，构建了一个包含 198 篇文献的人工标注数据集，并将该数据集分为训练集、验证集和测试集。其中，训练集用来训练神经网络模型，验证集用于进行神经网络模型的参数选择，测试集用于测试模型的性能。经实验，发现句子分类最优模型为单阶段的双向长短时记忆网络模型。在 6.4 节，使用单阶段的双向长短时记忆网络模型从大量文献中抽取得到了论文使用方法句和论文引用方法句。根据抽取结果，对研究方法句的分布进行了分析。分析从两个角度开展，一是研究方法句数量的比例在不同年份上的变化，二是研究方法句长度在不同年份上的变化。

第 7 章
情报学研究方法实体识别

研究方法实体是一类名词短语,包括研究中用到的框架、模型、算法、函数、数据集或语料、工具或平台等。该名词短语代表目标文本中使用到的研究方法。本章旨在从科技文献中进行研究方法实体的自动识别和抽取。传统的研究成本较高且无法对海量数据进行有效处理。本章拟采取的研究方法,可充分利用目前丰富的学术论文、图书等学科领域资源,从海量文本语料中自动抽取研究方法实体,并进一步自动构建研究方法体系,为学科领域的方法体系构建提供新的思路。

本章首先介绍与研究方法实体识别相关的工作;然后介绍使用的研究方法实体识别的思路与模型,并比较分析各模型进行研究方法实体识别的性能;最后选择性能较优的模型进行研究方法实体识别。

7.1 识别方法概述

有效的研究问题和研究方法的实体识别方法可以帮助识别正确的实体。研究问题和研究方法识别模型可分为以下类型:专家标注法、基于规则匹配的方法、基于机器学习的方法和混合模型方法。下面分别介绍这 4 种研究方法识别模型,并总结其优点与不足。

7.1.1 专家标注法

该方法一般通过预定义的研究方法体系,聘请专家对学术文本进行标注。例如,储荷婷等使用预定义研究方法体系为学术文本赋予研究方法。Chu H 等使用人工标注的方法，分析了不同的学术期刊中研究方法（主要是收集数据的方法）的分布[①]。James Howison 和 Julia Bullard 使用人工标注的方法，根据标注体系发现软件名称[②]。专家标注法成本昂贵、耗时耗力。

7.1.2 基于规则匹配的方法

在该方法中，首先需人工定义规则，接着根据规则进行研究方法词的匹配。Gupta S 等为识别研究方法实体设计了匹配规则以匹配得到新词汇，包括使用"rules"进行研究方法实体匹配[③]，然后使用 Bootstrapping 方法根据匹配到的新词汇寻找新模板。规则匹配方式正确率较高，需人工定制模板。

7.1.3 基于机器学习的方法

该方法一般将实体识别看作分类任务或序列标注任务。Heffernan K 等将研究方法识别作为分类任务，使用支持向量机、朴素贝叶斯和逻辑斯蒂回归等分类算法，结合 N-gram、情感极性、词性、是否为否定词、篇章信息（如引言和未来工作中存在研究方法词的可能性较大）等特征。研究发现，支持向量机取得了最佳的研究方法识别效果[④]。Kovačević A 等使用两层模型进行研究方法词识别，分为研究方法句识别和研究方法词识别[⑤]。在研究方法句识别中，将句子分为 7 种类别，分别为背景句、目的句、对比句、其他、解决、结果、研究方法句等，结合词典特征、语法特征、词频特征和引用特征等特征，使用支持向量机、K-近邻、决策树和朴素贝叶斯算法进行句子分类。研究方法词

[①] CHU H, KE Q. Research methods: What's in the name? [J]. Library & information science research, 2017, 39 (4): 284-294.

[②] HOWISON J, BULLARD J. Software in the scientific literature: Problems with seeing, finding, and using software mentioned in the biology literature [J]. Journal of the association for information science and technology, 2015, 67 (9): 2137-2155.

[③] GUPTA S, MANNING C. Analyzing the dynamics of research by extracting key aspects of scientific papers [C] //Proceedings of the 5th International Joint Conference on Natural Language Processing (IJCNLP2011). Stroudsburg: ACL, 2011: 1-9.

[④] HEFFERNAN K, TEUFEL S. Identifying problems and solutions in scientific text [J]. Scientometrics, 2018, 116 (2): 1367-1382.

[⑤] KOVAČEVIĆ A, KONJOVIĆ Z, MILOSAVLJEVIĆ B, et al. Mining methodologies from NLP publications: A case study in automatic terminology recognition [J]. Computer speech & language, 2012, 26 (2): 105-126.

识别主要从识别出的研究方法句中识别研究方法,研究方法词分为任务词、方法词、资源/特征词、应用词等类型,使用 CRF 序列标注方法。ZADEH Q B 等使用分类模型①,首先从文本中抽取候选词,并将候选词表示为向量空间模型(通过计算候选词和上下文窗口中的词语的共现频率),使用 K 近邻方法计算与预先选择的种子词的相似度以得到最终识别结果。程齐凯使用 CRF 序列标注模型从标题和摘要中识别方法词和问题词,使用多标记标注关系 M(方法词)、T(问题词)、O(其他词汇),结合多种特征,如词汇组合特征、词性特征、动词信息、组块特征、句法特征和动词角色特征②。基于机器学习的方法依赖于标注语料和特征工程,因此,需构建有效的研究方法标注语料和分类特征。

7.1.4 混合模型方法

混合模型一般是规则方法和机器学习方法等多种模型结合在一起。Houhgbo H 等使用两层结构,首先进行研究方法句识别,然后识别方法词③。在第一层次研究方法句识别中,通过"method"关键词,使用规则匹配进行研究方法句定位;在第二层次,使用条件随机场方法,结合词语特征、词性、词形和词位置等特征进行识别。Tuarob S 等从学术文本中抽取研究方法词,该文使用两种方式,即基于规则匹配的方法和机器学习方法④。在规则匹配方法中,判断句子是否包含"algorithm"(算法)等关键词,并根据关键词进行定位。在机器学习方法中,使用 26 种特征,包括内容特征和上下文特征等,并使用随机生成树、朴素贝叶斯、SVM 等算法进行分类。混合模型方法结合多种方法,能够融合多种模型的优势。

---

① ZADEH Q B, HANDSCHUH S. Investigating context parameters in technology term recognition [C] //Proceedings of the COLING Workshop on Synchronic and Diachronic Approaches to Analyzing Technical Language. Stroudsburg: ACL, 2014: 1-10.

② 程齐凯,李信. 面向语义出版的学术文本词汇语义功能自动识别 [J]. 数字图书馆论坛,2017(8): 24-31.

③ HOUNGBO H, MERCER R E. Method mention extraction from scientific research papers [C] //Proceedings of International Conference on Computational Linguistics (COLING 2012). Stroudsburg: ACL, 2012: 1211-1222.

④ TUAROB S, BHATIA S, MITRA P, et al. AlgorithmSeer: A system for extracting and searching for algorithms in scholarly big data [J]. IEEE transactions on big data, 2016, 2 (1): 3-17.

7.1.5 研究方法实体识别方法总结

目前,研究方法识别的解决方式分为以下 4 种方法:专家标注法、基于规则匹配的方法、基于机器学习的方法、混合模型。下面对 4 种方法进行总结和比较。

专家标注法和基于规则匹配的方法能得到较高的准确率。专家标注法需聘请专家进行标注,耗时耗力。基于规则匹配的方法需要事先制定匹配规则,时间成本和人力成本均较高。基于统计的机器学习方法在研究方法识别任务中有较好的性能,但其仍依赖于人工,特征选择需耗费大量的时间成本和人力成本,且特征选择的优劣较大程度上影响模型结果的好坏。为解决特征选择的问题,应用深度学习的方法进行研究方法识别任务。深度学习模型因其高效的性能,在近年来被一部分学者使用。因此,选择深度学习模型执行句子分类任务。

7.2 基于深度学习模型的研究方法实体识别思路

本节主要介绍研究方法实体识别的流程。如图 7-1 所示,研究方法实体识别主要分为 4 个部分:①数据集准备。在已标注数据集中选择包含研究方法实体的句子,将其形成研究方法实体标注数据集。②模型训练。将研究方法实体数据集输入到研究方法实体训练算法中进行训练,得到方法识别模型。③实体识别。使用高效的方法识别模型从未标注的数据集中识别研究方法实体。④研究方法实体汇总。将识别得到的研究方法实体

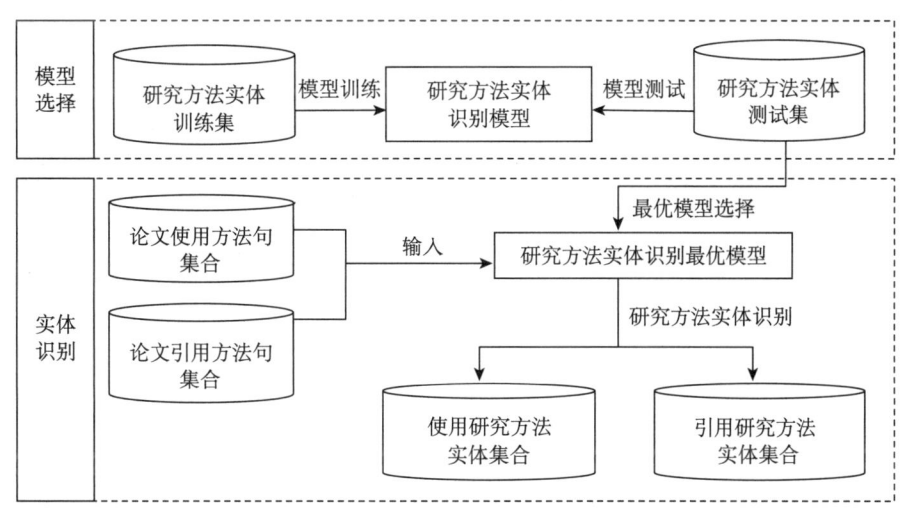

图 7-1 研究方法实体识别基本思路

进行汇总得到研究方法实体集合。

使用多种研究方法实体识别模型进行实验，其中包括基于长短时记忆网络的模型、基于长短时记忆网络与 CRF 结合的模型及联合训练模型。具体对基于长短时记忆网络与 CRF 结合的模型及联合训练模型的思想进行介绍。

7.2.1 基于长短时记忆网络与 CRF 结合的模型

该模型在长短时记忆网络的输出端搭建一层 CRF 模型。CRF 层可以为最后预测的标签添加一些约束来保证预测的标签是合法的。在训练数据训练过程中，这些约束可以通过 CRF 层自动学习得到。例如，对于给定的输入 $p_{i,s} = \{p_{i,s,1}, p_{i,s,2}, \cdots, p_{i,s,z}\}$，经过 LSTM 层后得到输出 $G \in \mathbb{R}^{n \times k}$，其中 k 为实体标记的数目，$G_{i,s,z,j}$ 为词 $p_{i,s,z}$ 被预测为实体 j 的分数。对于一条标记序列 $y_{i,s} = \{y_{i,s,1}, y_{i,s,2}, \cdots, y_{i,s,z}\}$，定义

$$t(p_{i,s}, y_{i,s}) = \sum_{m=1}^{n} G_{i,s,m,y_{i,s,m}} + \sum_{m=1}^{n} A_{y_{i,s,m}, y_{i,s,m+1}} \text{。} \quad (7-1)$$

其中，A 为转移矩阵，$A_{y_{i,s,m}}$ 为从一个标记转移到另一个标记的分数。对分数 $t(p_{i,s}, y_{i,s})$ 取 Softmax 做规范化，则得到 $y_{i,s}$ 的预测概率：

$$q(p_{i,s} | y_{i,s}) = \frac{e^{t(p_{i,s}, y_{i,s})}}{\sum_{\overline{y_{i,s}} \in Y_X} e^{t(p_{i,s}, \overline{y_{i,s}})}} \text{。} \quad (7-2)$$

其中，分母表示对所有可能的标记序列的分数求和。在训练时，会最大化 $\ln[q(p_{i,s} | y_{i,s})]$：

$$\begin{aligned}\ln[q(p_{i,s} | y_{i,s})] &= t(p_{i,s}, y_{i,s}) - \ln(\sum_{\overline{y_{i,s}} \in Y_X} e^{t(p_{i,s}, \overline{y_{i,s}})}) \\ &= t(p_{i,s}, y_{i,s}) - \ln_{\overline{y_{i,s}} \in Y_X} t(p_{i,s}, y_{i,s}) \text{。}\end{aligned} \quad (7-3)$$

7.2.2 联合训练模型

联合模型的思想来源于文献[①]，其将实体识别分为两个步骤，分别为是否是方法实体识别，是方法实体哪一部分识别。第一层次的是否是方法实体识别是一个两分类的序列标注模型，第二层次的是方法实体哪一部分识别是一个五分类的序列标注模型学术文

---

① ZHANG Q, WANG Y, GONG Y Y, et al. Keyphrase extraction using deep recurrent neural networks on twitter[C] //Proceedings of the 2016 Conference on Empirical Methods in Natural Language Processing (EMNLP). Stroudsburg：ACL, 2016：836-845.

献全文语料。第一层次的输出为第二层次的输入。第二层次的五分类序列标注模型的各类别的具体含义如表7-1所示。

表7-1 五分类序列标注模型中各类别含义

类别	含义
SINGLE	$p_{i,s,z}$是单个研究方法实体词
BEGIN	$p_{i,s,z}$是研究方法实体词的第一个词
MIDDLE	$p_{i,s,z}$是研究方法实体词的中间词
END	$p_{i,s,z}$是研究方法实体词的最后一个词
NOT	$p_{i,s,z}$不是研究方法实体词

7.3 研究方法实体识别模型构建与结果分析

本章使用多种基于深度学习的神经网络模型进行研究方法实体识别,并比较各模型在研究方法实体识别任务上的性能。本节首先介绍各神经网络模型,然后对各模型的结果进行比较分析。

7.3.1 研究方法实体识别模型

假设数据集中包含 n 篇论文 $\{p_1,p_2,\cdots,p_n\}$,其中一篇论文 p_i 中包含 m 个句子 $\{p_{i,1},p_{i,2},\cdots,p_{i,m}\}$,其中一个句子 $p_{i,s}$ 包含 z 个词 $\{p_{i,s,1},p_{i,s,2},\cdots,p_{i,s,z}\}$。使用3种研究方法实体识别模型,分别是基于长短时记忆网络(LSTM)的研究方法实体识别模型、基于长短时记忆网络与CRF结合的研究方法实体识别模型和基于联合训练的研究方法实体识别模型。下面分别对这几种研究方法实体识别模型进行介绍。

(1)基于长短时记忆网络的研究方法实体识别模型

如图7-2所示,基于长短时记忆网络的研究方法实体识别模型由4个模块组成。①输入层:将每句话 $p_{i,s}$ 以词 $p_{i,s,w}$ 为单位进行输入。②Embedding层:该层的作用在于查找词 $p_{i,s,w}$ 的词向量表示 $v_{i,s,w}$。③BiLSTM层:该层接收词向量表示 $v_{i,s,w}$ 作为输入,经过BiLSTM后,将每个词表示为一个固定长度的输出 $s_{i,s,w}$。④输出层:该层使用一个Softmax层将 $h_{i,s,w}$ 表示为一个概率形式。

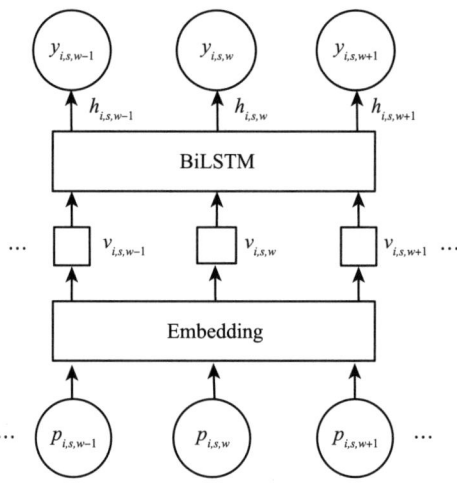

图7-2 基于长短时记忆网络的研究方法实体识别模型

(2) 基于长短时记忆网络与CRF结合的研究方法实体识别模型

如图7-3所示,基于长短时记忆网络的研究方法实体识别模型由5个模块组成。①输入层:将每句话 $p_{i,s}$ 以词 $p_{i,s,w}$ 为单位进行输入。②Embedding层:该层的作用在于查找词 $p_{i,s,w}$ 的词向量表示 $v_{i,s,w}$。③BiLSTM层:该层接收词向量表示 $v_{i,s,w}$ 作为输入,经过

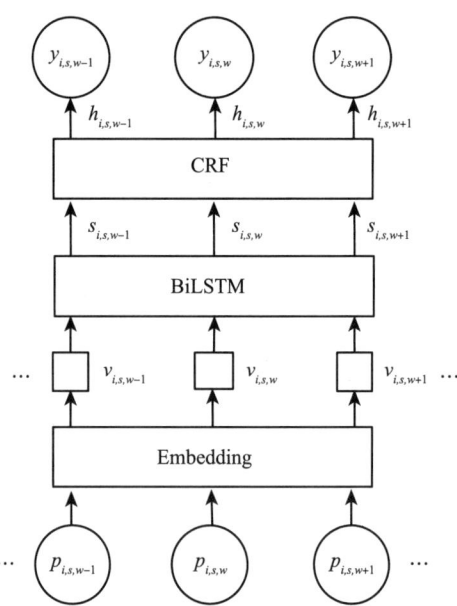

图7-3 基于长短时记忆网络与CRF结合的研究方法实体识别模型

BiLSTM 后，将每个词表示为一个固定长度的输出 $s_{i,s,w}$。④CRF 层：该层接受 BiLSTM 层的输出作为输入，再经过 CRF 层之后得到输出 $h_{i,s,w}$。⑤输出层：该层使用一个 Softmax 层将 $h_{i,s,w}$ 表示为一个概率形式。

在该模型中，包含 CRF 层。CRF 是序列标注算法。在经过 BiLSTM 层之后，每个输出都是相互独立的，虽然 BiLSTM 学习到了上下文的信息，但是输出相互之间并没有影响，只是在每一步挑选一个最大概率值的标签作为输出。而 CRF 中有转移特征，即它会考虑输出标签之间的顺序性，所以使用 CRF 作为 BiLSTM 的输出层。

（3）基于联合训练的研究方法实体识别模型

联合训练是将多个任务联合训练。本任务中的联合训练是指将研究方法实体识别拆分为两个任务，分别是二分类任务和五分类任务。在二分类任务中，将句子中的词分为两类，分别是非方法词和方法词。在五分类任务中，句子中的词分为 5 类，分别是非方法词、长度为 1 的单个方法词、方法词的开头词、方法词的中间词和方法词的结尾词。

如图 7-4 所示，基于联合训练的研究方法实体识别模型由 8 个模块组成。①输入

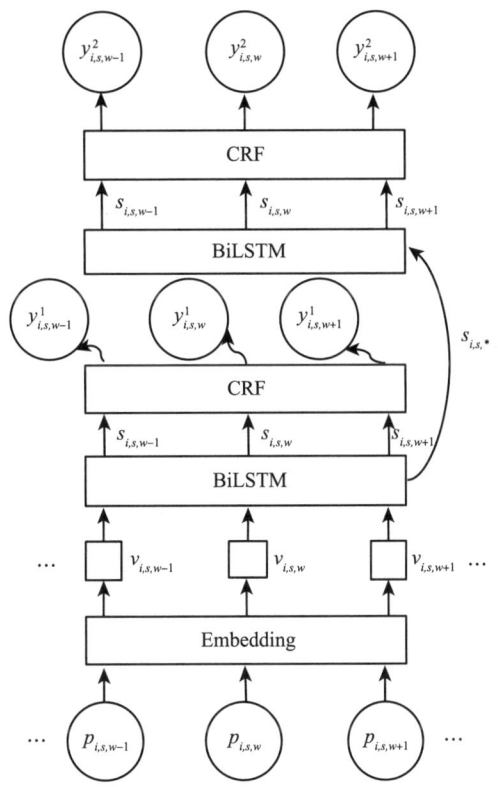

图 7-4 基于联合训练的研究方法实体识别模型

层：将每句话 $p_{i,s}$ 以词 $p_{i,s,w}$ 为单位进行输入。②Embedding 层：该层的作用在于查找词 $p_{i,s,w}$ 的词向量表示 $v_{i,s,w}$。③第一层 BiLSTM 层：该层接收词向量表示 $v_{i,s,w}$ 作为输入，经过 BiLSTM 后，将每个词表示为一个固定长度的输出 $s_{i,s,w}$。④第一层 CRF 层：该层接受 BiLSTM 层的输出作为输入，再经过 CRF 层之后得到输出 $h_{i,s,w}$。⑤第一层输出层：该层使用一个 Softmax 层将 $h_{i,s,w}$ 表示为一个概率形式，得到每个词对应的输出 $y^1_{i,s,w}$。⑥第二层 BiLSTM 层：该层接收第一层 BiLSTM 层的输出 $s_{i,s,w}$ 作为输入，经过 BiLSTM 后，将每个词表示为一个固定长度的输出 $s_{i,s,w}$。⑦第二层 CRF 层：该层接受第二层 BiLSTM 层的输出作为其输入，再经过 CRF 层之后得到输出 $h_{i,s,w}$。⑧第二层输出层：该层使用一个 Softmax 层将 $h_{i,s,w}$ 表示为一个概率形式，得到每个词对应的输出 $y^2_{i,s,w}$。

除了基于长短时记忆网络与 CRF 结合的联合训练模型，本章使用仅基于长短时记忆网络的联合训练模型。

（4）基于字符的词向量

使用字级别的词向量模型①，该词向量模型将字符级别的表示和词级别的表示进行整合，该模型被证明是有效的。给出一个词 $p_{i,s,w}$ 的字序列 $C_{i,s,w} = <p_{i,s,w,1}, p_{i,s,w,2}, \cdots, p_{i,s,w,|p_{i,s,w}|}>$，每个字符 $p_{i,s,w,1}$ 使用词向量矩阵 $W^C \in \mathbb{R}^{d^c \times |V^c|}$ 转化为对应的词向量 $v_{i,s,w,1}$。

$$v_{i,s,w,c} = W^C e^{p_{i,s,w,c}} \qquad (7-4)$$

类似于词向量的产生，$|V^c|$ 是字符的词表，$e^{p_{i,s,w,c}}$ 是大小为 $|V^c|$ 的 one-hot 向量。d^c 代表每个字向量的维度。字向量会经过一个 BiLSTM 层得到词序列的隐层表示 h^c。最后，使用一个线性层把隐层状态 h^c 转化为最终的字级别的词向量。

$$v_{i,s,w_c} = W^{cw} h^c + b^{cw} \qquad (7-5)$$

其中，W^{cw} 是一个参数矩阵，$b^{cw} \in \mathbb{R}^{d^c}$。

为将词向量和字级别的词向量进行整合，每一个词都经过了一个词向量层，来得到其对应的词向量 $V_{i,s,w} = \{V_{i,s,1}, V_{i,s,2}, \cdots, V_{i,s,|V_{i,s}|}\}$。字级别的词向量 v_{i,s,w_c} 和词向量进行连接得到最终的词的向量表示。

$$\widetilde{V} = [V_{i,s,1} : V_{i,s,1_c}], [V_{i,s,2} : V_{i,s,2_c}], \cdots, [V_{i,s,|p_{i,s}|} : V_{i,s,|p_{i,s}|_c}] \qquad (7-6)$$

---

① JEBBARA S, CIMIANO P. Improving opinion-target extraction with character-level word embeddings [C] //Proceedings of the First Workshop on Subword and Character Level Models in NLP. Stroudsburg：ACL, 2017：159-167.

7.3.2 研究方法实体识别实验设置

实验设置包括与数据集相关的实验数据集准备、数据预处理等工作。另外，神经网络模型中的词向量准备、模型参数设置是重要的工作。最后，为突出使用的神经网络模型的优势，实验选择多种基准模型进行比较分析。

（1）数据集准备

研究方法实体识别数据集包含2600句论文使用方法句和782句论文引用方法句，一共包含3747个论文使用方法实体和1244个论文引用方法实体。将所有句子分为训练集、验证集和测试集，训练集和测试集的比例约为8∶1∶1，如表7-2所示。

表7-2 研究方法句数据集统计信息

数据集	论文使用方法句		论文引用方法句	
	句子总量	研究方法实体	句子总量	研究方法实体
训练集	2082	2998	626	999
验证集	259	414	78	132
测试集	259	335	78	113

（2）文本预处理

文本预处理分为两个部分。①中文分词：使用ICTCLAS进行中文分词。为保证分词质量，使用13 720篇中文图书情报学科论文的关键词构建了用户分词词典。②非常用词替换：将引用标签替换为CITE，URL路径替换为URLCOM。

（3）词向量训练

使用两种类型的词向量，分别为基于Word2Vec的预训练词向量与腾讯开源词向量模型。基于Word2Vec的预训练词向量模型由13 720篇中文图书情报学科的论文作为词向量训练集。中文文本在词向量训练前须进行分词处理。应用NLPIR分词系统，将论文中作者标注的关键词作为用户词典加入到分词系统中，共计49 108个用户词。使用Word2Vec工具训练词向量。腾讯开源词向量①为腾讯AI Lab开源的大规模、高质量的中

---

① 腾讯. 腾讯开源词向量[EB/OL]. [2019-08-12] https：//ai.tencent.com/ailab/nlp/embedding.html.

文词向量数据。该数据包含 800 多万中文词汇。

（4）模型参数设置

在研究方法实体识别任务中，采用交叉熵损失函数和 Rmsprop 优化函数。双向 BiLSTM 的神经元个数设置为 300。联合训练模型中，第一层输出和第二层输出的 LOSS 占比为 0.4 和 0.6。

（5）基准模型

条件随机场①（CRF）：CRF 结合了最大熵模型和隐马尔可夫模型的特点，是一种无向图模型，近年来在分词、词性标注和命名实体识别等序列标注任务中取得了很好的效果。本章使用 CRF ++ 开源软件进行 CRF 训练。

7.3.3 研究方法实体识别结果分析

使用基于深度学习的神经网络模型进行实验并比较各模型性能。本节首先介绍比较分析时所使用的评测标准，然后根据评测标准对各模型的性能进行分析，选择性能较优的模型进行最终的研究方法实体识别。

（1）评测标准

研究方法实体识别使用 P、R、F_1 值进行评估。定义研究方法实体的词组被正确识别为研究方法实体，记这一类样本数为 TP。不是研究方法实体的词组被错误识别为研究方法实体，记这一类样本数为 FN。是研究方法实体的词组被错误识别为不是研究方法实体，记这一类样本数为 TN。不是研究方法实体的词组被正确识别为不是研究方法实体，记这一类样本数为 FP。则准确率 P，召回率 R 和 $F1$ 值分别是：

$$P = TP/(TP + FN), \quad (7-7)$$

$$R = TP/(TP + TN), \quad (7-8)$$

$$F_1 = 2PR/(P + R)。\quad (7-9)$$

（2）结果分析

研究方法实体识别结果如表 7-3、表 7-4 和表 7-5 所示。表 7-3 表示基于 CRF 的论文使用方法实体和论文引用方法实体识别结果。表 7-4 表示基于多种模型的论文使用方法实体识别结果，并使用了两种词向量，分别为自训练领域词向量和腾讯开源通

---

① LAFFERY J, MCCALLUM A, PEREIRA F. Conditional random fields: probabilistic models for segmenting and labeling sequence data[C]//Proceeding of International Conference on Machine Learning. New York: ACM, 2001: 282-289.

用词向量。表7-5表示基于多种模型的论文引用方法实体识别结果,并使用了两种词向量,分别为自训练领域词向量和腾讯开源通用词向量。

表7-3 基于CRF的研究方法实体识别结果

模型	论文使用方法实体			论文引用方法实体		
	P	R	F_1	P	R	F_1
CRF	67.54%	50.47%	57.78%	65.52%	28.78%	40.00%

表7-4 不同模型的论文使用方法实体识别结果

模型	自训练领域词向量			腾讯开源通用词向量		
	P	R	F_1	P	R	F_1
BiLSTM(Single)	61.22%	53.50%	57.10%	63.33%	28.88%	39.67%
CRF-BiLSTM(Single)	65.52%	58.05%	61.56%	63.48%	35.35%	44.58%
Char-BiLSTM(Single)	63.17%	55.78%	59.24%	65.01%	43.77%	52.32%
Char-CRF-BiLSTM(Single)	66.93%	63.98%	65.42%	67.77%	46.66%	55.27%
BiLSTM(Joint)	62.91%	55.93%	59.21%	64.91%	37.39%	47.44%
CRF-BiLSTM(Joint)	60.43%	55.93%	58.09%	57.49%	43.77%	49.70%
Char-BiLSTM(Joint)	63.51%	61.09%	62.28%	64.45%	45.74%	53.51%
Char-CRF-BiLSTM(Joint)	67.14%	57.45%	61.92%	69.60%	50.46%	58.50%

注:Single代表单层训练模型,Joint代表联合训练模型,BiLSTM代表基于长短时记忆网络的研究方法实体识别模型,CRF代表与CRF结合的研究方法实体识别模型,Char代表与字向量结合的研究方法实体识别模型。

观察表7-3、表7-4及表7-5,得到了如下结果:

基于神经网络的方法高于CRF序列标注方法。通过表7-3和表7-4结果的对比,在论文使用方法实体识别中,CRF序列标注模型的结果的准确率为67.54%,基于神经网络方法的结果的准确率最高值为69.60%。CRF的召回率为50.47%,基于神经网络方法的准确率最高值为63.98%。CRF的F_1值为57.78%,基于神经网络的准确率最高值为65.42%。因此,经对比,基于神经网络的方法均高于基于CRF序列标注模型的结果。

使用腾讯开源通用词向量的研究方法得到较高的准确率。通过表7-4结果的对比,在论文使用方法实体识别中,基于腾讯开源通用词向量,并与字向量和CRF结合的BiLSTM的联合训练模型Char-CRF-BiLSTM(Joint)取得了最高的准确率。

表7-5 不同模型的论文引用方法实体识别结果

模型	自训练领域词向量			腾讯开源通用词向量		
	P	R	F_1	P	R	F_1
BiLSTM（Single）	64.74%	46.47%	54.11%	55.17%	13.28%	21.40%
CRF-BiLSTM（Single）	69.17%	34.44%	45.98%	60.47%	10.79%	18.31%
Char-BiLSTM（Single）	63.74%	45.23%	52.91%	63.64%	31.95%	42.54%
Char-CRF-BiLSTM（Single）	62.03%	48.13%	54.21%	55.56%	37.34%	44.67%
BiLSTM（Joint）	62.84%	47.72%	54.25%	64.47%	20.33%	30.91%
CRF-BiLSTM（Joint）	59.88%	42.72%	54.25%	59.21%	18.67%	28.39%
Char-BiLSTM（Joint）	61.32%	53.94%	57.40%	58.57%	34.02%	43.04%
Char-CRF-BiLSTM（Joint）	62.62%	53.53%	57.72%	60.69%	43.57%	50.72%

注：Single 代表单层训练模型，Joint 代表联合训练模型，BiLSTM 代表基于长短时记忆网络（LSTM）的研究方法实体识别模型，CRF 代表与 CRF 结合的研究方法实体识别模型，Char 代表与字向量结合的研究方法实体识别模型。

使用自训练领域词向量的研究方法得到较高的召回率。通过表 7-4 结果的对比，在论文使用方法实体识别中，基于自训练领域词向量，并与字向量和 CRF 结合的 BiLSTM 的单层训练模型 Char-CRF-BiLSTM（Single）取得了最高的召回率。

使用自训练领域词向量的研究方法得到较高的 F_1 值。通过表 7-4 结果的对比，在论文使用方法实体识别中，基于自训练领域词向量，并与字向量和 CRF 结合的 BiLSTM 的单层训练模型 Char-CRF-BiLSTM（Single）取得了最高的 F_1 值。

在论文使用方法实体识别中，为保证抽取得到的每个实体都是研究方法实体，选择 Char-CRF-BiLSTM（Single）作为论文使用方法实体识别的方法。这是由于该方法的召回率与 F_1 值最高。虽然该方法的准确率不是最高的，但与最高的准确率相比差距较小。

基于神经网络的方法高于 CRF 序列标注方法。通过表 7-3 和表 7-5 结果的对比，在论文引用方法实体识别中，CRF 序列标注模型的结果的准确率为 65.52%，基于神经网络方法的结果的准确率最高值为 69.17%。CRF 的召回率为 28.78%，基于神经网络方法的准确率最高值为 53.94%。CRF 的 F_1 值为 40.00%，基于神经网络的准确率最高值为57.72%。因此，经对比，基于神经网络的方法均高于基于CRF序列标注模型的结果。

基于自训练领域词向量的研究方法得到较高的准确率。通过表7-5结果的对比，在论文引用方法实体识别中，基于自训练领域词向量，并与CRF结合的BiLSTM的单层训练模型取得了最高的准确率。

基于自训练领域词向量的研究方法得到较高的召回率。通过表7-5结果的对比，在论文引用方法实体识别中，基于自训练领域词向量，并与CRF结合的BiLSTM的联合训练模型取得了最高的召回率。

基于自训练领域词向量的研究方法得到较高的F_1值。通过表7-5结果的对比，在论文引用方法实体识别中，基于自训练领域词向量，并与字向量和CRF结合的BiLSTM的联合训练模型取得了最高的F_1值。

在论文引用方法实体识别中，为保证抽取得到的每个实体都是研究方法实体，选择Char-CRF-BiLSTM（Joint）作为论文引用方法实体识别的方法。这是由于该方法的F_1值最高。虽然该方法准确率和召回率不是最高的，但与最高的准确率和召回率相比差距较小。

7.4 研究方法实体识别测试语料的分类及其结果分析

根据比较分析，选择Char-CRF-BiLSTM（Single）模型进行论文使用方法实体识别，选择Char-CRF-BiLSTM（Joint）模型进行论文引用方法实体识别。在研究方法实体识别中，本节首先介绍用于研究方法实体识别的数据集，然后介绍数据集的处理过程，最后分析研究方法实体识别的结果。

7.4.1 数据集简介

采集《情报学报》2009—2018年的1170篇中文论文的全文内容，包括题名、摘要、作者信息、关键词与全文内容。将题名、作者信息与关键词信息剔除，保留摘要与全文内容。在全文内容中，删除图格标题与图标题。使用四种句末标点进行分句，即句号、感叹号、省略号与问号。研究方法实体识别的数据集是研究方法句分类模型中识别为研究方法句的句子，共有2592个论文使用方法句和3744个论文使用方法实体，776个论文引用方法句和1238个论文引用方法实体。

7.4.2 数据预处理

文本预处理分为两个部分。①中文分词：使用 ICTCLAS 进行中文分词。为保证分词质量，使用 13 720 篇中文图书情报学科论文的关键词构建了用户分词词典。②非常用词替换：引用标签替换为 CITE，URL 路径替换为 URLCOM。

7.4.3 研究方法实体识别结果

共识别得到 9600 个不同的论文使用方法实体，2509 个不同的论文引用方法实体。部分实例如表 7-6 所示。更多关于论文使用研究方法实体与论文引用研究方法实体的识别结果示例，分别参见附录 6 与附录 7。

表 7-6 研究方法实体识别实例　　　　　　　单位：个

数量	论文使用研究方法	数量	论文引用研究方法
68	召回率	42	wordnet
53	spss 软件	24	向量空间模型
51	web of science	23	pagerank 算法
50	社会网络分析方法	19	问卷调查
32	ucinet 软件	18	wikipedia
29	web of science 数据库	16	lda 模型
20	f 值	15	层次分析法
18	复杂网络理论	14	模型
17	pajek 软件	13	社会网络分析
17	《情报学报》	13	支持向量机
51	实证研究	10	内容分析法
48	社会网络分析方法	10	机器学习方法
42	wordnet	8	因子分析
39	对比分析	8	向量空间模型
39	分类	7	新浪微博

7.4.4 研究方法实体分布分析

研究方法实体分为论文使用方法实体和论文引用方法实体。论文使用方法实体是代表论文所使用的研究方法的实体。论文引用方法实体是代表论文引用到的研究方法的实体。从3个角度来分析论文使用方法实体和论文引用方法实体：①每个方法大类下的研究方法类别数量；②每个方法大类下的前10个使用频次最高的研究方法实体；③每个方法大类下的使用频次较高的研究方法实体的数量在不同年份上的分布。分析每个方法大类下的研究方法类别数量，某一年份中论文使用方法实体越多，表明该年份中使用该研究方法实体的论文数量越多。某一年份中论文引用方法实体越多，表明该年份下引用该研究方法实体的论文数量越多。分析研究方法实体的分布，有以下意义：①分析每个方法大类下的研究方法类别数量，可以对各方法大类在《情报学报》中方法的使用情况做整体的了解；②分析每个方法大类下的前10个使用频次最高的研究方法实体，能够清楚地梳理《情报学报》中各方法大类中比较受学者欢迎的方法，从而进一步了解学科的研究框架；③分析每个方法大类下的使用频次较高的研究方法实体的数量在不同年份上的分布，可以分析各研究方法在不同年份下的使用情况，从而理清学科的发展路径和方向。

为分析研究方法实体在不同年份的分布情况。将训练集数据和测试集数据进行整合，共包括1369篇论文。如果一篇论文有多个方法大类，则该论文中识别得到的研究方法难以对应各个方法大类。因此，只选择有一个方法大类的论文，共得到957篇论文，占所有论文数量的69.91%。不同年份下的论文数量如表7-7所示。

表7-7 不同年份下只有一个方法大类的论文数量分布　　　　单位：个

年份	2009	2010	2011	2012	2013	2014	2015	2016	2017	2018
数量	96	121	139	113	86	71	80	83	87	81

（1）论文使用方法实体分布分析

首先分析各方法大类下论文使用研究方法的数量，如表7-8所示。共有13种方法大类，分别是实验法、阐释法、统计学方法、社会网络分析法、文献计量学方法、扎根理论方法、可视化分析、元分析方法、案例法、内容分析法、比较研究法、访谈法和其他。如表所示，实验法的研究方法数量最多，有2460个研究方法。比较研究法和访谈法包含的研究方法数量最少，只有1个研究方法。

表7-8 各方法大类下论文使用研究方法数量汇总   单位：个

研究方法	数量	研究方法	数量
实验法	2460	元分析方法	15
阐释法	232	案例法	10
统计学方法	73	内容分析法	10
社会网络分析法	64	其他	4
文献计量学方法	58	比较研究法	1
扎根理论方法	45	访谈法	1
可视化分析	18		

接着分析各方法大类下不同的论文使用研究方法的数量，如表7-9所示。该表中选择了每个方法大类下数量前十的论文使用研究方法。如果一些方法大类的研究方法数量不足10个，则列出该方法大类下的所有研究方法。如果一些方法大类下论文使用研究方法对应的数量都为1个，则对研究方法进行随机选择并列于表中。如可视化分析方法大类下的研究方法对应的数量均为1个，则随机选择可视化分析方法大类下的研究方法，并列于表7-9中。

表7-9 各方法大类下论文使用研究方法数量汇总   单位：个

方法类别	研究方法	数量	方法类别	研究方法	数量
实验法	召回率	55	扎根理论方法	访谈	2
	f值	13		扎根理论	2
	web of science	10		开放式访谈	2
	归一化处理	9		理论饱和度检验	2
	余弦相似度	9		访谈调研	1
	机器学习方法	9		组合信度系数	1
	准确率	9		开放式编码	1
	f-measure	8		经典扎根理论方法	1
	《同义词词林》	8		基于PLS的结构方程模型	1
	人工标注	8		调查问卷	1

续表

方法类别	研究方法	数量	方法类别	研究方法	数量
阐释法	社会网络分析方法	3	可视化分析	web of science 平台	1
	可视化工具	2		科学计量学方法	1
	java 语言	2		spss 软件	1
	DC 元数据	2		web of science	1
	骨架法	2		关键词共词分析	1
	一致性检验	2		llr 算法	1
	本体	2		研究前沿探测方法	1
	mesm 工具	1		科学知识图谱分析	1
	protege 软件	1		citespace ii 软件	1
	基于知识元的突发事件情景演化混合推理模型	1		bibexcel 软件	1
统计学方法	spss 软件	3	元分析方法	元分析方法	4
	描述性统计	1		随机效应模型	2
	标准化处理	1		egger 检验	2
	卡方检验	1		相关系数 r	2
	偏最小二乘	1		效应量	1
	定量分析	1		定量	1
	spearman 等级相关系数	1		同质性检验	1
	编辑距离算法	1		线性回归模型	1
	卡方值	1		异质性检验	1
	因子分析方法	1		meta 回归	1
社会网络分析法	ucinet 软件	4	案例法	文献资料研究	1
	复杂网络理论	3		专题咨询	1
	gephi 软件	2		专家咨询	1
	复杂网络分析方法	2		专项调研	1
	netdraw 软件	2		竞争力评价模型	1
	介数中心性	2		共现分析技术	1
	spss 软件	2		对比分析	1
	pajek 软件	2		实地调研	1
	超网络理论	1		可视化实验	1
	gephi 分析工具	1		定量研究	1

续表

方法类别	研究方法	数量	方法类别	研究方法	数量
文献计量学方法	web of science 数据库	5	内容分析法	《情报学报》	2
	《情报学报》	3		开放式编码	1
	crs 模型	2		journal of information science	1
	dea 方法	1		管理学报	1
	ast 理论	1		journal of the american society for information science and technology	1
	复杂网络理论	1		《中国软科学》	1
	中国社会科学引文数据库	1		内容分析方法	1
	描述性统计分析	1		开放编码	1
	同期群分析方法	1		归类编码	1
	cssci 数据库	1	其他	《中国期刊全文数据库》	1
比较研究法	w 指数	1		演化博弈理论	1
				顶层设计理论	1
访谈法	网络调研	1		万方数据库	1

如表所示,在实验法方法大类下,使用数量前十的研究方法中,实验评测方法,如"召回率""f 值""准确率"等结果分析和评测方法的使用数量较多,分别为 55 个、13 个和 9 个;一些外部资源,如"web of science"和"《同义词词林》"等使用数量也较多,分别为 10 个和 8 个;机器学习方法中,如"余弦相似度"和"机器学习方法"也有较多的学者使用,数量均为 9 个;另外,数据预处理方法"归一化处理"和数据准备方法"人工标注"等也获得了较多的使用,数量分别为 9 个和 8 个。

在阐释法方法大类下,使用较多的研究方法包括"社会网络分析方法"、"骨架法"、"DC 元数据"、外部工具("可视化工具""java 语言""本体")等。另外,一些软件,如 mesm 工具和 protege 软件也有使用。其中,protege 软件是斯坦福大学医学院生物信息研究中心基于 Java 语言开发的本体编辑和知识获取软件。这个软件主要用于语义网中本体的构建,是语义网中本体构建的核心开发工具。mesm 是移动经验取样法(mobile experience sampling method),其是在传统经验取样法的基础上,契合移动互联时代的技术与特征而形成的新一代用户信息行为研究方法。

在统计学方法大类下,使用较多的是研究工具"spss 软件"。另外,"卡方检验""spearman 等级相关系数""因子分析方法"等统计学方法也被使用。

在社会网络分析法大类下,软件类(如"ucinet 软件""gephi 软件""netdraw 软件""spss 软件""pajek 软件"等)使用较多。其中,ucinet 软件是一种社会网络分析工具;gephi 软件是一种复杂网络分析工具;netdraw 软件是一种社会网络分析和可视化工具;spss 软件工具是一种统计分析工具;pajek 软件是一种复杂网络分析工具。理论类(如"复杂网络理论"和"超网络理论")使用较多。另外,"复杂网络分析方法"和"介数中心性"这两种研究方法使用数量也较多。

在文献计量学方法大类下,外部资源(如"web of science 数据库""《情报学报》""中国社会科学引文数据库""cssci 数据库"等)的使用数量较多,分别为5个、3个、1个和1个。理论和方法类("crs 模型""dea 方法""ast 理论""复杂网络理论""描述性统计分析""同期群分析方法"等)使用数量较多。其中,dea 方法是数据包络分析方法,它根据多项投入指标和多项产出指标,利用线性规划的方法,对具有可比性的同类型单位进行相对有效性评价;crs 模型是一种数据包络分析模型;同期群分析方法用于透过现象找到结果,以时间维度建立同期群。

在扎根理论方法大类下,调查类("访谈""开放式访谈""访谈调研""调查问卷"等方法)的使用数量较多;统计类("理论饱和度检验""组合信度系数""基于 PLS 的结构方程模型")的使用数量也较多;另外,"开放式编码"等方法也有学者使用。

由于实验法方法大类下研究方法数量较多,因此对该方法大类下的研究方法的数量按年份的不同进行分析,如图 7-5 所示。从图中可以看出,随着年份的增长,使用实

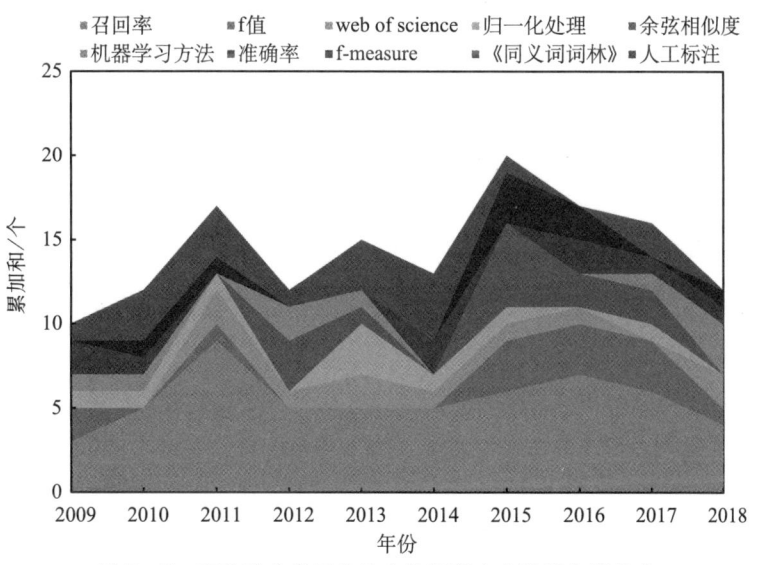

图 7-5 实验法大类下各论文使用研究方法的年份分布

验法方法大类的论文数量呈现增长的趋势。不同年份下,召回率等评测指标的使用数量的变化较稳定。人工标注的方法在2015年及之前被论文使用,而在2015年之后,使用该方法的论文数量为0。这说明由于人工标注方法的成本高、耗时耗力的特性,学者们更倾向于使用自动标注的方法来获取可利用的数据源。

(2) 论文引用方法实体分布分析

首先分析各方法大类下论文引用研究方法的数量,如表7-10所示。共有13个方法大类,分别是实验法、阐释法、统计学方法、社会网络分析法、文献计量学方法、扎根理论方法、可视化分析、元分析方法、案例法、内容分析法、比较研究法、访谈法和其他。如表所示,实验法的研究方法数量最多,共包含1613个研究方法。内容分析法包含的研究方法数量最少,只有一种研究方法。

表7-10 各方法大类下论文引用研究方法数量汇总　　　　单位:个

研究方法	数量	研究方法	数量
实验法	1613	可视化分析	5
阐释法	126	元分析方法	5
扎根理论方法	40	其他	4
文献计量学方法	37	比较研究法	3
统计学方法	34	访谈法	2
社会网络分析法	33	内容分析法	1
案例法	18		

接着分析各方法大类下不同的论文引用研究方法的数量,如表7-11所示。该表中选择了每个方法大类下数量前十的论文引用研究方法。如果一些方法大类的研究方法数量不足10个,则列出该方法大类下的所有研究方法。如果一些方法大类下论文引用研究方法对应的数量都为1个,则对研究方法进行随机选择并列于表中。如统计学方法大类下的研究方法对应的数量均为1个,则随机选择统计学方法大类下的研究方法,并列于表7-11中。

第7章 情报学研究方法实体识别

表 7-11 各方法大类下论文引用研究方法数量汇总　　　单位：个

方法类别	研究方法	数量	方法类别	研究方法	数量
实验法	wordnet	14	社会网络分析法	社会网络分析法	2
	向量空间模型	14		复杂网络分析方法	2
	召回率	12		量化方法	1
	支持向量机	10		派系过滤算法	1
	lda	10		复杂网络理论	1
	准确率	9		引文分析法	1
	条件随机场模型	8		度数中心度	1
	互信息	8		加权有向网络	1
	svm	8		科研社交网络分析技术	1
	pagerank 算法	8		文献计量学方法	1
阐释法	向量空间模型	3	案例法	网络分析	1
	wordnet	3		文献资料研究	1
	citespace	2		支持向量回归模型	1
	DC 元数据	2		专项调研	1
	问卷调查	2		地理空间分析	1
	专家访谈方法	2		共引方法	1
	数据挖掘	1		访谈	1
	蚁群算法	1		专家咨询	1
	esm 方法	1		对比分析	1
	调查法	1		时间序列分析	1
扎根理论方法	访谈	2	统计学方法	R3.1.0 软件	1
	扎根理论	2		描述性统计	1
	组合信度系数	1		数据包络分析法	1
	R 值	1		深度访谈	1
	偏最小二乘法	1		信息增益	1
	二级编码	1		回归分析	1
	开放式访谈	1		二八法则	1
	调查问卷	1		非参数检验方法	1
	社会资本理论	1		卡方检验法	1
	深度访谈	1		专家调查	1

续表

方法类别	研究方法	数量	方法类别	研究方法	数量
文献计量学方法	citespace	1	比较研究法	标签本体模型	1
	特征选择方法	1		h 指数	1
	定性方法	1		tag ontology 模型	1
	程度中心度	1	可视化分析	citespace 软件	1
	同期群分析方法	1		因子分析	1
	社会网络分析法	1		共被引分析	1
	层次分析方法	1		多维尺度分析	1
	共现分析方法	1		共被引文献聚类	1
	共被引分析方法	1	访谈法	自然语言处理	1
	适应性结构化理论	1		耦合方法	1
元分析方法	google	1	其他	hotelling 模型	1
	回归分析	1		定量	1
	wikipedia	1		合作模型	1
	altavista	1		比较方法	1
	方差分析	1	内容分析法	扎根理论	1

如表 7-11 所示，在实验法方法大类的论文中，引用数量前十的研究方法中，一些外部资源，如"wordnet"等引用较多，为 14 个；实验评测方法，如"召回率"和"准确率"等结果分析和评测方法的引用较多，分别为 12 个和 9 个；机器学习方法中，如"向量空间模型""支持向量机""lda""条件随机场模型""互信息""svm""pagerank 算法"也有较多的学者引用，数量分别为 14 个、10 个、10 个、8 个、8 个、8 个和 8 个。

在阐释法方法大类的论文中，引用较多的研究方法包括"向量空间模型""数据挖掘""蚁群算法""esm 方法（经典抽样方法）"等和实验法相关的研究方法；另外，"问卷调查""专家访谈方法""调查法"等与扎根理论方法相关的研究方法也有引用。

扎根理论方法、文献计量方法、社会网络分析法、案例法和统计学方法等方法大类的论文中，引用的研究方法与各方法大类的相关度较高。

同样，由于实验法方法大类下引用的研究方法数量较多，因此对该方法大类下的研究方法的数量按年份的不同进行分析，如图 7-6 所示。从表中可以看出，随着年份的

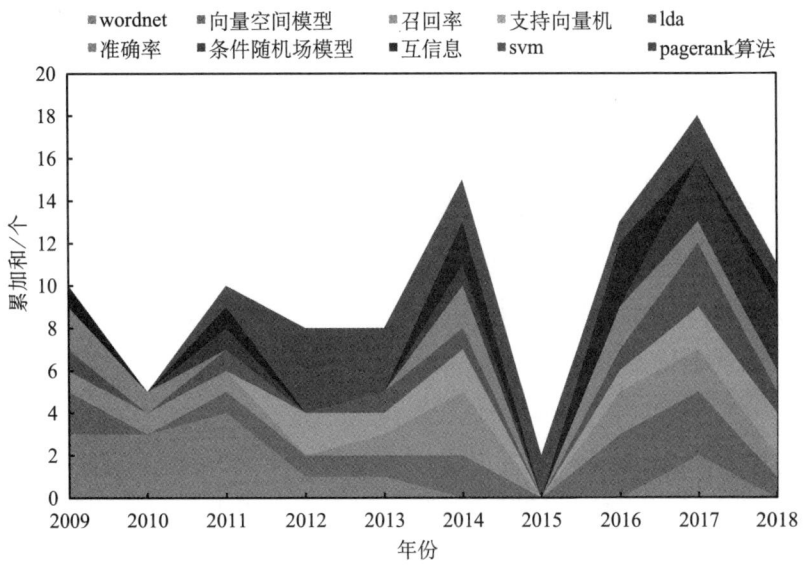

图 7-6 实验法大类下各论文引用研究方法的年份分布

增长,引用实验法方法大类的论文数量呈现波动增长的趋势。不同年份下,"向量空间模型""支持向量机"等与机器学习相关的研究方法的引用数量逐年增加。而"wordnet"等外部资源被引用的数量呈现逐年减少的趋势。这说明在实验法方法大类下,机器学习相关的研究方法被学者引用的概率较高。

7.5 本章小结

本章的目的是从科技论文中发现研究方法实体,然后分析抽取得到的研究方法实体。在研究方法实体识别任务中,将研究方法实体分为论文使用方法实体和论文引用方法实体。为选择研究方法实体识别方法,在 7.1 节中,对已有的研究方法实体识别方法进行了梳理,比较分析了不同方法的优劣。最终选择使用基于神经网络的方法进行研究方法实体识别。在 7.2 节中,介绍了研究方法实体识别基本思路。在 7.3 节中,首先介绍了多种研究方法实体识别的模型,分别是基于双向长短时记忆网络(LSTM)的研究方法实体识别模型和基于双向长短时记忆网络(LSTM)与 CRF 结合的研究方法实体识别模型。在模型输入端,选择了两种词向量预训练模型,分别是 Word2Vec 预训练词向量模型和腾讯开源预训练词向量模型。另外,除了词向量模型,还选择使用字向量模型，并将字向量模型与词向量模型进行拼接。在模型选择后，构建了人工标注数据集。该数据集分为训练集、验证集和测试集。其中，训练集用于训练研究方法实体识别模型，验证集用于选择最优参数，测试集则是用于测评模型性能。经过实验测试发现基于字向量的双向长短时记忆网络（LSTM）与CRF结合的研究方法实体识别模型具有最优的性能。在7.4节中，使用最优模型从大量科技论文中识别研究方法实体。然后，根据识别得到的研究方法实体，进行了研究方法实体的分布分析。在分析中，首先将研究方法实体进行分类，然后在各个方法大类上统计研究方法实体的使用频次，最后分析了实验法方法大类上的研究方法实体使用频次在不同年份上的分布。

第 8 章 情报学研究方法体系的自动构建

本章主要介绍如何构建情报学研究方法体系。首先对概念层次体系生成和概念实体聚类等相关研究进行概述；然后以近邻传播聚类、层次聚类、K 均值聚类 3 种方法对情报学研究方法实体进行聚类，使用轮廓系数对不同参数下的多组聚类结果进行评估，以获取最优的聚类结果，并对 3 种聚类方法得到的结果进行比较，实验结果显示，层次聚类的效果最好；最后，在人工标注的基础上，融合方法实体的层次聚类结果生成了情报学研究方法体系。

8.1 相关研究概述

方法体系的构建需要对现有资源进行总结归纳，依据一定的逻辑形成合理的框架，其中大部分的工作需要依靠人工完成，是一件十分耗时耗力的事情。因此，参考概念层次体系生成的相关方法，结合聚类技术尝试自动构建情报学研究方法体系。

8.1.1 概念层次体系自动生成研究概述

情报学研究方法体系一般通过人工方法生成，自动生成情报学研究方法体系的研究很少，研究方法可以被看作一个个概念实体，因此可以借助概念层次体系生成的相关方法来构建情报学研究方法体系。自动构建概念层次体系的方法有如下 4 种：

（1）基于词汇句法模型匹配的方法

该方法由 Hearst 于 1992 年提出，核心思想是利用文本中出现的词汇句法模式来确定上下位关系①。Hearst 在文中提出了几种获取词语上下位关系的句法模式，然后进行词间关系抽取，并且取得了较高的准确率。

（2）基于词典的方法

这是一种利用机读词典（machine-readable dictionary，MRD）搜索词汇关系的方法，最先由 Amsler② 和 Calzolari③ 提出，基本思想是利用词典获取初始的层次关系，然后通过用户反馈等手段减少概念间的关系。通过这种方法抽取概念层次关系的准确率一般很高，Calzolari 的准确率甚至超过了 90%。但这种方法高度依赖机读词典的准确性。

（3）基于关联规则的方法

基于关联规则的方法认为：如果两个概念在同一句子、段落、章节或文档中出现，那么它们之间必然存在十分紧密的联系，通过它们的共现次数可以确定它们之间是否存在关系。由于关联规则只能确定两个概念实体之间是否存在关系，并不能判断两个概念实体之间的上下位关系。因此，Sanderson 等基于关联规则的思想提出假设：如果实体 A 出现的文档中必有实体 B 出现，而实体 B 出现的文档中实体 A 并不一定出现，那么实体 A 为实体 B 的下位概念④。

（4）基于聚类的方法

一般来说，同类概念实体在上下文中具有类似的语境⑤⑥，从概念实体的上下文中抽取特征来计算概念实体之间的相似度，然后确定是否属于同类概念实体。除此之外，Caraballo 使用了自底向上的聚类方法对概念实体进行聚类，同时还确定了概念实体之间

---

① HEARST M A. Automatic acquisition of hyponyms from large text corpora[C] //Proceedings of the International Conference on Computational Linguistics. Stroudsburg：ACL，1992：539-545.

② AMSLER R A. A taxonomy for English nouns and verbs[C] //Proceedings of the 19th Annual Meeting on Association for Computational Linguistics. Stroudsburg：ACL，1981：133-138.

③ CALZOLARI N. Detecting patterns in a lexical data base[C] //Proceedings of the 10th International Conference on Computational Linguistics and 22nd annual meeting on Association for Computational Linguistics. Stroudsburg：ACL，1984：170-173.

④ SANDERSON M，CROFT B. Deriving concept hierarchies from text[C] //Proceedings of the 22nd Annual International ACM SIGIR Conference on Research and Development in Information Retrieval. New York：ACM，1999：206-213.

⑤ TSUI E，WANG W M，CHEUNG C F，et al. A concept-relationship acquisition and inference approach for hierarchical taxonomy construction from tags[J]. Information processing & management，2010，46（1）：44-57.

⑥ MANI I，SAMUEL K，CONCEPCION K，et al. Automatically inducing ontologies from corpora[C] //Proceedings of the 3rd International Workshop on Computational Terminology. Stroudsburg：ACL，2004：47-54.

的层次关系①。

基于词汇句法模型匹配的方法与基于词典的方法一般都可以取得较高的准确率，但是十分依赖前期构造的词汇句法模型或词典，而词汇句法模型或词典的获取往往需要不小的代价。相比之下，基于关联规则的方法和基于聚类的方法准确率往往不如前两种方法，不过不需要提前构建词汇句法模型或词典，操作起来相对灵活。

8.1.2　概念实体聚类研究概述

构建情报学研究方法体系主要使用聚类方法，这一节主要对相关聚类方法进行介绍。聚类是指按照一定的相似度衡量标准将类似的样本聚集到一起，形成一个个类簇，同时保证不同类簇之间具有足够的差异性。金建国将聚类算法分成 11 类，有基于划分的方法、基于层次的方法、基于密度的方法等②。

基于划分的方法中包含 K 均值③、近邻传播聚类（affinity propagation，AP）④ 等。K 均值聚类算法由 MacQueen 于 1967 年提出，基本思想是人工给定聚类中心个数 k，随机选择 k 个样本作为初始中心，将剩余的样本分配到与其最近的聚类中心，得到 k 个初始类簇。然后计算每个类簇的类簇中心，重新为每个样本分配类别，如此循环，直到所有类簇中的样本不再变化或满足一定的终止条件。K 均值聚类算法简单，易于实现，但聚类结果易受初始类簇个数 k 的影响。袁方等通过计算样本所在区域的密度，选择相互距离最远的 k 个属于高密度区域的样本作为初始聚类中心，然后进行 K 均值聚类，发现聚类质量有着明显的提升⑤。熊忠阳等基于密度选择初始聚类中心的方法，提出最大距离积法，选取到所有已初始化聚类中心距离乘积最大的高密度点作为当前聚类中心，经过

---

① CARABALLO S A. Automatic construction of a hypernym-labeled noun hierarchy from text[C]//Proceedings of the 37th Annual Meeting of the Association for Computational Linguistics. Stroudsburg：ACL, 1999：120-126.

② 金建国. 聚类方法综述[J]. 计算机科学, 2014, 41（11A）：288-293.

③ MACQUEEN, J. Some methods for classification and analysis of multiVariate observations[C]//Proceedings of the Fifth Berkeley Symposium on Mathematical Statistics and Probability. California：University of California Press, 1967：281-297.

④ FREY B J, DUECK D. Clustering by passing messages between data points[J]. Science, 2007, 315（5814）：972-976.

⑤ 袁方, 周志勇, 宋鑫. 初始聚类中心优化的 k-means 算法[J]. 计算机工程, 2007, 33（3）：65-66.

理论与实验验证，该方法在算法收敛速度、准确率、稳定性上均优于传统 K 均值聚类算法①。

不同于 K 均值聚类需要人工设定初始聚类中心的数量 k，AP 聚类将所有的样本都当作潜在的聚类中心。AP 聚类的输入为所有样本的相似度矩阵，AP 聚类过程中进行两种信息的传递，吸引信息和归属信息。两个样本之间的相似度可以看作吸引度或归属度，样本 A 对与其相似的样本 B 具有较强的吸引力，反过来，样本 B 对样本 A 具有较强的归属感。preference 是 AP 聚类中一个十分重要的参数，即相似度矩阵对角线上的值，也叫作参考度，描述每个点成为聚类中心的可能性大小。并且 preference 的取值决定着最终的聚类个数，一般来说，preference 的值越小，聚类的个数越少。对于结构紧密的样本，AP 聚类一般可以得到合适的聚类结果，但是如果样本较为松散，AP 聚类往往倾向于得到数量较多的类簇。在进行大规模数据聚类时，由于数据的维度高，AP 聚类还对 CPU 的性能具有较高的要求，因此属性约简对于 AP 聚类十分重要。朱红等用改进的属性约简算法对数据集进行预处理，并且将粒度思想引入到并行计算中，设计了一种基于改进属性约简的细粒度并行 AP 聚类算法②。

凝聚式层次聚类是一种自底向上的聚类方法，其基本思想是首先将所有输入的样本都当作一个类簇，然后选择一种相似度衡量指标（如余弦相似度、欧几里得距离），选择相似度最高的两个样本合并成一个类簇。然后进行下一轮的相似度比较，每一轮选择相似度最高的两个类簇合并成一个新的类簇，如此反复，直到所有的样本都被聚成一个类簇③④。传统的层次聚类算法的时间和空间复杂度很大，在对大型数据集进行聚类时，效果并不理想。吴帆等提出一种基于重叠区的三阶段改进层次聚类算法，可以大大减少时间和空间复杂度⑤。

AP 聚类、层次聚类、K 均值聚类 3 种方法各有优缺点，并且可能会在不同的数据上

---

① 熊忠阳，陈若田，张玉芳. 一种有效的 K-means 聚类中心初始化方法[J]. 计算机应用研究，2011，28（11）：4188-4190.

② 朱红，丁世飞，许新征. 基于改进属性约简的细粒度并行 AP 聚类算法[J]. 计算机研究与发展，2012，49（12）：2638-2644.

③ CHUANG S L, CHIEN L F. Towards automatic generation of query taxonomy: A hierarchical query clustering approach[C] //Proceedings of the 2002 IEEE International Conference on Data Mining. New York: IEEE, 2002: 75-82.

④ BRANDES U, GAERTLER M, WAGNER D. Experiments on graph clustering algorithms[C] //Proceedings of European Symposium on Algorithms. Berlin: Springer, 2003: 568-579.

⑤ 吴帆，李石君. 一种高效的层次聚类分析算法[J]. 计算机工程，2004，30（9）：70-71.

表现有所差异。因此，本章分别使用3种聚类算法，然后通过一定的评价指标来对3种聚类效果进行评价，选取最优的结果来构建方法体系。

8.2 情报学研究方法体系自动构建方法

前面章节的工作已经对《情报学报》2009—2018年论文使用的方法类别进行了标注，并且自动抽取出了每篇论文中作者使用的研究方法实体，这一节描述情报学方法体系构建思路。

利用3种聚类算法对情报学方法实体进行聚类，情报学方法体系构建的流程如图8-1所示，大致分为以下几步。

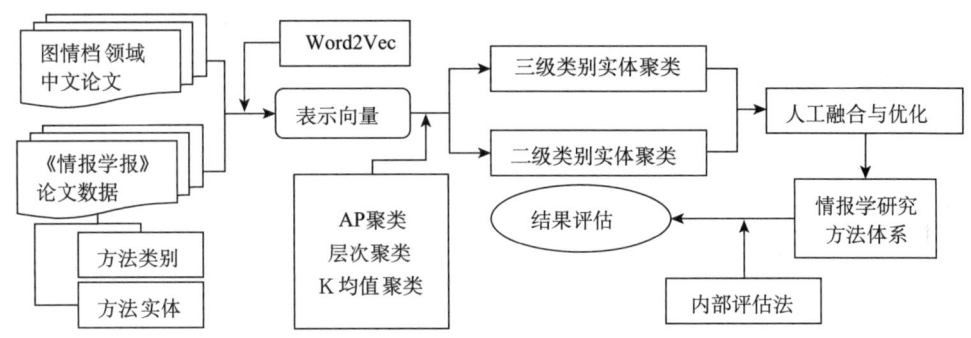

图8-1 情报学研究方法体系自动构建的流程

①前面已经对《情报学报》2009—2018年论文所使用的方法类别进行了标注，并且也抽取出论文中的研究方法实体。在此基础上，还搜集了1万余篇图情档领域论文全文数据，构成训练语料。然后使用浅层神经网络语言模型Word2Vec①对研究方法实体进行分布式表示学习，训练得到每个研究方法实体的表示向量。

②按照标注使用的方法类别将《情报学报》2009—2018年的论文进行划分，对人工标注的三级类别下的论文中出现的研究方法实体，分别利用AP聚类、层次聚类、K均值聚类对它们的表示向量进行聚类。同时，在二级类别下，取论文中出现频次较高的研

---

① MIKOLOV T, CHEN K, CORRADO G, et al. Efficient estimation of word representations in vector space[C] //Proceedings of International Conference on Learning Representations. Scottsdale：ICLR, 2013：1-12.

究方法实体进行聚类。

③选取最优聚类结果，结合前面已经标注的方法类别，人工进行融合与优化，生成情报学研究方法体系。

④使用内部评估法对生成的情报学研究方法体系进行评价。

8.3 情报学研究方法体系自动构建关键步骤

情报学研究方法体系自动构建过程中涉及一些关键步骤，主要包括数据预处理、方法实体表示、方法实体聚类及方法体系构建结果评估等。

8.3.1 数据预处理

数据预处理是进行自然语言处理相关任务之前的必要步骤，一般包括分词、去停用词、词干提取等。对情报学研究方法体系的构建主要使用《情报学报》中 2009—2018 年的论文全文，但是在进行词向量训练时还搜集了一些图情档领域的中文论文数据，一同构成训练语料。数据预处理主要是对训练语料进行分句和分词。

（1）分句

后面将要进行情报学研究方法实体的词向量训练，词向量训练可分为不同的粒度，如篇章级、段落级和句子级，为了确保方法实体之间的语义关系得到最大限度的保留，词向量训练在最小粒度句子级上进行，因此在预处理过程中需要对论文全文进行分句。分句时，使用 5 种符号"。""?""……""？""\ n"对句子进行切分。

（2）中文分词

中文分词是指将完整的中文句子切分成一个个单独的词。从目前的研究来看，中文分词方法有如下几种：

1）基于词典的分词方法

这种分词方法首先需要构建一个中文词典，词典要尽可能的全面。然后通过一定的策略将对带分词文本与词典中的词语进行匹配，常见的匹配方法有正向最大匹配法[①]、

---

① 张彩琴，袁健. 改进的正向最大匹配分词算法[J]. 计算机工程与设计，2010，31（11）：2595-2597.

逆向最大匹配法①、双向最大匹配法②。为了保证分词的效率，一般还要对词典的结构进行精心设计，Hash 表是常用的词典结构设计方式。孙茂松等通过实验考察整词二分、TRIE 索引树和逐字二分 3 种典型的词典机制，发现基于逐字二分的词典机制在时间、空间效率上优于其他两种机制③。姚兴山提出一种新的基于 Hash 的词典结构，并依据词典设计分词算法，理论和实验证明算法在速度和效率上提升明显④。

2）基于语义理解的分词方法

这种分词方法的核心思想是模拟人类大脑对语言和句子的理解，让机器能够学习文本的语义特征，从而进行分词，常用的技术有句法分析、语法分析、人工智能技术等。杨晓恝等针对特定领域，通过建立本体进行句法分析从而实现分词，实验证明该方法提高了分词的精度⑤。尹锋利用 BP 神经网络设计了一个分词系统，并取得了较好的分词效果⑥。

3）基于统计的分词方法

基于统计的分词方法认为词语是稳定的汉字组合，相邻汉字的共现概率可以反映它们组合成词语的概率⑦。研究者们提出了一些统计量来衡量相邻汉字是否能组合成一个词语，常见的统计量有词频、互信息、t-测试差等。赵秦怡等基于互信息设计了一种分词算法，对预处理之后的所有候选字符串成词的概率进行判断，实验结果显示该分词算法具有较高的精度及查全率⑧。王思力等基于双字耦合度和 t-测试差，提出来一种解决中文分词中交叉歧义的方法⑨。

---

① 张李义，李亚子．基于反序词典的中文逆向最大匹配分词系统设计［J］．现代图书情报技术，2006，1（8）：42-45.

② 陈之彦，李晓杰，朱淑华，等．基于 Hash 结构词典的双向最大匹配分词法［J］．计算机科学，2015，42（11A）：49-54.

③ 孙茂松，左正平，黄昌宁．汉语自动分词词典机制的实验研究［J］．中文信息学报，2000，14（1）：1-6.

④ 姚兴山．基于 Hash 算法的中文分词研究［J］．数据分析与知识发现，2008，24（3）：78-81.

⑤ 杨晓恝，蒋维，郝文宁．基于本体和句法分析的领域分词的实现［J］．计算机工程，2008，34（23）：26-28.

⑥ 尹锋．基于神经网络的汉语自动分词系统的设计与分析［J］．情报学报，1998（1）：41-50.

⑦ 奉国和，郑伟．国内中文自动分词技术研究综述［J］．图书情报工作，2011（2）：41-45.

⑧ 赵秦怡，王丽珍．一种基于互信息的串扫描中文文本分词方法［J］．情报杂志，2010，29（7）：161-162.

⑨ 王思力，王斌．基于双字耦合度的中文分词交叉歧义处理方法［J］．中文信息学报，2007，21（5）：15-17.

本章直接使用现有的分词工具 ICTCLAS 对训练语料进行分词，之前进行研究方法实体的抽取时，文本预处理分词用的同样是 ICTCLAS 工具，抽取出的研究方法实体为相邻词语的组合，如"关联规则算法""神经网络算法"等，这些都是分词后词语间用空格隔开的结果，然后去除词语间的空格得到完整的研究方法实体。词向量训练时以空格区分训练语料中的词语，直接使用 ICTCLAS 工具对训练语料进行分词会使得研究方法实体被识别成几个词语，为了保证研究方法实体的完整性，做如下处理：首先将所有抽取出来的方法实体按照字符长度从大到小排序，对每个实体进行编号，将每个方法实体按照字符长短顺序转换为如下格式"entity_1，entity_2，entity_3……"；然后在每篇论文分完词的结果中，按照研究方法实体字符长短的顺序，依次将方法实体替换成编号后的格式。

8.3.2 方法实体表示

使用 Word2Vec 对情报学研究方法实体进行词向量表示。Word2Vec 是一种浅层神经网络语言模型，通过输入大量文本，对词语进行分布式学习，使其向量化，而向量的维度一般为数百维。在使用 Word2Vec 对英文文本进行词向量训练时，可以直接将英文文本作为原始数据输入，模型会自动根据英文文本中的空格切分单词。不同于英文文本，中文文本中并没有空格作为词语切分的标志，所以在使用 Word2Vec 进行中文词向量训练之前，要进行预处理。对情报学研究方法实体的词向量训练在句子级上进行，将每一个句子分词后得到的词语以空格隔开，作为一行保存到文本文件中，作为 Word2Vec 训练词向量的输入。Word2Vec 主要参数中，窗口大小设置为 5，向量维度设置为 200 维。

8.3.3 方法实体聚类

（1）使用 AP 聚类算法对方法实体进行聚类

AP 聚类的输入是所有样本之间的相似度矩阵，所以要先计算情报学研究方法与技术概念实体之间的相似度，常见的相似度衡量指标有余弦相似度、欧几里得距离等。

假设两个概念实体的表示向量分别为 A 和 B，那么它们的余弦相似度计算公式如下：

$$\cos(A,B) = \frac{\sum_{i=1}^{n} A_i * B_i}{\sqrt{\sum_{i=1}^{n} A_i^2} * \sqrt{\sum_{i=1}^{n} B_i^2}}。 \qquad (8-1)$$

假设两个概念实体的表示向量分别为 A 和 B，那么它们的欧几里得距离计算公式如下：

$$\text{Euclidean}(A,B) = \sqrt{\sum_{i=1}^{n} (A_i - B_i)^2}。 \qquad (8-2)$$

余弦相似度以两个向量在空间中夹角的余弦值来衡量它们之间的相似性，更多地考察两个向量在方向上的一致性。而欧几里得距离衡量的是两个向量在空间中代表的点之间的绝对距离，与坐标数值大小直接相关，是两个向量在各个维度上差异的累加。通过Word2Vec学习到的词向量中包含大量的语义信息，使用余弦相似度来计算更为合适，因此本章使用余弦相似度计算概念实体的相似度矩阵。

在得到情报学研究方法实体的相似度矩阵之后，使用AP聚类算法对方法实体进行聚类，以发现方法实体中的类簇。对于每个方法实体类簇，选出一个具有代表性的方法实体作为该类簇的标签，或者人工给该类簇指定一个标签。类簇标签与该类簇中的方法实体就可以形成上下位的层次关系，从而达到构建方法实体层次体系的目的。

为了保证方法实体的AP聚类效果，要调整不同的聚类参数，并对不同参数下的聚类效果进行评估，选取效果最好的一组结果用以构建情报学研究方法体系。AP聚类中，参考度（preference）是一个极其重要的参数，它描述各个方法实体成为聚类中心的可能性大小，决定着最终聚类的个数，参考度越小，聚类个数越少。主要对参考度进行调整，设置多组参考度进行多次聚类，然后使用一定的聚类效果评价指标对多组聚类效果进行评估，选用最优的一组聚类结果。

（2）使用层次聚类算法对方法实体进行聚类

凝聚式层次聚类算法可用于情报学研究方法实体的聚类。在得到方法实体的表示向量之后，首先将每一个方法实体都当作一个类簇，参考余弦相似度与欧几里得距离的区别，这里使用余弦相似度作为度量指标，计算所有类簇的相似度，每次将相似度最高的两个类簇合并，并且以每个类簇中所有方法实体的中心向量作为该类簇的向量，直到所有类簇都被合并到一个类簇。

层次聚类的结果是一个树状结构，可以选择在不同的层次节点上对树状聚类结果进行划分，从而得到聚类个数不同的聚类结果。然后同样对不同的聚类结果进行评估，选择最优的结果。

（3）使用K均值聚类算法对方法实体进行聚类

使用K均值算法对情报学方法实体进行聚类的步骤如下：

第一步：从所有待聚类的方法实体中选择k个作为初始聚类中心。

第二步：计算剩余方法实体与k个聚类中心的距离，将剩余方法实体划分到与其距离最近的聚类中心的那一类。

第三步：计算每个类簇中所有方法实体的平均向量，作为新的聚类中心。

第四步：重复第二步和第三步，直到所有类簇中的方法实体不再发生变化，或者人工设定聚类轮数，经过 n 轮聚类后，即停止聚类，将此时的结果输出。

由于 K 均值聚类需要人工设置聚类个数 k，而 k 值对聚类结果的影响极大，Yan 等先使用 AP 聚类得到一种聚类结果，然后 AP 聚类结果的聚类个数作为 k 值，对 K 均值聚类进行了优化[1]。本章参考另外两种聚类方法中效果最优时的聚类结果中的聚类个数来设置 K 均值聚类参数 k。同样会设置多组不同的 k 值，进行多次聚类，然后进行聚类效果评估，选取最优的聚类结果。

8.3.4 方法体系构建结果评估

在构建完情报学研究方法体系之后，要对其进行评估，确保其可靠有效。方法体系的评估方法有两类：内部评估法和外部评估法。内部评估法是指直接对方法体系本身进行评估，而外部评估法是指将方法体系应用到某一情境，通过方法体系的应用效果来间接进行评估。本章采用内部评估法对构建的情报学研究方法体系进行评估。主要评价指标为轮廓系数（silhouette coefficient）[2]。

聚类结果中，样本 i 的轮廓系数计算公式如下：

$$S_i = \frac{b_i - a_i}{\max\{a_i, b_i\}} \qquad (8-3)$$

其中，S_i 表示样本 i 的轮廓系数，a_i 表示样本 i 与同一类簇中其他样本不相似程度的平均值，b_i 表示样本 i 与其他类簇不相似程度的最小值，$\max\{a_i, b_i\}$ 表示取两个中较大的值。

一般取所有样本轮廓系数的平均值来对聚类结果进行评估，轮廓系数平均值越大，表明聚类效果越好。

8.4 实验结果与分析

情报学研究方法体系构建主要通过聚类完成，本节对不同聚类实验的结果进行展示与分析。

---

[1] YAN Z, JIAN Y, JIA C. Initializing K-means clustering using affinity propagation[C]//Proceedings of the 2009 Ninth International Conference on Hybrid Intelligent Systems. New York：IEEE, 2009：338-343.

[2] ARANGANAYAGI S, THANGAVEL K. Clustering categorical data using silhouette coefficient as a relocating measure[C]//Proceedings of the International Conference on Computational Intelligence and Multimedia Applications. New York：IEEE, 2007：13-17.

8.4.1 实验数据概述

使用的数据包括《情报学报》2009—2018 年的论文全文（共 1349 篇），以及 13 720 篇图情档领域的中文学术论文全文，前者为主要使用的数据，后者仅用于扩充语料进行研究方法实体的词向量训练。

前面已经人工对《情报学报》2009—2018 年的论文研究方法类别进行了标注，构建了一个包含 3 个层次的基本研究方法体系。同一篇论文如果使用了不止一个类别的研究方法，那么会被打上多个类别标签。各研究方法类别的论文数量如表 8-1 所示，可以看到，实验法与统计学方法的论文数量最多，分别为 739 篇和 225 篇。

表 8-1 各三级研究方法类别的论文数量　　　　　　　　　　　单位：篇

一级类别	二级类别	三级类别	论文数量
情报学研究方法	数据收集方法	问卷调查	71
		访谈法	21
		德尔菲法	3
		网络日志	11
		社会心理学数据收集设备：眼动仪等	29
		出声思维法	3
		计算机辅助手段	31
	数据分析方法	文献计量学方法	168
		系统性文献综述法	0
		元分析方法	4
		实验法	739
		比较研究法	25
		案例法	16
		历史分析法	4
		阐释法	166
		扎根理论方法	8
		内容分析法	28
		社会网络分析法	107
		统计学方法	225
		可视化分析	64
		其他	21

前面也已通过神经网络模型抽取出 2009—2018 年每篇《情报学报》论文中包含的研究方法实体。为了提高抽取结果的可靠性，还要对出现频率较高的研究方法实体进行

人工审核，过滤一些明显不是研究方法实体的结果。抽取出来的研究方法实体一共有1万余个，统计了每个研究方法实体在1349篇论文中出现的频次，然后按照出现频次的高低顺序对研究方法实体进行审核。最终，审核了出现频次大于或等于4的实体。并将审核过的实体与剩下的实体按照频次大小降序排序，做出了这些研究方法实体的出现频次累积分布，如图8-2所示。

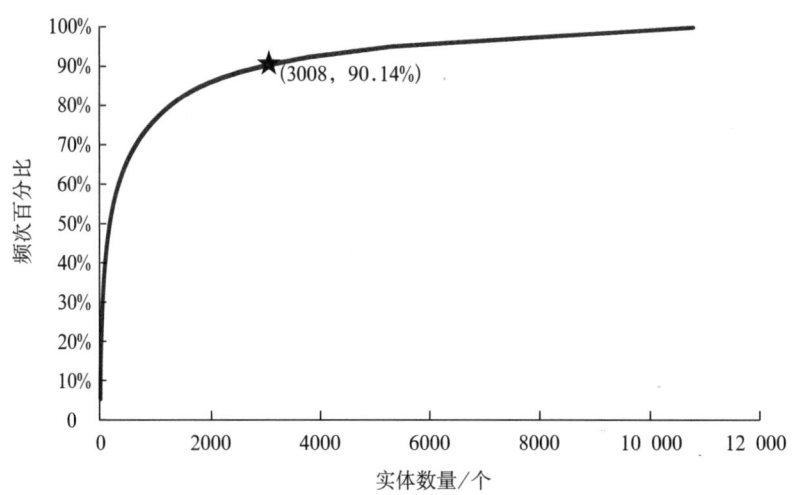

图8-2　研究方法实体出现频次累积分布

图8-2中，横轴为经过频次降序排序的研究方法实体数量，纵轴为研究方法实体累积的频次占总频次的百分比。可以看到，前3008个研究方法实体（经过审核的频次大于等于4的实体）的频次之和已经达到了总频次的90.14%，可以保证较为重要的研究方法实体是可靠的。后面各类别中的研究方法实体聚类将在这经过审核的3008个研究方法实体的基础上进行。

8.4.2　情报学研究方法实体所属三级类别的划分

对情报学研究方法实体进行聚类是在人工构建的三级类别之下进行的，在此之前，要将研究方法实体划分到对应的三级类别下。通过计算研究方法实体与各个三级类别的卡方值，然后将其划分到卡方值最大的类别。如表8-2所示，现共有N篇文献，其中M篇属于类别E_i，则研究方法实体T与三级类别E_i之间的相关性可以通过两者之间卡方值计算得到：

$$\chi_{(T,E_i)} = \frac{N(AD-BC)^2}{(A+B)(A+C)(B+D)(C+D)} \text{。} \tag{8-4}$$

表8-2 实体—类别混淆表

实体划分	属于类别 E_i	不属于类别 E_i	总计
包含 T	A	B	A+B
不包含 T	C	D	C+D
总计	A+C	B+D	N

最终,各三级类别的研究方法实体数量如表8-3所示。可以发现,拥有研究方法实体超过100个的三级类别有9个,本节对三级类别的研究方法实体聚类将在这9个类别中进行。

表8-3 各三级类别的研究方法实体数量　　　　　　　　　　　　　　　单位:个

三级类别	实体数量	三级类别	实体数量
问卷调查	138	比较研究法	125
访谈法	53	案例法	44
德尔菲法	42	历史分析法	7
网络日志	46	阐释法	200
社会心理学数据收集设备:眼动仪等	62	扎根理论方法	37
出声思维法	13	内容分析法	63
计算机辅助手段	115	社会网络分析法	218
文献计量学方法	167	统计学方法	111
元分析方法	51	可视化分析	153
实验法	1252	其他	65

8.4.3 三级类别研究方法实体聚类结果与分析

对研究方法实体数量超过100的9个三级类别的研究方法实体分布情况进行了统计,表8-4和表8-5分别是实验法和社会网络分析法论文中出现频次最高的前10个方法实体。接着,对这9个类别中的情报学研究方法实体进行聚类。

表8-4 实验法论文中TOP10方法实体

单位：次

方法实体	出现频次
实验	4522
领域本体	764
召回率	660
语料库	628
支持度	434
lda	427
svm	413
关联规则	401
文本分类	372
相似度计算	360

表8-5 社会网络分析法论文中TOP10方法实体

单位：次

方法实体	出现频次
中心度	145
社会网络分析	135
耦合	115
中心性	107
网络密度	103
节点度	80
中间中心度	75
ucinet	73
中介中心性	71
ipc分类	69

（1）AP聚类

在对各三级类别中的情报学研究方法实体进行AP聚类时，对于参考度，从0到1每隔0.05设置一次参考度进行聚类。以轮廓系数来衡量不同参考度下的聚类效果，但是轮廓系数的计算要求聚类数量小于实体数量，同时为了保证有一定数量的类簇，只记录聚类数量大于等于10并且小于实体数量的参考度及对应的轮廓系数。然后，选取轮廓系数最大的聚类结果用于后续的分析。

对实验法论文中的研究方法实体进行AP聚类时，不同参考度下的轮廓系数如图8-3所示。

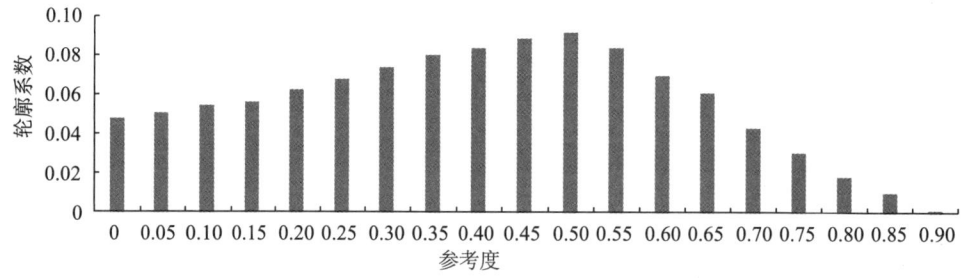

图8-3 不同参考度下AP聚类结果的轮廓系数（实验法）

从图 8-3 可以看出，当参考度设置为 0.5 时，轮廓系数最大，此时的聚类效果最优。统计该组聚类结果中每一个类簇包含的所有方法实体出现频次之和作为各个类簇影响力，以此对类簇进行排序，前 5 个类簇如表 8-6 所示。

表 8-6　最优 AP 聚类结果中影响力最高的前 5 个类簇情况（实验法）　　单位：次

类簇	聚类中心	频次之和	方法实体
1	实验	4948	实验、试验、仿真实验、模拟实验
2	f 值	1512	召回率、f 值、正确率、分类准确率、平均准确率、精确率、f1 值、f-measure 值、调和平均值 f
3	领域本体	1091	领域本体、术语集、语义图、本体学习、本体的方法、本体化、语义模型、本体理论、领域本体构建方法、多本体协同知识地图、概念相似度计算方法、wordnet 词典、protege 软件
4	svm	883	svm、支持向量机、libsvm、svm 分类器、svm 模型、svm 方法、svm、svm 算法、support vector machine、svm 分类、支持向量机模型、支持向量机方法、支持向量机算法、基于潜在语义索引的 svm 文本分类模型、贝叶斯分类器、liblinear 分类器、支持向量机分类器、co-training
5	apriori 算法	879	关联规则、频繁项集、关联规则挖掘、apriori 算法、apriori、关联规则挖掘算法、剪枝策略、关联规则算法、关联规则挖掘方法、apriori 算法挖掘

从表 8-6 可以看出，实验法论文中研究方法实体的最优 AP 聚类结果中影响力最高的前 5 个类簇要么是同一种实体的不同形式聚在了一起，要么是存在一定共性的几种实体聚在了一起。例如，类簇 1 中的均为"实验"的变体，类簇 2 中的"召回率""f 值"等均是用于实验结果评估的指标，类簇 3 中的"svm""朴素贝叶斯"等都属于分类器模型。由此看来，聚类结果较为可靠。

对社会网络分析法论文中的研究方法实体进行 AP 聚类时，不同参考度下的轮廓系数如图 8-4 所示。

当参考度为 0.25 时，取得最优聚类结果。同样计算该组聚类结果中每一个类簇的影响力，按照影响力大小对类簇进行排序，前 5 个类簇如表 8-7 所示。

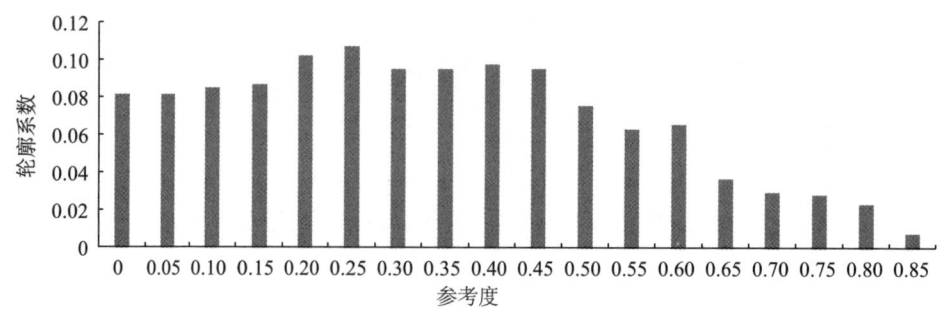

图 8-4 不同参考度下 AP 聚类结果的轮廓系数（社会网络分析法）

表 8-7 最优 AP 聚类结果中影响力最高的前 5 个类簇情况
（社会网络分析法）　　　　　　　　　　　　　　　单位：次

类簇	聚类中心	频次之和	方法实体
1	中心性	850	中心度、中心性、中间中心度、中介中心性、接近中心性、中介中心度、中间中心性、点度中心度、凝聚度、度数中心度、互联网知识传播网络、度数中心性、中心性指标、度中心度、关联程度、核心—边缘模型、《经济研究》、特征向量中心度、连接强度、集中度、betweenness centrality、介数中心性、特征向量中心性、中心度指标、中介中心度指标、网络节点中心性、连通度、网络指标、clique 子团凝聚度、接近度中心性、社会网络指标、closeness centrality
2	社会网络分析	316	社会网络分析、社会网络分析方法、社会网络分析法、共现分析、网络分析、social network analysis、复杂网络分析方法、网络分析方法、引文网络分析、结合社会网络分析、核心/边缘模型、数理统计方法
3	ucinet	312	ucinet、网络图、网络可视化、ucinet 软件、pajek、netdraw 软件、pajek 软件、gephi 软件、dematel 方法、可视化工具、社会网络分析软件、gephi 分析工具、网络分析工具、软件 ucinet
4	作者关键词耦合分析	263	耦合、文献耦合、aca 分析、作者共被引分析、作者关键词耦合分析、主题词共现、abca、合作网络分析、合作分析、作者同被引分析、coupling analysis、author keywords coupling analysis、主题词共现分析
5	平均集聚系数	245	网络密度、平均路径长度、平均集聚系数、凝聚力指数、平均密度、网络平均路径、t-统计量、平均最短路径长度、随机分布

从表 8-7 中可以看到，类簇 1 中出现的是各种"中心性"指标，这是进行社会网

络分析时经常测量的一个网络指标。类簇2中的实体以"社会网络分析"为主，该类簇与三级类别名称一致。类簇3中则是几种软件聚在了一起，但它们均可用于社会网络分析或网络可视化。聚类结果也比较可靠。

（2）凝聚式层次聚类

使用凝聚式层次聚类算法对各类别中的情报学研究方法实体进行聚类时，先得到一棵聚类树，然后根据不同的相似度水平对聚类树类簇进行划分。从0到1每隔0.02划分一次类簇，同样地，为了保证有一定数量的类簇，只记录聚类数量大于等于10的结果，然后计算各组聚类结果的轮廓系数，选取轮廓系数最大的聚类结果进行后续分析。

对实验法论文中的研究方法实体进行凝聚式层次聚类，不同相似度下聚类结果的轮廓系数如图8-5所示。

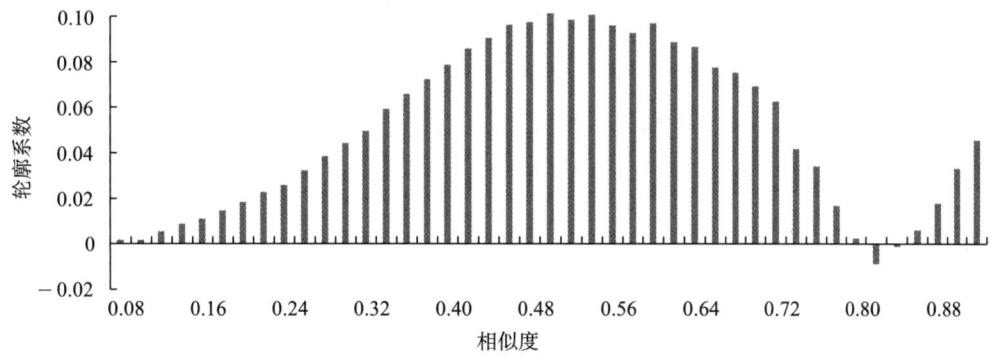

图8-5 不同相似度下凝聚式层次聚类结果的轮廓系数（实验法）

由图8-5可以看出，以0.5的相似度划分类簇时，轮廓系数最大，此时聚类效果最好。然后计算该组聚类结果中每个类簇的影响力并排序，影响力最高的前5个类簇如表8-8所示。

表8-8 最优层次聚类结果中影响力最高的前5个类簇情况（实验法） 单位：次

类簇	频次之和	方法实体
1	4820	实验、对比实验、实验验证、仿真实验、实验对比
2	1790	召回率、f值、查全率、正确率、分类准确率、平均准确率、精确率、平均查准率、f1值、f-measure值、平均召回率

续表

类簇	频次之和	方法实体
3	1084	svm、支持向量机、分类模型、朴素贝叶斯、svm 分类器、svm 模型、-svm、svm 方法、svm（、svm 算法、support vector machine、svm 分类、支持向量机模型、bayes、支持向量机方法、svm 分类模型、支持向量机算法、基于潜在语义索引的 svm 文本分类模型、nearest neighbor、最近邻分类方法、k-nn、贝叶斯分类器、支持向量机分类器
4	863	crf、条件随机场模型、crfs、条件随机场、hmm、最大熵模型、隐马尔可夫模型、机器学习模型、crf 模型、标注模型、crfs 模型、统计学习方法、conditional random fields、memm、统计学习模型
5	833	领域本体、本体的方法、本体化、语义模型

表 8-8 展示了实验法论文中的研究方法实体最优层次聚类的情况，与 AP 聚类的结果比较相似。影响力最高的类簇 1 依旧是与实验相关的方法实体，与实验法论文相呼应，类簇 2 同样是"召回率""f 值"等评估指标。但与"本体"相关的类簇的影响力从第二降到了第五，与"关联规则"相关的类簇影响力已经不再能进入前五，凝聚式层次聚类结果的类簇 4 变成了与"统计学习模型"相关的实体集合。

对社会网络分析法论文中的研究方法实体进行凝聚式层次聚类，不同相似度下聚类结果的轮廓系数如图 8-6 所示。

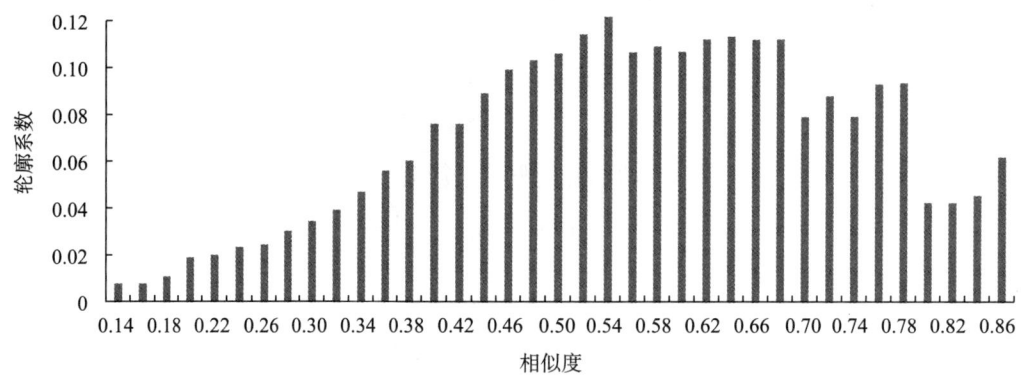

图 8-6　不同相似度下凝聚式层次聚类结果的轮廓系数（社会网络分析法）

从图 8-6 可以看到，以 0.54 的相似度划分类簇时，可取得最优聚类结果。然后统计该组聚类结果中每个类簇的影响力，并按照影响力大小对类簇进行排序，影响力最高的前 5 个类簇如表 8-9 所示。

第8章 情报学研究方法体系的自动构建

表8-9 最优层次聚类结果中影响力最高的前5个类簇情况
（社会网络分析法） 单位：次

类簇	频次之和	方法实体
1	706	中心度、中心性、中间中心度、中介中心性、接近中心度、中介中心度、中间中心性、点度中心度、度数中心度、度数中心性、度中心度、特征向量中心度、betweenness centrality、介数中心性、特征向量中心性、中心度指标、中介中心度指标、接近度中心性
2	328	社会网络分析、社会网络分析方法、图论、社会网络分析法、网络分析、复杂网络理论、复杂网络分析方法、网络分析方法、引文网络分析、社会网络分析理论、复杂网络方法
3	300	ucinet、网络图、网络可视化、ucinet 软件、pajek、netdraw 软件、pajek 软件、gephi 软件、社会网络分析软件、sna 分析、网络分析工具、软件 ucinet
4	207	网络密度、平均路径长度、平均集聚系数、凝聚力指数、平均最短路径长度
5	182	耦合、文献耦合

表8-9展示了社会网络分析法论文中的研究方法实体最优层次聚类的情况，与社会网络分析法相对应的"社会网络分析"这一类簇的影响力排到了第二，影响力最高的类簇1则包含了"中心性指标"的一些变体，属于同一种研究方法实体，但是"中心性"是进行网络分析时经常测度的一种指标，因此，这种情况也是合理的。另外，类簇3则包含了多种类型的研究方法实体，但它们的共性是都可用于网络分析与可视化。

（3）K均值聚类

使用K均值聚类算法对各类别中的情报学研究方法实体进行聚类，聚类结果主要受初始聚类中心数量的影响。通过观察AP聚类和层次聚类的最优聚类结果发现，类簇的数量处于10到120之间。因此，从10到120每隔10取一个值，做13组层次聚类，然后计算每个聚类结果的轮廓系数，选取最优聚类结果进行后续分析。

对实验法论文中的研究方法实体进行K均值聚类，不同初始聚类中心数量下聚类结果的轮廓系数如图8-7所示。

从图8-7可以看出，当初始聚类中心数量取10时，轮廓系数最大，此时聚类效果最好。统计该聚类结果中每个类簇的影响力并排序，影响力最大的前5个类簇如表8-10所示。

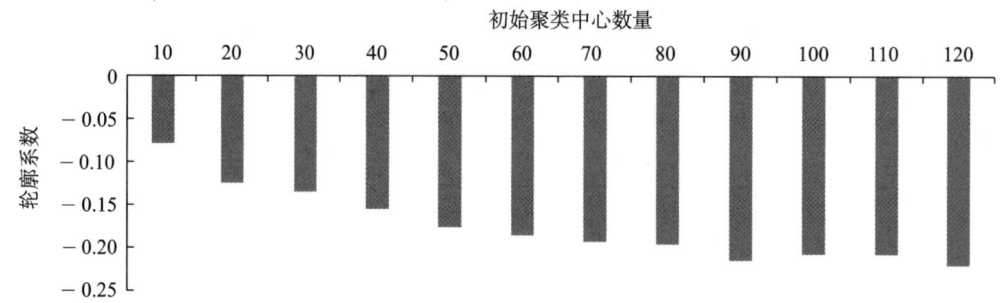

图8-7 不同初始聚类中心数量下K均值聚类结果的轮廓系数（实验法）

表8-10 最优K均值聚类结果中影响力最高的前5个类簇情况（实验法） 单位：次

类簇	频次之和	方法实体
1	8011	实验、svm、机器学习、支持向量机、crf、knn、分类模型、条件随机场模型、贝叶斯、crfs、机器学习方法、贝叶斯网络、分类方法、条件随机场、对比实验、神经网络、rnn、lstm、hmm、交叉验证、bp、cnn、最大熵模型、隐马尔可夫模型、卷积神经网络、朴素贝叶斯、机器学习模型、crf模型、libsvm、svm分类器、svm模型、标注模型、knn算法、rbf、神经网络模型、bilstm、-svm、svm方法、深度学习模型、crfs模型、文本分类方法、svm算法、svm分类、lstm模型、支持向量机模型、文本分类算法、bayes、人工神经网络、knn分类算法、支持向量机算法、贝叶斯分类器
2	5600	数字图书馆、social、cnki、f指标、关系本体、影子分析、文献数据库、htop指数、quality、本体概念集、wiki平台……
3	4836	领域本体、语料库、wordnet、人工标注、mesh、语言学、自然语言处理、语义分析、规则库、术语集、hownet、语义词典……
4	4089	试验、ht指数、变异分析、z指数、计量方法、h指标、bfa、句子相似度、g指数、ga、fcm、模糊taxonomy、实验对比、混淆度……
5	3036	lda、文本分类、向量空间模型、聚类算法、词向量、语言模型、聚类方法、vsm、特征提取、文本聚类、主题模型……

表8-10展示了实验法论文研究方法实体的最优K均值聚类中影响力最高的前5个类簇的情况，但是除了类簇1中的实体是完全显示外，其他几个类簇中的实体数量过多，只展示了其中的一部分。可以看到，K均值聚类结果的每个类簇中的实体都比较混乱，不容易找到它们之间的共性，聚类效果不如其他两种聚类方法。

对社会网络分析法论文中的研究方法实体进行K均值聚类，不同初始聚类中心数量下聚类结果的轮廓系数如图8-8所示。

第 8 章
情报学研究方法体系的自动构建

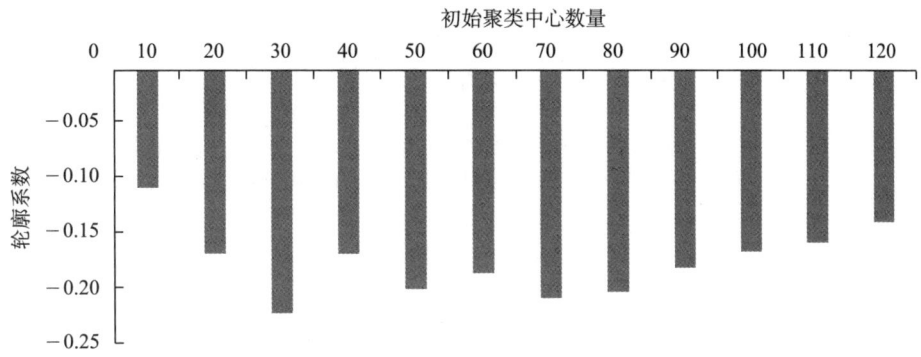

图 8-8 不同初始聚类中心数量下 K 均值聚类结果的轮廓系数（社会网络分析法）

由表 8-8 可以看出，当初始聚类中心数量取 10 时，可取得最优聚类结果。计算此时各个类簇的影响力，并按照影响力大小对类簇进行排序，前 5 个类簇的情况如表 8-11 所示。

表 8-11 最优 K 均值聚类结果中影响力最高的
前 5 个类簇情况（社会网络分析法）　　　　　　单位：次

类簇	频次之和	方法实体
1	659	中心度、中心性、中间中心度、中介中心性、接近中心度、中介中心度、中间中心性、点度中心度、度数中心度、中心性指标、度中心度、特征向量中心性
2	623	互联网知识传播网络、web mention、aca 分析、social network analysis、著者同被引分析、核心—边缘模型、仿真方法、title mention、《经济研究》、网络平均路径、仿真模型、地域一致性、学科一致性、t-统计量、引文数据库、关系模型、三螺旋计量、betweenness centrality、超网络演化模型、汉语科技词系统、citation network、boyack、akca 方法、主题词共现、dematel 方法、著者关联子图、超网络理论、中国引文数据库、核心-边缘模型、合作网络分析、中介中心度指标、关系属性集、migraine disorders、加权网络动态演化模型、提名法、web mention 方法、随机行动者模型、加权超网络、超网络聚合、社会网络图谱、无标度网络模型、专利同类分析、介值中心度、广度指标、hca、数据关联规则、mdsa、核心/边缘分析、企业竞争的多维视角分析模型、网络节点中心性、连通度、scale-free、树形图、ssci 数据库、结合社会网络分析、web of science 平台、sna 分析、中国催化剂、《科学计量学》、模糊聚类、作者同被引分析、evolution of cooperation、基于互信息的三螺旋计量指标、学科一致性指标、加权网络演化模型、甜蜜家园社区、clique 子团凝聚度、核心/边缘模型、接近度中心性、重叠度函数、数字资源超网络聚合系统模型、gephi 分析工具、多模数据分析、global map、coupling analysis、社会网络分析理论、search path、tf-idf 算法、author keywords coupling analysis、sir、信息检索模型、文本关系叠加模型、主题词共现分析、知识协同网络、超图理论、网络分析工具、价值链理论、五力模型、cssci 数据、中文社会科学引文索引、拓扑结构特性、thomson data analyzer、机构竞争力、数理统计方法、共词网络分析、德温特创新索引、国际专利分类表、拓扑参数、网络拓扑参数、web of knowledge 数据库、点互信息方法、jaccard 相似度、closeness centrality、二八法则、pathfinder network、词共现模型、主路径方法、包容系数法、加权复杂网络、复杂网络方法、共现统计、pearson correlation、木虫论坛、动态网络分析方法、维基百科页面、tf—idf 算法、社会建构主义理论、节点平均度、社群发现方法、数据挖掘理论、e-learning 系统、功效维度的关联规则分析、spring 图、关键词抽取算法、专家知识信息、ant 理论

续表

类簇	频次之和	方法实体
3	593	节点度、结点度、a-net、净被引次数、知识负载、知识多样性、凝聚度、知识冗余度、网络度、合作次数、度数中心性、超网络模型、平均集聚系数、凝聚力指数、k 核分析、平均密度、整体网络分析、特征向量中心度、连接强度、知识扩散速率、平均最短路径长度、介数中心性、中心度指标、子群分析、指数函数、核心-边缘结构分析、节点度值、网络指标、随机分布、密度矩阵、社会网络指标
4	570	社会网络分析、耦合、文献耦合、社会网络分析方法、图论、社会网络分析法、共现分析、网络分析、复杂网络理论、作者共被引分析、作者关键词耦合分析、abca、复杂网络分析方法、网络分析方法、引文网络分析、合作分析
5	262	ucinet、网络可视化、ucinet 软件、pajek、netdraw 软件、中心性分析、pajek 软件、tda、gephi 软件、多维尺度、可视化工具、社会网络分析软件、软件 ucinet

从表 8-11 可以看到，影响力最高的类簇 1 中的实体均与"中心性"这一网络指标相关，这和其他两个聚类方法的结果一致。类簇 4 是与"社会网络分析"相关的实体集合，类簇 5 中大部分是可用于网络可视化的软件。但是类簇 2 和类簇 3 中的实体则比较多，难以发现实体之间的共性。

（4）3 种实体聚类方法效果比较

最终要从 3 种实体聚类方法中选出一种构建情报学方法体系。这里比较 3 种聚类方法在不同情况下的轮廓系数。3 种聚类方法在各三级类别论文中达到最优聚类效果时的轮廓系数如图 8-9 所示。图中，编号 1 为问卷调查，7 为计算机辅助手段，8 为文献计量学方法，11 为实验法，12 为比较研究法，15 为阐释法，18 为社会网络分析法，19 为统计学方法，20 为可视化分析。

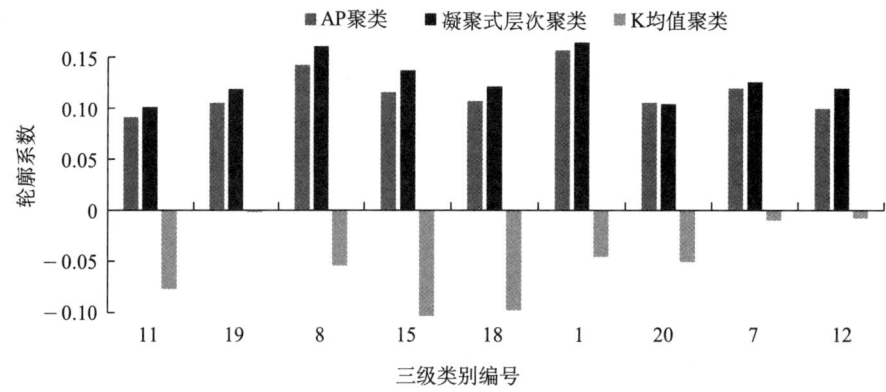

图 8-9 3 种实体聚类方法最优结果时的轮廓系数

图 8-9 中，纵轴表示不同情况下，达到最优聚类效果时的轮廓系数。可以看到，不同情况下 AP 聚类和凝聚式层次聚类的轮廓系数均远大于 K 均值聚类，K 均值的聚类效果最差，凝聚式层次聚类的效果稍微优于 AP 聚类。因此，使用凝聚式层次聚类的结果来构建情报学研究方法体系。剩余 7 个类别的凝聚式层次聚类结果前 5 个类簇的情况如附录 8 所示。

8.4.4 二级类别研究方法实体聚类结果与分析

前面已经通过卡方特征选择方法将研究方法实体划分到各个三级类别，在进行二级类别的研究方式实体聚类时，首先找到二级类别下所有三级类别，将这些三级类别与经过划分的研究方法实体合并在一起，作为该二级类别的研究方法实体，再使用效果最好的凝聚式层次聚类对二级类别中的研究方法实体进行聚类。凝聚式层次聚类首先会得到一棵聚类树，然后根据不同的相似度对聚类树进行类簇划分。同样地，从 0 到 1 每隔 0.02 划分一次类簇，为了保证有一定数量的类簇，只记录聚类数量大于等于 10 的结果，然后计算各组聚类结果的轮廓系数，选取轮廓系数最大的聚类结果进行后续分析。

对数据搜集方法的研究方法实体进行凝聚式层次聚类，不同相似度水平划分的聚类结果的轮廓系数如图 8-10 所示。

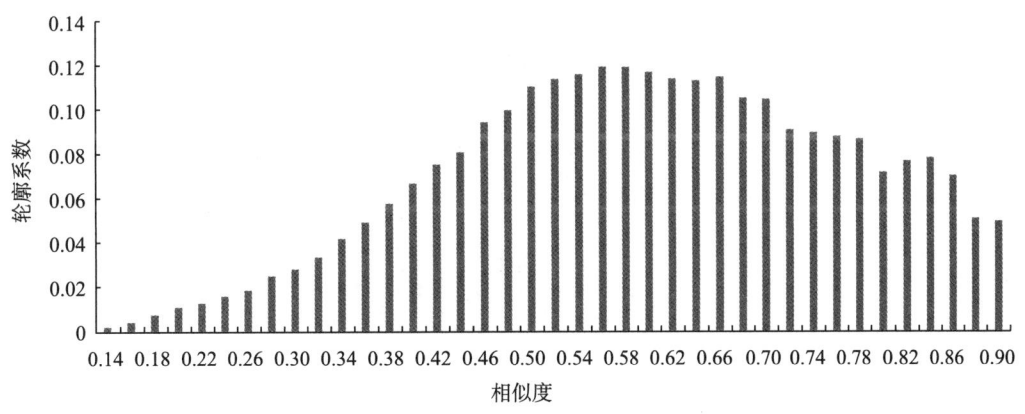

图 8-10 数据收集方法论文中不同相似度下层次聚类结果的轮廓系数

从图 8-10 可以看到，以 0.56 的相似度划分类簇时，可取得最优聚类结果。然后统计该组聚类结果中每个类簇的影响力，并按照影响力大小对类簇进行排序，影响力最高的前 5 个类簇如表 8-12 所示。

表8-12 最优层次聚类结果中影响力最高的
前5个类簇情况（数据收集方法） 单位：次

类簇	频次之和	方法实体
1	1111	问卷、调研、调查问卷、问卷调查、用户调查、网络调查、调研问卷、访谈、半结构化访谈、网络调研、电话访谈
2	377	我国综合性文献数据库、概念列表法、文献数据库用户心智模型、半结构化访谈法、绘图法、心智模型、用户心智模型、卡片分类法、路径搜索法、概念图法
3	247	内部一致性、验证性因子分析、cronbach's、信度分析、信度检验、效度检验、α系数、cronbach'sα、cr值、cronbach'、内部一致性系数、结构效度检验、cronbacha系数、信度效度、组合信度cr值、探索性因子分析方法、知识共享量表、一致性系数、spss分析、alpha系数
4	192	结构方程模型、回归分析、路径分析、假设检验、结构方程、结构方程分析、visualpls软件、结构方程模型分析、结构方程模型方法、pls-sem方法、amos软件、多元线性回归分析、pls方法、方差分析法、logistic回归、回归分析法
5	134	成熟度

从表8-12可以看到，数据搜集方法的聚类结果中，影响力最高的类簇1中是与问卷或访谈相关的研究方法实体，都是常见的数据收集方法。类簇3大部分是以"内部一致性"为主的检验指标或方法，类簇4中的研究方法实体则以"结构方程分析"为主。

对数据分析方法的研究方法实体进行凝聚式层次聚类，不同相似度下聚类结果的轮廓系数如图8-11所示。

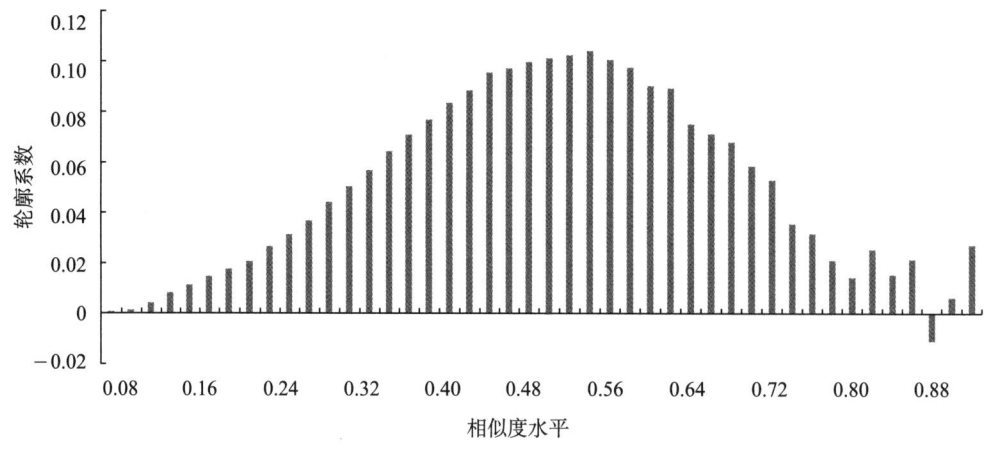

图8-11 数据分析方法论文中不同相似度下层次聚类结果的轮廓系数

从图 8-11 可以看到，以 0.56 的相似度划分类簇时，可取得最优聚类结果。然后统计该组聚类结果中每个类簇的影响力，并按照影响力大小对类簇进行排序，影响力最高的前 5 个类簇如表 8-13 所示。

表 8-13 最优层次聚类结果中影响力最高的前 5 个类簇情况（数据分析方法） 单位：次

类簇	频次之和	方法实体
1	5056	实验、试验、对比实验、实验验证、实验对比、比较实验、对比试验
2	2352	领域本体、本体化、语义模型、本体理论、语义 web 技术、本体概念模型、本体、本体库、桥本体、本体模型、本体技术、本体语义、语义本体、领域本体模型、本体思想
3	2036	召回率、f 值、查全率、正确率、分类准确率、平均准确率、f 指标、f-measure、精确率、准确率 p、宏平均、召回率 r、平均查准率、f1 值、f-measure 值、平均召回率、f-measure、f-score、baseline 方法、总体准确率、tfet 方法、综合指标 f、微平均 f1 值、宏平均 f1 值
4	1432	贝叶斯分类、svm、支持向量机、knn、分类模型、朴素贝叶斯、libsvm、svm 分类器、svm 模型、knn 算法、rbf、-svm、svm 方法、svm、svm 算法、support vector machine、svm 分类、线性核函数、支持向量机模型、文本分类算法、bayes、mlr、支持向量机方法、svm 分类模型、knn 分类算法、支持向量机算法、多项式核函数、rbf 核函数、基于潜在语义索引的 svm 文本分类模型、nearest neighbor、最近邻分类方法、k-nn、贝叶斯分类器、liblinear 分类器、支持向量机分类器、svm 分类算法、nb、naive bayes、径向基核函数、smo、adaboost、朴素贝叶斯算法、决策树算法、朴素贝叶斯分类器
5	885	crf、条件随机场模型、crfs、条件随机场、hmm、最大熵模型、隐马尔可夫模型、机器学习模型、crf 模型、标注模型、crfs 模型、统计学习方法、conditional random fields、hmm 模型、隐马尔可夫、memm、统计学习模型

从表 8-13 中可以看出，数据分析方法论文的研究方法实体聚类结果中，影响力最高的类簇 1 是与实验相关的研究方法实体，说明实验法是应用最为广泛的数据分析方法。影响力次之的类簇 2 是本体相关研究方法实体。类簇 3 中"召回率"等评估指标聚在了一起，这些指标经常用于实验结果的评估。类簇 4 和类簇 5 分别是分类模型和统计学习模型。

8.4.5 情报学研究方法体系

分别对三级类别及二级类别论文中的方法实体进行了聚类，通过对3种聚类方法的比较发现凝聚式层次聚类的效果最好。因此，在人工标注的基础上，融合层次聚类结果，构建情报学研究方法体系。

首先，使用人工标注的三级类别作为情报学研究方法体系的前三层。然后，取三级类别论文中的研究方法实体聚类结果中影响力最高的5个类簇，人工为每个类簇赋予一个名称，构成方法体系的第四层，类簇中的研究方法实体集合作为第五层。由于第五层的实体是模型直接抽取出来的结果，可能存在实体不完整的问题，这里人工进行了补全或合并。这样构建第一个情报学研究方法体系，如图8-12所示。

从图8-12可以看出，相比于传统的三层次方法体系，本章生成的五层次方法体系对情报学研究方法进行了更细粒度的划分，每个三级类别下再细分5个四级类别，还可以查看每个四级类别具体包含了哪些研究方法实体。从研究方法的数量上来看，传统的三层次方法体系中仅仅包含十几个十分概括性的研究方法，而本章构建的方法体系中包含的研究方法实体多达上百个。而且，研究方法实体的类型多种多样，包括算法、模型、数据库、指标、系统、工具等，比较细致具体。

通过观察构建的五层次研究方法体系，可以发现研究方法体系的第五层中包含一些研究方法实体的不同形式，这有助于文献检索时尝试不同的检索词，获取更加全面的相关文献。除此之外，借鉴卡方特征选择方法，将各个研究方法实体划分到了不同的三级类别下，但这仅仅表示经过划分的研究方法实体相对更加能反映所属类别的特征，而实际上许多研究方法实体交叉出现在不同三级类别的论文中。例如，与"实验"和"统计"相关的研究方法实体几乎出现在所有的三级类别中，它们可以被称作情报学研究的"热门研究方法"或"通用研究方法"。

另外，还使用人工标注的前两级类别作为情报学方法体系的前两层。然后取二级类别论文中的研究方法实体聚类结果中影响力最高的5个类簇，为每个类簇人工赋予名称，构成方法体系的第三层，类簇中的研究方法实体集合作为第四层，最后得到第二个情报学方法体系，如图8-13所示。

通过图8-13中的方法体系可以看到，数据收集方法中主要以问卷和访谈形式为主，对于收集到的数据，经常会使用一些一致性参数来对数据进行检验，以保证数据的可靠性，分析方法以结构方程分析为主。而数据分析方法中使用最普遍的是实验法，通

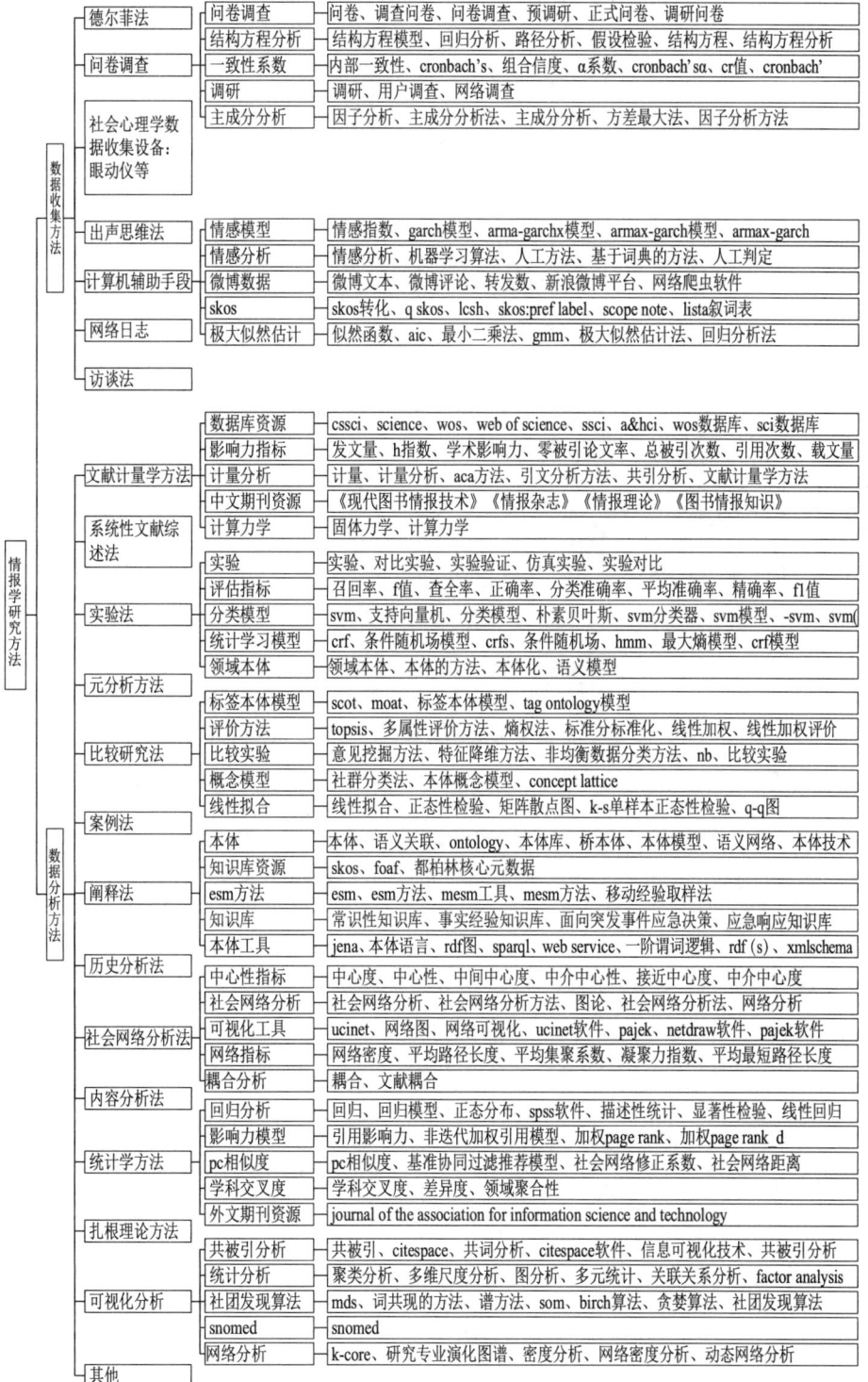

图8-12 人工标注三级类别融合聚类结果的情报学研究方法体系

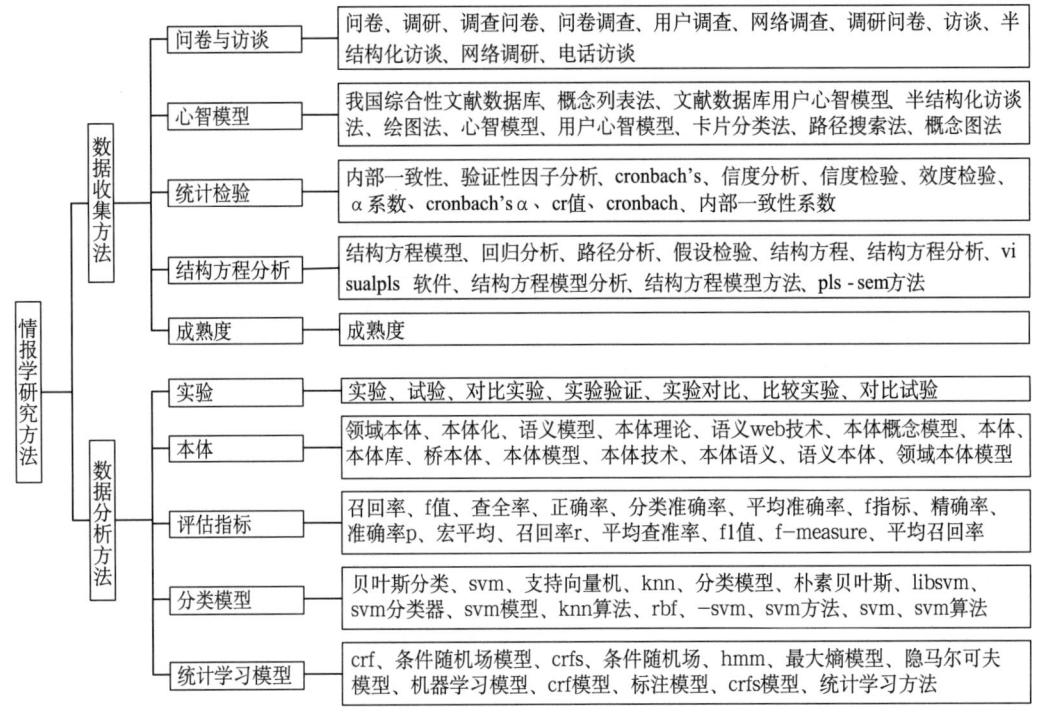

图 8-13　人工标注二级类别融合聚类结果的情报学研究方法体系

过各种实验，辅以评估手段得到最优结果，而使用分类模型和统计学习模型一般也要进行多次的实验，这也说明了实验法是最常见的情报学数据分析方法。

8.5　本章小结

本章介绍了如何构建情报学研究方法体系，传统研究中方法体系的构建一般完全依靠人工完成，比较耗时耗力。本章在人工标注的基础上，试图融合一些自动的方法构建情报学研究方法体系。目前，自动构建方法体系的研究较少，研究方法可以看作一个个概念实体，因此可以参照概念层次体系生成的方法。首先，对概念层次体系生成的相关研究进行了概述，然后选定聚类方法构建情报学研究方法体系。前面章节中，已经标注了《情报学报》2009—2018 年的论文使用的研究方法类别，形成了一个基本的三层方法体系，并且利用神经网络模型抽取出了每篇论文中的研究方法实体。在本章中，还搜集了 1 万余篇图情档领域中文论文扩充训练语料，使用 Word2Vec 学习每个研究方法实体的表示向量。接着,分别使用 AP 聚类、层次聚类和 K 均值聚类对 9 个三级类别论文中出现的研究方法实体进行聚类,并且使用轮廓系数对聚类效果进行评估,结果表明层次聚类的效果最好,同时,使用层次聚类对二级类别论文中的研究方法实体进行了聚类。最后,在人工标注的基础上,分别使用三级类别的研究方法实体层次聚类结果和二级类别的研究方法实体层次聚类结果作为补充,构建了两个情报学研究方法体系。通过对这两个方法体系进行观察可以发现,后者整体的可读性不如前者。

第9章
情报学研究方法与技术知识库构建与检索

在前几章中，本书通过内容分析法对 2009—2018 年《情报学报》的学术论文进行总结，构建了情报学研究方法与技术层次体系。之后，利用机器学习及深度学习模型对学术论文中的研究方法实体进行抽取。在这一步中，为了减少噪音的干扰，首先抽取了学术论文中的方法句，然后从方法句中抽取研究方法实体。在得到研究方法实体的集合后，又对抽取的研究方法实体进行了聚类，并将聚类结果与本书构建的情报学研究方法与技术层次体系相结合。本章将基于上述研究结果，构建情报学研究方法与技术知识库。

9.1 情报学研究方法与技术知识库构建与检索的基本思路

构建情报学研究方法与技术知识库的基本思路分为 3 个部分：知识库方案设计、数据库构建、演示系统实现，如图 9-1 所示。

本书首先参考现有的知识组织系统（如 CNKI[①]、万方[②]等），并结合本知识库的实际需求进行分析，提出了知识库的设计框架，并制定了知识库的设计方案。其次，对论文数据进行解析，得到了学术论文的基本信息。再次，结合实验得到的方法句与研究方法实体建立了数据库，并对数据库内的数据建立了索引。最后，设计了情报学研究方法与技术知识库在线演示系统的界面，并实现各个功能。在后续章节中，本书将对构建知识库系统的关键步骤与具体实现方法进行详细的描述。

---

① https://www.cnki.net.
② http://www.wanfangdata.com.cn/index.html.

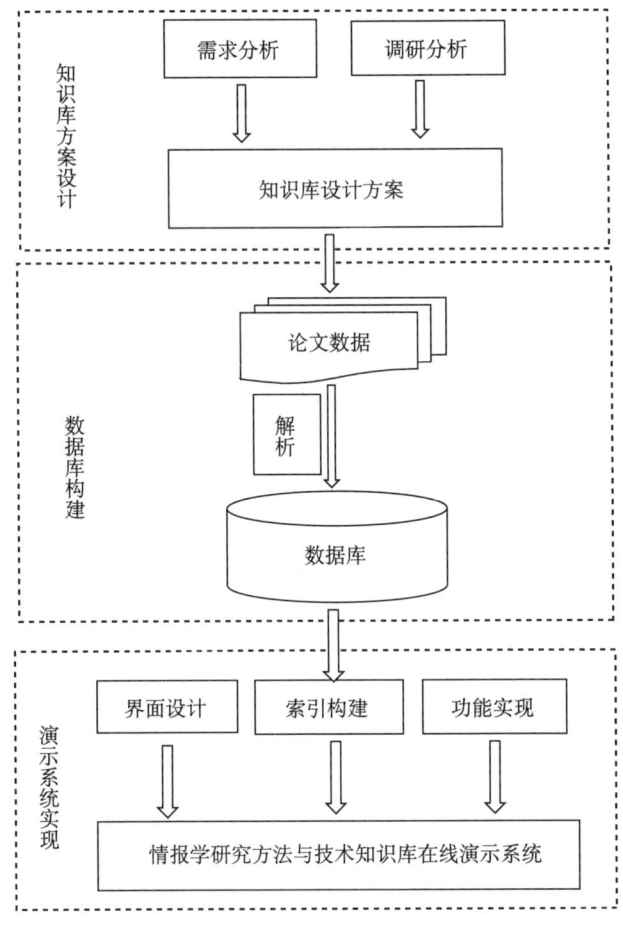

图 9-1 情报学研究方法与技术知识库构建基本思路

9.2 知识库构建关键步骤

本节将阐述在构建知识库的过程中所做的主要工作与关键步骤，将从情报学研究方法与技术知识库的需求分析、基础数据库的设计与建设、索引方式的选择、情报学研究方法与技术知识库界面及功能设计等 4 个情报学研究方法与技术知识库构建的关键步骤对知识库的构建过程进行描述。

9.2.1 情报学研究方法与技术知识库的需求分析

在构建研究方法与技术知识库之前，需要对知识库进行需求分析，明确知识库面向的用户并分析他们可能存在的需求。

本书构建情报学研究方法与技术知识库的目的是对前几章所做的研究与工作进行可视化呈现,帮助用户缩小学术论文的选择范围,快速定位包含其感兴趣的研究方法实体的学术论文,减轻用户的阅读负担。

本知识库主要面对的用户分为两类:第一类为非本领域的科研工作者,他们缺少本领域的专业知识背景,缺乏对该领域整体性的了解。他们很有可能只是带着比较模糊的检索目标来访问本知识库,所以在检索之前,需要给他们一个整体的概念,让他们对这个领域研究方法的发展现状与发展趋势有一个整体性的了解。这样他们才可以明确自己的目标,并针对该目标再进行进一步的检索。

另一类用户属于本领域,即情报学领域内的科研工作者。这一类用户有着一定的专业知识背景,他们有一个相对明确的目标,但是传统知识库系统的检索粒度太大,导致返回的结果过多且包含了许多无关的结果,这就使得他们仍然需要花费较多的时间筛选论文。另外,现有的知识库系统只能推荐给用户相关的文档,但是对于文档内容并没有进行更深层次的挖掘与标注。如果能在学术论文的全文中标识出这类关键信息,就可以为用户在阅读全文时提供引导,这将会极大地节省用户阅读的时间并提高用户体验。

为了更好地服务用户,同时满足上述两种用户的需求,本书对现有的知识组织系统如 CNKI、万方等进行了调研分析,在参考其现有界面设计与功能的基础上,提出了本知识库。一是需要提供更多维度的检索内容,传统的知识组织系统中的检索字段大多限定于标题、期刊、年限等字段,并没有对论文的全文内容进行更为深层次的挖掘;二是没有对论文中的关键内容进行标识,如果能够标识出论文的关键部分,无疑会帮助用户将更多的注意力放在论文的关键部分,从而提高用户的阅读效率。

9.2.2 基础数据库的设计与建设

本书选取的数据是直接从中国知网上下载的 2009—2018 年《情报学报》文件,该数据为 PDF 格式,并不能直接使用,需要先对其进行解析。

首先对数据集中的特邀评论、会议通知、新闻等非学术文献数据通过人工筛选的方式剔除,得到共 1382 篇 PDF 格式的学术文献。其次通过人工的方式将 PDF 格式的文件转为 TXT 格式,并同时将学术论文的各个部分打上类 HTML 标签。最后,通过识别这些标签抽取出学术论文的基本信息并导入数据库。

针对学术论文的全文内容,本书依次抽取了方法句与研究方法实体,之后对研究方法实体进行聚类，并结合实际的研究方法体系调整分类结果，最终导入数据库。故本知识库的数数据有4个来源。

本数据库的构建流程如图9-2所示。

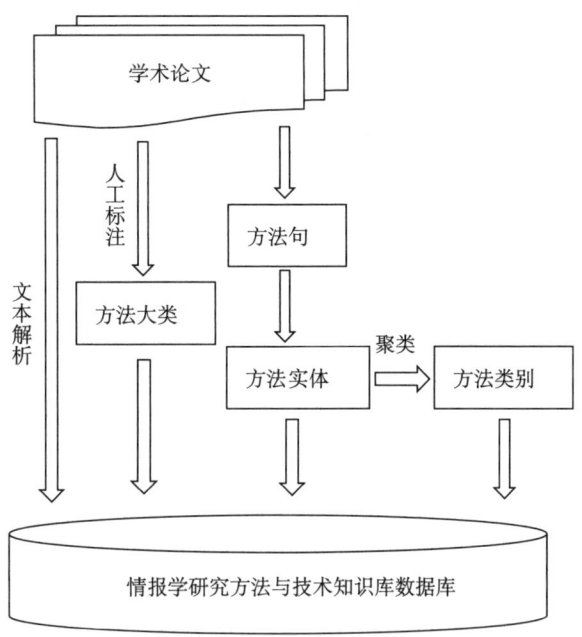

图9-2 数据库构建流程

在数据库中，我们有4个数据表单来记录数据。其中，第一个表单内的数据是论文基础信息表，该表根据学术论文各个部分的标签，对其中内容直接进行抽取得到，该表中包含论文编号、标题、作者、年限、摘要、关键词、目录、正文等8个字段。该表单结构如表9-1所示。

表9-1 论文基础信息表单结构

字段名	论文编号	标题	作者	年限	摘要	关键词	目录	正文
备注	根据论文卷期等信息标识，论文间编号唯一	论文标题	以";"间隔			以";"间隔	包含至二级标题	

第二个表单为研究方法大类表，该表中主要包含论文编号与研究方法大类，方法大类主要通过人工标注得到，其内容为前文建立的研究方法体系的底层类目。该表单结构

如表9-2所示。

表9-2 研究方法大类表单结构

字段名	论文编号	研究方法大类
备注	根据论文卷期等信息标识,论文间编号唯一	人工标注并构建的研究方法体系的底层类目

第三个表单为研究方法实体表,该表中包含论文编号与研究方法实体,研究方法实体通过前文的实验抽取得到。该表单结构如表9-3所示。

表9-3 研究方法实体表单结构

字段名	论文编号	研究方法实体
备注	根据论文卷期等信息标识,论文间编号唯一	通过实验抽取,以";"间隔

第四个表单为研究方法类别表,该表主要用于记录研究方法实体聚类后的结果,主要包含研究方法大类、类簇ID、研究方法实体与研究方法实体频次4个字段。该表单结构如表9-4所示。

表9-4 研究方法实体聚类结果表单结构

字段名	研究方法大类	类簇ID	研究方法实体	研究方法实体频次
备注	人工标注并构建的研究方法体系的底层类目	表明该实体属于该大类下的第几个类簇,以数1,2,3,…,n命名	通过实验抽取,以";"间隔	该类簇下各研究方法实体出现次数的和

上述4个表格中,论文基础信息表、研究方法大类表和研究方法实体表之间以唯一的字段论文编号相关联,而研究方法大类表与研究方法实体聚类结果表之间以研究方法大类这一字段相关联。

9.2.3 索引方式的选择

本书建立的数据库包含学术论文的全文数据,能够在用户进行检索时对论文的相关内容进行呈现,那么就需要对数据表中9个字段的内容都进行索引。这就导致了需要建

立索引的文本内容较多。如果直接从数据库中对检索词进行检索,会存在以下几个问题:

①由于数据库内的数据内容比较多,如果直接从数据库中对检索词进行检索,检索效率很难得到保障,用户得到反馈的时间会比较长,这对用户的体验来说是十分不友好的。

②直接访问数据的方式并不安全。如果知识库系统每次检索都是以直接访问数据库的形式实现的话,数据库的内容与结构就会暴露在外,有可能会因为失误的操作直接对原始数据造成不可逆转的修改或破坏。

③不利于情报学研究方法与技术知识库系统的升级与维护。因为本书的知识库系统还在不断完善的阶段,我们在未来还将对其进行内容扩充与功能升级,届时就需要对数据库的内容进行调整,如果数据库与知识库系统直接相连,就会导致许多不必要的麻烦。

鉴于上述几点原因,本书需要对数据库内的数据创建索引,使得知识库系统内的所有操作都是在索引文件上进行,并不会影响数据库内的数据,既保证了数据库与知识库系统的独立性,又为后期数据的修改与系统的升级提供了便利。

一般来说,建立索引的方法有正排索引与倒排索引两种。

正排索引[1]是以文档的 ID 为关键字建立正排表,表中记录文档中每个字的位置信息。当用户进行检索时需要扫描表中每个文档中字的信息,直到找出所有包含查询关键字的文档,并将结果返回。正排表的结构如图 9-3 所示。

这种索引组织方法的优点在于结构比较简单、建立比较方便且易于维护。但是由于正排索引是基于文档建立的,所以每当需要添加新的文档时,只需要为该新文档建立一个新的索引块,连接在原来索引文件的后面即可。如果需要删除文档,则直接找到该文档号文档对应的索引信息,将其直接删除即可。但是这种索引的缺点也比较明显,每次查询的时候需对所有的文档进行扫描以确保没有遗漏,这就导致检索效率难以得到保障。所以,尽管正排表的工作原理非常简单,但是由于其检索效率太低,除非在特定情况下才会选择该索引方式,所以其并不适合本知识库的构建。

倒排索引[2]又称反向索引,其原理是以字或词为关键字进行索引,建立一个倒排表。

---

[1] BRIN S, PAGE L. The anatomy of a large-scale hypertextual Web search engine[J]. Computer networks and ISDN systems, 1998, 30 (1-7): 107-117.

[2] ZOBEL J, MOFFAT A. Inverted files for text search engines[J]. ACM computing surveys, 2006, 38 (2): 6.

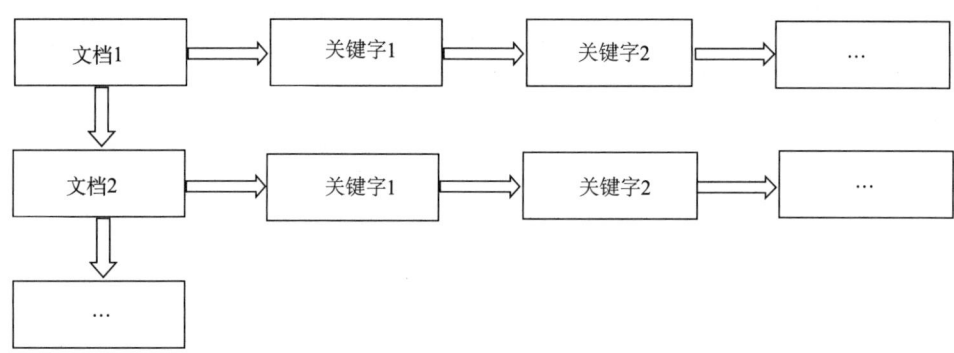

图9-3 正排表结构

表中关键字所对应的记录表项记录了出现这个字或词的所有文档，每一个表项记录该文档的 ID 和字符在该文档中出现的位置情况。倒排表结构如图9-4所示。

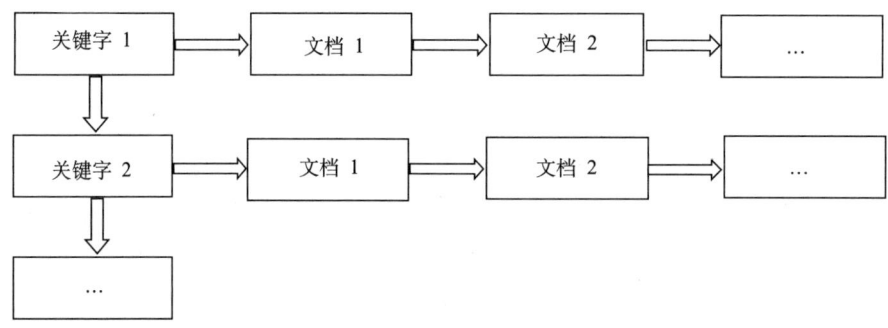

图9-4 倒排表结构

由于每个字或词对应的文档数量随着文件的增删改会同时发生变化，所以倒排表的建立和维护会比较复杂。但是在对关键字进行查询的时候，由于可以一次得到查询关键字所对应的所有文档，倒排索引的效率高于正排索引。在全文检索中，检索的快速响应是一个最为关键的性能，而索引建立由于在后台进行，尽管效率相对低一些，但不会影响整个搜索引擎的效率。

综上所述，本书选择使用倒排索引的方式来构建索引。

9.2.4 情报学研究方法与技术知识库界面与功能设计

确定了情报学研究方法与技术知识库系统的需求之后，需要设计相应的功能进行实现与可视化的展示。本知识库系统主要包括以下5类界面。

（1）知识库首页

用户第一次进入时所见到的界面，主要包含检索功能，可以对出现在不同位置如标题、作者、摘要、关键词、正文等的检索词进行检索。由于用户并不一定有情报学的专业知识，可能并没有一个确定的检索目标，所以我们还在首页放置了通往热门研究方法展示界面的链接，目的是给缺少专业知识的用户提供更好的引导。

（2）研究方法体系界面

该界面主要用于展示研究方法体系的结构，展示各个研究方法之间的从属关系。该界面既要展示出人为构建的研究方法体系，也要体现聚类后更为底层的研究方法实体。

（3）热门研究方法实体展示界面

在本界面，系统将展示在数据库中高频率出现的研究方法术语，这样就可以给缺少专业知识的用户对情报学领域研究方法使用情况一个整体的感受，方便他们进一步检索。

（4）检索结果展示界面

该界面由前两个界面连接而来，主要是对用户检索到的学术论文的摘要信息进行展示。

（5）论文详情展示界面

该界面主要展示学术论文详细的全文内容。

5种主要界面及各界面之间的关系如图9-5所示。

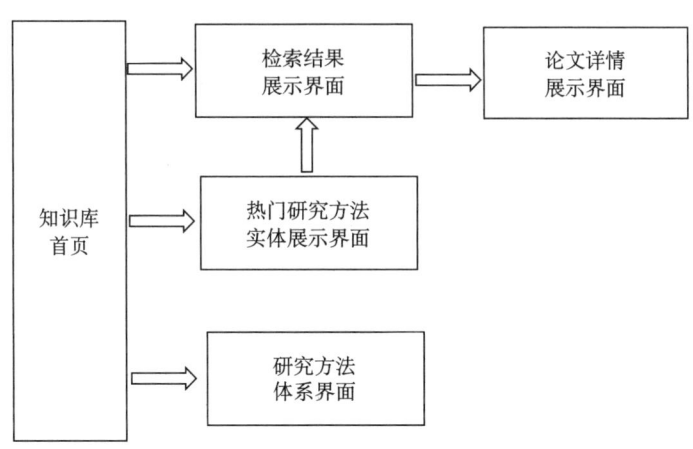

图9-5　界面关系设计框架

9.3 知识库在线演示系统的构建

上节已经对情报学研究方法与技术知识库的需求和结构进行了分析与设计，在本节中，我们将阐述如何构建知识库在线演示系统。根据情报学研究方法与技术知识库的需求和设计框架，我们将知识库的构建分为数据库构建、索引构建、界面构建3个部分。

9.3.1 数据库构建

由于本书得到的原始数据是直接从中国知网上下载的2009—2018年《情报学报》学术论文的PDF文件，不能直接导入数据库，所以我们需要对这些文件进行处理，使其成为符合本知识库系统要求的标准数据。

首先通过人工观察的方式将数据集中的特邀评论、会议通知、新闻等非学术文献数据删除，得到共1382篇PDF格式的学术文献。因为现有PDF解析工具的解析准确率不高，故本书主要通过人工的方式将PDF格式的文件转为TXT格式。为了对不同字段的文本内容进行区分，本书在转换格式的同时将学术论文的各个部分打上类HTML标签。最后通过识别这些标签对学术论文各个部分的内容进行识别并抽取。

本书采用的数据库是MySQL，通过代码识别学术论文中的标签将标题、作者、年限、摘要、关键词、目录（限定至各章节一二级标题）、正文等7个字段及实验得到的研究方法大类、研究方法实体等内容存入数据库相应的表单中。表9-5至表9-8以论文《XML文档相似度计算方法研究》为例，展示数据库内各表单的存储细节。

表9-5 论文基础信息（例）

字段名	字段内容
论文编号	QBXB-2009-1-1
标题	XML文档相似度计算方法研究
作者	谌志群
年限	2009
摘要	XML（可扩展标记语言）正在成为Web上各种……
关键词	XML文档；相似度计算；Web数据管理；文本挖掘
目录	1 引言/n 2 XML文档及相关定义……
正文	XML（eXtensible MarkuP Language，可扩展标记语言）是一种半结构数据描述语言……

表9-6 研究方法大类（例）

字段名	字段内容
论文编号	QBXB-2009-1-1
研究方法大类	综述法

表9-7 研究方法实体（例）

字段名	字段内容
论文编号	QBXB-2009-1-1
研究方法实体	比较方法；树的编辑距离；核矩阵……

表9-8 研究方法实体聚类结果

字段名	字段内容
研究方法大类	QBXB-2009-1-1
类簇ID	7
研究方法实体	比较方法；树的编辑距离；核矩阵……
研究方法实体频次	32

9.3.2 索引构建

在9.2.3小节中已经阐述了构建索引的必要性，以及比较了正排索引与倒排索引的优劣，本小节将具体介绍如何构建倒排索引文件。本知识库倒排索引文件的建立主要借助开源工具Lucene[1]。

Lucene[2]是Apache软件基金会一个开放源代码的全文检索引擎工具包，是一个全文检索引擎的架构，它提供了完整的查询引擎和索引引擎及部分文本分析引擎。需要说明的是，Lucene不是一个完整的搜索应用程序，它只为你的系统程序提供索引和搜索的功能。Lucene能够为文本类型的数据建立索引，所以在检索之前需要将数据转化为文本格式。索引完成后，Lucene会建立一个在本地的索引文件，之后只需访问索引文件即可得

---

[1] WANG J, ZHANG C, ZHANG M, et al. CitationAS: a tool of automatic survey generation based on citation content[J]. Journal of data and information science, 2018, 3(2): 20-37.

[2] http://lucene.apache.org.

到完整的内容。相对于其他的索引工具，Lucene 具有以下几个优点：

①索引文件格式的独立性。Lucene 定义了一套以 8 位字节为基础的索引文件格式，使得其建立的索引文件并不依赖于系统或平台，只要调用其检索函数，在不同的系统或平台上都能实现对索引文件的访问。

②在传统全文检索引擎的倒排索引的基础上，Lucene 实现了分块索引。分块索引使得其能够针对新的文件建立小文件索引，提升索引速度。然后通过与原有索引合并，达到优化的目的。

③优秀的面向对象的系统架构，使得对于 Lucene 扩展的学习难度降低，方便扩充新功能。

④设计了独立于语言和文件格式的文本分析接口。索引器通过接受 Token 流完成索引文件的创立，所以当用户需要扩展新的语言和文件格式时，只需要实现文本分析的接口。

⑤已经默认实现了一套强大的查询引擎，用户只需调用检索函数即可获得强大的查询能力，Lucene 的查询实现中默认实现了布尔操作、模糊查询、分组查询等①。

Lucene 在建立索引前，需要针对每篇论文的各个字段数据实例化 Field 对象，再将这些 Field 对象添加到该篇论文对应的 Document 对象中，即每一个 Document 对象代表一篇学术论文，每一个 Field 对象代表该篇学术论文下的一个字段。其结构如图 9-6 所示。

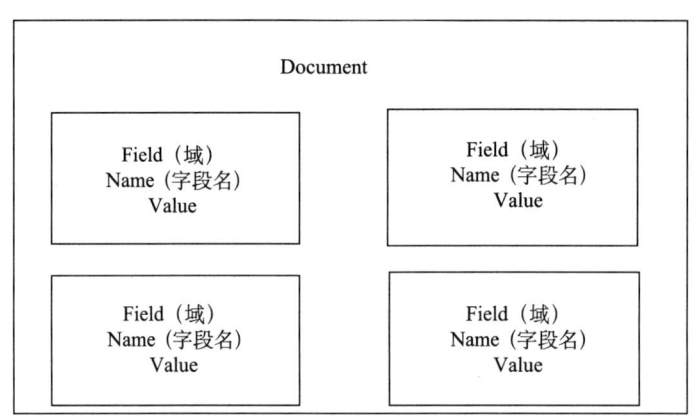

图 9-6　Lucene 文档结构

---

① MCCANDLESS M, HATCHER E, GOSPODNETIC O. Lucene in action：covers Apache Lucene 3.0 [Z]. Manning Publications Co.，2010.

之后需要创建 Analyzer 对象对其文档进行解析，考虑到用户检索时用的关键词大概率不会是标准的，而且本知识库内的论文只收集了 2009—2018 年《情报学报》的学术论文，为了提高用户体验，本知识库系统优先考虑了召回率，即尽可能多地返回可能相关的论文。所以在这里，我们选择了比较细粒度的解析方式，以字为单位对文本内容进行了解析。最后通过 IndexWriter 对象将索引结果写入本地文件。

当需要对关键词进行检索时，只需要实例化 Query 对象对检索词进行预处理后，调用 Lucene 自带的 IndexSearch 对象，即可对索引文件进行检索并得到返回的文档列表。在这里，本书对返回的文档列表进行了排序，排序依据的是 Lucene 自带的相似度指标。

9.3.3 界面构建

为了构建情报学研究方法与技术知识库的界面，本知识库参考了现有主流的知识库系统与搜索引擎的界面与功能，之后制定了设计方案并绘制了界面概念图，最后着手进行知识库界面的实现。

本知识库系统的构建在 Java EE[①] 上完成，Java EE 是 Sun 公司为企业级应用推出的标准平台，用来开发 B/S 架构软件。Java EE 既可以说是一个框架，也可以说是一种规范。在设计时，为了简化开发，也为了方便管理与后期维护，本知识库系统采用 MVC 模式来构建项目。MVC 模式是一种使用 MVC（Model View Controller，模型-视图-控制器）设计创建 Web 应用程序的模式。其中，Model（模型）是应用程序中处理应用程序数据逻辑的部分，通常模型对象负责在数据库中存取数据；View（视图）是应用程序中处理数据显示的部分，通常视图是依据模型数据创建的；Controller（控制器）是应用程序中处理用户交互的部分，通常控制器负责从视图读取数据，控制用户输入，并向模型发送数据。

在知识库界面的构建中，主要用到了两个开源的框架：JQuery 和 Layui。

JQuery[②] 是一个快速、简洁的 JavaScript 框架，它封装 JavaScript 常用的功能代码，提供一种简便的 JavaScript 设计模式，优化 HTML 文档操作、事件处理、动画设计和 AJAX 交互。该框架在本系统中主要用于实现一些 JS 操作。

Layui[③] 是一个 2016 年提出的 UI 框架，它主要的文件包括 CSS 文件、JS 文件及模块

---

① https：//www.oracle.com/technetwork/java/javaee/overview/index.html.
② http：//jquery.com.
③ https：//www.layui.com.

文件。在进行界面开发时可以直接调用 CSS 文件内的已有元素来组成界面的各个部分，调用 JS 文件内的方法来实现界面的动态操作。值得一提的是，Layui 中包含许多模块，只需要通过 JS 函数进行调用，即可在网页的指定位置对网页结构进行渲染，这种设计极大简化了网页开发的过程，同时简化了网页源码，便于后期的维护。

9.4　情报学研究方法与技术知识库界面展示与检索

情报学研究方法与技术知识库主界面如图 9-7 所示。

图 9-7　知识库主界面

在该界面中用户可以选择自己想要检索的关键词进行检索，默认在学术论文的标题、摘要、关键词、研究方法等 4 个位置对关键词进行检索，用户也可以自行选择关键词的检索范围。其中，点击研究方法体系与热门研究方法云图链接可以分别进入研究方法体系界面与热门研究方法展示界面。

研究方法体系界面主要用于展示情报学研究方法体系的结构，用户可以点击下拉框观察每一层次的研究方法类别。当用户点击到最底层的研究方法类别时，右侧界面会展示出该类目下的研究方法实体，如图 9-8 所示。

第 9 章
情报学研究方法与技术知识库构建与检索

图 9-8　研究方法体系界面

本书对数据库中高频出现的研究方法术语做了云图形式的可视化展示，如图 9-9 所示。用户可以通过观察云图，对情报学领域的研究方法有一个更加整体的感受，并为用户的检索提供引导。如果用户在知识库主界面输入关键词进行检索，或者点击"情报学热门研究方法实体云图"展示界面的某个研究方法，即可进入检索结果展示界面（以共词分析为例），如图 9-10 所示。

图 9-9　热门研究方法实体云图

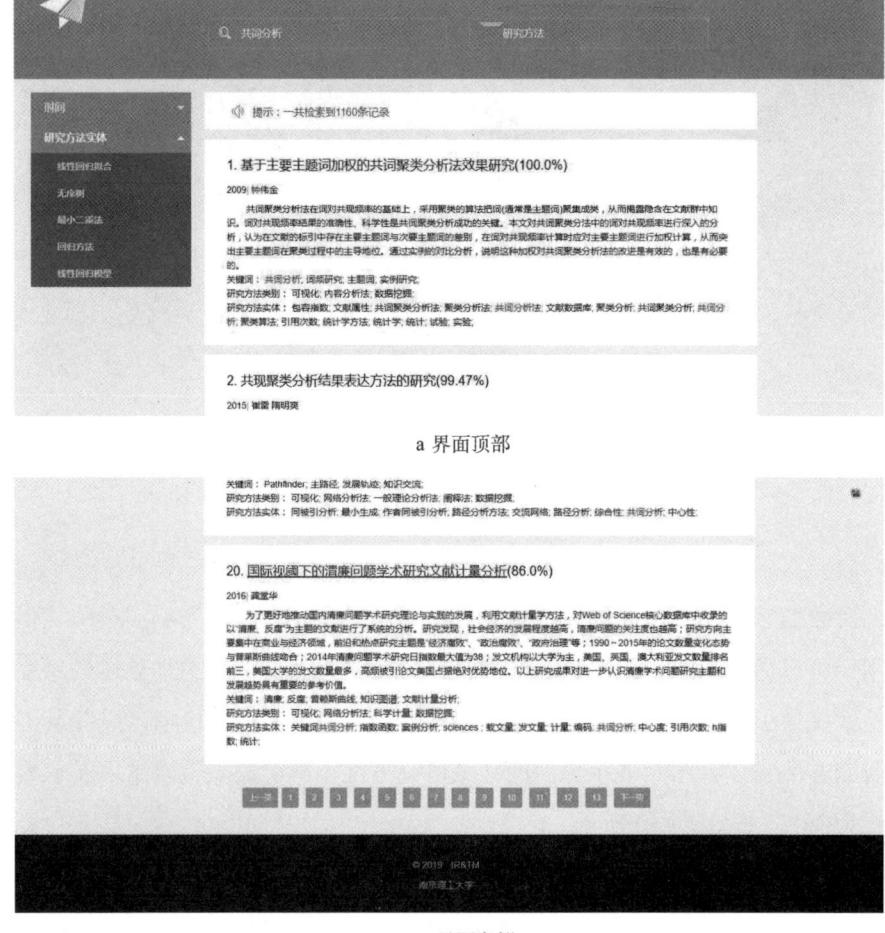

a 界面顶部

b 界面底部

图9-10 检索结果展示界面

在该界面中，左侧的导航栏是对检索结果的统计，包括了时间和研究方法实体下各个类别的论文数量。用户对该字段进行点击，以在检索结果中进行二次检索。二次检索界面如图9-11所示。

检索结果展示界面的中间部分是对检索结果摘要内容的展示，主要包含标题（检索得分）、期刊、年限、作者、摘要、研究方法大类、研究方法实体等部分，而且对检索词进行了反显处理。底部是页码及版权信息。其中，用户可以通过点击期刊、年限、作者、研究方法大类、研究方法实体等字段进行检索，也可以点击标题对论文的全文内容进行查阅。学术论文全文界面如图9-12所示。

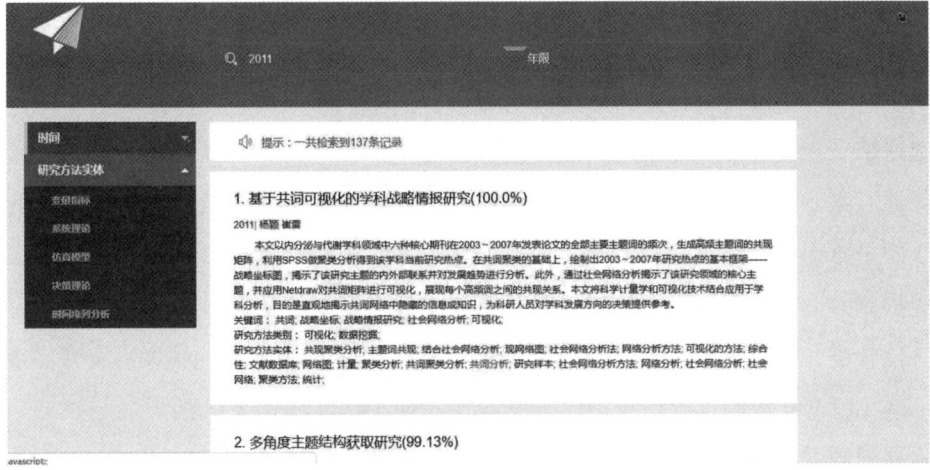

图 9-11 二次检索界面

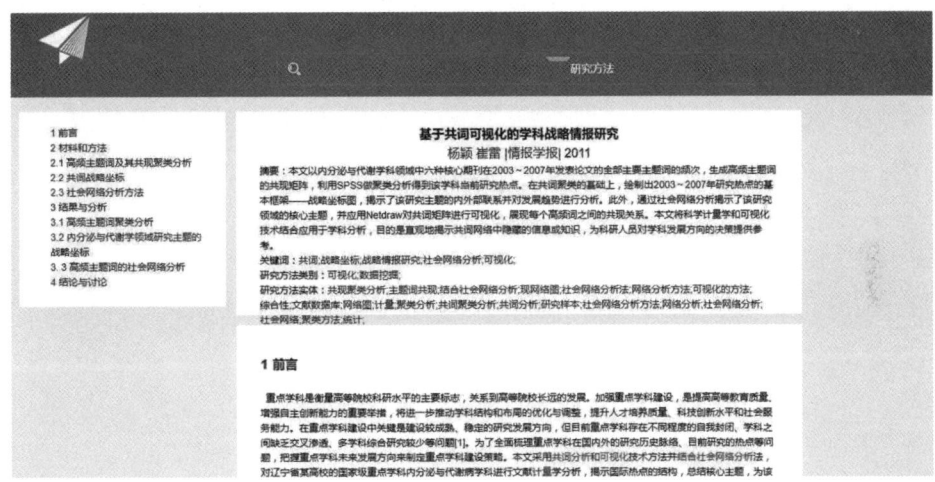

图 9-12 学术论文全文界面

在该界面中,用户可以查看学术论文的全文内容。界面左侧是学术论文的目录信息,可以通过点击目录将页面定位至相应章节。界面中间部分首先是对论文摘要内容的展示,之后是论文的正文部分。同时,对正文中的检索词进行了反显处理。

9.5 本章小结

在本章中,我们对前几章的研究进行了总结与整理,在此基础上建立了情报学研究方法与技术知识库,设计并实现了知识库在线演示系统。

构建情报学研究方法与技术知识库的首要目的是服务用户,那么首先就要明确用户的需求。所以本书首先进行了需求分析,分析了本知识库的用户群体并明确了用户的需求,之后结合现有的知识库结构与用户需求提出了知识库的设计框架,最终得到了知识库的设计方案。按照知识库的设计方案,我们首先需要构建后台数据库,数据库的数据来源于两个方面:一是直接对论文文本数据进行文本解析得到;二是通过本书前文的实验过程得到。同时,考虑到用户体验与数据库的安全稳定,我们需要提高检索效率及降低系统耦合度,所以本知识库系统利用了开源软件 Lucene 来建立倒排索引文件。最后采用 JQuery 和 Layui 等网页设计开源代码设计并实现了在线演示系统的界面与功能。为了更好地展现前文所提出的研究方法体系及聚类结果,本知识库还设计了研究方法体系页面及热门研究方法实体云图页面。

本书构建的知识库系统虽然还只是个雏形,但知识库系统的基本功能都已经实现,并增加了一些可视化的展示。未来我们将对该知识库系统的界面与功能进行优化,为更多的学术工作者提供服务。

第 10 章
面向"过程-问题"的情报学研究方法与技术体系构建研究

对现代科学而言，系统科学的方法与技术在很大程度上可以推动整个学科的发展①，是学科发展水平和成熟的标志，同时也是学科体系的重要组成部分。情报学研究子领域众多、研究者组成复杂、方法技术来源广泛，这些都会促使情报学研究方法与技术出现新变化、产生新内容、呈现新特点，需要新的思路、方法和技术加以辅助才能去探索。深入研究现有情报学研究方法与技术，能确保情报学研究方法与技术真正成为产生情报的手段，使情报学充满情报元素。

对于"情报学研究方法与技术"如何理解，本书认为，凡是服务于情报学学科的方法和技术都可以纳入进来，而不管该方法或技术是来自情报学学科本身，还是来自其他学科领域②。方法与技术从形式上来看，常表现为算法、模型、技术、软件、工具、指数等。

10.1 相关研究概述

自从 20 世纪 70 年代末情报学学科建立以来，我国情报学界陆续展开了关于情报学研究方法体系构建的讨论。王崇德于 1985 年率先从层次视角提出情报研究方法的"三层次说"：第一层为哲学方法，第二层为一般方法（社会调查、逻辑推理、观察实验等），第三层为情报学专门方法（文献计量、引文分析等）。化柏林等从情报生成流程视角对信息搜索与采集、多源信息融合、数据清洗加工、信息分析挖掘等过程中涉及的方

---

① 马费成. 导言：图书情报领域研究方法的外来文化[J]. 图书情报知识，2010（1）：12-13.
② 化柏林. 网络海量信息环境下的情报方法体系研究[J]. 情报理论与实践，2012，35（11）：1-5.

法进行了梳理和组织①。曾文也从情报生成流程视角对科技大数据的采集、建模、分析等过程中涉及的方法进行了梳理和阐述②。查先进从方法属性视角将情报学研究方法分为定量方法和定性方法③。冷伏海等从方法适用对象视角将情报学研究方法按数据、文献、知识、认知、人和组织进行划分④。高金虎从人的思维视角尝试归类各种情报分析方法，归纳其一般特性⑤。陈传夫等将图书情报学所使用的方法分为应用方法、理论方法、计算机信息技术方法和其他4类⑥。王芳等在综合考虑学科特点、研究性质和研究习惯的基础上将研究方法划分为15类：信息（文献）计量法、内容分析法、历史分析法等⑦。商瀑将国家安全情报学的研究方法划分为五大类：实验法、分析综合法、比较借鉴法、调查法和具体实例分析法⑧。谢晓专等根据公安情报分析方法的来源，从层次视角将方法分为哲学方法、中介方法、一般方法、应用方法和特色方法⑨。

国外最早涉及情报学研究方法讨论的成果是由 Pauline Atherton 于 1973 年所著的 *Research in Information Science*⑩。Ranjit Bose 从情报过程视角将研究方法按计划与指导、搜集、分析、传递及反馈5个步骤进行组织和论述⑪。Chu Heting 从适用性视角对图书情报学研究方法进行了类分和讨论，共分为16类：文献计量法、内容分析法、德尔菲法等⑫。Robert M. Clark 提出了一套以目标为中心的情报分析方法体系，将情报流程划

---

① 化柏林，李广建. 面向情报流程的情报方法体系构建[J]. 情报学报，2016，35（2）：177-188.

② 曾文. 基于科技大数据的情报分析方法与技术研究[M]. 北京：科学技术文献出版社，2018：1-10.

③ 查先进. 信息分析[M]. 武汉：武汉大学出版社，2011：86，140.

④ 冷伏海，冯璐. 情报研究方法发展现状与趋势[J]. 图书情报工作，2009，52（2）：29-33.

⑤ 高金虎. 情报分析方法论[M]. 北京：金城出版社，2017：1-23.

⑥ 陈传夫，马浩琴. 图书情报学现实研究中科学方法应用的调查分析：以2010年的期刊论文为样本[J]. 图书馆论坛，2011，31（6）：32-37.

⑦ 王芳，祝娜，翟羽佳. 我国情报学研究中混合方法的应用及其领域分布分析[J]. 情报学报，2017，36（11）：1119-1129.

⑧ 商瀑. 国家安全情报学学科建设论纲：研究对象、学科特点、体系及研究方法[J]. 情报杂志，2018，37（08）：10-15，21.

⑨ 谢晓专，周西平. 基于层次结构的公安情报分析方法研究进展[J]. 图书情报工作，2012，56（20）：103-109.

⑩ ATHERTON P. Research in Information Science[M]. NATO Advanced Study Institute in Information Science, England, 1973: 665-683.

⑪ BOSE R. Competitive intelligence process and tools for intelligence analysis[J]. Industrial management & data systems, 2008, 108 (4): 510-528.

⑫ CHU H. Research methods in library and information science: a content analysis[J]. Library & information science research, 2015, 37 (1): 36-41.

分为6个步骤：确立目标、问题分解、建立模型、评估数据、填充模型和进行预测①。Richards J. Heuer 等从结构化视角将情报分析方法分为八大类、55种结构化方法②。Jerome Clauser 等将情报研究和分析流程划分为界定问题、搜集信息、分析信息和撰写报告，并详细论述了情报分析的统计方法和应用工具③。Ferran-Ferrer 等通过对394篇图书情报领域的研究论文进行内容分析，最终从方法属性视角将研究方法划分为定性方法和定量方法两大类④。

综上可知，国内外情报学界对于情报学研究方法体系构建研究的成果颇丰，在特定历史背景下对情报学学科的发展具有重要的推动作用，但也存在一些不足之处。第一，构建视角单一，不能很好地促进情报工作的展开。已有的研究或仅从层次视角，或仅从方法属性视角，或仅从情报生成流程视角来构建研究方法体系，忽略了不同情报学领域情报工作者的真正需要，对他们工作的指导作用较小。第二，研究方法体系中的内容与如今大数据时代的需求脱节。已有体系中的研究方法更多支持对文献、信息的获取，而缺乏真正的面向大数据的情报研究方法与技术。第三，缺乏领域间的交流、渗透和融合，不符合当前的军民融合国家战略。现有研究方法体系大多分领域各自构建，军民情报学处于相互封闭状态下发展自己，相互之间交流少、渗透少，更谈不上融合，这不利于新时代情报学学科的发展和崛起。

10.2 基本思路

本章中，情报学研究方法与技术体系构建思路如下：第一步，明确情报学子领域的构成及各子领域的情报研究过程，获得关于子领域、情报研究过程的详细描述；第二步，在明确情报学子领域构成的情况下，基于大规模情报学文献抽取情报学研究方法与技术术语，构建情报学研究方法与技术术语集合；第三步，基于子领域构成、情报研究过程和情报学

---

① CLARK R M. Intelligence analysis: a target-centric approach (fifth edition) [M]. Oaks: CQ Press, 2016: 1-4.
② HEUER R J, PHERSON R H. Structured analytic techniques for intelligence analysis (second edition) [M]. Oaks: CQ Press, 2014: 1-10.
③ CLAUSER J, GOLDMAN J. An introduction to intelligence research and analysis [M]. Metuchen: Scarecrow Press, 2008: 1-8.
④ FERRAN-FERRER N, GUALLAR J, ABADAL E, et al. Research methods and techniques in spanish library and information science journals (2012-2014) [J]. Information research, 2017, 22 (1): 1-19.

方法与技术术语集合得到各子领域、情报研究过程的方法和技术，生成各子领域、情报研究过程方法与技术的系统描述；第四步，以各子领域、情报研究过程的方法与技术为分析对象，提炼方法与技术的领域共性和特性、过程共性和特性，从而找到方法与技术的领域特征和过程特性，提炼核心方法与技术，最终形成方法与技术领域特征和过程特征的多维描述。最终生成"领域－过程"视角的情报学研究方法与技术体系。

10.3 方法与技术术语的重新组织方法

对于每个情报学子领域，本书试图在厘清情报研究过程及其包含的情报研究问题的基础上，采用基于词典和基于模板相融合的抽取方法，从大规模情报学文献中抽取情报学研究方法与技术术语，进一步基于"过程－问题"视角来组织这些方法与技术术语。本书构建了相应的方法与技术术语获取和组织模型，并对其中主要模块的实现进行了探讨和实验。

10.3.1 数据来源

为了获取和重新组织我国的情报学研究方法与技术，拟从子领域社会情报学切入。广义上的社会情报学包含经济情报、竞争情报、舆情等，其中舆情数据作为一种公开的方便获取的数据源，其在社会情报学研究中占据着重要地位。因此，选择舆情领域，搜集该领域的文本，从中抽取方法与技术术语，进一步基于"过程－问题"视角重新组织这些方法与技术术语。为此，我们于2018年6月7日从CNKI检索下载了篇名包含"舆情"的SCI、EI、核心、CSSCI、CSCD来源期刊论文题录数据2502条，以此为实验文本。仅从CNKI采集实验数据使得研究结果欠缺全面性，但这并不影响整体的分析和组织过程。

10.3.2 方法与技术术语获取和组织模型

情报研究具有过程化特征，其中的每个过程会涉及若干个情报问题，每个情报问题又会涉及若干个子问题。特定的方法和技术用于解决特定的情报问题，因此，本书从"过程－问题"这一新视角来组织情报学研究方法与技术，即在解析情报过程及其包含的情报问题和子问题的基础上，从大规模文献中挖掘出解决相应情报问题的方法与技术。构建的"过程－问题"视角下情报学研究方法与技术术语获取和组织模型如图10－1所示。

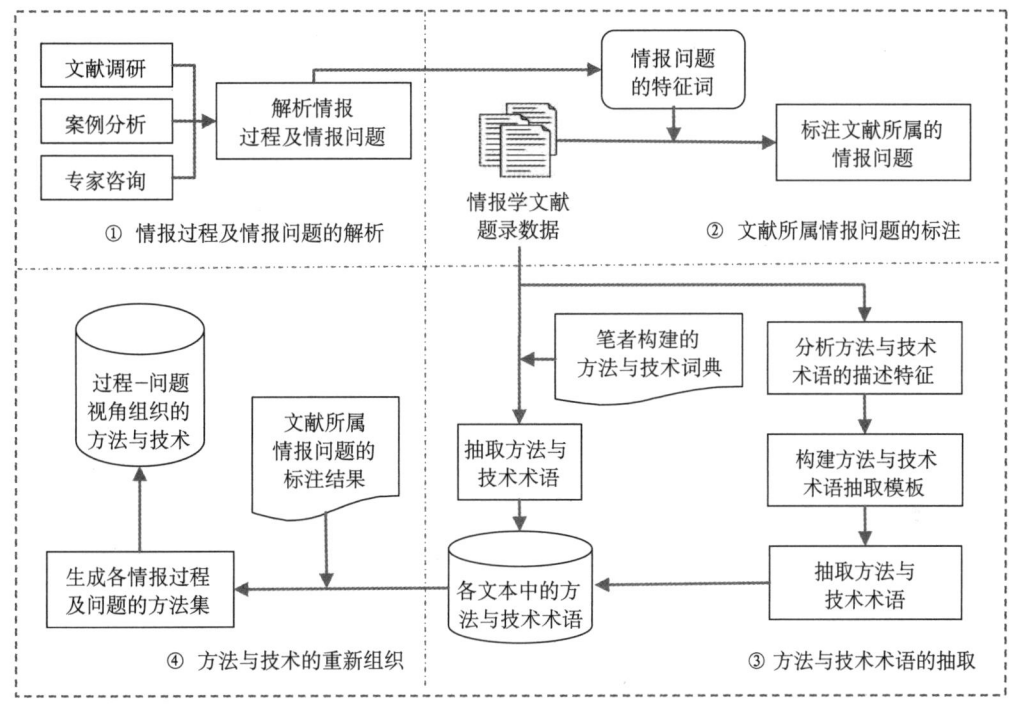

图10-1　"过程-问题"视角下情报学研究方法与技术术语获取和组织模型

整个模型由4个模块构成：①情报过程及情报问题的解析，该模块是整个模型的重要基础和前提。通过文献调研、案例分析和专家咨询方法，对实际的情报过程及各过程中包含的具体情报问题进行深入剖析，并结合数据环境的变化及情报学科的时代需求，确立合理的情报过程及情报问题，对情报问题及其子问题进行详细探讨，整理出相应的描述情报问题的特征词。②文献所属情报问题的标注。在"文献标题和关键词是文献内容最简要核心的描述"这一认识下，考察标题和关键词中出现的情报问题的特征词，进行特征抽取，并根据特征词所属的情报问题相应地对文献所属的情报问题进行标注。③方法与技术术语的抽取，该模块是整个模型的核心。本书拟从两个角度对方法与技术术语进行抽取，一方面通过对领域文献及相关案例进行内容分析获取方法与技术术语，同时从领域文献的关键词集合中抽取方法与技术术语，融合形成领域方法与技术词典，基于该词典从文献的标题、关键词和摘要文本中抽取方法与技术术语，该方法抽取的准确率高；另一方面针对没有在词典中出现的方法与技术术语，首先分析文本中方法与技术术语的描述特征，提取特征并构建相应的抽取模板，通过模式匹配的方法抽取这类方法与技术术语。④方法与技术的重新组织。针对每个文本，通过②和③模块已经标注了其所属的情报问题并抽取了文本中的方法与技术术语，将所有文本的结果综合在一起便能得到各情报过程、情报问题的方法与技术集合。

10.3.3　情报过程及情报问题的解析

为了促进情报工作，同时也为了解决情报学理论与实践脱节的问题，本书认为考察和研究情报过程中各情报问题所使用的方法和技术更有意义，更能指导情报工作实践。为此，需要结合原有的情报过程、当前的大数据环境及不断更新变化的情报需求对实际的情报过程及其包含的具体情报问题进行探讨，通过文献调研①②③、案例分析④⑤⑥及专家咨询等方法对情报问题及子问题进行解析，确定用于描述具体情报问题的特征词，形成情报过程及情报问题的解析图，如图10-2所示。有的情报过程可能仅包含单个情报问题，有的较为复杂的情报过程可能包含多个情报问题甚至子问题。

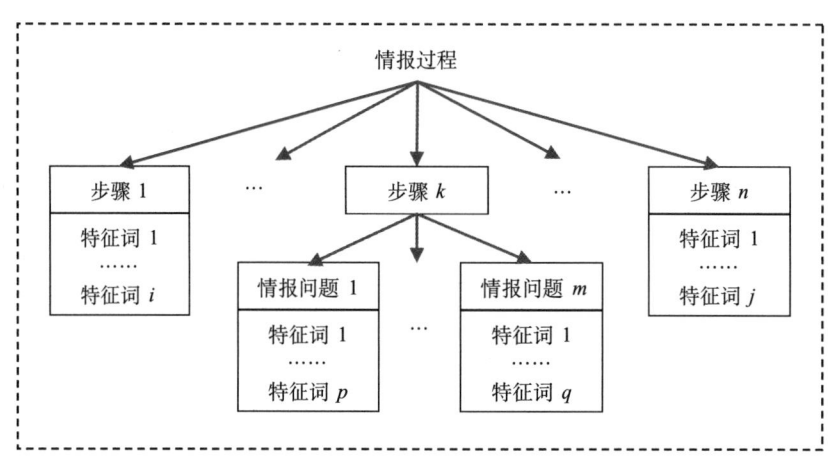

图10-2　情报过程及情报问题的解析

---

① 方付建. 网络舆情研究中量化方法应用态势分析[J]. 情报杂志, 2014（10）: 47-51.
② 左蒙, 李昌祖. 网络舆情研究综述: 从理论研究到实践应用[J]. 情报杂志, 2017（10）: 75-82, 144.
③ 刘亚男. 我国网络舆情研究现状述评[J]. 情报杂志, 2017（5）: 99-104.
④ 李文杰, 化存才, 何伟全, 等. 网络舆情事件的灰色预测模型及案例分析[J]. 情报科学, 2013（12）: 51-56.
⑤ 邹伟, 刘永学, 李满春, 等. 网络新闻中黄岩岛争端事件舆情研究: 以新浪网"中菲黄岩岛争端"专题为例[J]. 现代图书情报技术, 2014, 30（2）: 72-78.
⑥ 廖海涵, 王曰芬. 社交媒体舆情信息传播效果影响因素研究: 以新浪微博"8.12天津爆炸"事件为例[J]. 现代图书情报技术, 2016（12）: 89-97.

10.3.4 文本所属情报问题的标注

本书所抽取的方法与技术术语都是跟具体情报问题相关联的,而这些方法与技术术语都是来自情报学领域文本,因此,情报学领域文本是联系情报问题和情报方法与技术术语的桥梁,一方面是对情报过程中某个情报问题或多个情报问题的探讨;另一方面又涉及相关的一些方法和技术。因此,需要对情报学领域文本所属的情报问题进行标注,让情报问题和方法与技术术语产生关联。10.3.3 小节对情报过程及情报问题进行解析后,便获得了一系列描述情报问题的特征词。通过抽取文献标题和关键词中的特征词对领域文本所属的情报问题进行标注。需要说明的是,有的文献涉及多个情报问题,存在问题交叉,反映了这些问题联系紧密,很有可能生成了一个新的情报问题,那么应将从文本中抽取的方法与技术术语归入这个新的情报问题。由此也可以判断,10.3.3 小节仅从定性视角解析得到的情报问题是带有主观偏差的,情报问题并不是一成不变的,而是动态变化的。本书对于问题交叉情况的处理方式还是将方法与技术术语分别归入各个情报问题。由多问题交叉形成新情报问题的情况将在下一步的研究工作中进行详细探讨。

10.3.5 方法与技术术语的抽取

方法与技术术语的抽取是从"过程-问题"视角组织情报学研究方法与技术的关键环节。以情报学领域文献题录数据为数据源,分别基于领域方法与技术词典和构建的抽取模板来抽取方法与技术术语,最终将两方面的抽取结果进行融合。①基于领域方法与技术词典从标题、关键词和摘要文本中抽取术语。一方面通过文献调研和案例分析方法获取方法与技术术语;另一方面通过统计分析从领域文献关键词集合中获取方法与技术术语,两个方面的获取结果相结合形成领域方法与技术词典。基于该词典从领域文本抽取方法与技术术语。需要注意的是,在抽取过程中需要辨别同一个概念的不同术语表达,如同一概念的英文术语和中文术语,同一概念不同的中文术语。这种抽取方法具有较高的准确率,但那些不在词典中的方法与技术术语不能被抽取出来。②基于模板从摘要文本中抽取方法与技术术语。该方法作为前一种抽取方法的补充,用于抽取没有被收录到领域方法与技术词典中的术语。首先通过广泛阅读领域摘要文本分析方法与技术术语的尾词特征及上下文特征;其次基于这些描述特征构建方法与技术术语的抽取模板;再次对文本的摘要进行句子切分并采用汉语分词系统对句子进行分词处理,并在分词结果中去掉停用词;最后基于模板通过模式匹配方法抽取术语。

10.3.6 方法与技术术语的组织

一方面,通过 10.3.4 小节所描述的方法可以标注每个领域文本所属的情报问题,有的文本可能只涉及单个情报问题,有的文本则可能同时涉及多个情报问题。对于只涉及单个情报问题的文本,将该文本中的方法与技术术语同这个情报问题相关联;对于涉及多个情报问题的文本,将方法与技术术语分别归入各个情报问题。另一方面,通过 10.3.5 小节描述的方法可以抽取每个情报学领域文本中所包含的方法与技术术语。将所有领域文本的方法与技术术语均归入相应的情报问题后,便得到各情报问题的方法与技术术语集。对术语进行同一化处理后,可按"过程 – 问题"视角对情报学研究方法与技术术语进行组织。进一步对各情报流程、情报问题的方法与技术进行分析,寻找方法与技术的共性和特性。

10.4 重新组织结果与分析

以 2502 篇社会情报学舆情领域论文的题录数据为实验文本,从中抽取方法与技术术语,并按情报流程、情报问题组织方法与技术术语。对词典和模板相融合抽取方法的效果进行了检验,并对各情报流程、情报问题对应方法与技术的共性和特性进行了分析。

10.4.1 舆情过程及舆情问题

通过对相关文献的阅读总结及对相关案例的深入分析,并参考向情报学领域专家咨询的结果,本书认为舆情主要过程如下:舆情采集、舆情加工、舆情分析、舆情服务和舆情管理,每个过程实际上就是一个舆情问题。进一步,对各个过程涉及的舆情问题也进行了解析,有的内涵丰富的问题还会包含若干个子问题,并确定了舆情问题相应的特征词,如表 10 – 1 所示。

表 10 – 1 舆情过程及舆情问题

舆情过程 (舆情问题)	舆情子问题	特征词
舆情采集	舆情采集	采集、获取、检索、搜集、提取
舆情加工	舆情加工	加工、预处理、清洗、融合

续表

舆情过程 （舆情问题）	舆情子问题	特征词
舆情分析	舆情识别	舆情识别
	传播与演化	传播、扩散、演变、演化
	主题与热点	主题、观点、话题、热点、热度
	负面舆情	负面舆情
	意见领袖	意见领袖
	情感分析	情感、情绪
	指标体系	指标、指数
	可视化	可视化、图谱
舆情服务	监测与预警	监测、监控、预警、危机处理、应对
舆情管理	舆情管理	管理、治理、引导、疏导、控制

由表 10-1 可知，舆情采集、舆情加工、舆情分析、舆情服务和舆情管理这些舆情过程本身就是一个舆情问题，其中舆情分析所涉及的舆情子问题较多，细分为 8 个：舆情识别、传播与演化、主题与热点、负面舆情、意见领袖、情感分析、指标体系、可视化。在梳理完舆情过程和舆情问题后，分别确立了每个舆情问题所对应的特征词，本书认为同一情报问题下的具有同义或近义的这些特征词均反映了相同的情报问题。

10.4.2 文本与舆情问题的关联

以特征词集合作为用户词典，对 2502 个实验文本的标题和关键词采用汉语分词系统进行分词处理，获得与特征词有关联的文本 1696 个。其中，有 5 个文本分别关联了 4 个舆情问题，有 41 个文本分别关联了 3 个舆情问题，有 400 个文本分别关联了 2 个舆情问题，其余剩下的 1250 个文本仅关联了 1 个舆情问题。而对于每个舆情问题，与其关联的文本数如表 10-2 所示。

表 10-2 文本与舆情问题的关联情况

舆情问题		关联的文本数/个	占比	与之共现的问题数/个	与其他舆情问题的共现频数/次
舆情采集		16	0.94%	5	10
舆情加工		2	0.12%	0	0
舆情分析	舆情识别	2	0.12%	1	2
	传播与演化	515	30.37%	8	270
	主题与热点	245	14.45%	9	132
	负面舆情	10	0.59%	4	11
	意见领袖	41	2.42%	6	40
	情感分析	64	3.77%	8	58
	指标体系	79	4.66%	5	50
	可视化	22	1.30%	5	16
舆情服务		550	32.43%	9	260
舆情管理		649	38.27%	9	259

从表 10-2 可以看出，舆情管理、舆情服务、传播与演化、主题与热点这些舆情问题关联的文本数较多，分别为 649 个、550 个、515 个和 245 个，这也说明它们是舆情领域的重要关注方向。基于 446 个存在舆情问题共现的文本，表 10-2 列出了与每个舆情问题共现的其他舆情问题的数目，以及与其他舆情问题总的共现频数。上述关联文本数较多的 4 个舆情问题的共现数据也较高，处于前列，这也反映了这些舆情问题并不是孤立的，或者需要其他舆情问题的辅助，或者对其他舆情问题也有辅助作用。

10.4.3 方法与技术术语的抽取结果

（1）基于词典抽取的结果

通过对舆情领域文献进行内容分析，对 2502 篇舆情文献的关键词进行统计分析，构建了舆情方法与技术术语集合。本书以该集合作为用户词典对由标题、关键词和摘要构成的 1696 个关联文本进行分词，从中抽取方法与技术术语，共获得 2518 个术语（含重复），部分抽取结果如表 10-3 所示。

表10-3 基于方法与技术词典的抽取结果片段　　　　　　　　　单位：次

方法与技术术语	频数	方法与技术术语	频数
聚类	131	层次分析法（AHP）	55
社会网络分析（SNA）	125	情感分析	53
博弈	120	支持向量机（SVM）	48
分类	107	时间序列分析	38
统计分析	87	内容分析法	36
神经网络	72	LDA	30
传染病模型	70	马尔科夫模型	30
agent	63	回归分析	26
复杂网络分析	63	爬虫	24
灰色模型	58	数据挖掘	23

（2）基于模板抽取的结果

舆情领域涉及的学科较多，和社会学、管理学、传播学、政治学、计算机科学、仿真学等都有着紧密的联系，是一个典型的交叉学科，因此，涉及的方法与技术来源广泛、类型众多，此外，学科也在不断发展中，这些都导致了有些方法与技术术语并不在上文构建的方法与技术词典中，为了抽取这些方法与技术术语，本书对摘要文本中方法与技术术语的描述特征进行了分析，并据此构建了抽取模板，抽取的结果作为基于词典抽取结果的补充。方法与技术术语的描述特征如表10-4所示。

表10-4 方法与技术术语描述特征分析

特征类型	特征描述	举例
尾词特征	术语常以下列词作为尾词：方法、法、技术、工具、软件、平台、模型、算法、方式、指数、指标	仿真方法/分层抽样法/Wiki技术/爬虫工具/Gephi软件/GM模型/Pagerank算法/编程方式/百度指数
上下文特征	术语的紧邻上文经常出现下列词：采取、使用、结合、引入、引进、用、基于、通过、利用、运用、采用、应用、选用、借助、借鉴、依据、根据，这些词有时后面会跟"了/的"	运用Netlogo仿真软件进行模拟仿真/并引入模糊层次综合评价方法对预警等级进行评估/利用stata固定效应模型

续表

特征类型	特征描述	举例
上下文特征	有时术语会出现在下列表达中：将……引入（到）/融入（到）/拓展（到）、将……应用于/应用到、将……运用于/运用到、在……（的）基础上、由……可得/可知/得出、以……为基础	将案例分析法融入网络舆情热点话题传播模式的研究中/在焦点情感模型（SSCM）的基础上引入新闻报道的时间信息
	采取/使用/结合/引入/引进/用/基于/通过/利用/运用/采用/应用/选用/借助/借鉴/依据/根据/将/在/由/以，这些词后紧接的英文命名实体往往也是方法与技术术语	并借助 ROST Emotion Analysis Tool 完成文本情感分析/在利用 SVM 对各阶段舆情进行情感性分析的基础上
	英文术语有时也会存在如下表达："采取/使用/结合/引入/引进/用/基于/通过/利用/运用/采用/应用/选用/借助/借鉴/依据/根据/将/在/由/以"+"……方法/技术/工具/软件/平台/模型/算法/方式"+英文命名实体	采用复杂网络分析工具 Gephi/利用引文网络分析工具 CiteSpace Ⅳ 绘制科学知识图谱/基于传染病模型 SEIRS

为了构建方法与技术术语抽取模板，引入以下字符作为特征标签：①将表 10-4 中的"方法/法/技术/工具/软件/模型/算法/方式/指数"这些尾词特征标签记为 W；②将"采取/使用/结合/引入/引进/用/基于/通过/利用/运用/采用/应用/选用/借助/借鉴/依据/根据/将/在/由/以"这些"上文"特征标签记为 L，将"了/的"的特征标签记为 D；③将英文单词的特征标签记为 E；④将其他一般性词的特征标签记为 C。由此构造的方法与技术术语抽取模板如表 10-5 所示。

表 10-5 方法与技术术语抽取模板

模板类型	模板表达	举例
TEMP1	$LC_1 \cdots C_k D_1 \cdots D_m W$：1 个 L 类词紧接 k 个普通词紧接 m 个 D 类词紧接 1 个尾词（其中 $1 \leq k \leq 6, 0 \leq m \leq 1$）	借助/文本/挖掘/工具 运用/社会/网络/分析/方法 将/聚类/方法/引入 在/层次/分析/法/基础上 由/仿真/方法/可知 以/层次/分析/法/为基础

续表

模板类型	模板表达	举例
TEMP2	$LE_1 \cdots E_k$：1个L类词紧接k个E类词（其中$1 \leq k \leq 6$）	借助/ROST/Emotion/Analysis/Tool 利用/SVM
TEMP3	$LC_1 \cdots C_i WE_1 \cdots E_j$：1个L类词紧接$i$个普通词紧接1个尾词紧接$j$个E类词（其中$0 \leq i \leq 6$，$1 \leq j \leq 6$）	采用/复杂/网络/分析/工具/Gephi 利用/软件/SPSS

模板抽取算法如图10-3所示。

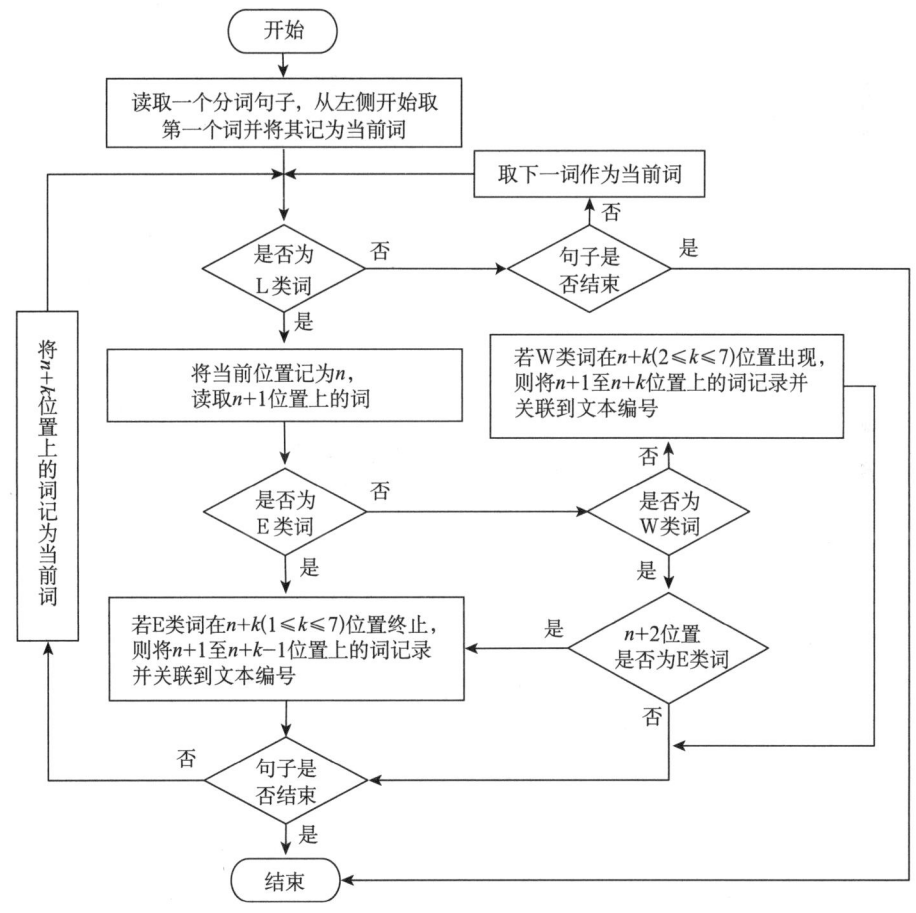

图10-3 模板抽取算法

为了检验模板抽取融合词典抽取方法的有效性，首先在1696个领域文本中随机抽取200个，人工抽取方法与技术术语，随后用3种机器抽取方案分别进行术语抽取：①仅模板方法；②仅词典方法；③模板方法融合词典方法。抽取结果如表 10-6 所示。

表 10-6 模板方法融合词典方法的抽取效果检验

抽取方法	正确术语数/个	错误术语数/个	总的术语数/个	人工抽取的术语数/个	准确率	召回率	F_1
模板抽取	107	8	115	184	93.04%	58.15%	71.57%
词典抽取	148	—	148	184	100.00%	80.43%	89.15%
模板抽取融合词典抽取	160	8	168	184	95.24%	86.96%	90.91%

从表 10-6 可以发现，仅模板抽取方法具有较高的准确率，但召回率和 F_1 值较低，仅词典抽取方法准确率高，召回率和 F_1 值相对较低，而两种方法融合后，F_1 值明显高于前两种方法，这也说明了融合方法的效果更好。利用图 10-3 的模板抽取算法从 1696 个摘要文本中抽取方法与技术术语，共获得 395 个结果。

10.4.4 方法与技术术语的重新组织

综合考虑术语抽取结果及文本与舆情问题的关联结果，得到舆情问题和方法与技术术语的关联情况，依此从"过程-问题"视角重新组织舆情方法与技术术语，部分组织结果如表 10-7 所示，全部的组织结果如附录 9 所示。

表 10-7 "过程-问题"视角下的舆情方法与技术术语（TOP10）

舆情问题（个数）		方法与技术术语及其频次（TOP10）
舆情采集（6）		无线数据包捕获技术（2）、最大熵模型（1）、多项 Logistic 回归模型（1）、爬虫工具（1）、网络日志（1）、搜索引擎（1）
舆情加工（3）		中文分词（1）、句法分析（1）、倒排索引（1）
舆情分析	舆情识别（4）	Matlab（1）、数据挖掘（1）、聚类（1）、支持向量机（1）
	传播与演化（137）	仿真（80）、社会网络分析（34）、博弈论（27）、MATALB（25）、Net Logo（20）、SIR（16）、内容分析法（16）、元胞自动机模型（15）、agent（12）、复杂网络方法（12）

第10章 面向"过程－问题"的情报学研究方法与技术体系构建研究

续表

舆情问题（个数）		方法与技术术语及其频次（TOP10）
舆情分析	主题与热点（108）	仿真（20）、LDA（14）、聚类（11）、社会网络分析法（8）、Gephi（7）、复杂网络（7）、Matlab（6）、马尔可夫链（6）、KNN（5）、文本聚类（5）
	负面舆情（7）	案例分析法（1）、多元回归模型（1）、马尔科夫链（1）、内容分析法（1）、事件研究法（1）、网络舆情热度趋势预测模型（1）、演化博弈理论（1）
	意见领袖（12）	层次分析法（4）、灰色关联度分析法（3）、NetLogo仿真平台（2）、Smart PLS（2）、多主体建模（2）、仿真（2）、熵权灰色关联方法（2）、文本聚类（2）、多项Logistic模型（1）、模糊—层次分析法（1）
	情感分析（53）	AHP（3）、PLSA模型（3）、SVM（3）、仿真（3）、情感分析方法（3）、A-V-P心理学模型（2）、BP神经网络（2）、FP增长算法（2）、How Net相似度算法（2）、LDA聚类算法（2）
	指标体系（43）	层次分析法（21）、舆情指数（19）、百度指数（13）、德尔菲法（6）、BP神经网络（5）、Matlab（4）、AHP（3）、模糊综合评价法（3）、问卷调查（3）、遗传算法（3）
	可视化（8）	CiteSpace（2）、引文网络分析工具（1）、共词网络分析法（1）、复杂网络的图谱分析方法（1）、文献计量学分析方法（1）、复杂网络分析工具（1）、Gephi（1）、可视化建模（1）
舆情服务（156）		仿真（27）、BP神经网络（22）、层次分析法（16）、粒子群算法（11）、聚类（10）、Matlab（8）、Vensim PLE软件（6）、回归分析（6）、AHP（5）、灰色模型（5）
舆情管理（85）		仿真（10）、社会网络分析（7）、MATLAB（6）、问卷调查（6）、博弈论模型（5）、层次分析法（5）、Gephi（4）、SEIR（4）、内容分析法（4）、系统动力学方法（4）

注：仅给出每个类别频次前十的样例，不足10个的全部列出。

表10-7中，每个舆情问题后面括号内的数字是归入该问题的方法与技术术语个数，可以发现，舆情服务、传播与演化、主题与热点、舆情管理这些舆情问题涉及的方法与技术较多，从一定程度上也反映了它们是人们更关注也是亟待解决的问题。同时也发现，每个舆情问题都有一些使用较多较重要的方法。舆情传播与演化问题更多采用的方法与技术有NetLogo仿真平台、社会网络分析、演化博弈模型、多主体建模等。舆情服务与管理问题更多采用的方法与技术有仿真理论和模型、BP神经网络、层次分析法

等。舆情识别问题更多采用的方法与技术有支持向量机、聚类等，可以对网络数据进行分类和提取。情感分析问题更多采用的方法与技术有层次分析法、PLSA 模型、潜在语义分析方法。一些方法与技术功能比较强大，可以支持多个舆情问题的解决。例如，Matlab 软件，其在矩阵计算与系统仿真方面功能强大，在舆情传播与演化、舆情服务与管理能发挥较大的作用；层次分析法的应用范围也较广，可以用来评价舆情影响力，也可以用来构建网络舆情监测与预警的评价指标体系。

10.5 方法与技术体系的优化

整个情报学研究方法与技术体系的构建依赖于每个情报学子领域方法与技术术语的组织情况，而对于子领域方法与技术术语的组织，本章所探讨的方法还有很大的优化空间。

（1）情报过程和情报问题的解析

由于情报学子领域众多，涉及的情报研究过程并不完全相同，且在大数据环境下，也会出现新变化、产生新内容、呈现新特点，这些都使得对于情报过程和情报问题的解析变得较为困难。可通过更多文献的阅读、更大范围的案例分析、更细致严谨的对情报学子领域专家的问卷调查来优化情报过程和情报问题的描述。

（2）方法与技术术语的抽取方法

基于抽取模板采用模式匹配方法进行方法与技术术语抽取过程中，抽取模板是基于方法与技术术语在文本中的描述特征来构建的，而描述特征的提取是基于大量文本阅读来完成，这就导致了抽取模板的完备性和合理性都存在欠缺，从而也对抽取结果产生影响。因此，可引入新的方法与技术术语抽取方法对抽取结果进行优化，如机器学习方法。机器学习模型建立过程中涉及的标注方法、机器学习算法、参数等都需要经过不断实验才能达到最优。

（3）文本与情报问题的关联关系

文本与情报问题关联关系的确定依赖于文本的情报问题标注结果，而情报问题是通过相应特征词来描述的。确定情报问题的特征词带有主观性，可通过文献调研、案例分析、问卷调查等方法进一步对其进行优化。

10.6 本章小结

本章主要对国内外情报学研究方法体系的构建视角和构建方法进行了梳理和总结，分析出存在的问题，在此基础上提出在大数据环境及新时代军民融合国家战略背景下，应基于"领域-过程"视角重新构建情报学研究方法与技术体系，且对于每个情报学子领域，应基于大规模客观数据从"过程-问题"视角重新组织情报学研究方法与技术术语。本章构建了基于大规模文献的情报学研究方法与技术术语获取和组织模型，并对模型中各主要模块的实现过程进行了详细探讨和反复实验。本章以社会情报学舆情领域为例，对舆情过程和舆情问题进行了深入解析，采用基于词典和基于模板相融合的方法抽取方法与技术术语，通过舆情问题与文本的关联，以及文本同方法与技术术语的关联，获得舆情问题和方法与技术术语的关联关系，由此重新组织了舆情领域的情报研究方法与技术术语。但研究也存在一定的局限性：①基于方法与技术术语在文本中的描述特征构建的抽取模板一方面不够全面；另一方面由于汉语表达的多样性和复杂性，也会存在一定的抽取错误。②用于判断文本所属情报问题的特征词是通过文献调研和专家咨询获得的，可能带有主观偏差。③仅从 CNKI 采集社会情报学舆情领域文献作为实验文本对实验结果的全面性存在一定的影响。

第 11 章
特定领域的情报学研究方法体系
——以我国经济情报研究为例

随着学科的深入交叉融合及社会发展、经济发展与科技发展一体化程度的增强,经济情报研究正从单一领域分析向全领域分析的方向发展,涉及的行业范围和内容也更为广泛,研究的视角、方法也与其他学科相互借鉴①。我国经济近 20 年的飞速发展决定了经济情报的研究既不能停留在定性研究上,也不能仅仅靠简单的统计替代情报研究中的计算技术,因此对经济情报研究的方法技术提出了更高的要求。经济情报领域的研究涵盖了人文学科、心理学、经济学、管理学、数学、计算机科学等诸多领域,因此需要我们不仅对传统的科学研究方法有着较为深入的了解,也需要熟悉和掌握其他学科领域的研究方法。

11.1 经济情报研究的必要性

经济情报不同于科技情报、军事情报,它是通过一定的途径开发利用,指导实际生产与生活行为,包含经济发展的目标和方向,以及财政、工业、农业、商业、矿业等方面的情报。经济情报与民生息息相关。经济情报也是情报学研究领域中的一个重要分支,不仅包含了企业的竞争情报,还包括行业领域的情报、国家经济情报等,涉及的内容和范围非常广泛,研究角度更为复杂和多样化,研究方法也显示出多元性。目前为止,关于情报学、竞争情报的研究方法都有学者讨论和研究过,但对经济情报的研究方法尚未进行归类和总结。因此,通过对经济情报领域中所采用的研究方法进行归纳和整理,并形成一定的概念方法体系,对经济情报研究的健康发展、经济情报工作的开展及

---

① 李广建,杨林. 大数据视角下的情报研究与情报研究技术[J]. 图书与情报, 2012 (6): 1-8.

其在情报学体系,乃至整个科学体系中学科地位的确立具有重要意义。

11.1.1 经济情报的定义

经济情报是为满足经济建设和发展的需要而搜集并整理的有关情况和材料,包括经济发展的目标和方向,以及财政、工业、农业、商业、矿业等方面的情报。简单地说:商用情报即经济情报,情报的商业活动就是经济情报工作。

财政情报是指年度预决算、金融政策、货币流通、交易情况、财政报表、税制和税收情况等。

工业情报是指工业体系和结构,以及企业体制、生产能力、设备原料、动力、技术力量、劳资关系、产品质量和销售情况、发展趋向等。

农业情报是指农业生产体系和结构、农业政策、生产能力、现代化程度、农业信贷、增产措施、农业技术、粮食产量与储备、农民生活状况、农业现代化发展趋势。

商业情报是指商业政策、价格政策、市场经济的发展、对外贸易、进出口和关税规定、流通和销售情况、商业发展趋势。

矿业情报是指矿业资源的分布和储量、矿产的开发能力和产量、矿的探测和开采、石油产量和生产能力、石化工业的现状和发展趋势、生产方法、主要设备、矿业生产的机械化程度、矿业技术力量、稀有矿的探测和开采、石油产量和生产能力、石化工业的现状和发展趋势。

11.1.2 经济情报研究的内容

经济情报的研究工作是经济情报的核心内容之一,是经济情报工作高级科学研究活动。经济情报人员必须在充分占有各种情报资料的基础上进行情报研究活动,以弥补完全靠搜集直接获取情报的不足。经济情报的研究是指情报机构和人员,根据经济活动和决策的需要,将各种渠道所获得的经济情报资料进行鉴别、分析、综合加工和评价的科学思维活动,就是根据企业的需要,在广泛搜集和积累有关资料的基础上,运用认识论、方法论、信息论、控制论等科学的方法,通过分析、对比、推理、判断、综合等逻辑思维过程,揭示研究对象的本质、联系、规律,得出正确的结论,目的就是最大限度地揭示情报的真正价值,供企业管理者决策和参考。经济情报的研究整理工作,是整个经济情报工作的重要组成部分和重要环节,它贯穿于经济情报活动的全过程,又是经济情报工作出产品的最后一道工序,在欧美国家一般把它称为情报分析、估价或鉴定。西方国家都有大批智囊人物和专家科技人员专门分析研究各种来源的情报资料。

11.1.3 经济情报研究的地位

制定企业发展战略，需要多方面的情报作支持，既需要政治、经济和社会等方面的宏观情报，也需要行业态势、产业政策等中观情报，同时还需要市场情报、产品情报、竞争对手情报等微观情报。这些情报需求，既可以是关于同行业、同领域或同地区的，也可以是关于跨地区，甚至是跨国界的。根据用户的需求，对信息进行分析研究，使信息增值成为情报，并为企业决策服务是情报工作的基本任务，从某种意义上来说，企业拥有了情报能力，就拥有了竞争优势。

研究经济情报在企业发展中的地位和作用，正确认识和处理经济情报工作同企业其他业务的关系，是发展与利用情报的关键。企业中许多人把情报的作用与意义视为一种"理论"或像"参谋"类作用的依据，也有的把情报工作看成是与企业无关的属于理论家研究的课题，没有真正的商业价值。其实，情报不但是一种"理论""参谋"，同时也是一种实践活动，是指导企业决策的依据，是能给企业带来绝对效益的手段。正确认识经济情报的研究工作，有助于我们全面开发情报资源，准确利用情报手段和研究方式，解决好与其他部门的业务关系。

11.2 经济情报的研究方法类型

经济情报研究隶属于情报学，与经济学、管理学互相交融，作为一门跨学科领域，具有多学科属性。这种属性产生了多样性的研究视角和范式，也就衍生出多角度的研究方法。

11.2.1 基于情报工作角度

经济情报的研究是对经济情报工作的研究。经济情报的研究方法指的即是企业或个人对信息源进行收集、整理、分析，并最终形成判断、预测和服务方案的情报过程中所使用的方法的总和。经济情报由于其本身与实际的社会生产、经济发展密切相关，因此对经济情报研究领域中绝大多数的研究主题和方法均与具体情报工作有关。例如，胡元蛟等提出竞争情报战略价值链咨询模型，能有效识别竞争情报战略价值链活动中的问题,支持企业竞争情报战略的实施,最终获得竞争情报优势①。李敏在探讨企业情报需求时,提出了基于知识情境协作的企业竞争信息语义获取与过滤方法②。Berges-Garcia等建立了用于评估技术观察和竞争情报的功能和产品的方法③。

11.2.2 基于企业管理角度

这类研究方法通常与企业的实际管理和运营有关,主要包括竞争对手识别分析、企业战略管理、企业竞争环境研究、企业竞争情报预警等。这个角度的研究方法多偏向于竞争情报领域常用方法,如模型法、SWOT法、波特价值链分析及定标比超等。例如,杨波等采用系统动力学方法,构建了企业技术创新风险竞争情报预警动力学模型,对企业技术创新风险竞争情报预警演化过程进行拟合,为研究企业技术创新风险控制机制提供一种有效的手段和方法④。郑重以市场共通性和资源相似性二维指标体系为判断标准,采取聚类分析和匹配分析的定量统计方法,对某汽车公司的动态竞争对手进行辨识及分类⑤。BABU等通过对销售人员产品知识、竞争情报行为与绩效之间的关系进行研究建模与检验⑥。

11.2.3 基于情报自身角度

从微观角度来说,情报研究的对象是信息资源,因此,这类情报研究方法是以数据或文献及其构件为情报研究单元的方法,主要是针对数据、文献本身进行的挖掘、分析和研究。例如,王洪伟等通过情感分析技术,从网络股评信息中提取投资者情感,计算

---

① 胡元蛟,邵波. 竞争情报战略价值链咨询模型[J]. 图书情报工作,2011,55(14):59-62.
② 李敏. 基于知识情境协作的企业竞争信息语义获取与过滤研究[J]. 东北师大学报(哲学社会科学版),2013(4):63-66.
③ BERGES-GARCIA A, MENESES-CHAUS J M, MARTINEZORTEGA J F. Methodology for evaluating functions and products for technology watch and competitive intelligence (TW/CI) and their implementation through web[J]. Professional de la Informacion, 2016, 25(1):103-113.
④ 杨波,卢嘉琦. 面向企业技术创新风险的竞争情报预警动力学建模与仿真[J]. 情报科学,2017,35(4):61-67.
⑤ 郑重. 基于聚类分析的企业动态竞争对手辨识[J]. 情报杂志,2010,29(8):148-151.
⑥ BABU J M, CHAD M, SANGWON L, et al. Salesperson competitive intelligence and performance: The role of product knowledge and sales force automation usage[J]. Industrial marketing management, 2014, 43(1):136-145.

情感指数，从而分析股评中情感因素与股市走势之间的关系①。Wang 等提出了一种扩展的潜在 Dirichlet 分配（LDA）模型，用于专利竞争情报分析②，这类方法偏向于数据本身的统计分析、文献的内容分析及相关模型方法的研究等。

综上所述，经济情报的研究由于其自身的多样属性因素，其研究方法也是种类各异。目前并没有对经济情报领域的研究方法进行过比较系统的总结和归纳。因此，本书结合上述 3 种角度，认为经济情报的研究方法是探讨经济组织在进行管理和运营过程中，对情报进行开发、利用过程中所采用的相关情报手段、方法、技术的总称，既包括经济情报工作过程中采用的方法，又包含情报工作过程中对情报本身的研究方法。

11.3 经济情报的研究方法内容

经济情报研究方法绝大部分引自其他成熟的学科，如逻辑思维方法、系统分析方法、图书情报学方法、社会学方法、统计学方法等。这些方法数量众多，构成了完整的经济情报研究方法体系。经济情报的研究具有很强的开放性和学科交叉性，因而无法简单地以定量方法和定性方法来进行分类。本书考虑到方法体系的完整性和经济情报研究的特色，对研究方法体系的设定主要考虑了以下几个方面：

①本书所梳理的经济情报研究方法大体分为 3 类：第一类是传统情报学方法；第二类为现代信息技术方法，如大数据、社会网络、人工智能等；第三类是竞争情报所特有的情报研究方法。

②研究方法体系从不同的角度有着不一样的设定。经济情报隶属于情报学研究范畴，同时为了避免类别之间产生交叉，初步以《中国情报学百科全书》中所列举的传统情报学研究方法和情报研究方法为基石，确定了方法体系的一级类目和二级类目，如逻辑方法，包括归纳法、演绎法、综合法、比较法等；数学方法，包括统计分析法、系统分析法、模型法等；还有内容分析法、社会学方法等。同时引入了竞争情报领域采用的特定研究方法作为补充，如定标比超、SWOT 分析法、波特五力模型等，增加了近年来

---

① 王洪伟，张对，郑丽娟，等. 网络股评对股市走势的影响：基于文本情感分析的方法[J]. 情报学报，2015，34（11）：1190-1202.

② WANG B, LIU S, DING K, et al. Identifying technological topics and institution-topic distribution probability for patent competitive intelligence analysis: a case study in LTE technology[J]. Scientometrics, 2014, 101（1）：685-700.

出现的新方法和新技术手段，如人工智能和大数据。三级类目则是在二级类目的基础上进行了细分，由于篇幅限制，无法一一列举。

③方法归类处理时的重点需要合并和拆分。合并处理，如一些方法与研究对象进行结合后衍生出多个方法词汇，如竞争对手比较分析、市场比较分析等，这些都可以合并归属于比较法。有些方法词汇进行了拆分，如文献计量是统计学、文献学的交叉方法，拆分为文献研究法和统计分析法，这样归属起来可以避免方法之间的交叉和重复。

④基于上述基本思路，后续通过CNKI期刊库中的近20年的经济情报相关文献题录抽取方法关键词，进行去重和词表比对后，对原有方法体系类目进一步补充和完善，形成我国经济情报研究方法体系，全面把握情报学理论方法在经济管理领域的应用发展趋势和规律，如图11-1所示。

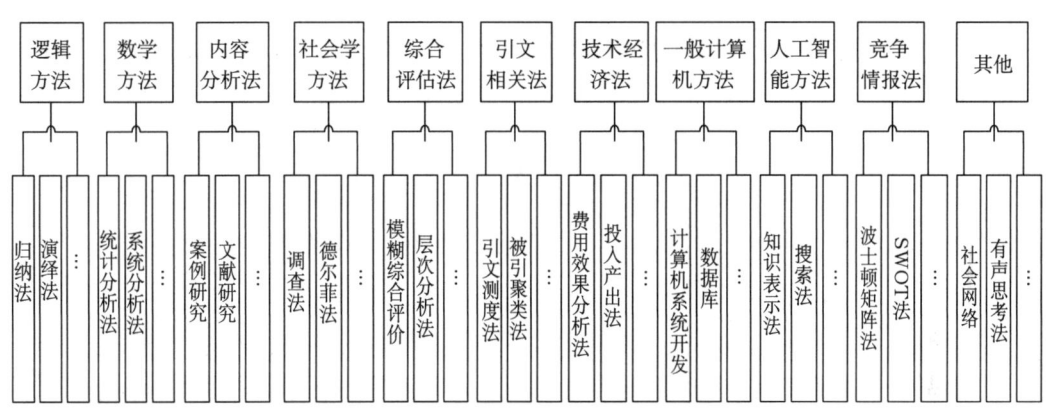

图 11-1　经济情报研究方法体系

逻辑方法：逻辑思维过程中，根据现实材料按逻辑思维的规律、规则形成概念、做出判断和进行推理的方法，包括形式逻辑方法和辩证逻辑方法。形式逻辑方法包括普通（传统）逻辑方法（如综合、抽象、概括、定义、划分等）和现代形式逻辑方法（如形式化方法、公理化方法）。辩证逻辑方法包括归纳与演绎结合、分析与综合结合、逻辑的与历史的结合、抽象上升到具体等方法。

数学方法：用数学语言表述事物的状态、关系和过程，并加以推导、演算和分析，以形成对问题的解释、判断和预言的方法。

内容分析法：一种主要以各种文献为研究对象的研究方法。早期的内容分析法源于社会科学借用自然科学研究的方法，进行历史文献内容的量化分析。主要包括案例研究、文献研究等。

社会学方法：一种以经验的方式对社会中人们的行为、态度、关系，以及由此所形成的各种社会现象、社会产物进行的科学的探究活动，进而理解我们周围的社会，预测社会发展、变迁的趋势。主要包括调查法、德尔菲法、观察法、人际网络等。

综合评估法：进行量化处理，可用来进行定性排序问题的评价方法。主要包括模糊综合评价、层次分析评价法等。

引文相关法：以文献之间的引用或链接数据为基础的分析方法。主要包括引文测度法、被引聚类法、链接分析等。

技术经济法：主要通过一套经济效果指标体系，对完成同一目标的不同技术方案的计算、分析、比较；效果分析是通过劳动成果与劳动消耗的对比分析、效益与费用的对比分析等方法，对技术方案的经济效果和社会效果进行评价，评价的原则是效果最大原则。主要包括费用效果分析法、投入产出法、比率分析、风险评估等。

一般计算机方法：主要指利用计算机硬件和软件系统进行的一些研究方法。主要包括计算机系统开发、数据库、传感数据采集、云计算、复杂适应系统、仿真模拟、联机分析处理、分布式计算、可视化方法等。

人工智能方法：表示知识与怎样获得知识并使用知识的科学方法。主要包括知识表示法、搜索法、逻辑推理、机器学习、自然语言处理、计算智能、数据挖掘、专家系统。

竞争情报法：关于竞争环境、竞争对手和竞争策略的信息和其研究的方法。这类方法一是侧重从竞争对手角度进行研究，如竞争态势矩阵、沙盘模拟、反竞争预警、用户细分、竞争对手跟踪法等；二是侧重于情报分析的方法，如波士顿矩阵法、SWOT法、定标比超、波特五力模型、波特价值链分析模型、波特钻石模型、反求工程、供应链分析、关键成功因素分析法、平衡记分卡、生命周期分析法、STEEP模型（社会、技术、经济、生态、政治法律）、四分位法、危机管理模型、战略群组分析、九力分析模型、四角分析、专利分析、基准分析、业务流程分析、Mashup融合、机会分析、盲点分析、情景分析等。

其他方法：一些最新产生的研究方法及无法明确归类的方法，如社会网络、混沌动力学、有声思考法等。

11.4 数据的采集与整理

为了较为详细地了解我国近年来经济情报领域所采用研究方法的种类、频率及趋势，本书从数据库中采集了 20 年的数据进行针对性的分析和对比。

11.4.1 数据的采集

本书针对经济情报研究方法的梳理和总结，考虑到经济情报的研究本质上涉及两个领域：一是情报学领域中有关经济管理的情报研究文献；二是经济管理领域类有关情报研究文献。因此，以 CNKI 的期刊数据库为基础，采集数据年限为 1998—2017 年。第一部分数据是将学科分类定为情报学和情报工作，检索结果中以 CNKI 分组浏览中的主题为对象，选择了企业经济、工业经济、贸易经济、宏观经济管理与可持续发展、农业经济、信息经济与邮政经济、金融等经济类主题领域的文献题录，包括题名、关键词、摘要等。第二部分数据则以经济与管理学科为学科分类，主题词设定为"情报"检索所得文献题录。这两部分数据虽然无法覆盖全部，但大体能反映我国经济情报目前的研究情况。

11.4.2 数据的清洗和处理

（1）数据的清洗

对采集到的文献，去除会议信息、专访等文献进行进一步筛选和归类处理，发现文献大致包含两类：第一类是综述类文献，文中提到某种方法，但只是介绍，并没有深度研究；第二类则是具体对某领域的经济情报进行实际研究。本书将第一类文献进行筛除，只选择了第二类确实反映真实经济情报研究过程中采用的方法。

（2）数据的处理

筛选之后，基于 Python 与 Jieba 分词对文献题录（包括题名、关键词和摘要）进行方法抽取。在进行结果处理时发现，由于很多题录中没有明确介绍研究方法或文献全文中没有提及研究方法，因此做了以下处理：

①题录中没有明确提到研究方法的，审阅全文，提取方法词条。

②题录中涉及的方法词条会出现英文简写、中文缩写、名称不一致的情况，如标杆管理、定标比超和对标分析同属一种方法。因此，需要结合全文逐一进行深度的内容分析，并查询相应词典，明确方法名称。

③题录和全文中均没有提及研究方法，则通过人工进行内容分析与判断，提取方法名称与全文中的内容进行比对、判断，最后确定其真实含义。

④最后对一些不同的方法词汇表示进行统一表述，并对分类标准做了必要的修改完

善。对于涉及多种研究方法的论文，记录其最主要的研究方法。

11.4.3 方法体系的扩充和完善

经济情报研究方法经过采集处理之后构成方法词条数据库，并对表 11-1 中的类目进行扩充和完善，形成了目前经济情报学所涉及的绝大部分研究方法体系，具体结果如附录 10 所示。方法体系共有一级类目 3 个，二级类目 11 个，分别为逻辑方法、数学方法、内容分析法、社会学方法、综合评估法、引文相关法、技术经济分析法、计算机方法、人工智能方法、竞争情报方法、其他。三级类目 98 个，除了科学研究的一些普遍方法（如逻辑方法、数学方法等）外，经济情报学的研究方法引入了社会学、经济学、管理学及计算机科学的众多方法，同时也形成了本领域较为专业的竞争情报方法。对于一些特殊不便于归类的方法，本书将其归在其他类。

表 11-1 各阶段数据占比分析

阶段	方法数量/个	文献数量/个	方法占比	篇数占比
识别	86	41	3.00%	2.47%
采集	458	213	15.95%	12.85%
传播	17	14	0.59%	0.84%
分析	1631	861	56.81%	51.96%
产品	460	367	16.02%	22.15%
服务	133	116	4.63%	7.00%
评价	86	45	3.00%	2.72%

11.5 面向流程的研究方法数据分析

经济情报更加侧重于应用角度，因此通过分析经济情报在整个应用流程中所采用的研究方法更为系统和全面。

11.5.1 经济情报研究流程

经济情报的研究贯穿整个情报工作中，从最初的信息搜集到最后的报告撰写和分析,这个流程可以分解为情报识别、情报采集、情报传播、情报分析、情报产品、结果解读与情报提炼、结果传播、情报产品生产及管理等多个环节。本书将这些繁杂的过程细节合并为7个流程,如图11-2所示。首先是经济情报的需求分析和识别阶段。大部分情报研究过程都缺少这一阶段,也导致这一方面的研究相对较少。对于经济情报而言,真正的需求是什么?情报的甄别及处理尤为重要。经过经济情报的需求分析和识别之后进入经济情报流程的中心阶段,包括情报的采集、传播和分析,最后形成情报产品,为企业决策、经济研究提供服务。而经济情报的评价则贯穿采集、传播、分析、产品和服务几个阶段,不仅是对情报本身的评价,同样对情报各流程阶段的方法、手段、模式等进行评估和研究,确保整个经济情报流程的顺利进行,提高经济服务水平。

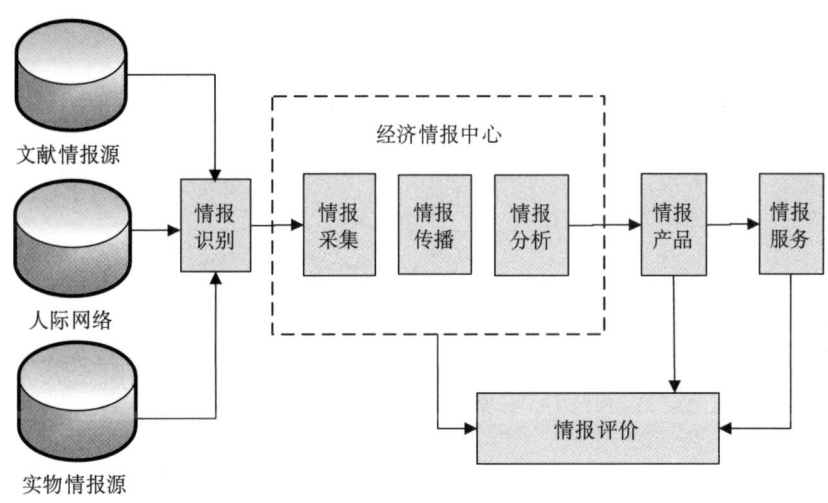

图11-2 经济情报流程

本书在采集方法数据时,同时分析了每篇文献的研究所对应的情报研究过程。通过对经济情报在工作流程各个阶段中所采用的研究方法进行梳理,能够有效地了解在经济情报实践工作中所采用的方法,揭示经济管理领域中情报理论是如何在情报实践中工作的。同时,本书以经济情报整个工作流程中所涉及的方法为目标,对不同时间段的不同工作流程阶段中使用的经济情报方法加以收集和整理。

11.5.2 数据总体分析

（1）各年总体分析

经过过滤和筛选，在4184篇经济情报相关研究的文献中，将会议预告、综述等去除后，提取出1657篇经济情报领域的文献是与具体研究方法相关的，采集到的方法词条共有2871个。图11-3将各年我国经济情报研究涉及的文献数量和方法数量进行了统计。从图中可以看出涉及经济情报研究方法的文献数量和方法数量近20年来都是稳步提升，在2016年和2017年有较大涨幅，反映了我国经济发展迅猛，经济情报的研究和使用越来越受到重视。

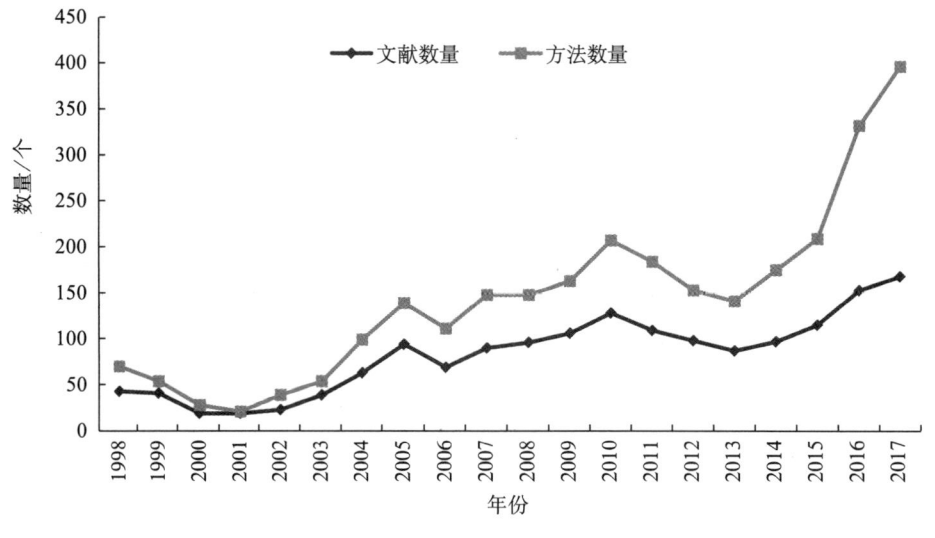

图11-3 各年总体分析

（2）各阶段总体分析

图11-4以绝对数量显示了在近20年期间，我国研究领域对经济情报各个阶段研究方法的涉入。从表11-1可以明显看出，我国对经济情报的研究不管是从文献数量还是方法数量上，都偏重于经济情报的分析领域。在整个经济情报的工作流程中，涉及经济情报分析研究方法文献数量占比51.96%，占比超过一半。其次是有关经济情报产品、经济情报采集阶段。虽然经济情报产品相关的研究文献占比22.15%，高于经济情报采集的12.85%，但从研究方法的数量比例上来看，二者较为接近，各占16.02%和15.95%，反映出经济情报采集阶段涉猎方法较产品阶段更为多样化。占比

第 11 章
特定领域的情报学研究方法体系——以我国经济情报研究为例

最小的是经济情报传播的研究方法，反映国内对于经济情报传播的研究方法涉猎较少。

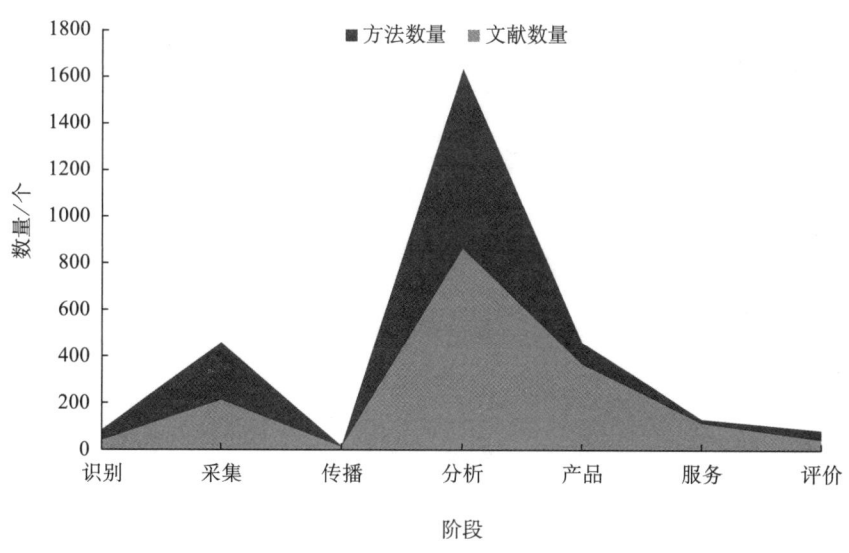

图 11-4　各阶段总体分析

11.5.3　各流程阶段的研究方法分析

（1）经济情报的识别

随着时代的发展，我们对各类经济情报数据的获取拥有了更广泛和便利的渠道，这些情报为企业的决策质量，乃至行业、国家经济的政策制定起到了重要作用。这些情报有：互联网的交易信息、交互数据，竞争对手的价格与市场表现，消费者的评价与偏好等；企业发布的财务数据、证券与投行公司定期发布的行业情报与数据等；政府网站不断公开的各类统计数据，包括行业运行数据、海关进出口、宏观经济运行、专利申报、企业信用等；财经媒体不断调研发布的商业情报，各类行业动态数据等；各类专业期刊、行业期刊、电子数据库随时产生的有价值的决策信息和情报等。那么如何从海量的数据中识别出最有价值的情报，抢占决策先机，提高企业的竞争力，方法显得格外重要。我们将数据集中经济情报的识别阶段所使用的方法进行筛选，并按方法条目的词频数统计排序，将占总方法数百分比前十的方法绘制数据图，如图 11-5 所示（后续每个阶段均如此）。从图中大体可以看出，我国经济情报识别阶段所采用的研究方法以定性的逻辑方法、社会学方法为主，数学方法占比不多。这反映了目前我国对经济情报的识别研究较为薄弱，方法也较为单一。

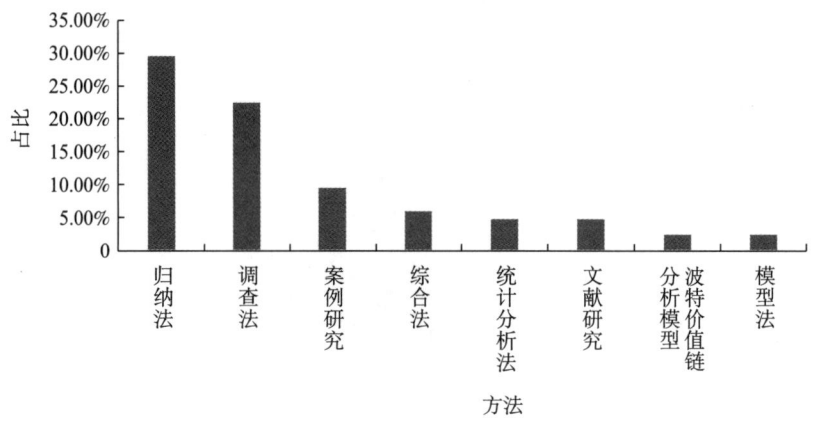

图11-5　经济情报识别研究方法

（2）经济情报的采集

经济情报采集过程的研究方法主要是研究情报采集的方法。经济情报采集渠道主要有两种：一是通过直接信息交流获取第一手信息；二是通过信息系统和一些二次文献来获取二手信息。从图11-6可以看出，在经济情报的采集方法中，常用的方法中占据主流的是调查法，调查法是获取经济情报的传统方法，也是十分重要的方法，往往通过口头、问卷、电话或网络等方式发放调查表采集数据，向被调查者了解市场情况和企业内部情况①。其次是网络采集、人际网络、文献研究、案例研究。本次研究中方法类目一共细分到三级，由于篇幅，无法全部显示，在此补充说明。经济情报所采用的主流调查法细分到三级类目，包括问卷调查、访谈调查、实地调查、展览会调查等。其中以问卷调查为主，占比大约44.3%。除了调查法，与其他领域情报采集方法不同的是，经济情报往往会通过非正式交流的方式来获取情报，如人际交流网络、展览会等。本次研究中发现，经济情报的采集尤其重视人际网络的采集方法。除此之外，对案例的研究、归纳统计分析也较为侧重。同时随着计算机和数据库的发展，经济情报的采集越来越趋向于由传统的调查法向自动网络采集、数据库采集和传感设备采集变化。

---

① 王瑞珍. 企业人力资源情报搜集的原则、过程和方法[C]//竞争情报创新与发展论文集. 郑州，2006：56-58.

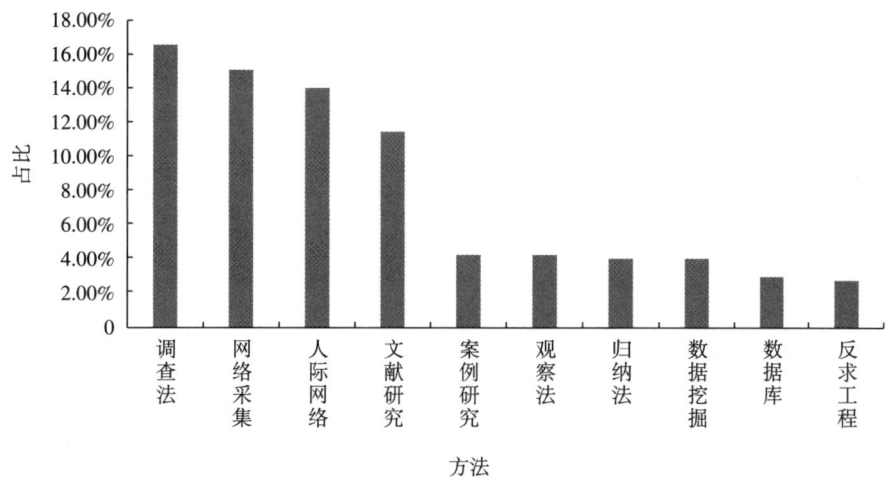

图 11-6　经济情报采集研究方法

(3) 经济情报的传播

经济情报传播主要研究企业之间情报的共享、合作，如何克服共享障碍，建立有效激励、互惠、信任及良好的现实和虚拟沟通渠道等，也涉及企业内容资源如何能够有效地进行知识传播。经济情报领域对于传播的研究方法涉及较少，主要以社会网络方法为主。图 11-7 中所出现的归纳法和案例研究多数是在理论和案例分析方面。

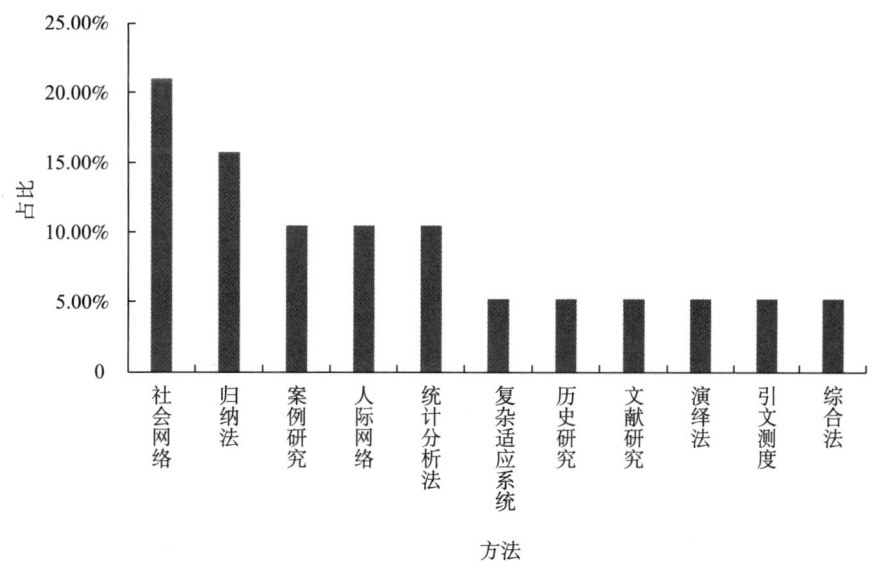

图 11-7　经济情报传播研究方法

(4) 经济情报的分析

获取到的数据或资料往往不能直接提供给决策者，须经过情报人员的分析研究才能成为有价值的情报，才能为管理者提供建设性建议。情报分析在经济情报领域中占据重要的地位，无论从涉及的文献数量还是方法数量都居首位。表11-2是将词频超过2次的方法进行列表显示。

表11-2 经济情报分析研究方法　　　　　　　　　　　　　　　　　　　　　单位：次

研究方法	出现频率	研究方法	出现频率	研究方法	出现频率
统计分析法	387	演绎法	19	层次分析法	4
文献研究	368	引文测度	19	费用效益分析法	4
知识图谱	108	波特价值链分析模型	14	数据库	4
案例研究	104	链接分析	14	信息评估	4
可视化方法	89	内容分析法	14	SECI模型法	3
专利分析	81	投入产出法	14	反求工程	3
归纳法	79	关键成功因素分析法	12	机会分析	3
共现网络	70	云计算	11	沙盘模拟	3
模型法	44	知识表示法	9	战略群组分析	3
社会网络	44	波特五力模型	7	德尔菲法	2
综合法	40	系统分析法	6	反竞争预警	2
比较法	38	被引聚类	5	回归分析法	2
数据挖掘	36	比率分析	5	竞争对手跟踪法	2
调查法	36	大数据	5	联机分析处理	2
SWOT法	32	计算机系统	5	盲点分析	2
定标比超	24	历史研究	5	神经网络	2
情景分析	20	生命周期分析法	5	网络采集	2
博弈分析	19	波士顿矩阵法	4		

从表11-2可以明显看出，在近20年中经济情报领域有关情报分析所采用的方法及对应的出现频率，频率超过300次的有统计分析法和文献研究。这也反映了对于经济情报，数据和文本的分析和挖掘同样重要。统计分析法中采用较多的包括等级排序法（占比44.72%）、聚类分析法（占比20.76%）、趋势外推法（占比8.82%）。文献研究与统计分析法共现的频率较高，说明在经济情报分析中对情报文献资料进行统计分析占据主流地位。

第11章
特定领域的情报学研究方法体系——以我国经济情报研究为例

表11-2反映出知识图谱、共现网络、可视化方法、专利分析及数据挖掘方法在经济情报的分析过程中占据重要的地位。同时也发现更多的学科方法进入经济情报分析的应用中，如博弈分析、沙盘模拟、神经网络等，但是有些方法（如大数据、云计算等）目前暂时停留在理论阶段，还缺乏相关应用研究。

（5）经济情报的产品和服务

图11-8反映了我国目前经济情报的产品绝大部分倾向于经济情报系统的研究和开发，其中也涉及采用数据挖掘、社会网络等新方法进行开发。图11-9反映出我国经济情报的服务根据情报分析的结果，为企业、行业提供决策依据。研究主题主要包括反竞争情报、情报预警、情报监测等。研究方法包括情报服务中用到的方法、对情报服务研究采用的方法。对情报服务的研究主要集中在两个方面：一是讨论具体的服务模式、服务手段；二是对目前经济情报服务面临的问题进行研究等。前者涉及较少，后者较多，因此采用的方法也多以案例研究、归纳为主。同时，新兴的RSS推送、战略咨询等方法也不断涌现。在具体的服务模式和手段上，研究方法包括反竞争预警、模型法等。

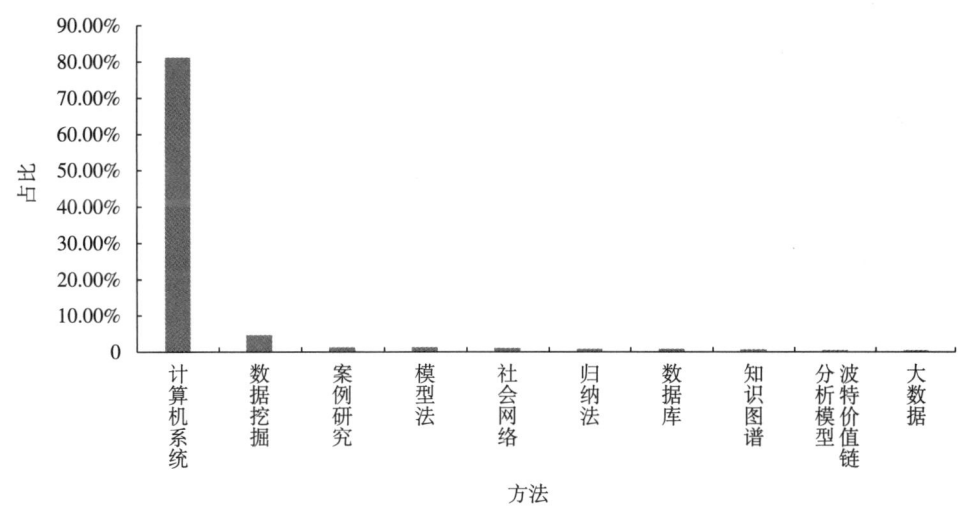

图11-8 经济情报产品研究方法

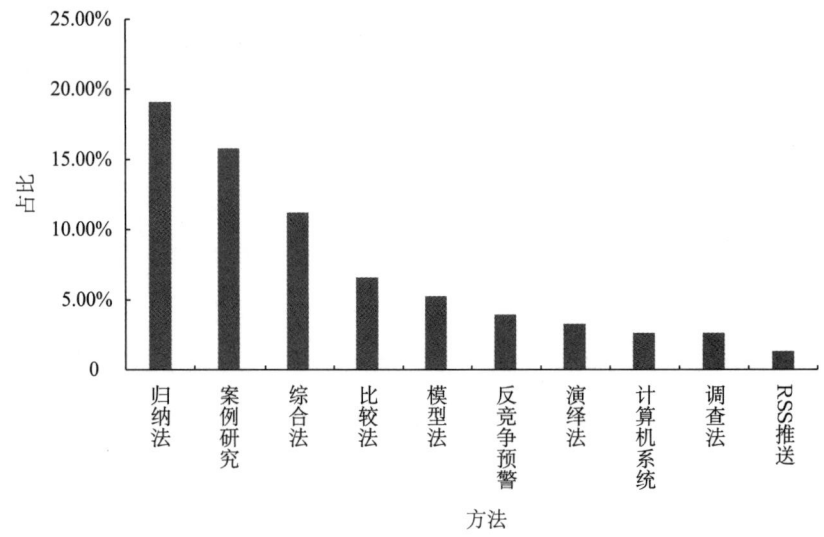

图 11-9 经济情报服务研究方法

(6) 经济情报的评价

经济情报的评价涵盖了大部分情报流程，评价内容包含情报信息源、情报能力、情报方法、情报效果等。从图 11-10 可以看出，我国经济情报评价的研究方法主要还是以传统的层次分析法为主，其次为模糊综合评价法及统计分析法。统计分析法中则以聚类分析、因子分析居多。同时，由于经济情报的特殊性质，技术经济领域的评价方法采用的也比较多，如投入产出法中的数据包络分析、费用效益分析法等。

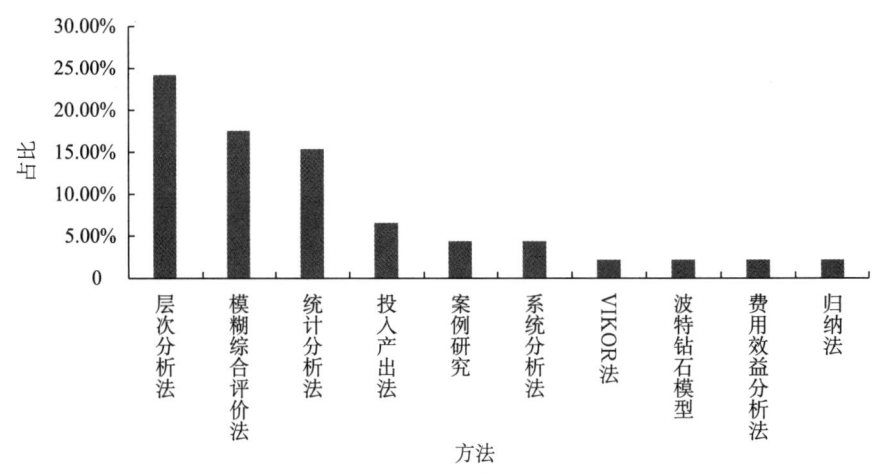

图 11-10 经济情报评价研究方法

11.6 面向时间角度的经济情报研究方法分析

我们将1998—2017年经济情报的研究方法按照每两年一个时间窗，对每个时间窗采用的研究方法进行统计排序后取其前10名，结果如表11-3所示。可以看出，近20年间经济情报的主流研究方法基本没有变化，如调查法、案例研究、统计分析法等。这些方法属于传统情报研究方法中常见的，也是易于实现的。同时也可看出，随着时间的变迁及各学科的发展和交融，越来越多的新兴方法不断加入，重要程度持续上升。如从2004年开始，数据挖掘方法成为经济情报分析研究的重要方法，其重要程度逐年上升。从2010年开始，云计算方法也有所涉及，虽然大部分文献的研究只能浅尝辄止，但是反映了云计算在经济情报研究领域不断受到重视。从2015年开始，知识图谱、共现网络及可视化方法一跃成为经济情报研究的主流，而这几种方法与文献研究密不可分。这一现象表明，传统的以数据为主的统计分析研究方法慢慢地转向了对文献资料、人际关系、社交网络等新主流情报定量和定性相结合的科学研究。

表11-3 各年度TOP10研究方法

序号	1998—1999年	2000—2001年	2002—2003年	2004—2005年	2006—2007年	2008—2009年	2010—2011年	2012—2013年	2014—2015年	2016—2017年
TOP1	归纳法	计算机系统	计算机系统	计算机系统	计算机系统	计算机系统	计算机系统	计算机系统	统计分析法	文献研究
TOP2	案例研究	调查法	文献研究	案例研究	专利分析	归纳法	统计分析法	统计分析法	文献研究	统计分析法
TOP3	计算机系统	案例研究	网络采集	归纳法	文献研究	统计分析法	文献研究	文献研究	计算机系统	知识图谱
TOP4	综合法	综合法	统计分析法	综合法	案例研究	调查法	人际网络	案例研究	案例研究	共现网络
TOP5	比较法	统计分析法	调查法	文献研究	统计分析法	数据挖掘	模型法	调查法	专利分析	可视化方法
TOP6	演绎法	文献研究	专利分析	调查法	人际网络	人际网络	调查法	归纳法	调查法	社会网络

续表

序号	1998—1999年	2000—2001年	2002—2003年	2004—2005年	2006—2007年	2008—2009年	2010—2011年	2012—2013年	2014—2015年	2016—2017年
TOP7	统计分析法	网络采集	案例研究	网络采集	数据挖掘	文献研究	归纳法	专利分析	归纳法	案例研究
TOP8	历史研究	归纳法	人际网络	数据挖掘	调查法	案例研究	案例研究	数据挖掘	知识图谱	计算机系统
TOP9	调查法	历史研究	定标比超	人际网络	综合法	网络采集	网络采集	共现网络	可视化方法	归纳法
TOP10	文献研究	情景分析	比较法	统计分析法	网络采集	模型法	云计算	社会网络	数据挖掘	调查法

11.7 本章小结

经济情报领域的研究涵盖了人文学科、心理学、经济学、管理学、数学、计算机科学等诸多领域，因此需要我们不仅对传统的科学研究方法有着较为深入的了解，也需要熟悉和掌握其他学科领域的研究方法；同时，研究发现经济情报领域对新方法、新技术极为敏感，总是在最快时间引入最新的方法和技术，如大数据、云计算、可视化分析、数据挖掘及语义处理等。

总体来说，目前国内对于经济情报方法做理论研究的偏多，实际应用研究偏少，并且在一些应用性的研究中，也只是对方法和模型的介绍、仿真和理论研究，与具体的行业、企业实例进行结合的实际应用较少。同时，情报学领域在对经济情报进行研究时，局限于情报本身的分析和研究，较少与企业运营管理和实际操作进行联系。伴随着不断发展的科技水平，情报学理论研究人员和情报工作人员都需要基于情报研究领域积累的相关理论和方法，把握住自身的优势，同时积极开拓视野，结合实际应用，推动情报研究的新发展。

第 12 章
大数据环境下情报学研究方法与技术体系构建

人类已进入大数据时代,据美国市场研究公司 IDC 统计,仅 2013 年一年,人类产生、复制和消费的数据量就已达到 4.4 ZB(约 4.4 万亿 GB)。而在过去的 3 年里,全球数据量以每年 58% 的速度快速增长。预计到 2020 年,全球数据总量将超过 40 ZB[①]。如果能充分利用这些数据,势必能从中挖掘出数据背后隐藏的规律,从而使其更好地为人类社会服务。但是如此巨大的数据对情报学的方法与技术又提出了新的要求。本章首先对大数据环境下社会科学研究的新特点,以及情报学研究方法与技术在应用上面临的新要求进行论证;其次从概念界定和研究思路两个方面勾画出大数据环境下情报学研究方法与技术的研究方向;最后从文献数据、Web 数据和综合传感器分析 3 个角度梳理了对应的情报学研究方法与技术及主要的应用研究过程。

12.1 大数据环境下社会科学研究的新特点

大数据产生于人类的社会活动,因此对其进行分析和挖掘,必定能够从中挖掘出不同类型社会活动的特点和规律,这对于国家各行业的发展能够起到巨大的指导和促进作用。然而这些数据体量之巨大已经超出了传统研究方法的处理范畴,因此也随之促进了社会科学研究的变革。围绕大数据的特点及相关技术,大数据环境下的社会科学研究具有如下 4 个新的特点。

---

① IDC. The digital universe of opportunities: rich data and the increasing value of the internet of things [EB/OL]. [2017-12-20]. https://www.emc.com/leadership/digital-universe/2014iview/executive-summary.htm.

（1）从业务问题研究转变为数据研究

社会科学研究关注的是人类的社会活动，一般是通过解决人类在社会活动中遇到的问题，或者总结人类社会活动的规律和特点，从而来促进人类社会的发展。因此，传统的社会科学研究通常以业务问题为出发点展开研究。而在信息化全面普及的大数据环境下，人类的大部分社会活动以各种不同类型的电子数据保存在各种信息存储媒体中。这些数据包括了人类社会活动的绝大部分信息，对这些信息进行分析和挖掘，不仅能够从中发现人类社会活动的问题，而且还能通过对数据背后揭示的人类社会活动规律的利用，来解决这些问题。这种主动发现问题并解决问题的研究模式，其覆盖面要远比单纯的业务问题观察和解决的研究模式要广且准确。因此，数据为大数据环境下社会科学研究的主要对象。

（2）从经验定性转变为以计算机技术为主的定量研究

社会科学研究的问题，通常由业务人员或科学家根据业务实践及经验判断总结提出，其研究问题的解决也多是以方案设计为主，而解决问题的方案是否可行，还需要投入到社会活动中去检验，这是典型的经验定性研究。而在大数据环境下，数据是研究的主要对象，而海量数据的组织、分析和挖掘等研究则必须要使用计算机技术来实现，这就使得社会科学的研究方式从经验定性研究转变成了定量研究。这种方式既可以消除传统研究方法的主观性，又可以通过数据分类、数据统计等计算机方法，将研究对象、研究过程和研究结果量化，从而提高社会科学研究的客观性和科学性。

（3）从数据抽样研究转变为数据整体研究

传统的社会科学研究在进行科学特点和规律研究时，由于受信息技术发展速度的限制，只能从研究业务中抽取一部分数据进行考察分析，并用这部分数据的特点和规律去推断总体业务的特点和规律。这种方法存在以偏概全的情况，是一种在原先大数据技术并未成熟推广的情况下不得已而为之的方法。而在目前大数据技术较为成熟的环境下，通过大数据平台和相关方法的应用，已经可以做到对业务全体数据的采集和分析，从而提高社会科学研究的全面性和准确性。

（4）从实证研究转变为规律探索研究

在大数据环境下，社会科学研究可以掌握所研究行业的全部数据，再应用大数据技术对这些数据进行分析，就可以直接从中挖掘出行业的活动和运作规律。这就直接跳过了"根据经验人为发现问题"和"设计解决方案进行实证研究"的步骤。这种大数据的研究方法，在计算机和大数据技术支持下，不仅远比传统的实证研究方法简单直接，而且更能全面揭示人类社会活动的规律。

12.2 大数据环境下情报学研究方法与技术的新要求

情报学作为社会科学的一类，其研究同样也面临上述 4 个特点。但与管理、历史等社会科学不同之处在于，情报学是信息技术应用较多的学科之一，其研究对象、研究方法和研究手段与所处时代的技术发展密切相关。大数据时代，为了应对大数据的海量、无序和低价值密度等特点，出现了一大批有别于传统方法的新型数据处理技术。这些技术的出现颠覆了传统的情报学研究方法与技术，为大数据环境下情报学研究方法与技术提出了新的要求。

（1）分布式计算驱动

大数据的海量、无序和低价值密度等特点使得针对大数据的计算任务变得极为繁重复杂，传统的集中式计算方法，受 CPU 主频、内存和硬盘容量等硬件的限制，在面对海量数据时往往捉襟见肘，极易达到计算瓶颈。因此能够集成多类计算资源、动态协调多态计算机、并发分配任务的分布式计算成为大数据处理的基本计算模式。分布式计算以集群为整体概念，一个集群由一个控制服务器和多个计算服务器组成，控制服务器负责分解和分配计算任务，协调计算服务器处理任务，计算服务器负责执行任务。这种计算模式具有高性能并发计算、动态可扩展和高容错性 3 个最显著的特点。分布式集群可以控制和协调多台计算机来共同处理一个任务，等于是组成了一台拥有超高性能 CPU 的超级计算机，而且其计算性能远超集群中的任何一台计算机，可以突破单台高性能服务器的计算瓶颈。这一特点就极好地解决了因数据体量大而带来的计算效率低下的问题。理论上，集群中的计算服务器数量是可以无限增加的，而且可以动态加入到集群中，随时参与任务的计算。在这一特点下，集群规模越大，计算性能就越高，对于同一个任务，计算所需的时间越少。在面对大数据爆炸式增长的环境下，通过增加计算服务器，可以不断地提高计算性能，使其能够适应不断增长的数据计算环境。同时，一旦集群中的计算服务器出现问题，负责控制的服务器会自动排除该机器，重新协调资源进行任务的分配和计算，因此一台计算服务器故障，并不会影响其他服务器的计算，这种高容错性保证了分布式计算的稳定性和可靠性。从这 3 个特点可知，分布式计算是进行大数据处理的最佳技术，所有的大数据处理只有在分布式计算环境下才能高效地展开。

(2) 采集来源和手段多样化

大数据研究是从海量数据中挖掘出背后的规律,因此所分析的数据应当是越全越好,这就要求研究人员应该尽可能地从多个方面去采集数据。大数据时代,互联网是数据产生和传播的主要媒介。在互联网的驱动下,计算机、智能手机、传感器等无时无刻在产生着各种类型的数据,其来源类型可如图 12-1 所示进行划分。

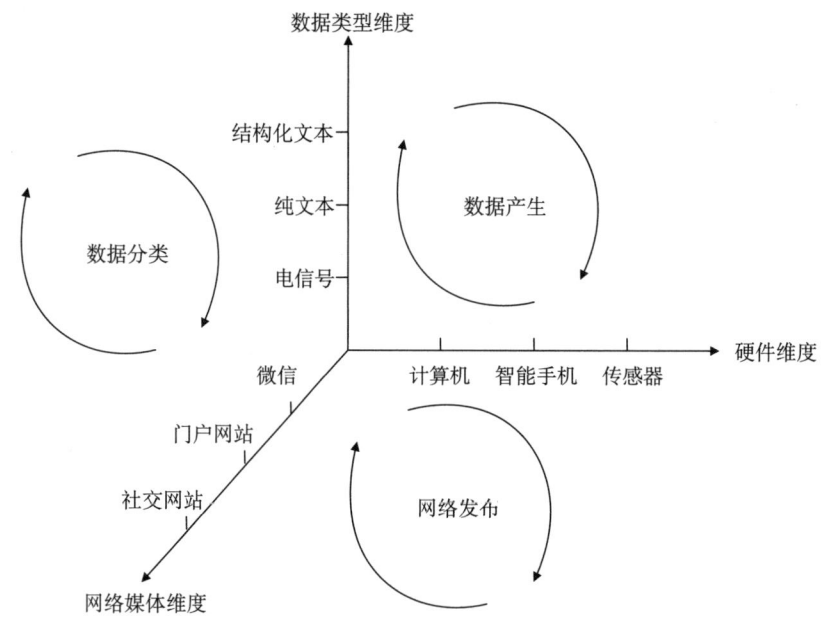

图 12-1 大数据环境下的数据来源多样性

如图 12-1 所示,大数据环境下,数据来源可按照 3 个维度进行划分:硬件维度一般是由自然人部署或操作发布,这一维度产生的数据类型,除了传感器是特殊的电信号之外,一般取决于网络媒体的组织方式。网络媒体维度则是直接面向用户的互联网应用,这类应用产生数据的类型取决于应用的开发商,总体可按照数据类型维度进行划分。虽然数据类型维度只划分了 3 类,但每一类都有自己的格式定义。尤其是结构化文本,不同应用所采用的结构不同,导致数据解析的方式就不同。而纯文本则属于非结构化数据,其解析难度更大。这 3 个维度两两组合形成了当前环境数据来源的多样性,而数据多样性的增加,也同样对应了采集手段的多样化。一般来说,网络爬虫是网络媒体维度的主要采集手段,而传感器数据则对应于物联网采集。因此,大数据环境下的数据采集应该是互联网和物联网相结合,并且从多个维度针对各种不同结构类型的数据开展。

(3) 非关系型数据库 (NoSQL) 管理为主

关系型数据库是情报学传统研究最主要的数据管理工具，目前的关系型数据库和纯文本文件依然可以存储大量数据，但是要通过 SQL 语句从数据库中查询数据，或者逐条读取文本文件中的数据，速度是最大的问题。如果最基本的数据获取都要耗费大量的时间，那很难想象情报分析工作可以顺利开展。因此，一种建立在分布式计算基础上的非关系型数据库 (NoSQL) 技术被提出。NoSQL 本质上是分布式计算的一种应用，在分布式计算框架下，将计算任务具体化为存储和读取任务，即分布式存储，NoSQL 也可以视为分布式存储的一种具体实现[1]。NoSQL 也是运行在一个分布式集群中，其数据由集群的控制服务器切割后，分散存储于集群中的各计算机中，这种模式就保证了数据在理论上可扩展的可能。此外，NoSQL 并不需要预先定义数据库表的结构，表中的每条记录都可能有不同的属性和格式，其数据集合具有类似稀疏矩阵的结构，在这种结构下，对数据的存储和检索变成了对矩阵的操作，这就突破了传统关系型数据库在存储和检索方面的局限性。因此，NoSQL 应是大数据环境下数据存储与管理的基本技术。

(4) 应用智能化

大数据之"大"，包含了相应行业的绝大部分信息，对这些信息进行分析，不仅可以发现行业存在的问题，还能够通过挖掘和利用这些数据背后蕴含的行业规律，来指导行业的发展，促进行业变革。要达到这一目的，大数据环境下，情报学研究就应以智能化为研究目标。这种智能化体现在研究方法与技术的智能化，以及情报应用服务的智能化。前者是指大数据环境下情报学的研究应该引入深度学习等人工智能方法，大数据是人工智能的基础和应用对象，应用人工智能方法和技术才能更为深刻、彻底地挖掘出大数据的价值。而后者则是指情报学的研究成果应该以极为简单的使用方式对用户开放。用户不需要知道该服务的计算和实现过程，仅需按照简单的规则使用服务即可。

12.3 大数据环境下情报学研究方法与技术体系的重构

上述两节对大数据环境下社会科学研究的新特点和情报学研究的新要求进行了论

---

[1] DEKA G C. BASE analysis of NoSQL database[J]. Future generation computer systems, 2015, 52: 13-21.

证，根据这些特点和要求，本节将构建一个面向大数据的情报学研究方法与技术体系，并以具有代表性的情报决策服务为例，描述该体系的应用方法和过程，并通过一个实际案例来论证体系的有效性。

12.3.1 概念界定

目前对于情报学研究方法与技术体系这一概念并没有明确的定义，甚至"方法与技术体系"这一提法在其他学科中也不多见。但是在现有的情报学研究中，"情报学体系"和"情报学学科体系"的提法较为常见。符福桓[1]认为情报学体系是研究客观情报现象及情报社会实践活动内在联系的各理论的总和。王知津等[2]指出情报学学科体系是情报学基本研究内容的组合，是揭示情报学基本对象诸要素间的相关关系及研究内容之间的应用规律。这两个定义中，理论组合和应用规律可视为体系的核心。因此，本书研究的面向大数据的情报学研究方法与技术体系，是在大数据环境下，以情报学基本思路为框架的情报学研究方法与技术的集合，同时还应体现出这些方法与技术的应用关系，以及该应用关系能够解决的问题。

12.3.2 大数据环境下情报学研究思路

根据上述对情报学研究演变的分析，大数据环境下的情报学研究应该是一门以数据为研究中心的科学，与数据科学相比，情报学研究侧重的是宏观的以解决实际问题为最终目标的数据处理流程的研究，而非微观的针对数据本身的技术性的研究。结合情报学传统的研究目的，以及大数据环境下扩展出的目的，新环境下情报学研究思路如图12-2所示。

从图12-2可以看出，大数据环境下情报学的研究思路，从总体上而言与传统思路类似。不同之处在于，大数据技术的发展从多个方面拓展了原先情报学的研究范畴，而与之对应的数据来源、采集、预处理、分析和服务方法也凸显出较为显著的数据技术特色。例如，网络舆情的热点统计，可以从系统日志、门户网站、论坛等网络媒体处，通过搜索引擎或网络爬虫等方式采集获取。在当前的网络环境下，这些类型的数据必然是海量的，而应用传统的情报学研究方法和技术，要处理这些数据显然是不太现实的。但

---

[1] 符福桓. 论情报学体系结构的形成、演化与发展研究[J]. 情报科学，2003，21（12）：2-8.
[2] 王知津，李赞梅，周鹏. 二十年以来我国情报学学科体系研究进展[J]. 图书馆，2012（1）：54-58.

第12章 大数据环境下情报学研究方法与技术体系构建

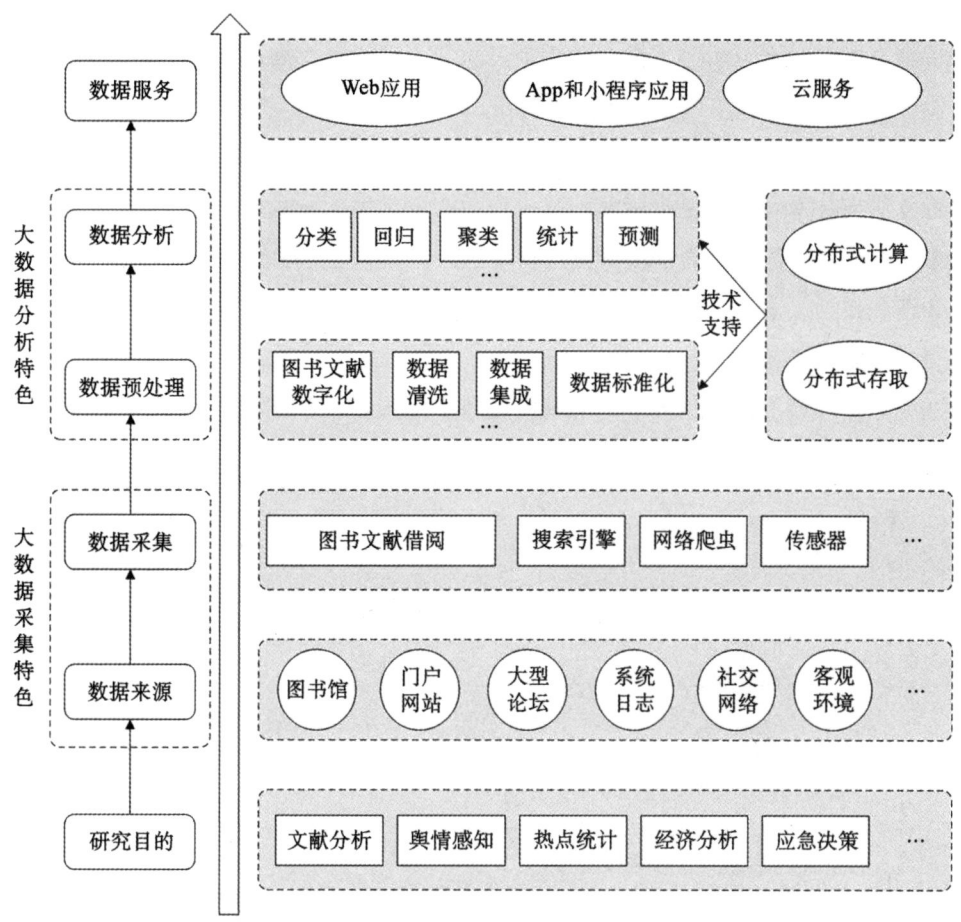

图 12-2 大数据环境下的情报学研究思路

大数据技术的出现，就使得原先的不可能变为可能。这也就使得在大数据技术的应用支撑下，情报学能够研究或解决的问题得到了较大范围的扩展。或者说，也正是在情报学研究思路的引导下，大数据技术才能得到更为广泛的实际应用。从这个角度而言，情报学的研究是应用技术去剖解实际问题，与计算机科学和单纯的数据科学相比，情报学关注的是如何解决问题，而不是如何去创造或改进技术本身。只是在大数据环境下，新时代情报学的研究以大数据为主要支撑技术，体现出了研究过程中的大数据特色。

12.3.3 面向大数据的情报学研究方法与技术

在上述研究思路下，本书对大数据环境下情报学研究的文献进行统计，最终根据数据分析的类型,将目前与大数据应用相关的情报学研究范畴进行整理归类,大致分为文献分析类、Web 数据分析类、综合分析类三大类①,分别代表了文献数据、Web 数据和综合传感器及 Web 数据的 3 类面向大数据的情报学研究。这 3 类研究在研究思路上大体一致,但是在不同的研究环节又涉及了不同的方法和技术,各具特色。此外,目前情报学界对方法与技术两个词说法莫衷一是,为了能清晰地勾画情报学研究方法与技术体系的关系,本书将方法界定为情报研究过程中解决问题的思想,而技术则是解决问题的经验、知识和技巧,表现为成熟的技术产品。每一类别对应的主要方法与技术分别如下。

(1) 文献分析类

在大数据环境下,文献分析主要是指对数字形式存在的图书、期刊、报刊、专利等公开发行的文字资料进行分析的工作,其代表性的研究范畴及其对应的方法与技术如表 12-1 所示。

表 12-1 文献分析类情报学研究方法与技术

研究范畴	内容	研究方法	应用技术
引文分析	对科学期刊、论文、著者等各种分析对象的引证与被引证现象进行分析[2]	数学及统计学的方法和比较、归纳、抽象、概括等逻辑方法	WoS 检索、CiteSpace、HistCite 等工具或基于大数据的程序
共现分析	对题名、作者、关键词等文献的特征项共同出现的现象进行的定量分析[3]	聚类分析法、关联分析法、词频分析法、知识图谱等	VOSviewer、BibExcel、Pajek、Neo4j 等工具或基于大数据的程序
期刊评价	从载文量、被引频次、他引率、影响因子等指标对期刊进行定量的统计分析,以量化评价期刊的科研绩效、成果和影响力[4]	设计不同的评价指标和体系,常见的有中文社会科学引文索引(CSSCI)、中国科学引文数据库(CSCD)等	具体实现技术与评价体系相关,并无通用工具

---

① 王曰芬,李冬琼,靳嘉林,等. 近十年图书情报领域的研究状况及其大数据时代的研究趋向[J]. 情报资料工作,2017(1):17-24.

② 吴朋民,陈挺,王小梅. Altmetrics 与引文指标相关性研究[J]. 数据分析与知识发现,2018,2(6):58-69.

③ 巴志超,李纲,朱世伟. 共现分析中的关键词选择与语义度量方法研究[J]. 情报学报,2016,35(2):197-207.

④ 马兰. 中国学术期刊评价体系对比研究[J]. 情报科学,2016,34(1):167-170.

文献分析的对象一般是结构化程度较高的数据，其研究重点在于整理数据、选择或设计研究方法，再应用合适的技术进行分析，其主要过程如图 12-3 所示。

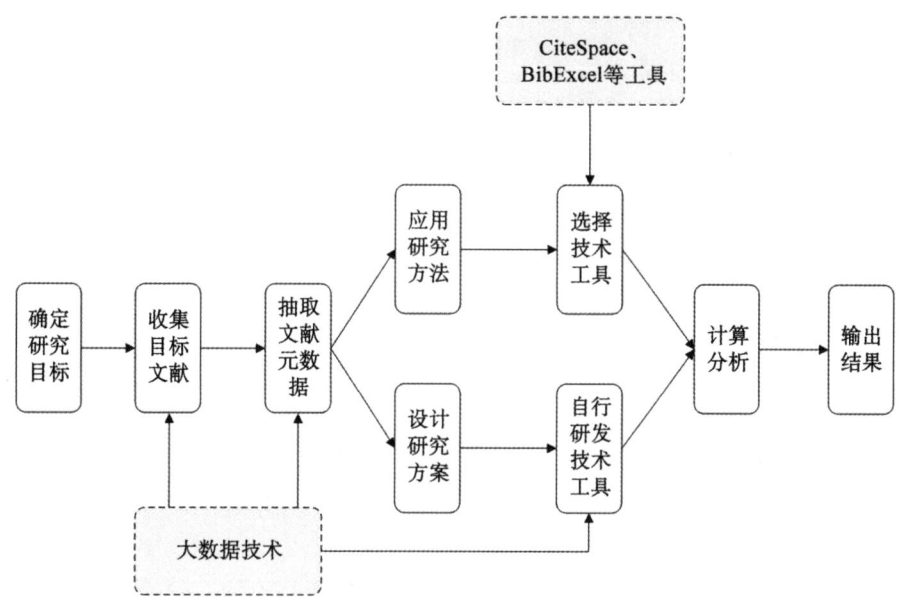

图 12-3 文献分析主要过程

文献分析是传统情报学研究的主要内容，从这一过程可以看出，在大数据环境下，其研究过程并没有发生实质性的改变。但是在文献收集和元数据抽取阶段，如果分析对象过大则有必要应用大数据技术进行处理。得到元数据后，再根据研究目标，查看是否有现成的方法和工具可以使用，这通常应用于常规性的引文分析和共现分析。而对于非常规指标的引文和共现分析及评价类分析，则需要自行研发技术工具，在这一环节，依然需要根据分析量的大小来选择是否需要应用大数据技术，以提高分析的效率。

（2）Web 数据分析类

Web 数据主要是存在于互联网上的，以 HTTP 形式访问和传输的数据。互联网应用至今天，Web 数据可以说充斥了人们生活的方方面面。因此，对 Web 数据进行分析利用，对于人们的学习、工作和生活必定会起到一定的指导作用。目前，Web 应用涉及面较广，本书选择了 5 种具有代表性的研究范畴，对情报学研究方法与技术进行论证，如表 12-2 所示。

表 12-2　Web 数据分析类情报学研究方法与技术

研究范畴	内容	研究方法	应用技术
时事热点分析	对互联网门户网站、论坛、微博中的新闻数据进行统计分析，发现热点新闻	聚类分析法、分类统计法、主题词统计法、词频统计法	Ntsyspc、SPSS、SAS、Minitab、Gauss 等成熟统计软件，R 语言、Python、Hadoop/MapReduce、Spark 等大数据技术（自行研发程序）
金融产品实时预测	对股票、贵金属、基金等历史价格数据进行分析，以预测下一时间点的价格走势[①]	深度学习方法、回归分析方法、时间序列预测法	TensorFlow、Caffe、Torch、Keras、MXNet、CNTK、Theano 等深度学习开发框架，Hadoop/MapReduce、Spark 等大数据技术（自行研发程序）
网络舆情监控	对互联网门户网站、论坛、微博、微信等媒体中的话题数据进行分析，识别其中的热点舆论	特征知识库建模方法、聚类分析法、特征词抽取、特征识别法、特征词统计法、新闻主题追踪法	Protégé、OWL 等本体建模技术，TRS 网络舆情监控系统、Kafka、Flume、Storm 等大数据实时采集和分析技术，Spark 离线分析技术（自行研发程序）
Web 用户行为分析	通过对微博、论坛、门户网站中 Web 系统用户的页面点击、停留时间、评论内容、评论频率等数据的分析，来总结某类用户的 Web 行为特征	Web 页面数据采集法、Web 页面文本解析法、Web 文本挖掘法	WordStat、TDA、RapidMiner、Tableau Public、OpenRefine 等大数据分析工具及框架或 Hadoop/MapReduce、Spark 等大数据技术（自行研发程序）
Web 系统运行分析	通过对 Web 系统日志的数据分析，来掌握系统的运行状况	系统日志分析法、文本挖掘法	EventLog Analyzer、EasyLog、ELK 等大数据日志分析框架或 Hadoop/MapReduce、Spark 等大数据技术（自行研发程序）

从表 12-2 可以看出，大数据环境下，Web 数据的分析在研究方法的指导下，一般通过两种技术方式开展。第一种是直接应用成熟的数据分析软件；第二种是自行搭建大数据技术平台，并编写相应的大数据分析程序。而不管是哪种方式，Web 数据的采集是一项重要的先导工作。关于 Web 数据采集，通常通过网络爬虫来实现，根据分析方式的不同，又分为实时采集和离线采集。其采集过程如图 12-4 所示。

---

① 沈斌，温涛. 基于贝叶斯最大似然估计的金融预测[J]. 统计与决策，2018，34（7）：85-88.

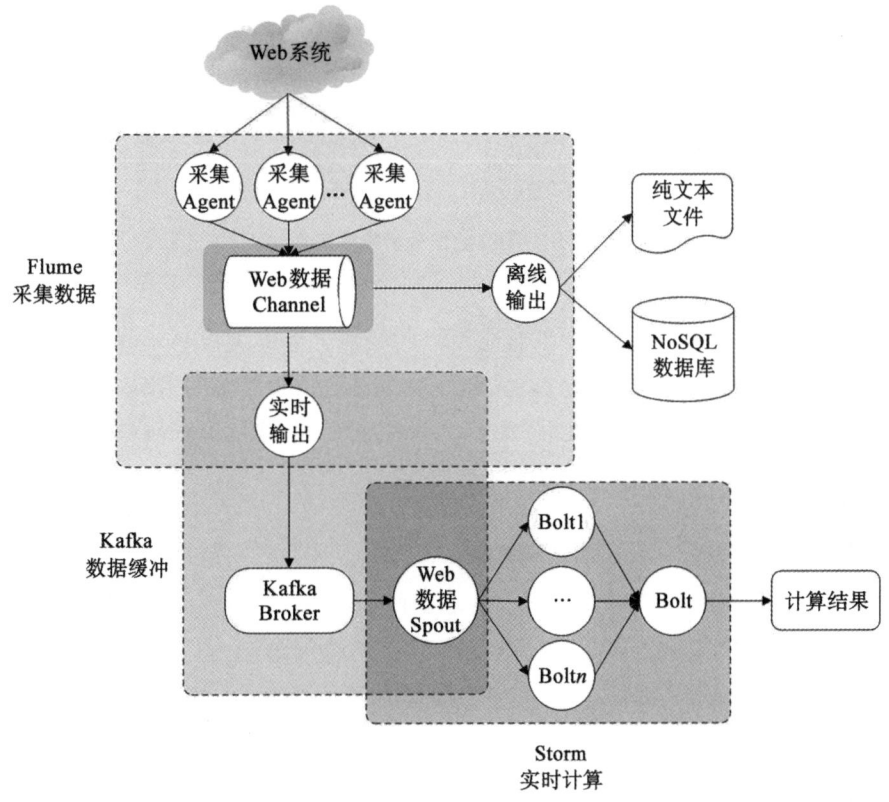

图 12-4 Web 大数据采集过程

图 12-4 所示为应用 Flume、Kafka 和 Storm 大数据开发框架搭建的数据采集过程，这是目前比较成熟和比较理想的 Web 大数据采集过程。该框架应用 Flume 进行 Web 数据的采集，对于采集后的数据，支持离线输出和实时输出。离线输出后的数据通常存入纯文本文件和 NoSQL 数据库中，而实时输出的数据则通过 Kafka 转换至实时数据流的方式与大数据实时框架 Storm 对接，进行实时计算。其中采集 Agent 即网络爬虫的一种，需要根据不同的采集目的自行编写。而 Storm 中的 Bolt 即实时分析程序，也需要根据研究目的自行编写，其余如 Channel、Broker、Spout 及离线输出等皆按照开发框架的技术规范配置即可。

采集到数据后，对于第一种分析方式，只需根据分析软件的规范，对数据进行格式化预处理后，加载至分析软件中，再调用相应的功能即可完成分析工作，如图 12-5 所示。

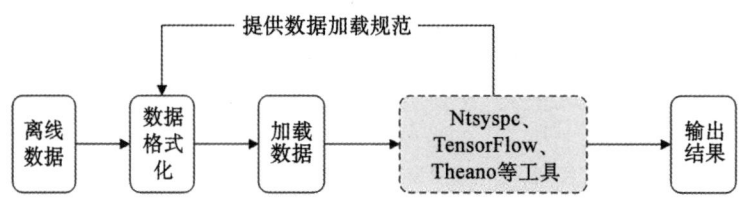

图 12-5　Web 数据分析软件应用过程

第二种方式则需要搭建大数据分析平台,并且在平台上编写对应的分析程序。目前 Spark 是比较理想的大数据分析平台,其计算效率要远高于经典的 Hadoop/MapReduce 大数据计算组合,并且其分析程序可以用 Scala、Java、Python 等多种语言编写,其应用过程如图 12-6 所示。

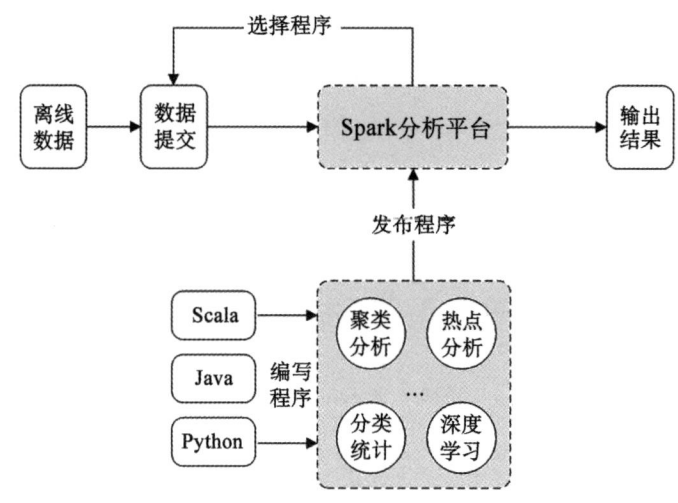

图 12-6　Spark 平台应用过程

在这一过程中,Spark 分析平台按照规范搭建即可,其集群规模越大,计算性能越高,根据能够利用的资源状况确定分布式计算节点的数量。Spark 平台中的分析程序,则需要自行编写,编写完成后按照规范发布至 Spark 平台中。发布成功后,分析人员选择需要的程序,提交数据即自动调用集群进行大数据计算。

结合上述两种方式,可以应对绝大部分 Web 数据分析的情报学应用场合。

(3) 综合分析类

综合分析类主要是指数据来源多样、异构、异质的情报分析场合。通常来说,数据来源不仅仅是图书文献和 Web 数据，还包括完全不同于前两者的传感器电信号数据，以及难以识别和处理的图像、视频等多媒体数据。本书选择了应急决策和智慧城市作为代表，其情报学方法和技术对应关系如表 12-3 所示。

表 12-3 综合分析类情报学研究方法与技术

研究范畴	内容	研究方法	应用技术
应急决策	通过传感器、互联网等手段对突发事件进行数据和分析，并结合知识库实现应急决策预案的自动生成[①]	案例分析法、知识表示法、知识抽取法、机器学习法、知识推理法	Protégé、Trilium 等知识库构建工具，Stanford NLP、DeepDive 等知识抽取工具，Jena、RDFox 等知识推理工具
智慧城市	通过对部署在城市交通、教育、农业、医疗等民生、公安、城市服务中的传感器、云服务等系统数据的采集和分析，来构建城市的智慧化应用体系[②]	结构化分析法、系统建模法、异构数据集成方法、数据的语义标注方法、数据挖掘方法、图像语音识别方法、机器学习方法	Restlet Web 服务开发框架，Kaa 物联网开发框架，Nimbus 云计算开发框架，NoSQL 非关系型数据库技术，Hadoop/MapReduce、Spark 等大数据技术（自行研发程序）

这类研究涉及的方法和技术较为丰富，其研究目的也不仅仅局限于数据分析，更侧重的是通过对数据的充分利用，从而创造一种新的应用模式，其应用过程远比文献分析和 Web 数据分析复杂。从目标来看，每一种应用模式，其实现细节大相径庭。但从数据处理的角度来看，其实现过程依然在图 12-2 所示的大数据环境下的情报学研究思路范围内。以突发应急决策为例，其总体的实现框架如图 12-7 所示。

从图 12-7 可以看出，这是一种多功能应用框架，该框架面对的数据类型复杂多样，而这也是应用技术解决实际问题时经常会面临的问题。但应用大数据环境下的情报学研究思路，则可以把该问题抽丝剥茧，逐层分解为数据来源、采集、预处理、分析和服务 5 个主要过程。在这些过程中，技术是解决诸多环节性问题的重要手段，而情报学的研究思路则是将技术按照一个最终目的串联起来的重要思想。

---

① 唐明伟，蒋勋，姚兴山. "互联网+"环境下面向公共安全的突发事件快速响应系统[J]. 情报科学，2016，34（11）：154-159.

② 姚乐，樊振佳，赖茂生. 政府开放数据与智慧城市建设的战略整合初探[J]. 图书情报工作，2013，57（13）：12-17，48.

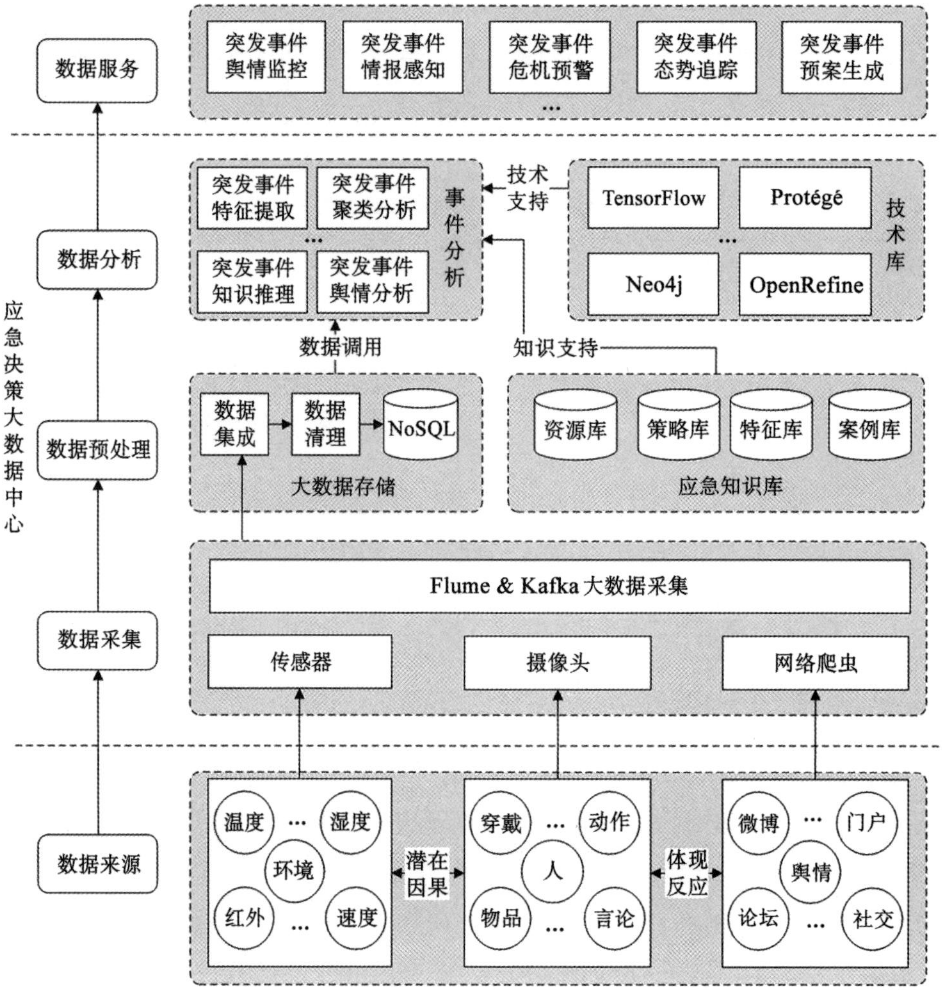

图 12-7 综合分析类：突发事件应急决策框架

12.4 本章小结

本章首先从研究问题、方式、方法和对象等方面探讨了大数据环境下情报学研究的演变，根据这些变化，从分布式计算、数据来源手段、非关系型数据库和应用方向等方面指出了大数据环境下情报学研究方法与技术的新要求。其次对情报学研究方法与技术体系进行了概念界定，并结合大数据引起的情报学研究演变和对情报学研究方法与技术的新要求，以数据来源、数据采集、数据预处理、数据分析和数据服务为主线，勾画了大数据环境下情报学的研究思路。最后在该思路指引下，针对不同的研究目的，从文献分析、Web数据分析和综合分析三方面梳理了大数据环境下情报学研究的方法与技术，并分别给出了这些方法和技术的应用过程，以此构建了大数据环境下的情报学研究方法与技术体系。本章的研究可为大数据时代情报学的研究提供方法、技术和过程参考。由于篇幅有限，本章所研究的内容并不全面，仅梳理了主流的、具有代表性的情报学研究方法与技术，同时大数据环境的多变性也要求该体系不断更新，才能体现出在方法和技术方面的参考作用。

附录1
学术论文全文研究方法句与研究方法实体标注规范

一、相关背景

科学发展的历史表明，任何一门学科的发展都离不开规范的研究方法的支撑，方法论对于一门学科的发展非常重要，有无专门的研究方法可以作为一门学科是否成熟的标志，图书情报学科同样如此。目前，图书情报学科研究方法的概括和表达具有很强的随意性，概念体系冗杂；同时，大数据环境酝酿了新的研究方法，急需更新已有的方法体系以促进学科顺应时代发展。因此，梳理已有的图书情报学科研究方法体系，并将其与大数据环境下的新方法进行整合，对于图书情报学科的健康发展及其在整个社会科学体系中学科地位的确立具有重要意义。

本书搜集和整理现有研究方法体系，并采用人工分析方法，发现部分新方法种子词，以构建研究方法人工标注体系，规范研究方法的标注标准。符合该标准标注的数据集规范性强、精确度高，能够弥补图书情报学科当前研究方法标注数据集的缺失问题，便于后续研究的开展。例如，最终生成规范、精确的人工标注数据集，为自动抽取模型提供数据以进行模型的训练。

二、基本概念界定

（一）研究方法

方法是关于解决思想、说话、行动等问题的门径、程序等，是一种具体的和散在的"技术手段"和理论"媒介"。其中，研究方法是关于解决应用领域问题的方法、工具、手段、技术和方案。

（二）研究方法句

研究方法句是指与研究方法相关的句子。本书将研究方法句分为两种类型，分别是"目标文本使用方法句"和"目标文本引用方法句"。

"目标文本使用方法句"是指包含目标文本中使用到的方法的句子。"目标文本引用方法句"是指目标文本中引用其他工作中使用到的方法的句子。

（三）研究方法实体

研究方法实体是一类名词短语，包括研究中用到的框架、模型、算法、函数、数据集、语料、工具或平台等。该名词短语代表目标文本中使用到的研究方法。

（四）标注任务

假设有一篇文本P，P为需标注的目标文本。标注任务分为两个子任务，首先需在P中标注方法句。在方法句标注的基础上，进行方法实体的标注。例如，对于句子"结合社会网络分析和多元统计分析方法，以通信技术领域为例，利用专利分类号的共现网络进行中心度分析，识别出相关领域关键技术，进一步采用多元统计的主成分分析，计算出各企业的因子及核心综合技术得分"，经人工判断，该句是方法句，且经过上下文语境得知，该句阐述的是当前文章中用到的方法，则将其标为"1"，即本文用到的方法。在标为"1"（本文用到的方法）的句子中，进一步进行方法实体的标注，还以该句为例，其中"社会网络分析""多元统计分析""共现网络""中心度分析"，将这4个短语标为方法实体。具体标注样式将在下文给出。

三、具体标注原则

（一）方法句判别标准

1. 目标文本使用方法句判别标准

（1）句子中包含目标文本所使用的研究方法的句子

典型例子如下：

① "本文以图书情报学期刊为例，运用社会网络分析方法（SNA），解析连锁编委网络的结构和性质，找出网络中的核心子群并进行相关特征分析。"该句表明本文运用了"社会网络分析"方法，比较明显地表明了该句属于目标文本所使用的方法的句子。

② "本文以直接引用文献间的信息传递关系为基础，利用信息熵构建了反映领域知识演变转折的指标。"同样地，该句表明目标文本使用了"信息熵"，也属于目标文本所使用的方法的句子。

(2)句子中包含目标文本所使用的研究方法和研究方法所需解决问题的句子

典型例子如下：

①"利用社会网络的结构分析思想，对标签网络结构进行量化分析。"其中，"社会网络"是目标文本所使用的研究方法，"量化分析"是该研究方法所需解决的问题。因此，该句子应标注为"目标文本使用方法句"。

②"本文的研究将利用基于监督机器学习的数据挖掘方法从社交网络的海量数据中挖掘可行的分类模型，用以自动区分用户与其网上朋友之间社交关系的强度。"同理，该句也应标注为目标文本所使用的方法句。

(3)句子中包含目标文本所使用的研究方法的句子，但该研究方法不是具体的名词短语，而是一种简短的描述

典型例子如下：

"具体计算方法是将标签的所有连接边的权重相加聚集起来，因此标签 t_i 的加权点度中心度为：其中，w_{ij} 为标签 t_i、标签 t_j 之间连接边权重，$Set(t_i)$ 为标签 t_i 的连接标签集合。"其中，"将标签的所有连接边的权重相加聚集起来"是方法的简短描述。因此，该句子应标注为"目标文本使用方法句"。

2. 目标文本引用方法句判别标准

(1)句子中包含除目标文本外其他人工作的研究方法的句子

典型例子如下：

①"基于聚类的推荐方法中，将单个独立的标签进行聚类处理。"其中，"聚类"是其他工作所使用的研究方法。因此，该句子应标注为"目标文本引用方法句"。

②"Itlinois 大学 Leetaru[17]利用西方情报机构收集的全球 30 年互联网新闻档案和广播档案，按时间顺序制成一个新闻语料库，运用情感挖掘和全文地理编码技术提取语料库中潜在的语气基调和地理位置，进行动荡预测和冲突预警。"该句为目标文本所引用的他人研究的方法句子描述。

(2)句子中包含除目标文本外其他人工作中所使用的研究方法和研究方法所需解决的问题的句子

典型例子如下：

"基于标签的个性化推荐系统一般利用标签来表示用户兴趣模型。"其中，"标签"是其他工作所使用的研究方法，是一种工具。"表示用户兴趣模型"是该研究方法所需解决的问题。因此，该句子应标注为"目标文本引用方法句"。

(3) 句子中包含除目标文本外其他人工作中所使用的研究方法的句子，但该研究方法不是具体的名词短语，而是一种简短的描述。

典型例子如下：

"在传统的社会网络分析方法中，程度中心性的点度中心度的一种最为常见的计算方法是计算网络中其他节点与该节点的连接线条数。"其中，"计算网络中其他节点与该节点的连接线条数"是方法的简短描述。同时，该句子是描述传统工作中的方法，而非目标文本使用的方法。因此，该句子应标注为"目标文本引用方法句"。

3. 非方法句判别标准

非方法句是不包含研究方法的句子，是文本中除"目标文本使用方法句"和"目标文本引用方法句"以外的摘要和正文中的全部句子。

(二) 研究方法实体判别标准

在本书中，限定方法实体是出现在"目标文本使用方法句"中的研究方法名词短语。例如，在句子"利用社会网络的结构分析思想，对标签网络结构进行量化分析"中，"社会网络"是研究方法短语，因此，将"社会网络"标注为研究方法实体。

总体来说，应视具体情况来确定方法实体边界，应保证所标注的方法实体不能过于宽泛，应有确切含义。

(1) 对于类似"基于……的……方法/模型"这种方法句，应对"基于……的……方法/模型"进行标注

典型例子如下：

① "本文在进行词语的相似度计算时，主要利用<m>基于语义词典的相似度计算方法</m>，并以<m>词形相似度计算方法</m>作为辅助。"

② "本文针对粗分类数据中的<m>噪声修正算法</m>，提出了<m>基于模块度增量判断噪声数据的改进算法</m>，较显著地提高了算法效率。"

③ "借助自编程序，采用<m>基于领域期刊的h指数统计法</m>批量分别统计了同一时间段内为<m>CSSCI</m>数据库收录的20种图情核心期刊和73种图情专业期刊全部作者的h指数。"

(2) 对于过于宽泛的方法，不予以标注

典型例子如下：

① "作者与河北省科学技术情报研究院共同组织实施了到保定国家高新技术开发区关于风能产业竞争情报需求的调研。"这里，虽然"调研"是一种方法，但这里的"调

研"过于宽泛。

②"通过对政策文本的细分和编码，项目指南文本中的定性化描述内容被转化成为可以计量的政策单元组合，对其进行多角度的统计分析后，能够直观地表现出 A 基金管理机构在项目指南中所采用的政策举措分布情况。"这里的"统计分析"含义也过于宽泛，不予标注。

③"同时，通过<m>文献调研法</m>及第五届脑机接口会议所提及的未来展望对识别结果进行了验证，证明对领域专利进行<m>引文分析</m>可获得该领域的研究前沿。"这里的"文献调研"表明了具体的调研方法，就予以标注。

（3）对于方法实体后括号中的说明内容，若说明内容是别称等就标注，若是其补充说明，就不标注，只要是主流的方法，都予以标注，视具体情况而定

典型例子如下：

①"本文以图书情报学期刊为例，运用<m>社会网络分析</m>方法（<m>SNA</m>），解析连锁编委网络的结构和性质，找出网络中的核心子群并进行<m>相关特征分析</m>。"

②"本文采用<m>聚合效度</m>（<m>convergent validity</m>）以及<m>区分效度<m>（</m>discriminant validity）</m>共同检验数据的有效性。"

③"本研究利用<m>自回归分布滞后模型</m>（<m>AutoRegressive Distributed Lag model</m>，<m>ARDL</m>）研究 2000—2017 年美国人工智能领域的国家资助基金项目数量和学术论文发文量之间的影响时间分布及其时间滞后关系，构建基金项目和论文的<m>扩散滞后模型</m>，利用<m>ARDL 模型</m>定量分析探索基金项目和学术论文的滞后效应，具体地，基于美国资助的基金项目数量和学术论文发文量构建关联序列数据，利用<m>ARDL 模型</m>描述两者滞后 1~5 年的回归关系。"

（4）对于类似"本文选择……为研究对象""依据专家……""调研……用户"等，均不对研究对象进行标注。虽然这些表明了研究的数据来源，但是如果没有表明具体出处的，如仅仅提及"专家""用户"这种比较宽泛的字眼的，不予标注。如果是表明具体出处的，应予以标注

典型例子如下：

①"为了进一步了解蘑菇街的知识共享情况，本文邀请 5 位专家和根据本文所构建的虚拟社区知识共享水平的测度指标对其知识共享水平进行全面的评价，每位专家给出的评价信息如表 5 所示。"虽然这里"专家"是研究数据的来源，但是由于其不具有具

体方法含义，所以不予标注。

②"本研究以<m>国内SNS用户</m>为数据采样样本，通过<m>问卷调查</m>的方法进行数据收集，进而对研究模型实证检验。"这句表明了用户为国内SNS平台上的用户，应将"国内SNS用户"标注为方法实体。

（5）对研究中用到的数据库，应予以标注

典型例子如下：

①"具体数据来源为<m>CNKI</m>期刊数据库，时间跨度为2000~2013年，核心期刊的选择方式为：在CNKI所提供文献来源页面中，选择'核心期刊'选项下'第三编'中的'图书馆学，情报学'类别，最终得到19种期刊。"

②"本文在求解OPTLNM时采用的实证数据为2006年被<m>Web of Science</m>（<m>WoS</m>）的<m>SCIE</m>和<m>SSCI</m>收录的文献类型为'article'的论文。"

（6）一个短语中包含多个方法实体的，要分开标

典型例子如下：

"该模型利用PHP + AD0 + SQL server2000技术开发"一句中，应标为"该模型利用<m>PHP</m> + <m>AD0</m> + <m>SQL server2000</m>技术开发"。

（7）对于同一个方法实体，若在一句话中被提到多次，只标注明确使用的那一次

典型例子如下：

①"SVM方法对分类超平面附近的样本分类精度较低，因此本文对这部分样本用<m>KNN</m>进行分类，KNN（K nearest neighbors，K近邻）算法[9]是另外一种具有很好分类性能的分类器，所以结合<m>SVM</m>和KNN，对样本在空间的不同分布使用不同的分类方法可以取得比单独使用SVM更好的分类效果[10]。"依据上下文，这句中第一次出现的"KNN"属于被使用的方法实体，而第二次出现的"KNN"是对该模型的解释，不予标注。

②"具体地说，当测试样本与SVM最优超平面的距离大于给定的阈值时使用<m>SVM</m>分类，否则使用<m>KNN</m>，在使用KNN时以每类的所有支持向量作为其训练样本。"类似地，这里第一次出现的"SVM"不是出现在方法使用的语境中，不予标注。

（8）对于"方法"这种出现在方法短语中的字眼，因其含义过于宽泛，且不连同标注，也可以表现具体方法实体含义的，应不将其标进方法实体中

典型例子如下：

①"基于<m>TFIDF</m>新的<m>文本相似度计算</m>方法"一句中，"方法"不连同标注，因为其过于宽泛。

②"基于句子相似度，采用<m>文本分割</m>技术将文本分为多个关于子主题的句子包，通过句子关系图对这些句子包进行主题句提取。"同样地，这里"文本分割"已经确切表达了方法实体含义，所以无需将"技术"标进方法实体。

（9）对于有些方法短语不能精准表示所用具体方法的，应适当扩大其标注边界

典型例子如下：

①"最后，通过<m>认知偏好的分组测试</m>，进一步地获取不同认知偏好用户对知识推荐服务接受的具体差异表现"这类方法句，若只标注"分组测试"则表现不了其具体含义，因此应连同前面的修饰一起标注。

②"结合<m>社会网络分析</m>和<m>多元统计分析</m>方法，以通信技术领域为例，利用专利分类号的<m>共现网络</m>进行<m>中心度分析</m>，识别出相关领域关键技术，进一步采用多元统计的<m>主成分分析</m>，计算出各企业的因子及核心综合技术得分。"这句中，"统计分析"单独表示的方法太过宽泛，所以连同前面的修饰"多元"一起标注。

四、标注规则

为方便标注，本文将目标文本根据分句符"。""？""！""……"进行句子划分。以句子为单位导入到 Excel 中。在 Excel 中，每一行代表一个句子。

（一）研究方法句标注

方法句标注分为两类：方法句和非方法句。其中，方法句分为两类：目标文本使用方法句和目标文本引用方法句。具体标注方式如附表1-1所示。

附表1-1 研究方法句标注方式

句子分类	子分类	定义	标注方式
研究方法句	目标文本使用方法句	当前文本中自己使用到的方法的句子	1
	目标文本引用方法句	当前文本中引用其他人工作中使用到的方法的句子	2
非研究方法句	无	非目标文本使用方法句且非目标文本引用方法句	0

附录1
学术论文全文研究方法句与研究方法实体标注规范

非研究方法句使用"0"表示，研究方法句中的"目标文本使用方法句"使用"1"表示，研究方法句中的"目标文本引用方法句"使用"2"表示。具体的标注样例如附表1-2所示。附表1-2是在Excel中的标注格式，其中第一列为句子标签，第二列为句子内容。

附表1-2 各个类型句子的样例

标签	句子样例
0	"由于'连锁编委'（Inter Locking Edit or Ship）现象的存在，期刊的编委会成员之间存在共现现象"
1	"本文以此为切入点，构建了图书情报学CSSCI来源期刊编委共现网络结构矩阵模型，并运用社会网络分析方法中的K. cores分析、核心—边缘结构（Core-Periphery）分析和点度中心度指标分别从网络整体、局部和节点的角度对共现网络进行分析，找到核心子群"
2	"D. D. Price最早应用引文网络关系来探测领域知识变化，他将一个领域最近的知识变化称为研究前沿"

（二）研究方法实体标注

在"目标文本使用方法句"中进行方法实体的标注。研究方法实体是指表示目标文本使用方法的名词短语。研究方法实体标注方法如附表1-3所示，社会网络分析方法是研究方法的名词短语，使用标签<m>标注该名词短语的开头，使用标签</m>标注该名词短语的结尾。

附表1-3 研究方法实体标注方式

句子分类	定义	标注方式
方法实体	表示目标文本中使用的方法的名词短语	利用<m>社会网络分析方法</m>进行分析

具体标注格式如附表1-4所示，该句子为"目标文本使用方法句"（标签为1），且经观察该句子中包含表明研究方法的短语"社会网络分析""核心—边缘（Core-Periphery）结构分析"及"核心—边缘结构矩阵模型"，则在这3个代表方法实体的短语开头和结尾分别标注标签<m>和</m>。

附表1-4 研究方法实体标注格式

论文编号	标注方式
QBXB-2014-5-2.xls	而运用<m>社会网络分析</m>中的<m>核心—边缘（Core-Periphery）结构分析</m>模块，可以通过构建<m>核心—边缘结构矩阵模型</m>，离析出网络结构中的核心群体

附录2 研究方法句标注样例

附表2-1 研究方法句标注样例

序号	句子内容	类别
1	社会网络分析方法（Social Network Analysis，SNA）是对社会网络结构及其动态演化过程进行系统研究的理论及方法	0
2	格兰特维特曾说过"社会网络分析方法能够帮助企业管理者理解和预测经济产出"	0
3	企业的技术创新过程是一个多重关系交互作用的过程，这种关系既可以是企业间的合作研发关系，也可以是企业间的知识流动关系，抑或者是产业链上下游企业间的互惠关系等	0
4	采用单一关系视角的分析，会对整个企业创新网络结构理解不完整，而采用多重关系视角的综合分析则能够更全面地解释企业技术竞争优势的形成以及动态演化的成因	0
5	企业竞争优势是指企业在市场竞争中体现出来的区别于其他竞争对手的某种或多种特质，是企业引进变革或创新战略设计的前提	0
6	企业竞争力与企业竞争优势有所区别，前者是"内涵"的竞争力，显示的是社会组织所具有的竞争能力，是一种实力的反映；后者是"外显"的竞争力，体现社会组织所具有的竞争地位，是一种优势的反映	0
7	企业技术竞争力可表现为技术创新竞争力、技术垄断竞争力和技术利用竞争力三个方面	0
8	相应地，企业技术竞争优势也体现在三个方面：技术创新优势、技术垄断优势、技术利用优势	0
9	目前，对于企业技术竞争网络存在一种误解，即将技术创新网络或技术竞争网络等同于企业技术合作网络	0
10	企业创新网络是企业所有创新关系的总和，合作关系只是整个企业创新网络构成要素的一部分	0

续表

序号	句子内容	类别
11	在以互联网上的开放存取（Open Access，OA）期刊论文为信息源创建数字资源库时，如何根据OA期刊论文的PDF文档，快速、高质量地提取论文的元数据是实现数字资源库自动生成的关键	0
12	论文的元数据通常包括标题、作者、摘要和关键字等信息	0
13	利用元数据对数字资源库中的OA期刊论文进行组织和管理，可以提高论文检索的准确性和快捷性	0
14	元数据的自动提取是当前图书馆数字资源建设中的热点研究问题	0
15	基于规则的方法需要事先构造提取规则集，利用这些规则从文档中提取元数据	0
16	但是该方法需要预先人工设计提取规则，并且要求规则编制人员对应用领域有深入的了解，如果提取目标发生变化就会出现规则不适应的情况，因此适应性较差	0
17	基于机器学习的方法通过大量的训练样本来训练机器学习算法，经过训练后的算法能够自动处理新的文档	0
18	通过设置时间段和文档数阈值动态更新训练集，利用更新后的训练集重新训练三种统计学习方法，实现三种提取模型的动态更新	0
19	隐马尔可夫模型（Hidden Markov Model，HMM）包含两层：可观察层和隐藏层	0
20	可观察层是待识别的观察序列，隐藏层是一个马尔可夫过程，其中每个状态转移都带有转移概率	0
21	本文对概率主题模型LDA（Latent Dirichlet Allocation）进行了扩展，使其适合中文微博短文本的处理，并利用LDA建模结果对微博主题进行演化分析	1
22	下面将通过一个实证分析验证该模型是否适用于企业技术竞争优势评价	1
23	为了研究微博主题的演化规律，在对语料库进行LDA建模时，采用滑动窗口技术，把文本流划分成一个个时间片，然后按时间片对微博文本进行建模，各时间片内的文档数目可以不同，不同时间片内的文档也可以重复	1
24	本文选用吉布斯抽样方法推断LDA模型的参数	1
25	由于两个主题的语义是相互关联的，即具有对称性，所以考虑到KL差分的不对称性，本文中使用JS（Jensen-Shannon）距离进行主题相似度的度量	1
26	本文数据集来自于新浪微博，虽然新浪微博平台具有开放式应用编程接口API，但目前使用API有一定的限制，因此本文结合火狐浏览器的两个插件工具DataScraper和MetaStudio来获取新浪微博的数据	1

附录2
研究方法句标注样例

续表

序号	句子内容	类别
27	该实验将语料库中的微博信息通过中科院 ICTCLAS 分词系统分词后,保留了动词与名词,并进行了词频统计	1
28	首先,提取论文首部的特征,利用已标注的数据集对 HMM、SVM 和 CRF 三种统计学习方法进行训练,生成相应的元数据提取模型	1
29	为了提高论文元数提取精度以及改善统计学习方法的适应性,在已有统计学习方法的基础上,本文提出了一种基于度量级融合的论文元数据提取方法	1
30	首先对 HMM、SVM 和 CRF 进行后验概率建模,然后根据贝叶斯判决理论给出和规则的推导过程,最后利用和规则实现论文元数据提取结果的融合决策	1
31	首先,利用开源工具 PDFBOX 将 PDF 格式论文的首页转换为文本格式;然后,采用正则表达式去掉文本中的冗余信息(例如,出版日期、期刊名称、刊号、作者详细信息、url 和 Email 等),生成目标信息	1
32	利用 HMM 模型实现论文元数据提取时,利用文本分块的方法将论文头部经预处理粗分块后,再按行进行细分块,每块表示一个状态	1
33	根据分类结果,利用某块的前后 2 块建立该块的新特征,对原特征向量进行修改,然后用迭代的 SVM 分类器对修改后的特征向量重新进行分类	1
34	经过特征选取和分类器训练后,对文本行序列应用一对多的 SVM 多分类器得到得分序列,然后利用 Sigmoid 函数将 SVM 多分类器的输出距离转换为相应的后验概率	1
35	然后对训练文本进行分块预处理,将已分块的文本分别进行状态标记,采用 L-BFGS(Limited-memorycBFGS)算法从标注好的训练集学习 CRF 模型的参数	1
36	其中,数据集 S 和 F 的分配采取十字交叉验证方式,即 9 份作为训练集,1 份作为测试集	1
37	为了进一步验证 PMEAMF 的有效性,利用数据集 F,采用 H 次 J 折交叉验证将 PMEAMF 分别与上述四种方法进行对比,实验结果见表 2	1
38	基于 HMM、SVM 和 CRF 三种统计学习方法,提出了一种基于度量级融合的论文元数据提取框架	1
39	为了融合多种提取方法的提取结果,提出了一种基于和规则(Sum Rule)的度量级融合决策方法	1
40	本文采用《德温特专利创新索引数据库》为数据源,对电动汽车领域的核心专利进行专利共引分析,采用层次聚类和多维尺度分析方法对 1990—2007 年期间的电动汽车的核心技术领域进行挖掘	1

续表

序号	句子内容	类别
41	David L. Baker[6]采用内容分析的方法对几个主要的可用性指南网站，从导航、在线帮助、可访问性等维度进行了政府网站可用性测评指标的提取和对比	2
42	Stowers[7]也通过专家访谈的方法提出了组成电子政务网站可用性的几个维度："用户帮助"、"在线服务"以及"搜索与导航"等	2
43	如一些学者采用自动化的工具对政府网站进行测试，Ellison等[9]借助Bobby软件等工具对美国白宫的政府网站进行了可用性的相关测试，并通过测试发现其中的一些阻碍用户正常访问的错误	2
44	李广建等[10]在对国内外网站可访问性的法规与标准以及相关评价研究进行综述的基础上，利用Achecker在线软件工具对4个公认的世界城市和我国北京、上海的政府网站进行基于WCAG 2.0（网站内容可用性指南）级别A标准的可访问性检测	2
45	学者们采用社会网络分析方法对于基于不同关系的专利网络进行了较为广泛的探讨，Morris将文献计量中的基础关系类型分为五类：引用关系类型、共现关系类型、合作关系类型、共词关系类型、相似关系类型	2
46	Boyack比较了直接引用、文献耦合、文献同被引以及引文-文本综合方法四种关系，而通过引文-文本综合的方法则能够进一步促进技术前沿领域分析的精度[27]	2
47	Yan比较了直接引用、文献耦合、文献同被引、主题共现、作者合作、共词六种关系的差异，在整合六种关系的基础上提出了应该采用多重（Hybrid）的网络分析方法来分析研究中的交互现象以及学术沟通境况[28]	2
48	例如，Seymore等[3]和刘云中等[4]分别提出了基于隐马尔可夫模型的论文元数据提取方法，但是没有考虑状态转移概率和观察值输出概率与模型历史数据状态的关联性问题	2
49	为了解决该问题，Ojokoh等[5]提出了一种基于三阶隐马尔可夫模型的引文元数据提取方法，利用上下文信息，使提取性能得到提升	2
50	周顺先等[6]采用基于最大熵的马尔可夫模型实现论文元数据提取，将文本的上下文信息以及词汇本身包含的信息融入模型中，提高了提取精度，但是却带来了标注偏置问题	2
51	Peng等[7]提出了一种基于条件随机场的论文元数据提取方法，不仅能有效利用上下文特征，而且解决了序列标注偏置问题，提高了提取精度，但是存在容易丢失低频特征词和错误识别高频特征词的问题	2

附录2 研究方法句标注样例

续表

序号	句子内容	类别
52	Lin 等[8]借助于条件随机场提取临床医学学术论文的元数据，在对含有特定参数的文本进行信息提取时效果很好，但是在对作者的特定信息进行提取时效果欠佳	2
53	Han 等[9]利用支持向量机的方法对文档块进行分类，并将每个元数据看作一类，该方法能够有效提取论文的元数据，但是只能处理小样本数据	2
54	Marinai 等[10]采用神经网络分类器实现论文元数据的提取，由于受转换工具的限制，只是对近年来的一些会议论文中的作者和标题进行了提取	2
55	张铭等[11]提出了一种基于统计方法的元数据混合提取模型（SVM + BiHMM），通过 Sigmoid 函数将支持向量机分类结果用于拟合调整二元隐马尔可夫模型的单词发射概率，实现了支持向量机与二元隐马尔可夫模型的融合	2
56	此外，还有一些学者则分别借助了启发式方法，问卷调查方法等分别对政府网站的可用性进行了测评研究	2
57	目前对餐饮推荐领域的相关研究主要集中在餐饮商家推荐问题[9,10]，如 YoungHoon 等在无线网络中基于位置本体向用户推送适宜的餐馆[11]；Yap 等采用贝叶斯网络的方法根据情境信息为用户推荐餐馆[12]，而面向顾客的基于情境的餐馆菜品推荐研究还很少	2
58	有学者运用共类分析方法对纳米学科进行了实证研究，探究其学科交叉模式[21]	2
59	此外，其他学者也相继使用共类分析的方法对制药学、纳米科技等领域的技术发展进行了研究[17,18]	2
60	李素建等[13]提出了加权合并同义词词林的词义相似度和知网语义表达式的义原相似度的词语相似度计算方法	2

附录3
研究方法实体标注样例

附表3-1 研究方法实体标注样例

序号	句子内容
1	针对政务门户构建中知识组织与整合问题,从行为学角度出发,利用行为学中的三个经典理论与模型,结合 \<m\>实证研究\</m\>,对网络信息用户的信息行为进行深入分析和研究,同时将网络信息行为动机以及影响网络信息行为动机的各种内、外部因素加以区分,在此基础上将网络信息用户进行分类,并针对不同动机层次的网络信息用户提出个性化信息推荐、政务流程集成、知识交流平台等不同的信息服务模式,同时结合 \<m\>主题图技术\</m\>、\<m\>政务业务流程集成\</m\>、\<m\>AroundMe 系统\</m\>、\<m\>政务知识交流平台 GNS\</m\>等技术手段,构建一个\<m\>政务门户系统模型\</m\>,从而实现政务门户的知识组织与整合
2	在此基础上,本研究构建了\<m\>政务门户用户信息行为的影响因素模型\</m\>,如图1所示
3	因此对用户信息需求动机进行分析,构建了\<m\>信息需求动机层次模型\</m\>,如图3所示
4	本模型中利用\<m\>主题图\</m\>[10]技术来实现对信息的语义性导航
5	本文构建了一个\<m\>基于主题图的语义化知识推荐模型\</m\>,如图5所示
6	然后借助于\<m\>主题图\</m\>技术根据用户特征进行语义扩展,获取更为广泛的、与用户信息需求特征契合度较高的信息,使用户信息偏好得到充分完善,最后将获取到的信息资源推荐给信息用户[20]
7	本模型的知识交流服务主要是通过构建\<m\>虚拟人际网络平台\</m\>的办法来协助用户将自己的思想、观点、经验进行\<m\>演绎\</m\>、\<m\>归纳推理\</m\>以及创新,实现其由隐性知识向显性知识的转变
8	我们提出构建一个类似于 SNS(Social Networking Services,社会性网络服务)性质的\<m\>政务交流平台 GNS\</m\>(Governmental Networking Services,政务性网络服务),如图6所示

附录 3
研究方法实体标注样例

续表

序号	句子内容
9	本项目组对浙江大学先进实验室"隐性知识管理系统"及豆瓣网（www.douban.com）功能进行了分析，并在实验室利用 Bamraiser 公司的 <m>AroundMe 系统</m> 构建了一个 <m>GNS 系统</m> 原型
10	该模型利用 <m>PHP</m> + <m>AD0</m> + <m>SQL server2000</m> 技术开发，有效地整合了个人工作空间、多线程化交流、知识专家地图、新闻聚合等功能，从而实现了知识的交流与共享
11	为了深入分析非线性评价带来的评价结果实际差距扭曲问题，本文采用 <m>回归分析法</m> 将非线性评价转换为线性评价并进行深入分析
12	然后分别以 <m>TOPSIS 法</m> 和 <m>灰色关联法</m> 为例，将其非线性评价值转换为线性评价值，然后分析这两种方法的评价值实际差距的数据扭曲特点，从而提供了一种新的分析非线性评价结果实际差距数据扭曲特点的方法，并对数据扭曲情况下如何判断期刊差距进行进一步的讨论和分析
13	（1）首先慎重选取指标，并对指标数据进行 <m>标准化</m>，然后采用某种非线性评价法进行评价，得到评价值
14	（2）以评价值作为被解释变量，以所有的评价指标作为解释变量进行回归，将回归系数 <m>标准化</m> 后得到权重，然后根据权重进行 <m>线性加权平均</m>，将非线性评价值转化成线性评价值
15	（3）为了便于比较，将非线性评分值和线性拟合评分值进行 <m>标准化处理</m>，最大值全部设为100，这样符合人们的习惯，也具有可比性
16	本文数据来自中国科学技术信息研究所 <m>CSTPC 数据库</m>，以医学类期刊为例进行分析
17	本文数据是 <m>2006年综合性医学期刊与医学院校学报</m> 数据，共136种，表1为数据的描述统计量
18	选取的指标有 <m>总被引频次</m>、<m>被引半衰期</m>、<m>影响因子</m>、<m>即年指标</m> 和 <m>基金论文比</m> 5个指标
19	原始数据必须进行 <m>标准化处理</m>，本文设定每项指标最大值为100，其他数据分别与最大值相除后得到各自标准化后的结果
20	被引半衰期是反向指标，必须进行 <m>正向化处理</m>
21	首先用 <m>TOPSIS</m> 进行评价，由于 TOPSIS 是一种成熟的多属性评价方法，因此这里省略中间过程

续表

序号	句子内容
22	然后将TOPSIS的评价值作为被解释变量,5个评价指标作为解释变量进行<m>回归</m>,结果如下
23	将回归系数<m>归一化</m>后得到各指标的权重,分别为0.17、0.24、0.19、0.16、0.24,再将各指标<m>标准化</m>后的值根据该权重进行<m>线性加权平均</m>,从而得到线性拟合结果
24	为了便于比较,将TOPSIS评分值和线性拟合值进行<m>标准化处理</m>
25	对灰色关联法进行同样处理,首先用<m>灰色关联法</m>进行评价,然后将灰色关联的评价值作为被解释变量,5个评价指标作为解释变量进行回归,结果如下
26	将回归系数<m>归一化</m>后得到各指标的权重,分别为0.16、0.29、0.20、0.18、0.17,再将各指标<m>标准化</m>后的值根据该权重进行<m>线性加权平均</m>,从而得到线性拟合结果
27	本文首先引入查询词出现信息的概念,随后给出了查询词出现权重的形式化表示,进而将其与<m>BM25模型</m>结合起来
28	对于查询词出现权重的计算,本文采用了两种方法,即<m>线性加权</m>方法和<m>因数加权</m>方法
29	本文工作是在<m>PARADISE[1]平台</m>上进行的
30	我们在对原始文档的预处理过程中,经过了词干提取[6]的过程,这个过程应用的是<m>Snowball软件包</m>[7]
31	本文将扩展的<m>BM25模型</m>和<m>查询词相邻性</m>结合起来,称之为原始模型
32	根据BM25分数和查询词邻近分数,通过<m>线性加权</m>,我们得到Score_ram = α × Score_BM25 + β × Score_TP
33	实验采用的数据集合是<m>GOV2数据</m>
34	对于评测指标,我们选择的是<m>MAP</m>、<m>bpref</m>、<m>p@10</m>和<m>p@20</m>,这个评测指标总体上是合适的
35	在第二组结果中,通过<m>线性加权</m>,考虑的不同取值,检索效果及提高百分比如表2和表3所示
36	在第三组结果中,使用了<m>因数加权</m>,检索效果见表4
37	在扩展<m>BM25模型</m>的基础上,通过调整参数,针对<m>GOV2数据</m>2005年的评测集,检索效果取得了比较明显的改进

附录 3
研究方法实体标注样例

续表

序号	句子内容
38	考虑到关联规则兴趣度评价本质上是一个多属性决策问题，本文首先基于关联规则的客观兴趣度度量和用户的主观偏好，建立了 <m>关联规则评价指标体系</m>；然后提出一种<m>基于组合评价方法的关联规则评价</m>的框架及其具体实现步骤，以解决多种评价方法评价结果不一致的问题；最后以<m>某超市购物篮数据</m>分析为例，基于整体差异的组合评价方法实现了关联规则的组合评价以验证所提评价方法的可行性和有效性
39	但是每种评价方法得出的结果都是对评价对象客观状态某个视角的反映，因此本文尝试使用<m>组合评价</m>方法综合考虑多种评价方法的评价信息，对评价结果进行集结，以得到更好的评价结果
40	本文首先基于关联规则的客观兴趣度度量和主观兴趣度度量建立了<m>关联规则评价指标体系</m>，提出了<m>基于组合评价方法的关联规则兴趣度评价框架</m>，并以超市购物篮分析为例，对从<m>某超市交易数据库</m>中挖掘出来的 24 条关联规则，分别使用<m>TOPSIS 法</m>、<m>PROMETHEEⅡ 法</m>、<m>简单加权和法</m>和<m>主成分分析法</m>等多种多属性决策方法[11]进行了评价，然后使用<m>基于整体差异的客观组合评价</m>方法[12]对多种方法得到的评价结果进行了集结，这种方法具有自动"甄别奖惩"、组合结果精确、过程简捷、易于实现的特点
41	最后使用<m>Spearman 一致性检验</m>对评价结果的有效性进行了检验[13]，从而实现了关联规则兴趣度的评价
42	考虑到<m>支持度</m>、<m>置信度</m>和<m>提升度</m>是最常用的关联规则统计显著性指标，而且常用的挖掘软件（算法）都集成了这三个指标，对于用户来说比较容易获取，因此本文选取这三个指标作为客观评价指标
43	基于此考虑，在这里选取<m>效用指标</m>和<m>可执行度</m>作为关联规则的主观评价指标
44	首先由用户设定最小支持度阈值和最小置信度阈值，使用<m>Apriori 算法</m>对数据库进行关联规则挖掘，同时从规则评价指标集中选取用于关联规则评价的指标，得到决策矩阵
45	本文选用某超市购物数据（数据为统计软件 R 扩展包中的<m>Groceries 数据集</m>[14]）进行关联规则挖掘，然后使用本文提出的<m>组合评价</m>方法进行评价
46	设定最小支持度阈值为 0.025，最小置信度阈值为 0.3，使用<m>Apriori 算法</m>进行关联规则挖掘，得到 24 条关联规则
47	选择<m>支持度</m>（s）、<m>置信度</m>（C）、<m>提升度</m>（lift）、<m>期望货币价值</m>（EMV）、<m>增进的货币价值</m>（IMV）和<m>可执行度</m>（App）作为评价指标，相关数据如表 1 所示

续表

序号	句子内容
48	使用 <m> 层次分析法 </m> 对指标进行赋权，得到指标权重向量为 W =（0.297，0.125，0.078，0.082，0.270，0.148）
49	分别使用 <m> TOPSIS 方法 </m>、<m> PROMETHEE Ⅱ法 </m>、<m> 简单加权和法 </m> 和 <m> 主成分分析方法 </m> 对规则进行评价，评价结果如表 2 第 2—9 列所示
50	分别使用 <m> 对称 K－L 散度 </m> 和 <m> 余弦相似度 </m> 对文献进行分析，可以得到主题相似的文献

附录 4
论文使用研究方法句分类结果示例

附表 4-1　论文使用研究方法句分类结果示例

编号	论文使用研究方法句
1	本文设计实现了一个急救知识问答系统,该系统以常问问题集(FAQ)为查询对象,利用信息检索的方法对用户通过手机发送的问题进行分析,匹配问题集中最相似的问题—答案对返回给用户
2	在定义好这些后,可以使用斯坦福大学开发的软件 Pmt6g6 来构建层次本体树
3	上面本体谓词算法的关键词匹配处理是很耗时的,于是我们设计一种简单、改进的,根据谓词逻辑进行字符串匹配的算法来找出所有给出关键词表的关联词,其谓词逻辑如下
4	这里我们尝试结合本体本身的层次结构和语义及其关系,构造向量空间,通过计算相似度和概念支持度,最终形成文本与本体概念之间的映射,完成分类
5	同时,由于本体本身不能包括所有的情况,所以这里借助词典来处理同义词等情况
6	这里,我们借助知网作为另一个辅助手段,对问句的相似度计算做进一步的细化,采用公式(4)进行计算
7	我们仍采用向量空间模型,问句通过分词得到关键词作为特征向量
8	通过这两个向量分别进行计算,再经过加权处理得到问句整体的相似度
9	(2) 计算语义距离的时候采用绝对路径长度,即以根节点作为参照,如图 3 所示,其中节点 A 和节点 B 的距离是 6
10	问句中,除了本体概念以外,还有很大一部分是领域之外的,这样单单利用本体很难达到很好的区分,所以这里借助知网来解决
11	本移动问答系统为 CS 架构,如图 5 所示
12	本文提出一种新的聚类方法,该方法将蚁群算法与 K-means 算法相结合对用户会话进行优化聚类

续表

编号	论文使用研究方法句
13	在该项工作中，使用 Leader 算法将用户会话聚类，虽然结果计算很快，但该方法的问题在于聚类的结果取决于输入向量的显示顺序
14	在本文中，提出一种新的聚类方法将网站访问者分组，该方法将蚁群算法与 K-means 算法相结合对用户会话进行优化聚类
15	在本文中，我们应用混合蚁群聚类算法来划分用户会话，解决此聚类问题的目标是将 R_n 空间中的 n 个会话最优地分配到 k 个聚类中，使得每个会话与所属类的质心之间的欧氏距离的平方和最小
16	对于这样的问题，使用启发式方法是一种合理的求解方法，我们提出了一种蚁群算法与 K-means 算法相结合的方法对访问网站的用户进行聚类
17	本文中提出的聚类方法 KACO 是 ACO 算法与 K-means 聚类算法的结合
18	因此在该步骤中使用 K-Means 算法，这里使用的 K-Means 算法的流程简述如下
19	我们使用的数据集是 EPA-HTTP 日志，它包含用户在 24 小时内 47 748 个访问 EPA 服务器的请求
20	为了评价方法的有效性，我们将该方法应用于用户的导航推荐来测试效果
21	我们定义准确度来评价提出的方法
22	然后将兴趣分归一化，使得其最大值为 1
23	实验所用计算机为 AMD Sempron 处理器 2200+，CPU 时钟频率为 2 GHz，主存为 256 MB
24	测试程序用 Matlab 7.0 写成，在 Microsoft Windows 2000 中运行
25	我们将聚类数目 K 设为不同的值进行了实验，表 1 中显示了聚类数为不同值时该方法推荐的准确度
26	在本文中，我们提出蚁群算法与 K-means 算法相结合的方法对 Web 用户进行了聚类
27	本文提出一种基于角相似性的 k 最近邻搜索算法（AS-KNNS）
28	该算法先提出基于角相似性的数据索引结构（AS-Index），参照一条中心线和一条参照线，将数据以系列壳-超圆锥体方式进行组织并分别线性存储；然后确定查询对象的空间位置，有效确定一个以从原点到查询对象的直线为中心线的超圆锥体并在其中进行搜索
29	因此，本文提出一种基于角相似性的 k 最近邻搜索算法（AS-KNNS）
30	为了进一步考察算法的效果与效率，我们用 VC++6.0 实现本文算法，在 PIV 2.0、256 MB、Windows XP 环境下进行实验，采用的 Dataset1 为中国科学院计算所文本分类（Txtcat）数据集，Dataset2 为 Jester 笑话在线协同过滤推荐数据集第一部分

附录 5　论文引用研究方法句分类结果示例

附表 5-1　论文引用研究方法句分类结果示例

编号	论文引用研究方法句
1	向量空间模型由 G. Sahon 等在 20 世纪 60 年代提出
2	在文献[7]中，介绍了如何利用知网来计算两个概念的相似度、相关度
3	Heer 和 Chi[6]提出了 Wavefront 算法用来改进 K-means 方法的初始化步骤，该方法可以获得较快的收敛
4	Xie 和 Phoha[7]使用信任函数对站点用户进行聚类
5	文献[8]提出 iDistance 方法，但是它也是预测确定一个最大半径超球和固定步长的迭代的方法
6	文献[11]是先采用 SA-Tree 组织数据集，然后用 MinMax 剪枝和局部 MinDist 剪枝方法，其实质也是预测查询超球的半径
7	目前 KNNS 研究基本上都是使用欧氏距离函数对数据进行索引和查找的
8	AS-KNNS 首先提出索引结构（AS-Index），将数据按照一定的索引结构进行组织，然后确定查询对象的存储位置以及查询范围，最后在该范围内进行搜索
9	例如，Masaaki Nagata 等提出一种利用部分平行文本中双语单词之间的距离信息抽取术语对的方法[11]
10	Intute 为了弥补学科门户数据库不能提供足够多资源的缺陷，为用户提供了 Intute Harvester（Intute 收割机[4]，它利用 Harvester 软件在 Intute 目录中的高质量网站中自动收集网页，形成网页索引，更新周期为一个月，是用户使用 Intute 查找网络资源的一个很好的补充工具）
11	1972 年美国威廉斯等对美国国会图书馆编制的分类法（LCC）和标题表（LCSH）进行了抽样分析，发现"几乎可以为每一个类目找到对应的标题"，在此基础上可以实现分类语言和主题语言之间的兼容和互换[11]

续表

编号	论文引用研究方法句
12	发现隐藏在非相关文献中的知识,需要某种辅助方法,1986年Swanson首次提出"基于非相关文献的知识发现法"
13	Applet通过对象输入流ObjectInputStream取得NodesList,Touchgrap就可以根据Spring(弹簧)算法[14]生成对应的网络图
14	这种通过利用期望交叉熵、互信息方法先后两次对原始特征项进行选择的模式,既考虑了选取一些类别信息较强的特征,又消除了一些在类别判定方面冗余特征项对文本标注方面的干扰,而同时又尽可能多地保留了一些类别判定方面信息值虽然略小但是仍能提供有用信息的特征项,这对s的筛选结果在类别分布上更具有代表性
15	其中基于语义词典的方法大多基于WordNet[3]提出了许多度量语义相关的度量方法,如Resnik利用信息含量的方法[4], Banerjee和Pedersen的扩展释义重叠方法[5]等等
16	在抽取章节的主题词方面,F值最高的方法是Resnik的方法,较好的方法包括最短路径方法、Leaeoek & Chodorow方法、Jiang & Conrath方法
17	沈芸芸在数字图书馆标准规范建设项目的研究成果《基本元数据与MARC映射指南》(2005年推荐稿)里,提供了DC到CNMARC、MARC21的映射表及映射分析,并给出了CNMARC常用字段到DC的映射
18	基于CRFs的字角色标注人名实体识别模型(Model for Person-Name Recognition Based on Role labeling Using CRFs, CRFsRL-PnR,如图1)的基本思路如下:首先以单汉字为标准对中文文本进行原子切分;其次基于"字"原始序列衍生相应的观察序列,根据观察序列的取值建立针对人名识别的上下文特征模板,并按这些模板规则从训练语料中提取特征函数;再次根据训练语料中出现的人名构成规则,定义其构成角色集合;然后利用训练语料中的观察序列和角色序列,基于CRFs方法训练特征函数权重以构建用于人名识别的CRFs字角色标注模型,通过调整观察序列取值、特征模板个数以及角色集合定义来调节特征函数权重以实现最合理的建模;根据建立的模型,计算测试语料中每一个(或组)观察值在其上下文环境中被识别为某种角色的联合可信度,并选择可信度最大的角色类别作为观察值的角色标注;最后根据人名实体的角色组合从原始观察序列中抽取出符合指定模式的人名实体
19	Davis为了有效解释与预测信息技术用户的使用行为,在理性行为理论[9]的基础上,探讨了认知及情感因素与信息系统使用之间的关系,提出了易用认知(Perceived Ease of Use)和有用认知(Perceived Usefulness)两个概念,认为它们在解释用户对信息系统的采用和使用过程中是十分关键的影响因素,一些外部变量通过影响易用认知与有用认知而影响用户对使用信息系统的态度和行为意向,而行为意向又直接影响了用户对信息系统的实际使用,TAM的模式架构如图1所示
20	Goodhue通过描述认知心理和认知行为来揭示信息技术如何作用于个人的任务绩效

续表

编号	论文引用研究方法句
21	Davis 等通过实证研究发现,作为中介变量,"使用态度"并不能完全传递有用认知与易用认知对使用意向的影响,鉴于此,为了进一步简化原 TAM 模型,随后的许多研究者都舍弃了使用态度这一概念
22	Mathieson、Klopping 和 Wu[20]等也通过实证研究证实了 TTF 对易用认知和有用认知的直接影响
23	Goodhue、Dishaw 和 wu 等还通过各自的实证研究证实了 TTF 对公司员工实际使用某些信息处理系统或工具的直接影响,这为我们认识 TTF 与用户网络信息系统实际使用的关系提供了借鉴
24	Jenkins Charlotte 在提高 Wloverhampton Web Library 自动化程度的研究中,利用 DDC 组织网络信息资源,取得了良好的效果[2]
25	陈树年在保留其科学、完整、严密的知识分类体系特性的基础上,提出改造方案[6],还研究了初步实现《中图法》版搜索引擎的方法和途径[7,8]
26	王健等以农行业／产品为主线,提出了包括农业生产、市场、自然资源、社会经济、科技、时空和农业信息属性在内,多维交叉的分类立方体数据模型[9]
27	牛振国等在农行业分类的基础上,将农业信息分为空间、科技、社会经济、相关机构、自然资源、生产资料和产品市场 7 类,各类依据用户需求的差异,又分为基本信息和全集信息,提出了一套面向不同用户需求的分类方案[10]
28	李志凌等精练前人分类体系的繁杂属性,针对网络农业科技信息,提出了一套二维分类体系[11]
29	文献[1]利用基于关系的方法引入合适的相似空间代替原始空间;文献[2]提出了一种可任意分配的低维度子空间的方法;文献[3]将关键词映射到概念级来降低维度;文献[4]则通过二次特征提取来降低维度;文献[5]提出了一种基于语义相似度的文本聚类方法,采用概念列表表示文档来降低维度;文献[6]提出了一种 VHDR 方法减少维度
30	在相似度计算方面,文献[7]通过文献标题、关键词和摘要合并形成特征向量空间来提高文献表示的精度,但大大增加了计算的维度

附录 6
论文使用研究方法实体识别结果示例

附表 6-1　论文使用研究方法实体识别结果示例　　　　　　　　单位：次

编号	研究方法实体	频次	编号	研究方法实体	频次
1	召回率	68	22	自然语言处理技术	12
2	spss 软件	53	23	java 语言	12
3	web of science	51	24	归一化处理	12
4	社会网络分析方法	50	25	层次聚类法	12
5	ucinct 软件	32	26	随机游走模型	12
6	web of science 数据库	29	27	svm 分类器	12
7	f 值	20	28	余弦相似度	11
8	复杂网络理论	18	29	正则表达式	11
9	pajek 软件	17	30	的方法	11
10	《情报学报》	17	31	聚类系数	11
11	netdraw 软件	17	32	matlab 软件	11
12	jaccard 系数	16	33	元分析方法	11
13	《同义词词林》	15	34	t 检验	10
14	hits 算法	14	35	java 程序	10
15	交叉验证	13	36	google scholar	10
16	隐马尔可夫模型	13	37	lda 算法	10
17	共词分析方法	13	38	文本挖掘技术	10
18	《知网》	13	39	情报学报	9
19	k—means 算法	13	40	10 折交叉验证	9
20	tf-idf 算法	12	41	实验研究方法	9
21	机器学习方法	12	42	万方数据库	9

附录 6 论文使用研究方法实体识别结果示例

续表

编号	研究方法实体	频次	编号	研究方法实体	频次
43	f-measure	9	72	语义向量空间模型	7
44	norm 软件	9	73	mega 模型	7
45	wordnet 本体库	9	74	标准化处理	7
46	基于 plsa 的大众标注系统协同推荐算法	9	75	决策树算法	7
47	owl 语言	9	76	ahp 法	7
48	人工标注	9	77	实证研究方法	7
49	基于规则的方法	9	78	bibexcel 软件	7
50	方差分析	8	79	ht 指数	7
51	《中国引文数据库》	8	80	半结构化访谈	7
52	citespaceii 软件	8	81	淘宝	7
53	tf-idf 方法	8	82	c-value 方法	7
54	词共现模型	8	83	prestigerank 算法	7
55	回归模型	8	84	折交叉检验	7
56	gephi 软件	8	85	语义	6
57	python 语言	8	86	线性回归分析	6
58	用户	8	87	信息增益	6
59	f1 值	8	88	visualpls 软件	6
60	随机游走	8	89	k-means 聚类算法	6
61	k. means 算法	8	90	文本分析法	6
62	作者关键词耦合分析方法	7	91	阻尼因子	6
63	问卷星	7	92	spearman 相关系数	6
64	社会网络分析软件	7	93	认知情绪理论	6
65	交叉验证法	7	94	半结构化访谈法	6
66	十折交叉验证	7	95	离散化处理	6
67	crf 模型	7	96	奇异值分解	6
68	vsm 模型	7	97	余弦定理	6
69	复旦语料库	7	98	web of science 平台	6
70	实证检验	7	99	协同过滤算法	6
71	citespace II 软件	7	100	cart 算法	6

附录 7
论文引用研究方法实体识别结果示例

附表 7-1　论文引用研究方法实体识别结果示例　　单位：次

编号	研究方法实体	频次	编号	研究方法实体	频次
1	wordnet	42	22	共词分析方法	8
2	向量空间模型	24	23	朴素贝叶斯	8
3	pagerank 算法	23	24	聚类算法	7
4	问卷调查	19	25	sir 模型	7
5	wikipedia	18	26	算法	7
6	lda 模型	16	27	贝叶斯网络	7
7	层次分析法	15	28	遗传算法	7
8	模型	14	29	citespace	7
9	社会网络分析	13	30	用户心智模型	7
10	支持向量机	13	31	k-means 算法	6
11	条件随机场模型	12	32	svm 分类器	6
12	hits 算法	11	33	协同过滤方法	6
13	机器学习方法	10	34	隐马尔可夫模型	6
14	聚类分析	10	35	案例分析	6
15	社会网络分析方法	9	36	《知网》	6
16	调查	9	37	skos	6
17	句法分析	8	38	引文网络	6
18	内容分析法	8	39	最大熵模型	6
19	cssci	8	40	基于图的方法	5
20	关联规则挖掘	8	41	实验	5
21	社会网络分析法	8	42	卷积神经网络	5

编号	研究方法实体	频次	编号	研究方法实体	频次
43	编辑	5	72	机器翻译	4
44	链接分析	5	73	自然语言处理技术	4
45	h 指数	5	74	多维尺度分析	4
46	hownet	5	75	logistic 回归模型	4
47	lda 主题模型	5	76	层次聚类算法	4
48	tam 模型	5	77	贝叶斯分类器	4
49	apriori 算法	5	78	主题模型	4
50	luce 模型	5	79	k—means 算法	4
51	度中心性	5	80	语言模型	4
52	因子分析	5	81	基于本体论的信息检索模型	4
53	主成分分析法	5	82	facebook	4
54	自然语言处理	5	83	扎根理论	4
55	统计方法	5	84	folksonomy	4
56	互信息	5	85	朴素贝叶斯算法	4
57	网络模型	5	86	信息增益	4
58	结构方程模型	5	87	cnmarc	4
59	分类器	4	88	svm 方法	4
60	文本分类算法	4	89	共被引分析	4
61	tf-idf 算法	4	90	cnki	4
62	lstm	4	91	textrank 模型	3
63	仿真方法	4	92	数据包络分析方法	3
64	复杂网络理论	4	93	基于词典的方法	3
65	心智模型	4	94	平均路径长度	3
66	朴素贝叶斯分类器	4	95	技术路线图	3
67	回归分析	4	96	information science	3
68	小世界网络模型	4	97	领域本体实现语义消歧	3
69	聚类方法	4	98	概率模型	3
70	共词分析	4	99	机器学习的方法	3
71	神经网络	4	100	链接分析法	3

附录 8
其他类别论文中的实体聚类结果①

附表 8-1 "阐释法"研究方法实体聚类结果　　　　单位：次

类簇	频次之和	方法实体
1	1694	本体、语义关联、ontology、本体库、桥本体、本体模型、语义网络、本体技术、本体语义、protege、语义本体、本体开发工具、aifb、领域本体模型、本体思想
2	219	skos、foaf、都柏林核心元数据
3	145	esm、esm 方法、mesm 工具、mesm 方法、移动经验取样法
4	92	常识性知识库、事实经验知识库、面向突发事件应急决策、应急响应知识库
5	75	jena、本体语言、rdf 图、sparql、web service、一阶谓词逻辑、rdf（s、xmlschema、本体语言 owl

附表 8-2 "文献计量学研究"研究方法实体聚类结果　　　　单位：次

类簇	频次之和	方法实体
1	584	cssci、science、wos、web of science、ssci、a&hci、wos 数据库、web of science 数据库、sci 数据库、cssci 数据库、《中国引文数据库》、《科学引文索引》、science citation index、美国科学情报研究所、中国社会科学引文数据库、《中国学术文献网络出版总库》、cnki 中国期刊全文数据库、《中国期刊引证报告》、ccr-expanded、scie 数据库
2	581	发文量、h 指数、学术影响力、零被引论文率、总被引次数、引用次数、载文量、学科扩散指标、平均作者数

---

① 本书通过对不同情况下 3 种聚类方法的最优轮廓系数的比较发现，层次聚类的效果优于 AP 聚类和 K 均值聚类，因此我们在此处附上剩余 7 个三级类别论文中实体的层次聚类结果的前 5 个类簇。

续表

类簇	频次之和	方法实体
3	321	计量、计量分析、aca方法、引文分析方法、共引分析、文献计量学方法、共词分析法、计量学方法、科学计量学的方法、共现分析方法、共被引分析方法、引文网络方法、引文网络分析方法
4	151	《现代图书情报技术》、《情报杂志》、《情报理论》、《图书情报知识》、《图书馆杂志》、《图书馆论坛》、《图书馆理论与实践》、《图书馆》
5	92	固体力学、计算力学

附表8-3 "可视化分析"研究方法实体聚类结果   单位：次

类簇	频次之和	方法实体
1	476	共被引、citespace、共词分析、citespace软件、信息可视化技术、共被引分析、文献共被引、科学知识图谱、可视化方法、共词分析方法、共现知识图谱、网络图谱、信息可视化方法、可视化的方法、社会网络分析软件ucinet、citespaceii软件、共词网络图谱、bibexcel、bibexcel软件、词频分析、citespaceii、研究前沿探测方法、共被引聚类图谱、定量分析方法、社会网络分析工具、关键词共词分析、可视化分析软件、共被引文献聚类、同被引分析、科学知识图谱分析、文献计量分析方法、知识图谱技术、braam、mapping knowledge domain、关键词统计、llr算法、时间线图谱、histcite软件、pathfinder算法
2	134	聚类分析、多维尺度分析、图分析、多元统计、关联关系分析、factor analysis、多元统计方法、因子分析法、多元统计分析方法、k-means聚类分析、聚类分析法、spss统计软件、多元分析、多维尺度分析方法、spearman相关性分析
3	72	mds、词共现的方法、谱方法、som、birch算法、贪婪算法、社团发现算法、谱聚类、self-organizing、som算法
4	62	snomed
5	52	k-core、研究专业演化图谱、密度分析、网络密度分析、结合社会网络分析方法、动态网络分析、结构洞分析

附表 8-4 "问卷调查"研究方法实体聚类结果　　　　　　　　　　单位：次

类簇	频次之和	方法实体
1	854	问卷、调查问卷、问卷调查、预调研、正式问卷、调研问卷
2	179	结构方程模型、回归分析、路径分析、假设检验、结构方程、结构方程分析、visualpls 软件、结构方程模型分析、结构方程模型方法、最大似然法、pls-sem 方法、amos 软件、多元线性回归分析
3	148	内部一致性、cronbach's、组合信度、α 系数、cronbach'sα、cr 值、cronbach'、内部一致性系数、cronbacha 系数、组合信度 cr 值、一致性系数
4	129	调研、用户调查、网络调查
5	123	虚拟社区

附表 8-5 "比较研究法"研究方法实体聚类结果　　　　　　　　　单位：次

类簇	频次之和	方法实体
1	115	scot、moat、标签本体模型、tag ontology 模型
2	106	topsis、多属性评价方法、熵权法、标准分标准化、线性加权、线性加权评价、传统标准化方法、专家会议法、模糊数学、相关系数法、期刊评价指标体系、证据理论、模糊层次分析法、平均法、粗糙集、主观赋权法
3	47	意见挖掘方法、特征降维方法、非均衡数据分类方法、nb、比较实验、naive bayes、文本表示方法、径向基函数、情感分类方法、smo、基于语义的方法、交叉验证法、adaboost、平均绝对偏差 mae
4	42	社群分类法、本体概念模型、concept lattice
5	38	线性拟合、正态性检验、矩阵散点图、k-s 单样本正态性检验、q-q 图、spearman 秩、spearman 秩相关系数、统计检验

附表 8-6 "计算机辅助手段"研究方法实体聚类结果　　　　　　　单位：次

类簇	频次之和	方法实体
1	110	情感指数、garch 模型、arma-garchx 模型、armax-garch 模型、armax-garch、arma 模型
2	84	情感分析、机器学习算法、人工方法、基于词典的方法、人工判定、机器学习技术、信息抽取技术、人工标注的方法、手工定义
3	54	微博文本、微博评论、转发数、新浪微博平台、网络爬虫软件

续表

类簇	频次之和	方法实体
4	31	skos 转化、q skos、lcsh、skos：pref label、scope note、lista 叙词表、wikipedia 知识库、me sh
5	26	似然函数、aic、最小二乘法、gmm、极大似然估计法、回归分析法、maximum likelihood estimation

附表 8-7 "统计学方法"研究方法实体聚类结果　　　　　　单位：次

类簇	频次之和	方法实体
1	576	回归、回归模型、正态分布、spss 软件、描述性统计、显著性检验、线性回归、多元线性回归模型、f 检验、k—s 检验、相关性检验、独立样本 t 检验、回归方法、卡方、spearman 相关分析、bartlett 球形度检验、方差膨胀因子、logistic 模型、hausman 检验、正态性、负二项回归模型、logistic 回归模型
2	116	引用影响力、非迭代加权引用模型、加权 page rank、加权 page rank_d、调和 h 指数、合作指标、加权 page rank 算法
3	72	pc 相似度、基准协同过滤推荐模型、社会网络修正系数、社会网络距离、余弦函数、sncf—rm、社会网络相似度、jaccard 相似性、resource allocation
4	69	学科交叉度、差异度、领域聚合性
5	63	journal of the association for information science and technology、journal of the american society for information science and technology、journal citation

附录 9
"过程-问题"视角下的舆情方法与技术术语

附表 9-1 "过程-问题"视角下的舆情方法与技术术语

舆情问题		方法与技术术语及其频次
舆情采集（6）		无线数据包捕获技术（2）、最大熵模型（1）、多项 Logistic 回归模型（1）、爬虫工具（1）、网络日志（1）、搜索引擎（1）
舆情加工（3）		中文分词（1）、句法分析（1）、倒排索引（1）
舆情分析	舆情识别（4）	Matlab（1）、数据挖掘（1）、聚类（1）、支持向量机（1）
舆情分析	传播与演化（137）	仿真（80）、社会网络分析（34）、博弈论（27）、MATALB（25）、Net Logo（20）、SIR（16）、内容分析法（16）、元胞自动机模型（15）、agent（12）、复杂网络方法（12）、Gephi（11）、传染病模型（11）、系统动力学（10）、Multi-Agent 技术（8）、SEIR（8）、Ucinet（8）、多主体模型（7）、结构方程模型（7）、统计（7）、LDA 模型（6）、案例分析法（5）、SIRS 模型（4）、Smart PLS（4）、SPSS（4）、Vensim PLE（4）、聚类（4）、爬虫（4）、生命周期模型（4）、数据挖掘（4）、微分方程模型（4）、小世界网络（4）、BA 无标度网络（3）、Deffaunt 模型（3）、Java 编程方式（3）、logistic 模型（3）、Moran's I 指数（3）、PLSA 模型（3）、动力学模型（3）、灰色模型（3）、问卷调查（3）、无标度网络（3）、隐马尔科夫模型（3）、语义分析法（3）、最小二乘法（3）、Anylogic（2）、Bass 模型（2）、E-Divisive 算法（2）、ELM 模型（2）、FP 增长算法（2）、G（Galam）模型（2）、GARCH 类计量模型（2）、How Net 相似度算法（2）、OLDA（2）、PLS 结构方程建模（2）、ROST Emotion Analysis Tool（2）、ROST 内容挖掘系统软件（2）、SCIR（2）、SIaIbR 模型（2）、SVM（2）、WD 模型（2）、Wiki 技术（2）、word2vec 技术（2）、WSD-Rank 扩散影响力度量模型（2）、编程方式（2）、标签传播算法（2）、抽样统计方法（2）、动态演化博弈模型（2）、多智能体的建模仿真方法（2）、话题模型（2）、回归分析（2）、焦点情感模型（2）、阶段划分法（2）、卷积神经网络算法（2）、粒子群算法（2）、蒙特卡罗方法（2）、模糊理论（2）、模糊群体决策的评分法（2）、平均场方法（2）、朴素贝叶斯方法（2）、群集动力学（2）、群体极化模型（2）、三元联系数方法（2）、社会福利博弈模型

附录 9
"过程 – 问题"视角下的舆情方法与技术术语

续表

舆情问题		方法与技术术语及其频次
舆情分析	传播与演化（137）	（2）、社会计算（2）、生存分析方法（2）、时间序列（2）、网络观测（2）、文本分析（2）、文本挖掘（2）、影响模型（2）、扎根理论方法（2）、DW 模型（1）、ICSR 传播模型（1）、K-means 聚类（1）、K 近邻算法（1）、NLPIR 语义分析系统（1）、PageRank 算法（1）、PKUVIS 微博可视分析工具（1）、Price 网络（1）、SD 的演化博弈模型（1）、SEIRS（1）、single-pass 聚类算法（1）、SIS 模型（1）、SNO 网络舆情动态演进模型（1）、WS 网络（1）、贝叶斯网络算法（1）、不确定微分方程（1）、词典的情感分析方法（1）、风险社会放大框架（SARF）（1）、概率潜在语义分析（PLSA）（1）、共词网络分析法（1）、共现分析方法（1）、后离散时间型话题模型（1）、后退法（1）、话题动态演化模型（1）、尖点突变方法（1）、可视化（1）、可拓聚类理论和方法（1）、扩散方向估计模型（1）、逻辑斯谛方程（1）、马尔科夫（1）、模糊数据包络分析法（1）、情感分析方法（1）、神经网络（1）、随机扩散模型（1）、网络舆情传播态势分析模型（1）、文本聚类（1）、先离散时间型话题模型（1）、相关性分析（1）、序列分析（1）、有向无标度网络（1）、舆论动力学（1）、阈值模型（1）、元胞自动机原理（1）、智能学习（1）、自回归分布滞后模型 ARDL（1）、最优分割（1）
	主题与热点（108）	仿真（20）、LDA（14）、聚类（11）、社会网络分析法（8）、Gephi（7）、复杂网络（7）、Matlab（6）、马尔可夫链（6）、KNN（5）、文本聚类（5）、BP 神经网络（4）、Hits 算法（4）、K-means（4）、PageRank 算法（4）、PLSA 模型（4）、SEIR 模型（4）、SIR 模型（4）、SVM（4）、Vensim PLE 软件（4）、案例分析法（4）、层次分析法（4）、传染病模型（4）、灰色关联度方法（4）、数据挖掘（4）、GooSeeker（3）、BTM 模型（2）、Chameleon 聚类算法（2）、DEMATEL 方法（2）、FP 增长算法（2）、How Net 相似度算法（2）、ICTCLAS（2）、Java 编程方式（2）、logistic 模型（2）、Logistic 模型（2）、Moran's I（2）、OLDA（2）、OPTICS 算法（2）、PageRank 方法（2）、PLSA with Background Language（2）、Rocchio（2）、R 语言（2）、single-pass 聚类算法（2）、word2vec 技术（2）、发酵、异化和演化模型（2）、话题聚类预测模型（2）、话题模型（2）、灰色模型（2）、命名实体识别技术（2）、朴素贝叶斯方法（2）、群智能算法（2）、数据包络分析方法（2）、数据仓库技术（2）、统计（2）、网络测量学技术（2）、网络爬虫（2）、系统动力学模型（2）、元胞自动机模型（2）、中文分词技术（2）、主题分类模型（2）、主题生成模型（2）、ABC-BP 模型（1）、Ant Conc（1）、BA 无标度网络（1）、CA（Cellular Automaton）模型（1）、citespace（1）、DW 模型（1）、ET-TAG 算法（1）、Hadoop（1）、KNN 分类算法（1）、SIRS 模型（1）、String Kernels（1）、贝叶斯方法（1）、编程方式（1）、词典的情感分析方法（1）、发放问卷（1）、分布式处理（1）、分类（1）、改进 KNN 方法（1）、改进的 ABC-BP 模型（1）、高频串统计技术（1）、共现分析方法（1）、观点势场（1）、后离散时间型话题模型（1）、话题动态演化模型（1）、回归分析（1）、链接挖掘方法（1）、模糊推理（1）、内容分析法（1）、情感分析方法（1）、热点追踪算法（1）、人工蜂群（Artificial bee colony）算法（1）、生命周期模型（1）、实证方法（1）、图的链接挖掘方法（1）、网络舆情传播态势分析模型（1）、网络舆情热点追踪算法（1）、

续表

舆情问题		方法与技术术语及其频次
舆情分析	主题与热点（108）	网络舆情热度趋势预测模型（1）、文本分类（1）、文本挖掘（1）、文献查阅（1）、先离散时间型话题模型（1）、向量空间模型（1）、小世界网络（1）、演化博弈模型（1）、演化迁移元胞模型（1）、有向无标度网络（1）、战场态势分析（1）、主题模型（1）
	负面舆情（7）	案例分析法（1）、多元回归模型（1）、马尔科夫链（1）、内容分析法（1）、事件研究法（1）、网络舆情热度趋势预测模型（1）、演化博弈理论（1）
	意见领袖（12）	层次分析法（4）、灰色关联度分析法（3）、NetLogo仿真平台（2）、Smart PLS（2）、多主体建模（2）、仿真（2）、熵权灰色关联方法（2）、文本聚类（2）、多项Logistic模型（1）、模糊—层次分析法（1）、统计（1）、问卷调查（1）
	情感分析（53）	AHP（3）、PLSA模型（3）、SVM（3）、仿真（3）、情感分析方法（3）、A-V-P心理学模型（2）、BP神经网络（2）、FP增长算法（2）、How Net相似度算法（2）、LDA聚类算法（2）、Mamdani方法（2）、Matlab（2）、OCC模型（2）、ROST Emotion Analysis Tool（2）、Smart PLS（2）、Stanford句法依存分析方法（2）、word2vec技术（2）、灰色模型（2）、焦点情感模型（SSCM）（2）、聚类（2）、内容分析的方法（2）、爬虫工具（2）、朴素贝叶斯方法（2）、潜在语义分析（2）、情感分析技术（2）、情感隶属度模糊推理算法（2）、文本情感分析技术（2）、文本情感挖掘方法（2）、主题分类模型（2）、最大熵模型（2）、Credit-Grades等模型（1）、DF权重测度方法（1）、Elman神经网络（1）、词典的情感分析方法（1）、复杂网络可视化图谱（1）、回归分析（1）、句法分析（1）、卷积神经网络模型（1）、美国消费者满意度模型（1）、情感词典（1）、情感分析（1）、情境实验（1）、人工筛选（1）、深度学习（1）、时间序列分析（1）、统计（1）、网络口碑监测评估方法（1）、微分方程模型（1）、文本分析技术（1）、文本挖掘（1）、消费者满意度模型（ACSI）（1）、依存句法分析（1）、支持向量机（LSA+SVM）算法（1）
	指标体系（43）	层次分析法（21）、舆情指数（19）、百度指数（13）、德尔菲法（6）、BP神经网络（5）、Matlab（4）、AHP（3）、模糊综合评价法（3）、问卷调查（3）、遗传算法（3）、支持向量机（3）、E-R模型（2）、I-space（信息空间）模型（2）、UML方法（2）、比较分析法（2）、多级模糊综合评判方法（2）、仿真（2）、分层抽样法（2）、改进雷达图工具（2）、混合赋权法（2）、熵权法（2）、网络链接分析算法PageRank（2）、修正德尔菲法（2）、语义处理技术（2）、AHP-模糊综合分析（1）、AHP评估方法（1）、G1赋权法（1）、K近邻（1）、SPSS分析（1）、贝叶斯网络模型（1）、后退法（1）、模糊数学方法（1）、模糊层次分析法（1）、模糊德尔菲法（1）、模糊数据包络分析法（1）、偏差分析方法（1）、三角模糊数的模糊德尔菲法（1）、算法SrcRank（1）、网络爬虫技术（1）、网络舆情分析模型（1）、相关性分析（1）、信息熵（1）、主成分分析（1）

附录 9
"过程 – 问题"视角下的舆情方法与技术术语

续表

舆情问题		方法与技术术语及其频次
舆情分析	可视化（7）	CiteSpace（2）、引文网络分析工具（1）、共词网络分析法（1）、复杂网络的图谱分析方法（1）、文献计量学分析方法（1）、复杂网络分析工具（1）、Gephi（1）、可视化建模（1）
	舆情服务（156）	仿真（27）、BP 神经网络（22）、层次分析法（16）、粒子群算法（11）、聚类（10）、Matlab（8）、Vensim PLE 软件（6）、回归分析（6）、AHP（5）、灰色模型（5）、统计（5）、遗传算法（5）、最小二乘法（5）、K-means 算法（4）、Logistic 模型（4）、模糊综合评判法（4）、数据挖掘（4）、直觉模糊推理算法（4）、EMPSO-RBF 神经网络（3）、GM 模型（3）、GooSeeker（3）、R 语言（3）、SPSS（3）、贝叶斯网络算法（3）、灰色关联度方法（3）、马尔科夫（3）、模糊层次分析法（3）、爬虫工具（3）、神经网络（3）、时间序列模型（3）、系统动力学模型（3）、扎根理论（3）、E-R 模型（2）、Hadoop（2）、I-space（信息空间）模型（2）、KNN 方法（2）、LDA 主题模型（2）、Mamdani 方法（2）、Meta Seeker（2）、Netlogo 仿真软件（2）、SIR 病毒传播模型（2）、stata 固定效应模型（2）、Vensim 软件（2）、WD 模型（2）、Web 挖掘技术（2）、八爪鱼采集软件（2）、贝叶斯算法（2）、波特五力模型（2）、差分回归法（2）、德尔菲法（2）、动力学模型（2）、动态贝叶斯网络模型（2）、发酵、异化和演化模型（2）、改进粒子群算法（2）、话题聚类预测模型（2）、灰色统计方法（2）、灰色预测方法（2）、混合赋权法（2）、极限梯度提升算法（2）、加权 TOPSIS 方法（2）、加速遗传算法（AGA）（2）、链路预测方法（2）、蜜罐网络主动防御模型（2）、模糊层次综合评价方法（2）、模式识别方法（2）、内容分析法（2）、情感分析方法（2）、情感隶属度模糊推理算法（2）、人工神经网络（2）、熵权法（2）、熵值法（2）、数据仓库技术（2）、挖掘（2）、网络爬虫工具（2）、微分方程模型（2）、文本聚类技术（2）、问卷调查（2）、小波分析（2）、信号分析（2）、信息通信技术（2）、修正德尔菲法（2）、隐马尔可夫模型（HMM）（2）、语义处理技术（2）、战场态势分析（2）、支持向量机（2）、主题分类模型（2）、自动文本分类方法（2）、自回归模型（2）、ABC-BP 模型（1）、ABC 分类法（1）、AHP-模糊综合分析（1）、BA 无标度网络（1）、Elman 神经网络（1）、LanguageTool（1）、logistic 模型（1）、PageRank 算法（1）、PSO（SPSO）算法（1）、SEIR 网络模型（1）、SNO 网络舆情动态演进模型（1）、SVM（1）、残差修正的多因素灰色模型（1）、大数据语义特征分析（1）、多 Agent（1）、多时间序列的关联分析（1）、多项 logistic 回归（1）、多因素灰色模型（MGM（1，m））（1）、多元回归模型（1）、二级模糊综合评判方法（1）、改进 KNN 方法（1）、改进的 ABC-BP 模型（1）、改进的 AHP 法（1）、概念抽取的方法（1）、关联规则（1）、灰色支持向量机（1）、机器学习（1）、经验模态分解算法（1）、可拓聚类理论和方法（1）、联合聚类等数据挖掘算法（1）、美国消费者满意度模型（1）、模糊德尔菲法（1）、模糊神经网络（1）、模糊时间序列预测模型（1）、判别分析（1）、潜在语义分析（1）、强化系统全面的教育网络舆情问责机制（1）、热点追踪算法（1）、人工蜂群（Artificial bee colony）算法（1）、人工智能技术（1）、三方博弈理论（1）、三角模糊数的模糊德尔菲法（1）、适应性聚类分析技术（1）、数据预测模型（1）、数据预测模型 Logistic 模型（1）、投影寻踪（PP）模型（1）、网络口碑监测评估方法（1）、微

续表

舆情问题	方法与技术术语及其频次
舆情服务（156）	博舆情预测方法（1）、微分方程理论（1）、文本分类算法（1）、文本分析技术（1）、文本平均相似度的 K-Means 算法（1）、文本挖掘（1）、无标度（BA）网络（1）、相关性分析（1）、消费者满意度模型（ACSI）（1）、小波神经网络模型（1）、小世界网络（1）、演化博弈理论（1）、舆情预警机制（1）、元胞自动机（1）、支持向量机（LSA+SVM）算法（1）、指数平滑法模型（1）、智能机器算法（1）、智能学习（1）、中文信息处理（1）、中文自动构词算法（1）、主成分分析（1）
舆情管理（85）	仿真（10）、社会网络分析（7）、MATLAB（6）、问卷调查（6）、博弈论模型（5）、层次分析法（5）、Gephi（4）、SEIR（4）、内容分析法（4）、系统动力学方法（4）、传染病模型（3）、聚类（3）、演化博弈模型（3）、AHP 法（2）、AJAX 技术（2）、Apache 服务器（2）、Bass 模型（2）、CiteSpace（2）、DEMATEL 方法（2）、ISM 方法（2）、Multi-Agent 技术（2）、Netlogo 仿真软件（2）、SEIRS（2）、SIR（2）、stata 固定效应模型（2）、UCINET 软件（2）、WD 模型（2）、Wiki 技术（2）、大数据技术（2）、德尔菲法（2）、复杂网络（2）、复杂网络分析工具（2）、灰色关联度分析法（2）、模糊层次综合评价方法（2）、模糊群体决策的评分法（2）、平均场方法（2）、数据包络分析方法（2）、数据挖掘（2）、文献计量学（2）、现象归纳法（2）、ABC 法（1）、Hadoop（1）、Java 开发语言（1）、LanguageTool（1）、MVC 模式（1）、SNO 网络舆情动态演进模型（1）、贝叶斯-PageRank 算法（1）、并行式联合行动（1）、多 Agent 仿真（1）、访谈法（1）、分布式采集分析（1）、分布式计算（1）、复杂网络研究方法（1）、关联分析（1）、关系数据库（1）、规范的"事件研究法"（1）、耗散结构理论（1）、回归分析（1）、计算仿真实验研究方法（1）、进化博弈论（1）、拉斯韦尔 5W 传播要素模型（1）、群集动力学（1）、人工神经网络（1）、人工智能技术（1）、事件研究法（1）、统计（1）、网络舆情演化机理模型（1）、微分方程组模型（1）、文献解析（1）、系统科学和超网络的理论和方法（1）、系统设计方法（1）、小波分析（1）、小世界网络（1）、协商式决策制定（1）、信息生命周期（1）、演化博弈论（1）、引文网络分析工具（1）、应急管理等（1）、舆情预警机制（1）、云治理（1）、政府知识表示模型（1）、知识模型（1）、治理政策（1）、质化和量化相结合的研究方法（1）、主成分分析（1）

附录 10
经济情报研究方法体系

附表 10-1　经济情报研究方法体系

一级类目	二级类目	三级类目
传统情报研究方法	逻辑方法	归纳法、演绎法、综合法、比较法、反证法、证伪分析法
	数学方法	统计分析法、系统分析法、模型法、相似度分析、回归分析法、博弈分析、聚类分析法、粗糙集分析、模糊数学
	内容分析法	案例研究、文献研究、历史研究
	社会学方法	调查法、德尔菲法、观察法、人际网络
	综合评估法	模糊综合评价、VIKOR 法、信息评估、层次分析法、TOPSIS 法
	引文相关法	引文测度、被引聚类、链接分析、域名分析
	技术经济分析法	费用效果分析法、费用效益分析法、投入产出法、比率分析、风险评估、技术图表、蛙跳模型
计算机方法	计算机	计算机系统、数据库、传感数据采集、云计算、复杂适应系统、仿真模拟、联机分析处理、分布式计算、可视化方法
	人工智能	知识表示法、搜索法、逻辑推理、机器学习、自然语言处理、计算智能、数据挖掘、专家系统
竞争情报及其他方法	竞争情报	波士顿矩阵法、SWOT 方法、定标比超、波特五力模型、波特价值链分析模型、波特钻石模型、竞争对手跟踪法、反求工程、供应链分析、危机管理模型、用户细分、战略群组分析、竞争态势矩阵、九力分析模型、沙盘模拟、四角分析、专利分析、基准分析、关键成功因素分析法、平衡记分卡、生命周期分析法、STEEP 模型、四分位法、业务流程分析、反竞争预警、Mashup 融合、机会分析、盲点分析、情景分析
	其他	社会网络、知识图谱、共现网络、大数据、混沌动力学、RSS 推送、SECI 模型、网络采集、有声思考法、李克特量表、媒体采集、第三方采购、软件采集、情报推送

参考文献

[1] AGGARWAL C C. Social network data analytics[M]. NewYork: Springer US, 2011.

[2] AMSLER R A. A taxonomy for English nouns and verbs[C]//Proceedings of the 19th Annual Meeting on Association for Computational Linguistics, Stanford, California. Stroudsburg: ACL, 1981: 133-138.

[3] ANDERSON J. Public policymaking[M]. Boston: Houghton Mifflin, 1990: 5.

[4] ARANGANAYAGI S, THANGAVEL K. Clustering categorical data using silhouette coefficient as a relocating measure[C]//Proceedings of the International Conference on Computational Intelligence and Multimedia Applications. New York: IEEE, 2007: 13-17.

[5] ATHERTON P. Research in information science[R]. NATO Advanced Study Institute in Information Science, England, 1973: 665-683.

[6] BABU J M, CHAD M, SANGWON L, et al. Salesperson competitive intelligence and performance: the role of product knowledge and sales force automation usage[J]. Industrial marketing management, 2014, 43 (1): 136-145.

[7] BATES M J. Information and knowledge: an evolutionary framework for information science[J]. Information research, 2005, 10 (4): 239.

[8] BERGES-GARCIA A, MENESES-CHAUS J M, MARTINEZORTEGA J F. Methodology for evaluating functions and products for technology watch and competitive intelligence (TW/CI) and their implementation through web[J]. Professional de la information, 2016, 25 (1): 103-113.

[9] BLAKE V L P. Since Shaughnessy[J]. Collection management, 1994, 19 (1-2): 1-42.

[10] BOREN M T, RAMEY J. Thinking aloud: reconciling theoryand practice[J]. IEEE

transactions on professional communication, 2000, 43 (3): 261-278.

[11] BOSE R. Competitive intelligence process and tools for intelligence analysis [J]. Industrial management & data systems, 2008, 108 (4): 510-528.

[12] BRANDES U, GAERTLER M, WAGNER D. Experiments on graph clustering algorithms [C] //Proceedings of European Symposium on Algorithms. Berlin: Springer, Heidelberg, 2003: 568-579.

[13] BRIN S, PAGE L. The anatomy of a large-scale hypertextual Web search engine [J]. Computer networks and ISDN systems, 1998, 30 (1-7): 107-117.

[14] BUDD J M. Knowledge and knowing in library and information science: a philosophical framework [J]. The journal of academic librarianship, 2001, 29 (2): 285-286.

[15] CALZOLARI N. Detecting patterns in a Lexical Data Base [C] //Proceedings of the 10th International Conference on Computational Linguistics and 22nd annual meeting on Association for Computational Linguistics. Stroudsburg: ACL, 1984: 170-173.

[16] CARABALLO S A. Automatic construction of a hypernym-labeled noun hierarchy from text [C] //Proceedings of the 37th Annual Meeting of the Association for Computational Linguistics on Computational Linguistics. Stroudsburg: ACL, 1999: 120-126.

[17] CHUANG S L, CHIEN L F. Towards automatic generation of query taxonomy: a hierarchical query clustering approach [C] //Proceedings of the 2002 IEEE International Conference on Data Mining, Maebashi, 2002: 75-82.

[18] CHU HETING. Research methods in library and information science: a content analysis [J]. Library & information science research, 2015, 37 (1): 36-41.

[19] CHU H, KE Q. Research methods: what's in the name? [J]. Library & information science research, 2017, 39 (4): 284-294.

[20] CHUNG J, GULCEHRE C, CHO K H, et al. Empirical evaluation of gated recurrent neural networks on sequence modeling [J]. arXiv preprint arXiv: 1412. 3555, 2014.

[21] CLARK R M. Intelligence analysis: a target-centric approach [M]. fifth edition. Oaks: CQ Press, 2016: 1-4.

[22] CLAUSER J, GOLDMAN J. An introduction to intelligence research and analysis [M]. Metuchen: Scarecrow Press, 2008: 1-8.

[23] DA KEIM. Visual analytics: definition, pro-cess, and challenges [EB/OL]. [2012-09-

06]. http://www.ll.gatech.edu/atasko/7450/sy/abus.html.

[24] DEKA G C. BASE analysis of NoSQL database[J]. Future generation computer systems, 2015, 52: 13-21.

[25] DEVLIN J, CHANG M-W, LEE K, et al. Bert: pre-training of deep bidirectional transformers for language understanding[J]. arXiv preprint arXiv: 1810.4805, 2018.

[26] European Commission. New and emerging science and technology (NEST) [EB/OL]. [2012-09-06]. http://cordis.europa.eu/fp6/nest.htm.

[27] FERRAN-FERRER N, GUALLAR J, ABADAL E, et al. Research methods and techniques in spanish library and information science journals (2012-2014) [J]. Information research, 2017, 22 (1): 1-19.

[28] FLEISS J L, JACOB C. The equivalence of weighted kappa and the intraclass correlation coefficient as measures of reliability[J]. Educational and psychological measurement, 1973, 33 (3): 613-619.

[29] FORD J M. Content analysis: an introduction to its methodology[J]. Personnel psychology, 2004, 57 (4): 1110-1113.

[30] FREY B J, DUECK D. Clustering by passing messages between data points[J]. Science, 2007, 315 (5814): 972-976.

[31] GRAVES A. Generating sequences with recurrent neural networks[J]. arXiv preprint arXiv: 1308.0850, 2013.

[32] GREGORY F, SETH G J, STEVEN B, et al. Toward a theory of intelligence: workshop, 2006[EB/OL]. [2012-09-06]. http://www.rand.org/pubs/conf_proceedings/CF219.

[33] GUPTA S, MANNING C. Analyzing the dynamics of research by extracting key aspects of scientific papers[C] //Proceedings of the 5th International Joint Conference on Natural Language Processing (IJCNLP2011). Stroudsbury: ACL, 2011: 1-9.

[34] HACHEY B, GROVER C. Sentence classification experiments for legal text summarisation[C] //Proceedings of the 17th Annual Conference on Legal Knowledge and Information Systems. Amsterdam: IOS Press, 2004: 29-38.

[35] HASTIE T, TIBSHIRANI R, FRIEDMAN J. The elements of statistical learning: Data Mining, Inference, and Prediction[M]. Berlin: Springer-Verlag, 2001.

[36] HEARST, MARTI A. Automatic acquisition of hyponyms from large text corpora[C] //

Proceedings of the International Conference on Computational Linguistics, Nantes, France. Stroudsburg: ACL, 1992: 539-545.

[37] HEFFERNAN K, TEUFEL S. Identifying problems and solutions in scientific text[J]. Scientometrics, 2018, 116 (2): 1367-1382.

[38] HEUER R J, PHERSON R H. Structured Analytic Techniques for Intelligence Analysis [M]. second edition. Oaks: CQ Press, 2014: 1-10.

[39] HIROHATA K, OKAZAKI N, ANANIADOU S, et al. Identifying sections in scientific abstracts using conditional random fields[C] //Proceedings of the Third International Joint Conference on Natural Language Processing, Hyderabad, 2008: 381-388.

[40] HOUNGBO H, MERCER R E. Method mention extraction from scientific research papers [C] //Proceedings of International Conference on Computational Linguistics (COLING 2012). Stroudsbury: ACL, 2012: 1211-1222.

[41] HOWISON J, BULLARD J. Software in the scientific literature: problems with seeing, finding, and using software mentioned in the biology literature[J]. Journal of the association for information science and technology, 2015, 67 (9): 2137-2155.

[42] HSU S T, MOON C, JONES P, et al. A hybrid CNN-RNN alignment model for phrase-aware sentence classification[C] //Proceedings of the 15th Conference of the European Chapter of the Association for Computational Linguistics (EACL2017). Stroudsbury: ACL, 2017: 443-449.

[43] IDC. The digital universe of opportunities: rich data and the increasing value of the internet of things[EB/OL]. [2017-09-06]. https://www.emc.com/leadership/digital-universe/2014iview/executive-summary.htm.

[44] INGWERSEN P. Information and Information Science[J]. Encyclopedia of library and information science, 1995, 56 (1): 127-132.

[45] JEBBARA S, CIMIANO P. Improving opinion-target extraction with character-level word embeddings[C] //Proceedings of the First Workshop on Subword and Character Level Models in NLP. Stroudsbury: ACL, 2017: 159-167.

[46] JESSON J K, LYDIA MATHESON, LACEY F M. Doing your literature review: traditional and systematic techniques [M]. Los Angeles: SAGE Publications, 2011: 5-125.

[47] JISOO Y, YOUN AH K, STASKO J T. Toward a deeper understanding of the role of interaction in information visualization[J]. IEEE transactions on visualization and computer graphics, 2007, 13(6): 1224-1231.

[48] JOACHIMS T. Text categorization with support vector machines: Learning with many relevant features[C]//Proceedings of the European conference on machine learning. Berlin: Springer, 1998: 137-142.

[49] KAPLAN N. The norms of citation behavior: prolegomena to the footnote[J]. American documentation, 1965, 16(3): 179-184.

[50] KELLER J M, GRAY M R, GIVENS J A. A fuzzy k-nearest neighbor algorithm[J]. IEEE transactions on systems, man, and cybernetics, 1985(4): 580-585.

[51] KESSLER M M. Bibliographic coupling between scientific papers[J]. American documentation, 1963, 14(1): 10.

[52] KHAN S, LIU X, SHAKIL K A, et al. A survey on scholarly data: from big data perspective[J]. Information processing & management, 2017, 53(4): 923-944.

[53] KHOO Y M A, ALBRECHT D. Experiments with sentence classification[C]//Proceedings of the Australasian Language Technology Workshop (ALTA2006). Sydney: ALTW, 2006: 18-25.

[54] KOVAČEVIĆ A, KONJOVIĆ Z, MILOSAVLJEVIĆ B, et al. Mining methodologies from NLP publications: a case study in automatic terminology recognition[J]. Computer speech & language, 2012, 26(2): 105-126.

[55] KRIPPENDORFF K. Computing krippendorff's alpha-reliability[J]. Computer science, 2011, 7488: 1-10.

[56] KUMPULAINEN S. Library and information science research in 1975: content analysis of the journal articles[J]. Libri, 1991, 41(1): 59-76.

[57] K.耶尔韦兰·瓦卡里. 1965—1985年图书情报学的发展[J]. 俞培果, 编译. 国外图书情报工作, 1993(3): 6-12.

[58] LAFFERY J, MCCALLUM A, PEREIRA F. Conditional random fields: probabilistic models for segmenting and labeling sequence data[C]//Proceeding of International Conference on Machine Learning. New York: ACM, 2001: 282-289.

[59] LAYDER D. Grounded theory and field research, New strategies in social research[M].

Cambridge: Cambridge Polity Press, 1983.

[60] LIAKATA M, SAHA S, DOBNIK S, et al. Automatic recognition of conceptualization zones in scientific articles and two life science applications[J]. Bioinformatics, 2012, 28 (7): 991-1000.

[61] LIMSOPATHAM N, COLLIER N. Modelling the combination of generic and target domain embeddings in a convolutional neural network for sentence classification[C] // Proceedings of the 15th Workshop on Biomedical Natural Language Processing (BioNLP @ACL2016). Stroudsbury: ACL, 2016: 136-140.

[62] LIU Y, JI L, HUANG R, et al. Multi-grained-attention gated convolutional neural networks for sentence classification[J]. arXiv preprint arXiv: 1808.07325, 2018.

[63] MACQUEEN J. Some methods for classification and analysis of multivariate observations [C] //Proceedings of the Fifth Berkeley Symposium on Mathematical Statistics and Probability. California: University of California Press, 1967: 281-297.

[64] MANDELBAUM A, SHALEV A. Word embeddings and their use in sentence classification tasks[J]. arXiv preprint arXiv: 1610.08229, 2016.

[65] MANI I, SAMUEL K, CONCEPCION K, et al. Automatically inducing ontologies from corpora [C] //Proceedings of the 3rd International Workshop on Computational Terminology. Stroudsburg: ACL, 2004: 47-54.

[66] MAO K, MAO K, MAO K, et al. Topic-Aware Deep Compositional Models for Sentence Classification[J]. IEEE/ACM Transactions on Audio Speech & Language Processing, 2017, 25 (2): 248-260.

[67] MAZZA R. Introduction to information visualization [M]. Berlin: Springer, 2009: 30-80.

[68] MCCANDLESS M, HATCHER E, GOSPODNETIC O. Lucene in action: covers Apache Lucene 3.0[Z]. Manning Publications Co., 2010.

[69] MEREDITH J. Building operations management theory through case and field research [J]. Journal of operation management, 1998, 16: 441-454.

[70] MIKOLOV T, CHEN K, CORRADO G, et al. Efficient estimation of word representations in vector space [C] //Proceedings of International Conference on Learning Representations. Scottsdale: ICLR, 2013: 1-12.

[71] NEWMAN M E J. Scientific collaboration networks. I. Network construction and fundamental results[J]. Physical review letters, 2001, 64(1): 1-8.

[72] NIELSEN J. Usability engineering[M]. Cambridge: AP Professional, 1993.

[73] NISBET JOYCE J W. CaseStudy[D]. Aberdeen: University of Aberdeen, 1978: 5.

[74] NOMPONKRANG T, SANRACH C. The comparison of algorithms for thai-sentence classification[J]. International journal of information and education technology, 2016, 6(10): 801-808.

[75] OSTERLOH M, ROTA S. Open source software development-Just another case of cllective invention?[J]. Research policy, 2007, 36(3): 157-171.

[76] REICHARDT C S, COOK T D. Beyond qualitative versus quantitative methods: qualitative and quantitative methods in evaluation research[M]. New York: SAGE Publications, 1979.

[77] SALAMON L M, ELLIOT O. Tools of government: a guide to the new governance[M]. Oxford: Oxford University Press, 2002.

[78] SANDERSON M, CROFT B. Deriving concept hierarchies from text[C]//Proceedings of the 22nd Annual International ACM SIGIR Conference on Research and Development in Information Retrieval. New York: ACM, 1999: 206-213.

[79] SMALL H G, GREENLEE E. A co-citation study of aids research[M]//BORGMAN C L. Scientometrics. Newbury Park: Sage Publications, 1990: 166-193.

[80] SMITH R A, HOUSTON M J. A psychometric assessment of measures of scripts in consumer memory[J]. Journal of consumer research, 1985, 12(2): 214-224.

[81] STRAUSS A, CORBIN J. 质的研究概论[M]. 徐宗国, 译. 台北: 巨流图书公司, 2004: 73, 127.

[82] THOMAS J J, COOK K A. Illuminating the path: the research and development agenda for visual analytics[M]. Los Alamitos: IEEE Computer Society Press, 2005.

[83] TSUI E, WANG W M, CHEUNG C F, et al. A concept-relationship acquisition and inference approach for hierarchical taxonomy construction from tags[J]. Information processing & management, 2010, 46(1): 44-57.

[84] UAROB S, BHATIA S, MITRA P, et al. AlgorithmSeer: a system for extracting and searching for algorithms in scholarly big data[J]. IEEE transactions on big data, 2016, 2

(1): 3-17.

[85] VAKKARI P. Content analysis of research articles in library and information science[J]. Library & information science research, 1990, 12 (2): 77-90.

[86] WANG B, LIU S, DING K, et al. Identifying technological topics and institution-topic distribution probability for patent competitive intelligence analysis: a case study in LTE technology[J]. Scientometrics, 2014, 101 (1): 685-700.

[87] WANG J, ZHANG C, ZHANG M, et al. CitationAS: a tool of automatic survey generation based on citation content[J]. Journal of data and information science, 2018, 3 (2): 20-37.

[88] WHITE H D, MCCAIN K W. Visualizing a discipline: an author co-citation analysis of information science[J]. Journal of the American society for information science, 1998, 49 (4): 327-355.

[89] YAMAMOTO Y, TAKAGI T. A sentence classification system for multi biomedical literature summarization [C] //Proceedings of the International Conference on Data Engineering Workshops. New York: IEEE, 2005: 1163.

[90] YAN Z, JIAN Y, JIA C. Initializing K-means clustering using affinity propagation [C] //Proceedings of the 2009 Ninth International Conference on Hybrid Intelligent Systems. Washington: IEEE Computer Society, 2009: 338-343.

[91] ZADEH Q B, HANDSCHUH S. Investigating context parameters in technology term recognition[C] // Proceedings of the COLING Workshop on Synchronic and Diachronic Approaches to Analyzing Technical Language. Stroudsbury: ACL, 2014: 1-10.

[92] ZHANG Q, WANG Y, GONG Y Y, et al. Keyphrase extraction using deep recurrent neural networks on twitter[C] //Proceedings of the 2016 Conference on Empirical Methods in Natural Language Processing (EMNLP). Stroudsbury: ACL, 2016: 836-845.

[93] ZHANG Y, WALLACE B. A sensitivity analysis of (and practitioners' guide to) convolutional neural networks for sentence classification [J]. arXiv preprint arXiv: 151003820, 2015.

[94] ZHAO Z, WU Y. Attention-based convolutional neural networks for sentence classification[C] //Proceedings of the 17th Annual Conference of the International

Speech Communication Association. San Francisco: ISCA, 2016: 705-709.

[95] ZOBEL J, MOFFAT A. Inverted files for text search engines[J]. ACM computing surveys, 2006, 38 (2): 6.

[96] 艾丹祥. 基于本体论的知识检索研究[D]. 武汉: 武汉大学, 2004: 11-12.

[97] 艾尔·巴比. 社会研究方法[M]. 北京: 华夏出版社, 2005: 286-287.

[98] 安琪. 浅议城市管理中问卷调查弊端[J]. 知识经济, 2010 (11): 60.

[99] 安源, 张玲. 文献计量学在我国图书情报领域的应用研究进展综述[J]. 图书馆, 2014 (5): 63-68.

[100] 巴志超, 李纲, 朱世伟. 共现分析中的关键词选择与语义度量方法研究[J]. 情报学报, 2016, 35 (2): 197-207.

[101] 白海燕, 朱礼军. 关联数据的自动关联构建研究[J]. 现代图书情报技术, 2010 (2): 44-49.

[102] 包昌火, 金学慧, 张婧, 等. 论中国情报学学科体系的构建[J]. 情报杂志, 2018, 37 (10): 1-11, 41.

[103] 包昌火, 刘彦君, 张婧, 等. 中国情报学论纲[J]. 情报杂志, 2018, 37 (1): 1-8.

[104] 包昌火. 情报学研究方法论[M]. 北京: 科学技术文献出版社, 1990: 14-15.

[105] 包昌火. 情报学研究方法论[M]. 北京: 科学技术文献出版社, 1990: 236-237.

[106] 包昌火, 谢新洲, 申宁. 人际网络分析[J]. 情报学报, 2003, 22 (3): 365-374.

[107] 包琰. 包昌火情报思想剖析[J]. 情报杂志, 2013, 32 (6): 1-4, 9.

[108] 毕强. 数字时代情报学发展前景[J]. 图书情报工作, 2010, 54 (12): 5-7, 31.

[109] 曹梅, 朱学芳. 用户信息行为的研究方法体系初探[J]. 情报理论与实践, 2010, 33 (1): 37-40.

[110] 曹佩升, 刘绍龙. 翻译实证研究方法体系建构[J]. 甘肃社会科学, 2011 (1): 252-255.

[111] 常李艳, 华薇娜. 从基金论文看我国情报学的发展[J]. 新世纪图书馆, 2009 (1): 6-10.

[112] 陈波, 赵海涛. 储层精细表征的研究方法体系与思路探讨[J]. 河南石油, 2006 (1): 21-24.

[113] 陈传夫, 马浩琴. 图书情报学现实研究中科学方法应用的调查分析: 以2010年的期刊论文为样本[J]. 图书馆论坛, 2011, 31 (6): 32-37, 67.

[114] 陈峰. 论面向高端用户提供情报服务的四个层次[J]. 情报杂志, 2016, 35 (10): 13-17.

[115] 陈峰, 赵筱媛, 郑彦宁. 公益类科技情报机构提供产业竞争情报产品的方法: 以 "2009 中国风能产业国际竞争态势研究报告" 为例[J]. 情报学报, 2010, 29 (2): 362-367.

[116] 陈广杰. 文摘法与引证法的比较研究[J]. 中国图书馆学报, 1998 (2): 75-78.

[117] 陈航, 徐蔡余, 王曰芬. 微信碎片化信息阅读行为特点与影响因素研究[J]. 图书与情报, 2017 (3): 26-35.

[118] 陈慧鹏. 嬗变与回归: 论图书馆学专门方法研究[J]. 图书馆杂志, 2010, 29 (10): 2-5, 24.

[119] 陈磊. 三维信息可视化交互技术及其在网络安全中的应用[D]. 天津: 天津大学, 2008.

[120] 陈卫静, 郑颖. 基于作者关键词耦合的潜在合作关系挖掘[J]. 情报杂志, 2013, 32 (5): 127-131.

[121] 陈向明. 质的研究方法与社会科学研究[M]. 北京: 教育科学出版社, 2000: 327-332.

[122] 陈烨, 赵一鸣, 姜又琦. 基于关联数据的知识组织研究述评[J]. 情报理论与实践, 2016, 39 (2): 139-144.

[123] 陈宇旸. 图书馆学专门方法研究的发展与展望[J]. 图书情报工作, 2009, 53 (11): 51-54.

[124] 陈悦, 刘则渊. 悄然兴起的科学知识图谱[J]. 科学学研究, 2005, 23 (2): 149-154.

[125] 陈之彦, 李晓杰, 朱淑华, 等. 基于 Hash 结构词典的双向最大匹配分词法[J]. 计算机科学, 2015, 42 (b11): 49-54.

[126] 陈志新. 分类法研究的十五个问题: 我国 2009 至 2016 年分类法研究综述[J]. 情报科学, 2018, 36 (6): 149-155.

[127] 陈忠海, 李果元. 档案学研究运用问卷调查法存在问题分析[J]. 档案管理, 2019 (2): 10-12.

[128] 陈祖琴, 成洁, 蒋勋. 情报流程重构视角下的应急过程多目标优化研究[J]. 情报理论与实践, 2019, 42 (11): 1-10.

[129] 程变爱. 试论资源描述框架（RDF）：一种极具生命力的元数据携带工具[J]. 现代图书情报技术, 2000（6）：62-64.

[130] 程广龙. 多学科影响下的情报学研究[J]. 现代情报, 2005（9）：206-208.

[131] 程立斌, 林春应. 军事情报研究方法体系探析[J]. 情报杂志, 2007（2）：87-89.

[132] 程齐凯, 李信. 面向语义出版的学术文本词汇语义功能自动识别[J]. 数字图书馆论坛, 2017（8）：24-31.

[133] 储荷婷. 图书馆情报学界的研究方法：实践与发展[J]. 国家图书馆学刊, 2014, 23（3）：3-14.

[134] 储节旺, 郭春侠. 索引法在网络信息组织中的应用[J]. 情报杂志, 2000（6）：94-96.

[135] 崔海涛, 黄超. 基于规则的英文句子分类实现[J]. 信息化建设, 2015（11）：180-181.

[136] 崔雷. 专题文献高被引论文的连续同被引聚类分析[J]. 情报理论与实践, 1996（1）：47-49.

[137] 邓伟珍. 图书情报领域信息可视化分析方法研究进展综述[J]. 科技传播, 2018, 10（18）：170-171.

[138] 邓志鸿, 唐世渭, 张铭, 等. Ontology 研究综述[J]. 北京大学学报（自然科学版）, 2002（5）：730-738.

[139] 丁学东. 文献计量学基础[M]. 北京：北京大学出版社, 1993：198.

[140] 丁咏, 岳振军, 朱莹, 王浩. 军事情报价值的当量评估法[J]. 火力与指挥控制, 2015, 40（3）：72-74, 78.

[141] 董尹, 刘千里, 赵小康. 基于情报流程视角的情报活动相关变量识别与分类[J]. 情报杂志, 2012, 31（10）：6-11.

[142] 杜琪. 图书馆学序化思想研究[J]. 图书馆学研究, 2019（15）：2-8.

[143] 段卉, 金亮. 焦点小组访谈法在传播研究中的新探索[J]. 青年记者, 2017（30）：54-55.

[144] 樊松林. 竞争情报研究方法体系的架构与选用[J]. 情报科学, 2000（10）：871-876.

[145] 范并思. 情报学理论的制高点：情报政策研究[J]. 情报科学, 1988（2）：78-83.

[146] 范全青, 郭维真, 凤元杰. 我国文献计量学研究30年之发展[J]. 情报资料工作,

2009（3）：30-33，60.

[147] 方付建. 网络舆情研究中量化方法应用态势分析[J]. 情报杂志，2014（10）：47-51.

[148] 方延风. "互联网+"背景下开源软件在科技情报研究中的应用：信息采集、存储和预处理[J]. 科技和产业，2017，17（8）：141-146.

[149] 费小冬. 扎根理论研究方法论：要素、研究程序和评判标准[J]. 公共行政评论，2008（3）：24.

[150] 费钟琳，王京安. 社会网络分析：一种管理研究方法和视角[J]. 科技管理研究，2010，30（24）：216-219.

[151] 冯生尧，谢瑶妮. 扎根理论：一种新颖的质化研究方法[J]. 现代教育论丛，2001（6）：51-53.

[152] 冯志伟. 自然语言处理中的哲学问题[J]. 心智与计算，2007（3）：333-353.

[153] 奉国和，郑伟. 国内中文自动分词技术研究综述[J]. 图书情报工作，2011（2）：41-45.

[154] 符福桓. 论情报学体系结构的形成、演化与发展研究[J]. 情报科学，2003，21（12）：2-8.

[155] 干春松. 中国阐释学传统及转向[J]. 中国社会科学评价，2019（1）：17-21.

[156] 高金虎. 军事情报学[M]. 南京：江苏人民出版社，2017：29.

[157] 高金虎. 情报分析方法论[M]. 北京：金城出版社，2017：1-23.

[158] 高俊宽. 文献计量学方法在科学评价中的应用探讨[J]. 图书情报知识，2005（2）：14-17.

[159] 葛梅荣. 图书情报学研究方法体系及应用[J]. 科技信息，2012（15）：269，129.

[160] 葛耀良. 比较情报学浅议[J]. 情报学刊，1983（2）：87-89.

[161] 葛兆光，杨念群，徐杰舜，等. 研究范式与学科意识的自觉[J]. 山东大学学报（哲学社会科学版），2005（4）：1-12.

[162] 耿蓓，王斌. 情报评估体系建设研究[J]. 图书馆学研究，2014（23）：7-11.

[163] 荀巧玲. 社会调查中问卷质量评估的意义及方法[J]. 中外企业家，2014（30）：233-234.

[164] 古塔，弗格森. 人类学定位：田野科学的界限与基础[M]. 骆建建，袁同凯，郭立新，译. 北京：华夏出版社，2005：5，7，20.

[165] 顾芳. 多学科领域本体设计方法的研究[D]. 北京：中国科学院计算技术研究所，2004.

[166] 顾金睿，王芳. 关于本体论的研究综述[J]. 情报科学，2007（6）：949-956.

[167] 关鹏，王曰芬，傅柱. 基于多 Agent 系统的科研合作网络知识扩散建模与仿真[J]. 情报学报，2019，38（5）：512-524.

[168] 郭宝震，左万利，王英. 采用词向量注意力机制的双路卷积神经网络句子分类模型[J]. 浙江大学学报（工学版），2018，52（9）：1729-1737.

[169] 郭惠民. 传播学的奠基人[J]. 国际新闻界，1990（2）：48-54.

[170] 郭胜华. 图书情报学领域信息素养研究述介[J]. 情报杂志，2003（7）：26-28.

[171] 郭彦如，刘化清，李相博，等. 大型坳陷湖盆层序地层格架的研究方法体系：以鄂尔多斯盆地中生界延长组为例[J]. 沉积学报，2008（3）：384-391.

[172] 郭艳茹，孙涛. 经济学家和史学家应该互相学习什么[J]. 学术月刊，2008（3）：77-82.

[173] 郭永建，张树娟. 竞争情报收集整体框架及信息源反馈评价体系研究[J]. 情报杂志，2007（11）：35-36.

[174] 何芳. 网页相关性眼动反馈指标研究[J]. 情报理论与实践，2019，42（2）：164-168.

[175] 何琳. 领域本体评价研究[J]. 图书馆杂志，2010，29（2）：57-62.

[176] 洪巧荣. 马克思主义哲学视野下中国文化发展模式研究[D]. 南京：东南大学，2014.

[177] 洪文学，王金甲. 可视化和可视化分析学[J]. 燕山大学学报，2010，34（2）：95-99，105.

[178] 侯定丕，王战君. 非线性评估的理论探索与应用[M]. 合肥：中国科学技术大学出版社，2001.

[179] 侯汉清. 分类法的发展趋势简论[J]. 情报科学，1981（1）：58-63，30.

[180] 胡浩. 焦点小组访谈理论及其应用[J]. 现代商业，2010（26）：282.

[181] 胡吉明，陈果. 基于动态 LDA 主题模型的内容主题挖掘与演化[J]. 图书情报工作，2014，58（2）：138-142.

[182] 胡韬，张大均. 教育心理学研究方法体系的发展历程与新取向[J]. 西华师范大学学报（哲学社会科学版），2006（3）：96-99.

[183] 胡雅萍,潘彬彬,叶凤云.竞争情报工作者信息搜寻与利用行为研究[J].情报理论与实践,2015,38(2):1-5.

[184] 胡元蛟,邵波.竞争情报战略价值链咨询模型[J].图书情报工作,2011,55(14):59-62.

[185] 华薇娜.我国80年代图书馆学情报学研究状况的定量分析[J].情报学报,1995(3):218-226.

[186] 华薇娜.中美两国图书馆学、情报学研究方法、主题、对象、分析技术的比较研究[J].情报学报,1997(1):12-19.

[187] 华秀丽,徐凡,王中卿,等.细粒度科技论文摘要句子分类方法[J].计算机工程,2012,38(14):138-140.

[188] 化柏林,李广建.面向情报流程的情报方法体系构建[J].情报学报,2016,35(2):177-188.

[189] 化柏林.情报学三动论探析:序化论、转化论与融合论[J].情报理论与实践,2009,32(11):21-24,41.

[190] 化柏林.网络海量信息环境下的情报方法体系研究[J].情报理论与实践,2012,35(11):1-5.

[191] 化柏林,郑彦宁.情报转化理论(上):从数据到信息的转化[J].情报理论与实践,2012,35(3):1-4.

[192] 黄萃,任弢,张剑.政策文献量化研究:公共政策研究的新方向[J].公共管理学报,2015(2):96.

[193] 黄甫全,游景如,涂丽娜,等.系统性文献综述法:案例、步骤与价值[J].电化教育研究,2017,38(11):11-18,25.

[194] 黄卿贤,胡谷雨,王立峰.本体的概念、建模与应用[J].解放军理工大学学报(自然科学版),2005,6(2):123-126.

[195] 黄晓斌,钟辉新.大数据时代企业竞争情报研究的创新与发展[J].图书与情报,2012(6):9-14.

[196] 贾君枝.面向数据网络的信息组织演变发展[J].中国图书馆学报,2019(5):51-60.

[197] 姜恩波.RDF原理、结构初探[J].现代图书情报技术,2001(5):32-33.

[198] 姜峰.西方诠释学演进逻辑及其形而上学重建[D].沈阳:辽宁大学,2018.

[199] 蒋永福,付小红. 知识组织论：图书情报学的理论基础[J]. 图书馆建设,2000(4)：14-17.

[200] 金建国. 聚类方法综述[J]. 计算机科学,2014,41（b11）：288-293.

[201] 靳娟娟. 边防情报学方法论研究[J]. 情报杂志,2003（2）：24-25,28.

[202] 靳娟娟. 情报学方法论研究[J]. 情报杂志,1995（3）：27-30.

[203] 靖继鹏,马费成,张向先. 情报科学理论[M]. 北京：科学出版社,2009：1.

[204] 靖继鹏,马费成,张向先. 情报科学理论[M]. 北京：科学出版社,2009：56-94.

[205] 靖继鹏,马费成,张向先. 情报科学理论[M]. 北京：科学出版社,2009：105-132.

[206] 靖继鹏,马费成,张向先. 情报科学理论[M]. 北京：科学出版社,2009：223-224.

[207] 卡麦兹·K. 建构扎根理论：质性研究实践指南[M]. 边国英,译. 重庆：重庆大学出版社,2009：102-103.

[208] 康桂英. 分类法与主题法在网络信息资源组织与揭示中的应用[J]. 情报科学,1999（3）：284-287,291.

[209] 柯平. 情报学理论集成与突破：评《IRM-KM范式与情报学发展研究》[J]. 情报理论与实践,2011,34（5）：126-128.

[210] 柯平,苏福. 我国图书馆学研究方法分析[J]. 图书馆,2016（5）：1-4,9.

[211] 赖茂生. 情报学的发展观[J]. 图书情报知识,2000（4）：2-4,9.

[212] 乐思诗,叶鹰. 专利计量学的研究现状与发展态势[J]. 图书与情报,2009（6）：63-66,73.

[213] 冷伏海,冯璐. 情报研究方法发展现状与趋势[J]. 图书情报工作,2009,52（2）：29-33.

[214] 李朝葵,陶卫国. 层次分析法在网络信息资源导航系统评价中的应用[J]. 四川图书馆学报,2004（3）：75-78.

[215] 李德升. 情报学特殊研究方法对学科建设的意义[J]. 图书情报论坛,2000（2）：10-12.

[216] 李帆,傅劲松. 论资源产业经济学的研究方法体系[J]. 资源与产业,2006（6）：34-38.

[217] 李峰,刘静延,蒋录全. 预测方法的发展及最新动态[J]. 情报杂志,2005（6）：76-77.

[218] 李纲,李昂. 基于社会网络分析的学术团体合著研究：以武汉大学计算机学院为

例[J]. 信息资源管理学报, 2011 (3): 43-47.

[219] 李广仓. 公安情报分析原理[M]. 北京: 中国人民公安大学出版社, 2007: 300.

[220] 李广建, 化柏林. 大数据分析与情报分析关系辨析[J]. 中国图书馆学报, 2014, 40 (5): 14-22.

[221] 李广建, 杨林. 大数据视角下的情报研究与情报研究技术[J]. 图书与情报, 2012 (6): 1-8.

[222] 李辉, 张惠娜, 侯元元, 等. 情报3.0时代科技情报服务能力研究: 基于工程技术视角的服务能力四层结构模型[J]. 情报理论与实践, 2017, 40 (3): 1-4.

[223] 李健, 李洋. 我国图书馆学与情报学发展的同归与分野[J]. 情报杂志, 2017, 36 (5): 9-13, 89.

[224] 李健. 论我国图书情报学案例研究方法[J]. 图书馆工作与研究, 2010 (9): 17-20.

[225] 李健生. "引文分析法"质疑[J]. 图书情报工作, 1992 (5): 41-45, 57.

[226] 李景. 本体理论在文献检索系统中的应用研究[M]. 北京: 北京图书馆出版社, 2005: 5-6.

[227] 李景, 钱平. 叙词表与本体的区别与联系[J]. 中国图书馆学报, 2004 (1): 38-41.

[228] 李敏. 基于知识情境协作的企业竞争信息语义获取与过滤研究[J]. 东北师大学报 (哲学社会科学版), 2013 (4): 63-66.

[229] 李宁. 试论情报的双重本质和不可定义性[J]. 技术与市场, 1988 (1): 49.

[230] 李鹏, 韩毅. 扎根理论视角下合作信息查寻与检索行为的案例研究[J]. 图书情报工作, 2013, 57 (19): 24-29, 56.

[231] 李文杰, 化存才, 何伟全, 等. 网络舆情事件的灰色预测模型及案例分析[J]. 情报科学, 2013 (12): 51-56.

[232] 李文娟, 杨国立. 近五年我国情报学研究知识图谱分析[J]. 情报科学, 2014 (1): 104-109.

[233] 李绪蓉, 徐焕良. 政府信息资源管理与开发[M]. 北京: 北京大学出版社, 2005.

[234] 李一平, 刘细文. 科学共同体文献计量学特征研究[J]. 图书情报工作, 2014, 58 (9): 62-68.

[235] 李益斌. 欧洲恐怖主义的新态势及原因分析: 基于聚类分析法[J]. 情报杂志,

2018, 37 (3): 55-63.

[236] 李勇男, 梅建明, 秦广军. 反恐情报分析中的数据预处理研究[J]. 情报科学, 2017, 35 (11): 103-107, 113.

[237] 李勇, 张志刚. 领域本体构建方法研究[J]. 计算机工程与科学, 2008 (5): 129-131.

[238] 李宇明. 术语规范与术语立法[J]. 中国科技术语, 2017, 19 (1): 5-6.

[239] 李育嫦. 网络信息组织中的分类法与主题法[J]. 情报资料工作, 2004 (3): 31-33.

[240] 李战华. 教育问卷调查中虚假信息产生的原因及处理方法[J]. 中国教师, 2010 (6): 25-27.

[241] 李志芳, 邓仲华. 科学研究范式演变视角下的情报学[J]. 情报理论与实践, 2014, 37 (1): 4-7.

[242] 李志刚. 扎根理论方法在科学研究中的运用分析[J]. 东方论坛, 2007 (4): 90-94.

[243] 梁冬莹, 周庆梅, 王克奇. 基于层次分析法的数字资源服务绩效评价体系构建[J]. 情报科学, 2013, 31 (1): 78-81, 128.

[244] 梁蕾. 层次分析法的演进及其在竞争情报系统绩效评估中的应用[J]. 情报理论与实践, 2015, 38 (12): 20-24.

[245] 梁战平. 情报学若干问题辨析[J]. 情报理论与实践, 2003 (3): 193-198.

[246] 梁战平. 我国科技情报研究的探索与发展[J]. 情报探索, 2007 (7): 3-7.

[247] 廖海涵, 王曰芬. 社交媒体舆情信息传播效果影响因素研究: 以新浪微博"8·12天津爆炸"事件为例[J]. 现代图书情报技术, 2016 (12): 89-97.

[248] 廖胜姣. 科学知识图谱绘制工具VOSviewer与Citespace的比较研究[J]. 科技情报开发与经济, 2011, 21 (7): 137-139.

[249] 林崇德. 心理学大辞典[M]. 上海: 上海教育出版社, 2003.

[250] 林聚任. 论社会网络分析的结构观[J]. 山东大学学报(哲学社会科学版), 2008 (5): 147-153.

[251] 林俊山. 关于当前统计方法体系改革的思考[J]. 泰安教育学院学报岱宗学刊, 2002 (2): 21-22.

[252] 刘冰. 调查问卷设计中应注意的问题分析[J]. 辽宁师专学报(社会科学版),

2014（4）：27-28.

[253] 刘冰. 面向对象的竞争情报分析方法体系建构研究[J]. 图书情报工作，2010，54（12）：100-103，108.

[254] 刘桂锋. 国内专利情报分析方法体系构建研究[J]. 情报杂志，2014，33（3）：16-21.

[255] 刘嘉. 元数据：理念与应用[J]. 中国图书馆学报，2001（5）：32-36，45.

[256] 刘俊婉，郑晓敏，宿娜，等. 国内外情报学领域期刊发文时滞的计量分析：以Scientometrics和《情报学报》期刊为例[J]. 中国科技期刊研究，2016，27（12）：1292-1299.

[257] 刘林，汪涛，樊孝忠. 主题爬虫的解决方案[J]. 华南理工大学学报（自然科学版），2004，21（11）：137-141.

[258] 刘奇岳. 眼动仪在教育研究中的应用现状分析[J]. 软件导刊，2019，18（6）：135-137，142.

[259] 刘思洋. 情报学研究方法、工具的多样性及其评价：以《情报学报》为例[J]. 情报探索，2018（9）：130-134.

[260] 刘伟花. 系统性文献综述概述[J]. 活力，2019（2）：234.

[261] 刘伟，王传清，刘桂玲，等. 21世纪图书馆学研究方法体系探析[J]. 图书情报工作，2011，55（1）：22-25，38.

[262] 刘伟，王传清. 21世纪我国图书情报学方法论研究综述[J]. 图书馆，2011（3）：68-73.

[263] 刘炜，李大玲，夏翠娟. 元数据与知识本体[J]. 图书馆杂志，2004（6）：50-54，49.

[264] 刘炜，夏翠娟，张春景. 大数据与关联数据：正在到来的数据技术革命[J]. 现代图书情报技术，2013（4）：2-9.

[265] 刘亚男. 我国网络舆情研究现状述评[J]. 情报杂志，2017（5）：99-104.

[266] 刘毅. 略论网络舆情的概念、特点、表达与传播[J]. 理论界，2007（1）：11-12.

[267] 陆雯. 心理学研究方法体系的探讨：对运动心理学研究方法的启示[J]. 沈阳体育学院学报，2003（2）：52-53.

[268] 吕成，杨明. 再议"中国式管理"研究领域的研究方法问题：一个研究方法体系的建构[J]. 比较管理，2011，3（1）：94-110.

[269] 吕红，邱均平. 基于计量视角的国内情报学发展动向分析[J]. 情报资料工作，2014（3）：5-12.

[270] 罗金增. 论图书馆学研究方法体系的构建[J]. 河南图书馆学刊，2014，34（1）：81-83.

[271] 罗金增. 内容分析法与图书馆学[J]. 情报杂志，2003（4）：51-53.

[272] 罗式胜. 文献计量学概论[M]. 广州：中山大学出版社，1994.

[273] 马费成. IRM-KM 范式与情报学发展研究[M]. 武汉：武汉大学出版社，2008：91.

[274] 马费成. IRM-KM 范式与情报学发展研究[M]. 武汉：武汉大学出版社，2008：337-339.

[275] 马费成. 导言：图书情报领域研究方法的外来文化[J]. 图书情报知识，2010（1）：12-13.

[276] 马费成. 论情报学的基本原理及理论体系构建[J]. 情报学报，2007，26（1）：3-13.

[277] 马费成. 情报学发展的历史回顾及前沿课题[J]. 图书情报知识，2013（2）：4-12.

[278] 马费成，宋恩梅. 我国情报学研究的历史回顾（Ⅱ）[J]. 情报学报，2005，24（5）：515-523.

[279] 马海群，蒲攀. 钱学森情报思想影响力分析：兼评《情报理论与实践》的学术贡献[J]. 情报理论与实践，2014，37（9）：26-29.

[280] 马捷. 运用"出声思考法"获取企业专家决策过程中的隐性知识[J]. 情报科学，2007（6）：944-948.

[281] 马克思，恩格斯. 马克思恩格斯全集：第 20 卷[M]. 北京：人民出版社，1974：593.

[282] 马兰. 中国学术期刊评价体系对比研究[J]. 情报科学，2016，34（01）：167-170.

[283] 毛桂芳. 基于共词分析的新千年来我国情报学研究进展探析[J]. 情报科学，2013，31（11）：147-152.

[284] 毛军. 博弈论与竞争情报[J]. 情报理论与实践，1999，22（4）：290-292.

[285] 毛一雷，刘志辉. 基于扎根理论的上市公司竞争力影响因素研究[J]. 图书情报工作，2018，62（20）：95-101.

[286] 米海洛夫. 论情报学的发展前景[J]. 科技情报（第 2 类），1983（5）：39-40.

[287] 苗磊. 诠释学的近代发展及其实践转向[J]. 山东理工大学学报（社会科学版），

2012, 28（5）: 16-19.

[288] 缪其浩. 日本科技情报工作的一个新动向[J]. 科技情报工作, 1985（5）: 27-28.

[289] 缪其浩, 徐刚. 论科技情报分析研究工作的方法体系[J]. 情报理论与实践, 1988（2）: 17-20, 6.

[290] 牟冬梅, 琚沅红, 郑晓月, 等. 基于学科内容的科研人员隐性合作关系研究[J]. 情报理论与实践, 2017, 40（7）: 17-22.

[291] 南京大学. 中文社会科学引文索引（2017—2018）收录来源期刊目录[EB/OL]. [2017-12-20]. http://cssrac.nju.edu.cn/a/cpzx/zwshkxwsy.

[292] 潘幼乔, 邓小昭, 刘丽. 关于情报学专门研究方法的思考[J]. 图书情报工作, 2006（6）: 55-57, 65.

[293] 庞景安. 科学计量研究方法论[M]. 北京: 科学技术文献出版社, 2002: 216-217.

[294] 彭靖里, 李建平, CHEN P. 情报学发展情景演变及其对理论研究的影响: 基于熊彼特创新经济学理论的观点[J]. 情报理论与实践, 2013, 36（7）: 1-5.

[295] 彭靖里, 谭海霞, 王崇理. 竞争情报中人际网络构建的理论研究: 基于社会网络的分析观点[J]. 图书情报工作, 2006（4）: 38-42.

[296] 彭宁. 情报"不可定义性"辨析[J]. 情报学刊, 1990（1）: 14-16.

[297] 彭知辉. 论大数据环境下公安情报流程的优化[J]. 情报杂志, 2016, 35（4）: 15-20.

[298] 彭知辉. 论公安情报产品及其构成[J]. 情报杂志, 2013, 32（5）: 61-65, 76.

[299] 彭知辉. 论基于大数据的公安情报搜集[J]. 图书馆学研究, 2017（9）: 33-37, 48.

[300] 彭知辉. 情报流程研究: 述评与反思[J]. 情报学报, 2016, 35（10）: 1110-1120.

[301] 彭知辉. 数据: 大数据环境下情报学的研究对象[J]. 情报学报, 2017, 36（2）: 123-131.

[302] 钱学森. 要抓紧情报科学技术的研究[J]. 国防科技情报工作, 1984（5）: 2.

[303] 钱学森, 于景元, 戴汝为. 一个科学新领域: 开放的复杂巨系统及其方法论[J]. 自然杂志, 1990（1）: 3-10.

[304] 乔尔·沃森. 策略: 博弈论导论[M]. 上海: 格致出版社, 2010.

[305] 乔好勤. 试论图书馆学研究中的方法论问题[J]. 图书馆学通讯, 1983（1）: 54-62, 94.

[306] 青觉. 构建中国民族政治学研究方法体系的路径: 基于定量与定性研究之争的思考[J]. 教学与研究, 2017 (11): 69-80.

[307] 邱均平, 黄晓斌. 网络用户使用记录的计量分析[J]. 现代图书情报技术, 2002 (5): 50-55.

[308] 邱均平, 王菲菲. 基于SNA的国内竞争情报领域作者合作关系研究[J]. 图书馆论坛, 2010, 30 (6): 34-40.

[309] 邱均平, 王宏鑫. 20世纪文献计量学发展的层次分析[J]. 高校图书馆工作, 2000, 20 (4): 1-8, 30.

[310] 邱均平. 文献计量学[M]. 北京: 科学技术文献出版社, 1988.

[311] 邱均平, 杨思洛, 王明芝, 等. 改革开放30年来我国情报学研究论文内容分析[J]. 图书情报知识, 2009 (3): 5-17.

[312] 邱璇. 系统综述: 一种更科学和客观的综述方法[J]. 图书情报知识, 2010 (1): 15-19.

[313] 全吉成, 于光, 李刚, 等. 军事情报采集方法研究[J]. 情报杂志, 2009, 28 (S1): 25-26.

[314] 任红娟, 张志强. 基于文献计量的科学知识图谱发展研究[J]. 情报杂志, 2009, 28 (12): 86-90.

[315] 任仙姬. 层次分析法在数字参考咨询服务评价中的应用研究[J]. 情报科学, 2008, 26 (12): 1829-1832.

[316] 任贤良. 社交媒体并不能取代大众传媒[J]. 青年记者, 2014 (19): 4-5.

[317] 商瀑. 国家安全情报学学科建设论纲: 研究对象、学科特点、体系及研究方法[J]. 情报杂志, 2018, 37 (8): 10-15, 21.

[318] 申华.《武经七书》情报分析思想简析[J]. 情报杂志, 2002 (2): 90-91.

[319] 沈斌, 温涛. 基于贝叶斯最大似然估计的金融预测[J]. 统计与决策, 2018, 34 (7): 85-88.

[320] 沈志宏, 黎建辉, 张晓林. 关联数据互联技术研究综述: 应用、方法与框架[J]. 图书情报工作, 2013, 57 (14): 125-133.

[321] 沈志宏, 张晓林. 关联数据及其应用现状综述[J]. 现代图书情报技术, 2010 (11): 1-9.

[322] 盛昭瀚, 张维. 管理科学研究中的计算实验方法[J]. 管理科学学报, 2011, 14

(5)：1-10.

[323] 施涛，姜亦珂，陈倩. 网络问答社区用户知识创新行为模式的影响因素：基于扎根理论的研究[J]. 图书情报知识，2017（5）：120-129.

[324] 石庆馨，孙向红，张侃. 可用性评价的焦点小组法[J]. 人类工效学，2005（3）：64-67.

[325] 史波，吉晓军. 社会化媒体环境下公共危机信息网民再传播行为：基于扎根理论的一个探索性研究[J]. 情报杂志，2014，33（8）：145-149.

[326] 史海燕. 阐释学在情报学中的应用研究[J]. 图书馆学研究，2014（17）：17-21，52.

[327] 宋丹辉. 本体评价研究综述[J]. 情报理论与实践，2011，34（9）：118-122.

[328] 宋丽萍. 我国情报科学论文作者学术群落的聚类分析[J]. 情报学报，1993，12（5）：371-379.

[329] 宋巧枝，方曙. 基于文献计量分析法的专利计量分析研究[J]. 现代情报，2008（2）：125-127.

[330] 宋余超，陈福集. 基于博弈论的我国网络舆情研究文献综述[J]. 情报杂志，2015，34（11）：100-104.

[331] 苏新宁. 文献计量学与科学评价中有关问题思考[J]. 图书与情报，2013（1）：79-83.

[332] 苏新宁，朱晓峰，崔露方. 基于生命周期的应急情报体系理论模型构建[J]. 情报学报，2017，36（10）：989-997.

[333] 眭纪刚，郭京京. 创新发展研究中的历史分析方法[J]. 科学学研究，2017，35（10）：1454-1460.

[334] 隋亥华，纪晓平. 图书情报学特殊研究方法刍议[J]. 情报资料工作，2010（1）：39-41.

[335] 孙菲菲，曹卓，肖晓雷. 基于随机森林的分类器在犯罪预测中的应用研究[J]. 情报杂志，2014，33（10）：148-152.

[336] 孙国超，徐硕，乔晓东. 主题模型可视化研究综述[J]. 情报工程，2015，1（6）：51-61.

[337] 孙海法，刘运国，方琳. 案例研究的方法论[J]. 科研管理，2004（2）：107-112.

[338] 孙宏才，田平. 网络层次分析法与科学决策[M]. 北京：海洋出版社，2001：3-8.

[339] 孙鸿飞,侯伟,周兰萍,等. 近五年我国情报学研究方法应用的统计分析[J]. 情报科学, 2014, 32 (4): 77-84.

[340] 孙励. 反竞争情报的博弈论分析[J]. 情报理论与实践, 2003, 26 (5): 435-437.

[341] 孙茂松,左正平,黄昌宁. 汉语自动分词词典机制的实验研究[J]. 中文信息学报, 2000, 14 (1): 1-6.

[342] 孙铭蔚,马海群. 面向信息政策方案的综合评价模型构建及模拟实验[J]. 情报理论与实践, 2010, 33 (4): 90-93.

[343] 孙晓娥. 深度访谈研究方法的实证论析[J]. 西安交通大学学报(社会科学版), 2012, 32 (3): 101-106.

[344] 谭春辉,麻晓杰. 我国情报学非正式学术共同体的构建:基于1998—2012年《情报学报》的计量分析[J]. 新世纪图书馆, 2014 (8): 84-91.

[345] 汤汇道. 社会网络分析法述评[J]. 学术界, 2009 (3): 205-208.

[346] 汤一介. 论创建中国解释学问题[J]. 学术界, 2001 (4): 97-113.

[347] 唐明伟,蒋勋,姚兴山. "互联网+"环境下面向公共安全的突发事件快速响应系统[J]. 情报科学, 2016, 34 (11): 154-159.

[348] 陶冶. 问卷调查中的"假卷"现象和解决方法[J]. 社会, 1991 (11): 10-11.

[349] 陶颖,邹纯龙,周莉. 基于扎根理论的农民工信息寻求影响因素研究[J]. 图书情报工作, 2016, 60 (17): 110-115.

[350] 涂志芳,吴丹. 医学相关领域开放关联数据集调查研究[J]. 图书情报工作, 2015, 59 (18): 14-23, 76.

[351] 托马斯·库恩. 科学革命的结构(第四版)[M]. 金吾伦,胡新和,译. 北京:北京大学出版社, 2012: 43.

[352] 万力. 现代市场调查问卷设计技巧探讨[J]. 现代经济信息, 2017 (21): 85.

[353] 汪冰. 情报学方法论的研究方法断想[J]. 图书与情报, 1992 (2): 9-13.

[354] 王崇德. 情报学研究方法概论[J]. 情报科学, 1985 (6): 1-7.

[355] 王崇德. 情报学研究方法概论[M]. 北京:科学技术文献出版社, 1990.

[356] 王大治. 本体开发及应用技术研究[D]. 成都:中国科学院成都计算机应用研究所, 2005.

[357] 王芳,陈锋,祝娜,等. 我国情报学理论的来源、应用及学科专属度研究[J]. 情报学报, 2016, 35 (11): 1148-1164.

[358] 王芳. 情报学的范式变迁及元理论研究[J]. 情报学报, 2007, 26 (5): 764-773.

[359] 王芳, 史海燕, 纪雪梅. 我国情报学研究中理论的应用: 基于《情报学报》的内容分析[J]. 情报学报, 2015, 34 (6): 581-591.

[360] 王芳, 王向女. 我国情报学研究方法的计量分析: 以1999—2008年《情报学报》为例[J]. 情报学报, 2010 (4): 652-662.

[361] 王芳, 杨京, 陈锋. 情报学研究中理论应用的国际比较[J]. 情报学报, 2018, 37 (12): 1262-1274.

[362] 王芳, 祝娜, 翟羽佳. 我国情报学研究中混合方法的应用及其领域分布分析[J]. 情报学报, 2017, 36 (11): 1119-1129.

[363] 王飞跃. 从激光到激活: 钱学森的情报理念与平行情报体系[J]. 自动化学报, 2015, 41 (6): 1053-1061.

[364] 王飞跃. 情报5.0: 平行时代的平行情报体系[J]. 情报学报, 2015, 34 (6): 563-574.

[365] 王飞跃. 新情报时代意味着什么？[N]. 环球时报, 2007-01-03 (11).

[366] 王贺. 中国多中心侵袭性酵母菌感染临床相关科学研究方法体系的探索和建立[D]. 北京: 北京协和医学院, 2017.

[367] 王洪芳. 图书情报学方法论研究综述[J]. 情报探索, 2006 (11): 114-115.

[368] 王洪伟, 张对, 郑丽娟, 等. 网络股评对股市走势的影响: 基于文本情感分析的方法[J]. 情报学报, 2015, 34 (11): 1190-1202.

[369] 王静, 罗明义. 旅游研究方法体系初探[J]. 桂林旅游高等专科学校学报, 2005 (3): 13-18.

[370] 王磊. 我国信息素养领域作者关键词耦合分析[J]. 信息资源管理学报, 2015, 5 (1): 68-75.

[371] 王力. 汉语史稿[M]. 北京: 中华书局, 2004: 564.

[372] 王琳, 郭梦雪. 信息浏览行为是理论导向抑或生物驱动?: 基于眼动仪实验的实证分析[J]. 情报学报, 2015, 34 (12): 1284-1295.

[373] 王琳. 解释学与情报学的人文研究范式[J]. 图书情报工作, 2012, 56 (24): 55-59.

[374] 王琳. 哲学解释学视角下情报学若干理论问题研究[J]. 情报科学, 2012, 30 (12): 1767-1772.

[375] 王宁. 代表性还是典型性?: 个案的属性与个案研究方法的逻辑基础[J]. 社会学研究, 2002 (5): 123-125.

[376] 王朋举. 企业联盟成员间失败知识共享的演化博弈分析[J]. 情报理论与实践, 2017, 40 (8): 112-116.

[377] 王平. "社会信息资本": 未成年人网络行为质化探索下的概念发现[J]. 图书情报工作, 2017, 61 (13): 13-18.

[378] 王平. 未成年人互联网利用行为的"小世界": 要素与作用机制[J]. 图书情报工作, 2017, 61 (24): 87-95.

[379] 王瑞珍. 企业人力资源情报搜集的原则、过程和方法[C] //竞争情报创新与发展论文集, 郑州, 2006: 56-58.

[380] 王胜利, 白雪梅, 何贤英. 自由分类法与传统分类法的比较研究[J]. 情报杂志, 2010, 29 (S1): 178-181.

[381] 王思力, 王斌. 基于双字耦合度的中文分词交叉歧义处理方法[J]. 中文信息学报, 2007, 21 (5): 15-17.

[382] 王思丽, 祝忠明, 刘巍, 等. 基于深度学习的领域本体概念自动获取方法研究[J]. 情报理论与实践, 2020 (3): 145-152, 144.

[383] 王伟, 王沙骋. 基于扎根理论的科研人员信息查寻行为影响因素研究[J]. 情报理论与实践, 2013, 36 (12): 64-67.

[384] 王向前, 张宝隆, 李慧宗. 本体研究综述[J]. 情报杂志, 2016, 35 (6): 163-170.

[385] 王霄. 浅析《管子》的军事情报思想[J]. 情报杂志, 2001 (3): 88-89.

[386] 王晓光. 微博客用户行为特征与关系特征实证分析: 以"新浪微博"为例[J]. 图书情报工作, 2010, 54 (14): 66-70.

[387] 王旭, 孙瑞英. 基于SNA的突发事件网络舆情传播研究: 以"魏则西事件"为例[J]. 情报科学, 2017, 35 (3): 87-92.

[388] 王延飞, 陈美华, 赵柯然, 等. 国家科技情报治理的研究解析[J]. 情报学报, 2018, 37 (8): 753-759.

[389] 王引斌. 测定核心期刊的新方法: 主成分分析法[J]. 情报学报, 1998 (5): 77-80.

[390] 王玉. 试论竞争情报研究方法的二维结构[J]. 现代情报, 2004 (7): 12-15.

[391] 王曰芬, 李冬琼, 靳嘉林, 等. 近十年图书情报领域的研究状况及其大数据时代的

研究趋向[J]. 情报资料工作, 2017 (1): 17-24.

[392] 王跃生. 方药量效关系研究方法体系建立[N]. 中国中医药报, 2015-05-14 (004).

[393] 王知津, 李博雅. 近五年我国情报学研究热点动态变化分析[J]. 情报资料工作, 2016 (3): 34-40.

[394] 王知津, 李赞梅, 周鹏. 二十年以来我国情报学学科体系研究进展[J]. 图书馆, 2012 (1): 54-58.

[395] 王知津, 张丽丽. 竞争情报四分卫法实施及案例分析[J]. 情报科学, 2008 (3): 328-332, 336.

[396] 王知津, 周鹏, 谢丽娜. 用ABCA方法识别和阐释我国当代情报学研究领域[J]. 情报学报, 2013, 32 (1): 4-12.

[397] 王子舟, 刘君, 周亚. 方法根植于精神与素养: 图书馆学研究方法问题三人谈[J]. 图书馆, 2014 (4): 1-7.

[398] 魏简康凯, 宿铮. 美国出口管制改革的竞争情报分析[J]. 情报杂志, 2019, 38 (4): 4-8.

[399] 温有奎. 引领情报学发展的力作: 评《IRM-KM范式与情报学发展研究》[J]. 情报杂志, 2011, 30 (6): 205-207.

[400] 文庭孝, 刘刚, 张洋. 我国情报学发展的危机种种[J]. 情报理论与实践, 2005 (4): 342-345.

[401] 文庭孝. 专利信息计量研究综述[J]. 图书情报知识, 2014 (5): 72-80.

[402] 吴常青. 中国台湾地区情报通讯监察制度研究[J]. 情报杂志, 2016, 35 (7): 19-24.

[403] 吴晨生, 张惠娜, 刘如, 等. 追本溯源: 情报3.0时代对情报定义的思考[J]. 情报学报, 2017, 36 (1): 1-4.

[404] 吴迪. 探讨区域经济学理论研究方法体系的构建[J]. 东方企业文化, 2013 (24): 156.

[405] 吴帆, 李石君. 一种高效的层次聚类分析算法[J]. 计算机工程, 2004, 30 (9): 70-71.

[406] 吴国林, 叶汉钧. 量子诠释学论纲: 兼论公共阐释[J]. 学术研究, 2018 (3): 9-19, 2.

[407] 吴朋民, 陈挺, 王小梅. Altmetrics 与引文指标相关性研究[J]. 数据分析与知识发现, 2018, 2 (6): 58-69.

[408] 吴祁. 农村进城隔代教养的祖辈信息寻求行为影响因素[J]. 图书馆论坛, 2017, 37 (9): 79-90.

[409] 吴桐, 张自然, 付婷, 等. 协同信息检索行为实验研究综述[J]. 图书情报工作, 2016, 60 (5): 125-132.

[410] 吴显义. 我国元数据研究现状分析[J]. 情报科学, 2004 (1): 55-58, 62.

[411] 吴晓伟, 李丹. 企业人际竞争情报网络复杂性研究[J]. 图书情报工作, 2007 (9): 75-78.

[412] 吴晓伟, 楼文高, 宋新平. 企业人际竞争情报网络建模研究: 要素分析[J]. 情报理论与实践, 2010, 33 (9): 51-56.

[413] 夏翠娟. RDB2RDF 标准及应用研究[J]. 现代图书情报技术, 2013 (4): 10-17.

[414] 夏凌翔. 元分析方法的几个基本问题[J]. 山西师大学报 (社会科学版), 2005 (3): 34-38.

[415] 肖智星. 综合集成思想的应用对策研究方法体系探索[J]. 广东社会科学, 2013 (1): 118-124.

[416] 谢川豫. 《孙子》和《吴子》中的军事情报思想比较[J]. 情报杂志, 2004 (2): 116-117, 120.

[417] 谢晓专. 美国执法情报共享融合: 发展轨迹、特点与关键成功因素[J]. 情报杂志, 2019, 38 (2): 12-20, 115.

[418] 谢晓专. 情报学"名不副实"的尴尬及其解决之道[J]. 情报资料工作, 2010 (3): 14-19.

[419] 谢晓专, 周西平. 基于层次结构的公安情报分析方法研究进展[J]. 图书情报工作, 2012, 56 (20): 103-109.

[420] 信萧萧. 新世纪以来科技术语的"消亡"举隅[J]. 中国科技翻译, 2016, 29 (4): 6-9.

[421] 熊回香, 王学东. 面向 Web3.0 的分众分类研究[J]. 图书情报工作, 2010, 54 (3): 104-107.

[422] 熊剑平. 孙子情报思想的传承与商兑[J]. 情报杂志, 2019, 38 (7): 1-5.

[423] 熊忠阳, 陈若田, 张玉芳. 一种有效的 K-means 聚类中心初始化方法[J]. 计算机

应用研究, 2011, 28 (11): 4188-4190.

[424] 徐革, 姚卫东, 陈浩. 电子资源用户满意度影响因子的多元线性回归分析[J]. 现代图书情报技术, 2007 (10): 52-56.

[425] 徐静, 孙坦, 黄飞燕. 近两年国外本体应用研究进展[J]. 图书馆建设, 2008 (8): 84-90.

[426] 徐萍, 邵波. 基于本体信息抽取的竞争情报预处理分析[J]. 情报杂志, 2008 (9): 33-35, 38.

[427] 徐彦. 运用文献计量方法研究学科发展动向的可行性[J]. 情报学刊, 1989 (3): 18-22.

[428] 许富宏.《鬼谷子》的情报思想[J]. 图书与情报, 2009 (6): 171-173.

[429] 严怡民. 情报学概论[M]. 武汉: 武汉大学出版社, 1983.

[430] 杨波, 卢嘉琦. 面向企业技术创新风险的竞争情报预警动力学建模与仿真[J]. 情报科学, 2017, 35 (4): 61-67.

[431] 杨波, 王雪, 佘曾溧. 生物信息学文献中的科学软件利用行为研究[J]. 情报学报, 2016, 35 (11): 1140-1147.

[432] 杨海松. 论教育社会学研究方法体系的构成[J]. 价值工程, 2006 (9): 20-22.

[433] 杨善华, 孙飞宇. 作为意义探究的深度访谈[J]. 社会学研究, 2005 (5): 53-68, 244.

[434] 杨寿青. 军事情报分析方法体系初探[J]. 情报杂志, 1997 (2): 52-53.

[435] 杨思洛. 引文分析存在的问题及其原因探究[J]. 中国图书馆学报, 2011, 37 (3): 108-117.

[436] 杨位留. 中西方会计研究方法体系的比较[J]. 新西部 (下半月), 2007 (12): 120-122.

[437] 杨小华. 关于情报学理论体系建构的思考[J]. 广西师范大学学报 (自然科学版), 2000 (S3): 185.

[438] 杨晓恝, 蒋维, 郝文宁. 基于本体和句法分析的领域分词的实现[J]. 计算机工程, 2008, 34 (23): 26-28.

[439] 杨志刚. 图书馆学情报学博士学位论文研究方法调查分析: 以中国科学院国家科学图书馆为例[J]. 国家图书馆学刊, 2011, 21 (3): 82-88.

[440] 姚乐, 樊振佳, 赖茂生. 政府开放数据与智慧城市建设的战略整合初探[J]. 图书

情报工作,2013,57(13):12-17,48.

[441] 姚兴山. 基于 Hash 算法的中文分词研究[J]. 数据分析与知识发现,2008,24(3):78-81.

[442] 叶继元. 图书馆学学术规范与方法论研究[M]. 北京:科学出版社,2014:4.

[443] 叶继元. 图书馆学学术规范与方法论研究[M]. 北京:科学出版社,2014:245.

[444] 叶继元. 图书馆学学术规范与方法论研究[M]. 北京:科学出版社,2014:247.

[445] 叶鹰. 情报学基本教程[M]. 3版. 北京:科学出版社,2018:106.

[446] 叶鹰. 情报学基本教程[M]. 3版. 北京:科学出版社,2018:116.

[447] 叶鹰. 情报学基本教程[M]. 3版. 北京:科学出版社,2018:123-124.

[448] 叶鹰. 情报学基本教程[M]. 3版. 北京:科学出版社,2018:237.

[449] 叶鹰. 图书情报学中定性和定量研究方法的科学哲学基础及双重整合原理探析[J]. 中国图书馆学报,2017,43(2):4-12.

[450] 叶鹰,武夷山. 情报学基础教程[M]. 2版. 北京:科学出版社,2012:32.

[451] 尹锋. 基于神经网络的汉语自动分词系统的设计与分析[J]. 情报学报,1998(1):41-50.

[452] 尹爽. 论公共管理学理论研究方法体系的构建[J]. 科技管理研究,2009,29(1):88-90.

[453] 尹伊,石秀,雷晋芳. 深度访谈方法的进一步探讨[J]. 科技情报开发与经济,2008(4):160-161.

[454] 应毅,任凯,刘亚军. 基于大数据的网络日志分析技术[J]. 计算机科学,2018,45(S2):353-355.

[455] 游景如,黄甫全. 新兴系统性文献综述法:涵义、依据与原理[J]. 学术研究,2017(3):145-151,178.

[456] 于兴华,王文英. 试论比较情报学[J]. 情报科学,1982(5):1-5.

[457] 于玉林. 基于系统分析:会计研究方法体系的探讨[J]. 会计之友,2011(8):9-12.

[458] 于兆吉,张嘉桐. 扎根理论发展及应用研究评述[J]. 沈阳工业大学学报(社会科学版),2017,10(1):58-63.

[459] 余金香. Folksonomy 及其国外研究进展[J]. 图书情报工作,2007(7):38-40,74.

[460] 余力, 岳振军. 军事情报价值评估方法[J]. 火力与指挥控制, 2011, 36（5）: 173-176, 184.

[461] 俞立平, 刘爱军. 主成分与因子分析在期刊评价中的改进研究[J]. 情报杂志, 2014, 33（12）: 94-98.

[462] 袁方, 周志勇, 宋鑫. 初始聚类中心优化的k-means算法[J]. 计算机工程, 2007, 33（3）: 65-66.

[463] 苑彬成, 方曙, 刘清, 等. 国内外引文分析研究进展综述[J]. 情报科学, 2010, 28（1）: 147-153.

[464] 曾文, 车尧, 张运良, 等. 服务于科技大数据情报分析的方法及工具研究[J]. 情报科学, 2019, 37（4）: 92-96.

[465] 曾文. 基于科技大数据的情报分析方法与技术研究[M]. 北京: 科学技术文献出版社, 2018: 1-10.

[466] 曾照云, 程晓康. 德尔菲法应用研究中存在的问题分析: 基于38种CSSCI（2014—2015）来源期刊[J]. 图书情报工作, 2016, 60（16）: 116-120.

[467] 查先进. 信息分析[M]. 武汉: 武汉大学出版社, 2011: 86, 140.

[468] 詹姆斯·P·莱斯特. 公共政策导论[M]. 北京: 中国人民大学出版社, 2004.

[469] 占南. 基于扎根理论的个人信息管理行为研究[J]. 图书馆学研究, 2016（15）: 11-20.

[470] 张保明. 数学在情报检索理论中的作用[J]. 情报科学, 1981（3）: 11-16.

[471] 张彩琴, 袁健. 改进的正向最大匹配分词算法[J]. 计算机工程与设计, 2010, 31（11）: 2595-2597.

[472] 张娥, 冯耕中, 郑斐峰. Web用户访问日志数据挖掘研究[J]. 情报杂志, 2003（9）: 48-50.

[473] 张帆, 肖国华, 张娴. 专利地图典型应用研究[J]. 科技管理研究, 2008（2）: 190-193.

[474] 张格兰. 略谈科技术语的泛化、消亡和产生[J]. 文史博览（理论）, 2014（11）: 40-41.

[475] 张恒. 情报学研究的哲学理论基础: 现代阐释学[J]. 情报探索, 2009（6）: 34-36.

[476] 张辉. 情报科学中的统计学方法[J]. 情报科学, 1989（4）: 27-35, 77.

[477] 张岌秋. 论网络环境下情报学研究方法的演化[J]. 图书情报工作, 2005, 49 (10): 33-36.

[478] 张敬伟, 马东俊. 扎根理论研究法与管理学研究[J]. 现代管理科学, 2009 (2): 115-117.

[479] 张魁.《管子》情报思想概述[J]. 情报杂志, 2001 (8): 89-91.

[480] 张李义, 李亚子. 基于反序词典的中文逆向最大匹配分词系统设计[J]. 现代图书情报技术, 2006, 1 (8): 42-45.

[481] 张力, 唐健辉, 刘永涛, 等. 中外图书情报学研究方法量化比较[J]. 中国图书馆学报, 2012, 38 (2): 21-27.

[482] 张丽君. 论文献计量学的背景、现状和前景[J]. 内蒙古科技与经济, 2002 (8): 108.

[483] 张梦中, 马克·霍哲. 案例研究方法论[J]. 中国行政管理, 2002 (1): 43-46.

[484] 张敏, 刘雪瑞, 张艳. 在线健康社区用户诊疗信息求助行为形成机理的概念模型: 基于扎根理论的探索性研究[J]. 情报科学, 2019, 37 (4): 22-28.

[485] 张明红, 佘廉. 基于情景的突发事件演化模型研究: 以青岛"11.22"事故为例[J]. 情报杂志, 2016, 35 (5): 65-71.

[486] 张秋波, 唐超. 总体国家安全观指导下情报学发展研究[J]. 情报杂志, 2015, 34 (12): 7-10, 20.

[487] 张群. 文本挖掘技术及其在专利信息分析中的应用[J]. 现代情报, 2006 (3): 209-213.

[488] 张婷婷, 刘凯, 王伟军. 科研人员Web数据自动抓取模式及其开源解决方案[J]. 信息资源管理学报, 2015, 5 (2): 21-27.

[489] 张万秋, 邱红. 我国"农村体育"研究现状与展望: 从研究对象和研究方法体系出发[J]. 山西师大体育学院学报, 2007 (2): 8-10.

[490] 张维迎. 博弈论与信息经济学[M]. 上海: 上海人民出版社, 1996.

[491] 张文宏, 阮丹青. 天津农村居民的社会网[J]. 社会学研究, 1999 (2): 108-118.

[492] 张晓军. 美国军事情报理论研究[M]. 北京: 军事科学出版社, 2007: 115.

[493] 张晓林. 信息管理学研究方法[M]. 成都: 四川大学出版社, 1995: 60.

[494] 张昕竹, 陈志俊. 经济学论文的写作规范[J]. 数量经济技术经济研究, 2003 (8): 7-12.

[495] 张新, 郭继荣, 车向前. 网络群体交际与冲突的共文化阐释与对策研究[J]. 情报杂志, 2018, 37 (10): 134-139, 104.

[496] 张新民, 梁战平. 开创情报学的未来: 争论的焦点问题研究[J]. 情报学报, 2007, 26 (1): 14-19.

[497] 张新民, 梁战平. 情报学学科发展研究. 情报学进展 2006—2007 年度评论（第七卷）[M]. 北京: 国防工业出版社, 2008: 1-54.

[498] 张新平, 陈红燕. 论教育管理学的"两层面三层次"方法体系[J]. 教育研究, 2012, 33 (10): 12-18.

[499] 张鑫, 王丹. 基于扎根理论的个体医疗健康信息源选择行为影响因素研究[J]. 图书情报工作, 2018, 62 (14): 5-13.

[500] 张旭, 卓黎黎. 构建刑法学研究方法体系[J]. 河北法学, 2006 (3): 144-146.

[501] 张洋, 赵镇宁. 共现科学知识图谱构建技术与工具研究[J]. 图书情报知识, 2019 (1): 119-129.

[502] 张志华, 章锦河, 刘泽华, 等. 旅游研究中的问卷调查法应用规范[J]. 地理科学进展, 2016, 35 (3): 368-375.

[503] 张忠培. 中国考古学: 走近历史真实之道[M]. 北京: 科学出版社, 1999: 214.

[504] 赵秦怡, 王丽珍. 一种基于互信息的串扫描中文文本分词方法[J]. 情报杂志, 2010, 29 (7): 161-162.

[505] 赵蓉英, 吴胜男. 图书情报领域信息可视化分析方法研究进展[J]. 情报理论与实践, 2014, 37 (6): 133-138.

[506] 赵蓉英, 许丽敏. 从文献计量学到网络计量学嬗变的可视化分析[J]. 情报科学, 2011 (7): 975-983.

[507] 赵蓉英, 曾宪琴, 陈必坤. 全文本引文分析: 引文分析的新发展[J]. 图书情报工作, 2014, 58 (9): 129-135.

[508] 赵晓毅, 刘家顺. 论管理学研究方法体系的形成和发展[J]. 科技管理研究, 2011, 31 (2): 212-215, 205.

[509] 赵妍妍, 秦兵, 刘挺. 文本情感分析[J]. 软件学报, 2010 (8): 1834-1848.

[510] 赵勇, 高思嘉, 武夷山. 见微知著: 一位优秀科学计量学家采用的研究方法之分类编码分析[J]. 情报学报, 2017, 36 (5): 443-451.

[511] 赵忠伟, 黄永, 程齐凯, 等. 我国图书情报领域近十年科研论文研究方法的演化分

析：以《情报学报》和《中国图书馆学报》为例[J]. 信息资源管理学报, 2017, 7 (3)：106-113.

[512] 郑燕平, 尹达. 情报学专门方法判定标准辨析[J]. 情报探索, 2009 (4)：17-18.

[513] 郑重. 基于聚类分析的企业动态竞争对手辨识[J]. 情报杂志, 2010, 29 (8)：148-151.

[514] 郑重. 信息计量学[EB/OL]. (2011-03-28) [2017-09-06]. http://wenku.baidu.com/view//471a58e0524de518964b7dc7.html.

[515] 中国 21 世纪议程管理中心, 中国科学院研究生院. 科学研究中的方法创新[M]. 北京：社会科学文献出版社, 2011.

[516] 中国知网. 期刊导航[EB/OL]. [2017-12-20]. http://navi.cnki.net/KNavi/Journal.html#.

[517] 中华人民共和国国务院. 国家中长期科学和技术发展规划纲要（2006—2020 年）[EB/OL]. (2016-02-09) [2019-08-04]. http://www.gov.cn/ztzl/kjfzgh.

[518] 中华人民共和国教育部. 关于加强国家重点学科建设的意见[EB/OL]. (2016-10-02) [2019-08-04]. http://www.gov.cn/ztzl/kjfzgh/content_883862.htm.

[519] 中央财经大学会计学院管理会计研究课题组. 管理会计研究方法体系框架的构建与应用：基于国内外现有研究成果的初步分析[J]. 会计研究, 2010 (5)：30-38, 95-96.

[520] 钟伟金, 李佳, 杨兴菊. 共词分析法研究（三）：共词聚类分析法的原理与特点[J]. 情报杂志, 2008 (7)：118-120.

[521] 钟秀梅, 崔雷. 科学映射工具在医学知识图谱构建中的比较[J]. 医学信息学杂志, 2015, 36 (4)：48-53.

[522] 周换换. 从信息采集和情报收集视角看两个 IS 的融合[J]. 情报杂志, 2015, 34 (3)：41-45, 88.

[523] 周俊烨. 基于关联数据的图书馆、档案馆和博物馆数字资源整合模式构建[J]. 图书馆, 2019 (1)：70-75.

[524] 周娜, 李秀霞, 高丹. 基于 LDA 主题模型的"作者—内容—方法"多重共现分析：以图书情报学为例[J]. 情报理论与实践, 2019, 42 (6)：144-148, 123.

[525] 周宁. 信息组织学教程[M]. 北京：高等教育出版社, 2007.

[526] 周萍. 新兴领域的文献计量学预测方法综述（待续）[J]. 情报科学, 2013, 31

[527] 周荣刚, 张侃. 可用性测试中的出声思维法[J]. 人类工效学, 2005 (3): 55-57.

[528] 周文芳, 范丰龙. 论知识组织的系统论原理[J]. 情报资料工作, 2007 (6): 50-51, 61.

[529] 周晓英. 情报学方法及其对情报学理论体系的影响[J]. 情报学报, 1987, 6 (6): 451-457.

[530] 朱红, 丁世飞, 许新征. 基于改进属性约简的细粒度并行AP聚类算法[J]. 计算机研究与发展, 2012, 49 (12): 2638-2644.

[531] 朱红艳, 章丹. 情报学学科结构的ABCA及ACA对比研究: 以2000—2010年数据为例[J]. 情报杂志, 2014, 33 (8): 76-83.

[532] 朱庆华, 赵宇翔. 情报学中混合方法研究的理论探索和应用[J]. 情报学报, 2013, 32 (12): 1236-1247.

[533] 祝振媛, 李广建. 从情报学硕博士论文看情报问题与情报方法[J]. 情报理论与实践, 2016, 39 (01): 1-7.

[534] 庄育飞. 都柏林核心集及其价值初探[J]. 图书情报工作, 1999 (7): 8-10.

[535] 邹菲. 内容分析法的理论与实践研究[D]. 武汉: 武汉大学, 2004.

[536] 邹琳, 宛玲. 2000—2008年我国情报学方法论研究及应用论文统计分析[J]. 新世纪图书馆, 2009 (6): 18-21.

[537] 邹千江. 案例研究法: 一种综合视角[N]. 中国社会科学报, 2018-08-14 (005).

[538] 邹伟, 刘永学, 李满春, 等. 网络新闻中黄岩岛争端事件舆情研究: 以新浪网"中菲黄岩岛争端"专题为例[J]. 现代图书情报技术, 2014, 30 (2): 72-78.

[539] 祖弦, 谢飞. LDA主题模型研究综述[J]. 合肥师范学院学报, 2015, 33 (6): 55-58, 61.

[540] 左蒙, 李昌祖. 网络舆情研究综述: 从理论研究到实践应用[J]. 情报杂志, 2017 (10): 75-82, 144.

参考网址

[1] http://jquery.com.

[2] http://lucene.apache.org.

[3] http://www.wanfangdata.com.cn/index.html.

［4］ https：//ai. tencent. com/ailab/nlp/embedding. html.

［5］ https：//code. google. com/archive/p/word2vec.

［6］ https：//github. com/NLPIR-team/NLPIR.

［7］ https：//www. cnki. net.

［8］ https：//www. layui. com.

［9］ https：//www. oracle. com/technetwork/java/javaee/overview/index. html.

索　引

A

案例法 …………………………… 56

B

BERT …………………………… 176
B/S 架构 ………………………… 253
比较研究法 ……………………… 56
标注规范 ………………………… 157
标注规范制定 …………………… 157
博弈论方法 ……………………… 55

C

层次分析法 ……………………… 15
阐释法 …………………………… 56
长短时记忆网络 ………………… 168
抽取技术 ………………………… 74
出声思维法 ……………………… 56
词汇句法模型匹配 ……………… 213
词向量训练 ……………………… 176
词向量预训练 …………………… 176

D

单阶段模型 ……………………… 179
倒排索引 ………………………… 247
德尔菲法 ………………………… 36

F

方法句分类 ……………………… 16
方法实体识别 …………………… 20
访谈法 …………………………… 9
非关系型数据库 ………………… 299
分布式计算 ……………………… 282
分类模型 ………………………… 164
分类组织方法 …………………… 137

G

概念层次体系 …………………… 20
共现分析 ………………………… 115
关联规则 ………………………… 162
关联数据 ………………………… 13
归纳法 …………………………… 151
归属度 …………………………… 216
"过程－问题"视角 ……………… 262

I

ICTCLAS ………………………… 176

J

Java EE ········· 253
JQuery ········· 253
机读词典 ········· 214
计算机方法 ········· 117
技术经济法 ········· 282
金融产品实时预测 ········· 304
近邻传播聚类 ········· 20
经济情报采集 ········· 286
竞争情报法 ········· 282
句子分类 ········· 161
卷积神经网络 ········· 165

K

KNN ········· 159
K均值聚类 ········· 20
可视化 ········· 4

L

Layui ········· 253
Lucene ········· 251
历史分析法 ········· 56
联合训练模型 ········· 192
两阶段模型 ········· 179
轮廓系数 ········· 20
论文使用方法句 ········· 164
论文引用方法句 ········· 164
论文引用方法实体 ········· 197

M

MVC ········· 253
模式匹配 ········· 12

N

内部评估法 ········· 218
内容分析法 ········· 21
凝聚式层次聚类 ········· 216

O

欧几里得距离 ········· 216

P

爬虫技术 ········· 9
朴素贝叶斯模型 ········· 167

Q

期刊评价 ········· 112
情报过程 ········· 8
情报流程 ········· 1
情报问题 ········· 262
情报学报 ········· 3
情报学方法体系 ········· 217
情报组织方法 ········· 13
情感分析 ········· 59

S

三层次说 ········· 29
社会情报学 ········· 262
社会网络分析法 ········· 56
实验法 ········· 27
使用方法实体 ········· 197
数据分析方法 ········· 56
数据收集方法 ········· 11
随机数方法 ········· 177
索引文摘方法 ········· 140

T

腾讯开源词向量 …………………… 197
条件随机场 ………………………… 148
统计学方法 ………………………… 36

W

Web 数据分析 ……………………… 302
Web 系统运行 ……………………… 304
Web 用户行为分析 ………………… 304
Word2Vec …………………………… 176
外部评估法 ………………………… 222
网络层次分析法 …………………… 120
网络日志 …………………………… 11
文献抽取法 ………………………… 151
文献预标注 ………………………… 158
问卷调查法 ………………………… 9

X

吸引度 ……………………………… 216
心理学仪器 ………………………… 71
需求分析 …………………………… 243
序列标注模型 ……………………… 190

学术文献全文语料 ………………… 154

Y

研究方法句语料 …………………… 155
研究方法实体 ……………………… 16
研究方法实体识别 ………………… 20
研究方法实体语料 ………………… 155
研究方法体系 ……………………… 1
应急决策 …………………………… 307
余弦相似度 ………………………… 204
元分析 ……………………………… 56
元数据 ……………………………… 12

Z

扎根理论方法 ……………………… 39
正排索引 …………………………… 247
支持向量机 ………………………… 47
智慧城市 …………………………… 307
中文分词 …………………………… 176
主题模型 …………………………… 57
主题组织方法 ……………………… 139
注意力机制 ………………………… 168